Anthropologie der Migration

Maria Six-Hohenbalken, Jelena Tošić (Hg.)

Anthropologie der Migration

Theoretische Grundlagen und interdisziplinäre Aspekte

facultas.wuv

Bibliographische Information der Deutschen Nationalbibliothek

Die Deutsche Nationalbibliothek verzeichnet diese Publikation
in der Deutschen Nationalbibliographie;
detaillierte bibliographische Daten sind im Internet unter
http://d-nb.de abrufbar.

Umschlagbild: „Dritter Pol", Gemälde von Kawa Kafruschy (kawa.kafruschy@gmx.at),
2006 (Mischtechnik auf Leinwand, 90 x 200 cm),
abgedruckt mit freundlicher Genehmigung des Künstlers.
Graphisches Konzept und Satz: Atelier Tiefenthaler (gesetzt in Enigma von Jeremy Tankard)
Lektorat: Sandra Illibauer-Aichinger
Druck: Facultas AG
Printed in Austria
ISBN 978-3-7089-0445-0

Gedruckt mit Unterstützung durch das Bundesministerium für Wissenschaft
und Forschung in Wien; gefördert von der MA7 – Kulturabteilung der Stadt Wien und
vom Dekanat der Fakultät für Sozialwissenschaften an der Universität Wien.

Inhalt

Danksagung

Die Herausgeberinnen bedanken sich bei all jenen, die zum Gelingen dieses Lehrbuches beigetragen haben.

Besonderer Dank gilt allen AutorInnen, die durch ihre Beiträge einen repräsentativen Überblick über die Thematik bieten.

Die vorliegende Publikation konnten wir zum Großteil während unserer Tätigkeiten am Institut für Kultur- und Sozialanthropologie der Universität Wien (Jelena Tošić) und am Institut für Sozialanthropologie, Österreichische Akademie der Wissenschaften (Maria Six-Hohenbalken), verfassen. Dafür möchten wir den Leitern der Einheiten ao. Univ.-Prof. Dr. Thomas Fillitz und wM o. Univ.-Prof. Andre Gingrich herzlich danken.

Ein weiteres Dankeschön gilt dem Verein der Absolventinnen und Absolventen des Instituts für Kultur- und Sozialanthropologie der Universität Wien.

Wien, im November 2009
Maria Six-Hohenbalken und Jelena Tošić

Jelena Tošić und Maria Six-Hohenbalken

1 Einleitung

Entstehungskontext

Dieses Lehrbuch ist aus einer für das *Institut für Kultur- und Sozialanthropologie* der *Universität Wien* spezifischen Situation entstanden. Einerseits machte es der Wandel der Studienarchitektur im Zuge des Bologna-Prozesses notwendig, ein Einführungsbuch in den Themenbereich Migrationsforschung für Kultur- und SozialanthropologInnen zu konzipieren. Die disziplinenübergreifende Studieneingangsphase, das Fehlen einer verpflichtenden Einführungsvorlesung über Migration und die Möglichkeit nach Absolvierung des Bakkalaureats im Sinne einer „horizontalen Mobilität" zwischen den Studienrichtungen, das Masterstudium in einer anderen Disziplin zu absolvieren, verlangt nach einer geeigneten Lehrunterlage. Somit ist dieses Lehrbuch auch ein Versuch, eine gewisse Nachhaltigkeit im Kontext der aktuellen europaweiten neoliberalen Bildungsreformen – die vor allem schnelles Studieren und das „Sammeln" unterschiedlicher „Basiskompetenzen" ohne vertiefende Reflexion vorsehen – zu gewährleisten und zu fördern.

Andererseits war es aufgrund der Dynamik und Struktur der migrationsbezogenen Forschungslandschaft in Österreich sinnvoll, ein Lehrbuch zusammenzustellen, in dem die Besonderheiten kultur- und sozialanthropologischer Zugangsweisen zum komplexen Feld der Migration aufgezeigt werden. ProtagonistInnen der Zusammenarbeit unterschiedlicher Disziplinen, wie der frühe Vertreter Helmut Schelsky und MitarbeiterInnen am Bielefelder Zentrum für Interdisziplinäre Forschung, stellten fest, dass Interdisziplinarität nicht allein zur wissenschaftlichen Lösung von Problemen unumgänglich ist, sondern den disziplinären Fortschritt fördern kann (vgl. Kocka 1987: 9). Wie Feichtinger et al. darstellen, kann interdisziplinäre Zusammenarbeit und die notwendige transdisziplinäre Sicht auf einen Gegenstand wie auch seine Weiterentwicklung nur dann funktionieren, wenn geklärt ist, was den spezifischen Beitrag einer Disziplin ausmacht (vgl. Feichtinger et al.: 13). So haben wir uns dazu entschlossen, die Kompetenzen – das Wissen und die Praxis – der Kultur- und SozialanthropologInnen (KSA), die am Wiener Institut unterrichten oder dort studiert haben, erstmalig zu „bündeln" und sowohl Studierenden als auch KollegInnen aus anderen Sozialwissenschaften und PraktikerInnen zur Verfügung zu stellen. Daher war unser Ausgangspunkt für dieses Lehrbuch das Lehrangebot am Wiener *Institut für Kultur- und Sozialanthropologie* und demzufolge konnten wir den Anspruch auf eine vollständige und umfassende Darstellung aller theoretischen und angewandten Bereiche nicht verfolgen. Nichtsdestotrotz haben die AutorInnen und wir als Herausgeberinnen versucht, aus disziplinärer Sicht die wichtigsten Ansätze und Arbeitsbereiche darzustellen und die seit Beginn dieses Fachgebietes bestehenden interdisziplinären Verflechtungen aufzuzeigen.

Ziel des Buches und Zielpublikum

Die zwei wichtigsten Ziele des Buches sind:
- Studierende der Kultur- und Sozialanthropologie (aber auch anderer sozialwissenschaftlicher Fachbereiche, die sich mit Migration beschäftigen) mit einem fundierten Wissen zum Themenbereich Migration „auszurüsten" und sie darüber hinaus zur aktiven Auseinandersetzung mit dem Stoff und zur Entwicklung eigener Fragestellungen zu animieren. Eine weitere Intention ist, AbsolventInnen mit einem fachfremden Bakkalaureat den Einstieg in ein Masterstudium in der Kultur- und Sozialanthropologie und darin die Auswahl eines migrationsspezifischen Schwerpunktes zu ermöglichen.
- KollegInnen aus anderen Fachdisziplinen und PraktikerInnen einen sowohl grundlegenden historischen als auch aktuellen Überblick über kultur- und sozialanthropologische Ansätze zu Migration zu präsentieren.

Migrationsforschung: Anthropologische Aspekte und Interdisziplinarität

KollegInnen aus anderen Fachdisziplinen könnten berechtigterweise fragen, wieso ein Lehrbuch zu kultur- und sozialanthropologischen Zugängen und nicht eines zu Migrationsforschung aus inter- oder sogar transdisziplinärer Perspektive, in dem die kultur- und sozialanthropologischen Ansätze ein integrativer Bestandteil wären? Abgesehen davon, dass wir in dieser Hinsicht keinen Widerspruch sehen und dass eine transdisziplinäre Herangehensweise, sowohl in Lehrunterlagen als auch im Lehrbetrieb, durchaus wünschenswert und im österreichischen Forschungskontext realisierbar ist, sahen wir einen Bedarf, die kultur- und sozialanthropologischen theoretischen, empirischen und praxeologischen Beiträge vorzustellen. Wie aus den theoretischen Abhandlungen hervorgeht, sind Studien über Migration im weitesten Sinn ein wesentlicher Teil in der jüngeren Kultur- und Sozialanthropologie. Die Notwendigkeit der Entwicklung eines eigenen Fachbereiches wurde im anglo-amerikanischen Raum schon sehr früh erkannt und erfuhr in Wien erst in den letzten zwei Jahrzehnten besondere Aufmerksamkeit. Gerade diese erst sehr spät erfolgte wissenschaftliche Beschäftigung mit dieser Subdisziplin in Wien hatte zur Folge, dass zwar AbsolventInnen unseres Faches in migrationsspezifischen Projekten arbeiten, jedoch scheint kultur- und sozialanthropologisches Wissen über Migration in anderen Fächern zum Teil ausgeblendet zu sein. Dies mag zum Teil daran liegen, dass KollegInnen aus anderen sozialwissenschaftlichen Fächern der anthropologische Fokus auf die „human dimension" (bzw. Migration als spezifisch menschliche Erfahrung) und Ethnographie „weitgehend deskriptiv" vorkommt (Brettell 2000: 119) und somit der ebenso wesentliche theoriebildende und vergleichende Aspekt anthropologischer Forschung unberechtigterweise oft in den Hintergrund gerät.

Weiters betrachten wir es – in Anlehnung an die Bemühungen der Anthropologin Caroline Brettell und des politischen Ökonomen James F. Hollifield, innerhalb der Migrationsforschung zwischen verschiedenen Disziplinen „Brücken zu bauen" (vgl. Brettell/Hollifield 2000) – als besonders wichtig, nicht nur in der Forschung, sondern gerade bereits in einem Lehrbuch den Grundstein für das Verständnis sowohl der Besonderheiten der eigenen Disziplin als auch der interdisziplinären Kontexte und Ansatzpunkte zu legen. Studierende sollen schon früh erkennen, dass die Komplexität der migrationsspezifischen Thematiken nur in interdisziplinärer Zusammenarbeit und/oder transdisziplinären Ansätzen erfolgen kann. Diese Ausrichtung des Lehrbuchs kommt am eindeutigsten in den Kapiteln zur Geschichte der Migrationsforschung und den Darstellungen der rezenten theoretischen Ansätze anthropologischer Forschung zu Globalisierungsthemen zum Vorschein und zieht sich auch durch alle Beiträge, die sich mit praxisrelevanten Themen beschäftigen.

Um die Rückkoppelung zur eigenen Disziplin aufzuzeigen, war es uns weiters wichtig, die Bedeutung sowohl der relevanten „klassischen" Themen unseres Faches (beispielsweise Religion, Verwandtschaft etc.) wie auch die anthropologischen Beiträge in den neueren und stärker interdisziplinär ausgerichteten Forschungsfeldern (beispielsweise Globalisierung, Kindheit/Jugend, Bildung etc.) aufzuzeigen.

Die Migrationsforschung in der KSA ist eines der neueren Sachgebiete, das in den letzten zwei Jahrzehnten am Wiener Institut etabliert wurde und seit der Änderung der letzten Diplomstudienordnung, mit einer modularen Spezialisierung auf Migrationsforschung, auf großes Interesse gestoßen ist. Die rasante Entwicklung unseres Faches seit den verschiedenen „turns" in den Kultur- und Sozialwissenschaften (unter anderem *cultural turn* und *linguistic turn*) mündete in der Entstehung vieler neuer Sachgebiete (beispielsweise feministische Anthropologie, Globalisierungsstudien, Medienanthropologie) und spiegelt sich auch in der Selbstbezeichnung unseres Faches bzw. unserer Studienrichtung wider. Studierte man Anfang der 1980er-Jahre noch „Völkerkunde" und schloss Ende der 1980er-Jahre in der „Ethnologie" sein Studium ab, sind wir heute als „Kultur- und SozialanthropologInnen" tätig. Diese neueren Disziplinentwicklungen auf nationaler wie auch internationaler Ebene machten es daher unmöglich, in diesem Lehrbuch bloß mit einer Bezeichnung für unser Fach zu operieren. Hinter jedem dieser Begriffe stecken die eigene Geschichte, Fragen von disziplinärem Selbstverständnis, von Erkenntnisinteresse und nicht zuletzt eine Reihe von Paradigmenwechseln in den späten 1980er- und 1990er-Jahren. Eine begriffliche Vereinheitlichung auf die jetzige Bezeichnung als Kultur- und Sozialanthropologie (KSA) wäre dieser diversen Entwicklungsgeschichte nicht gerecht geworden (vgl. Barth et al. 2005).

Aufbau und Didaktik des Buches

Unser Anliegen war es, in diesem Lehrbuch sozusagen mehrere „Bögen zu spannen". Zunächst wollten wir den theoretischen und den Praxis-Bezug miteinander verbinden. Dies ist auf zweifache Art und Weise gewährleistet: einerseits durch die kontinuierlichen Forschungsverweise bzw. Illustrationen aus der Forschungspraxis in den eher theoretisch orientierten Kapiteln und andererseits durch einige Beiträge aus anwendungsorientierten Feldern (siehe den Abschnitt ‚Ausgewählte Anwendungsfelder‘).

Aufgrund der Tatsache, dass viele AbsolventInnen der Kultur- und Sozialanthropologie gerade im Praxisfeld der migrationsbezogenen Zivilgesellschaft tätig werden, war es für uns zusätzlich wichtig, dass das Lehrbuch das Zusammenwirken von theoretischen Ansätzen, empirischer Forschung und Anwendung in praxisbezogenen Feldern aufzeigt. Antirassismusarbeit, psychosoziale und gesundheitsbezogene Unterstützung von MigrantInnen, interkulturelle Mediation in Jugendzentren und bei diversen Konfliktsituationen (Wohnen, außergerichtlicher Tatausgleich etc.) und andere mehr – all das sind Praxisbereiche, in denen Kultur- und SozialanthropologInnen wertvolle Beiträge leisten können und leisten (vgl. Seiser et al. 2003). Es werden neue Forschungsthemen aufgezeigt, wodurch das praxeologische Wissen an die Forschung rückgekoppelt wird.

Gerade in den praxisrelevanten Feldern werden wir gerne als „KulturexpertInnen" miteinbezogen. Die Debatten um den *cultural turn* in den späten 1980er-Jahren bewirkten, dass der Kulturbegriff in den Mittelpunkt der Diskussion über die Zukunft unseres Faches rückte. Daher wurde diesem Umstand durch mehrere Beiträge Rechnung getragen (siehe die Beiträge von Steiner, Armbruster, Sabine Strasser, Markom). Studierende sollen dazu aufgefordert werden, eigenständig und kritisch mit den unterschiedlichen Kulturbegriffen umzugehen und sich als angehende ExpertInnen der Unmöglichkeit bewusst zu werden, eindeutige Aussagen über *die* Kultur oder *die* Gesellschaft treffen zu können. Vielmehr müssen Studierende lernen, Probleme kritisch zu kontextualisieren und selbstreflektiv zu arbeiten.

Vor diesem Hintergrund wollten wir der leider oft üblichen studentischen, nämlich „rezeptiven" Haltung einem Lehrbuchstoff gegenüber entgegenwirken.

Aus dieser didaktischen Überlegung heraus wurde am Ende der Beiträge die für jedes Subthema wesentliche Basisliteratur angeführt und wurden Fragen formuliert, die zum selbständigen wissenschaftlichen Arbeiten anregen sollen. Diese Fragen beziehen sich nämlich nicht bloß auf die im Text dargestellten theoretischen Diskurse, sondern verweisen darüber hinaus auf weitere mögliche theoretische Ansätze und Zugänge zum jeweiligen Thema.

Im anglo-amerikanischen Raum hat die Auseinandersetzung mit migrationsspezifischen Themen eine viel längere Tradition als in der deutschsprachigen Kultur- und Sozialanthropologie. Um den Studierenden die Notwendigkeit der Auseinandersetzung mit der fachspezifischen Ausrichtung und Terminologie im anglo-amerikanischen Raum zu vermitteln, war es uns ein besonderes didaktisches Anliegen, auch englische Artikel in diesem Lehrbuch aufzunehmen. Der Beitrag der Wiener Kultur- und Sozialanthropologin Sabine Strasser zu Multikulturalismus aus feministischer Perspektive macht die Studierenden mit diesem für die Migrationsforschung wesentlichen Themenbereich bekannt. Die Aufnahme des 2006 erschienenen Artikels der beiden US-amerikanischen Kulturanthropologinnen Sarah J. Mahler und Patricia R. Pessar, der einen umfassenden Überblick über die kulturanthropologische Gender- und Migrationsforschung liefert, ermöglicht den Studierenden eine international vergleichende Betrachtung von Gender als eine wesentliche themen- und fächerübergreifende Dimension. Der dritte englische Artikel der Wiener Anthropologinnen Sabine Strasser, Gudrun Kroner und Barbara Herzog-Punzenberger gibt einen Überblick über die sozialanthropologische Migrationsforschung in Österreich bis zum Jahr 2004.

Kritische LeserInnen dieses Lehrbuchs werden methodische Ausführungen vermissen. Die ursprünglich geplanten Beiträge zu quantitativen und qualitativen Methoden, zur Konstruktion des Forschungsfeldes und zu ethischen Fragestellungen wurden aufgrund ihres erheblichen Umfangs für einen Folgeband vorgesehen. Ausschlaggebend dafür, dass ein methodologischer „Pflichtbeitrag" ausgespart wurde, ist weiters, dass diese Ausführungen mit ausgewiesenen Fallstudien veranschaulicht werden sollen und Studierende so nicht nur einen Einblick in das notwendige Handwerkszeug, sondern auch in dessen fallspezifische Anwendung erhalten sollen.

Auch eine Reihe weiterer Themenbereiche sind in diesem Lehrbuch nicht näher ausgeführt, so beispielsweise der Querschnittsbereich von Migration und Entwicklung, die Bedeutung von Remittenzen für Nationalökonomien und lokale Entwicklungen oder die Bedeutung von Sprache, Spracherwerb und Mehrsprachigkeit in und durch Migration.

Die Herausgeberinnen hoffen, dass durch den vorliegenden Band das Interesse an diesem Forschungsbereich und Lehrunterlagen dieser Art geweckt werden kann, sodass Folgeprojekte möglich sind.

Literatur

Barth, Frederik/Gingrich, Andre/Parkin, Robert/Silverman, Sydel (2005): One Discipline, Four Ways. British, German, French, and American Anthropology. Chicago/London: Chigaco University Press.

Brettell, Caroline B. (2000): Theorizing Migration in Anthropology. The Social Construction of Networks, Identities, Communities, and Globalscapes. In: Brettell, Caroline B./ Hollifield, James F.: Migration Theory. Talking Across Disciplines. New York/London: Routledge, 97–137.

Brettell, Caroline B./Hollifield, James F. (2000): Migration Theory. Talking Across Disciplines. New York/London: Routledge.

Feichtinger, Johannes/Mitterbauer, Helga/Scherke, Katharina (2004): Interdisziplinarität – Transdisziplinarität. Zu Theorie und Praxis in den Geistes- und Sozialwissenschaften. newsletter MODERNE 7/2, 11–16.

Kocka, Jürgen (Hg.) (1987): Interdisziplinarität. Praxis – Herausforderung – Ideologie. Frankfurt am Main: Suhrkamp.

Seiser, Gertraud/Czarnowski, Julia/Pinkl, Petra (2003): Explorationen ethnologischer Berufs-felder. Chancen und Risiken für UniversitätsabsolventInnen. Wien: Facultas.

Elisabeth Strasser

2 Was ist Migration? Zentrale Begriffe und Typologien

Einleitung

Als Bestandteil der heutigen Gesellschaft ist Migration nicht erst zu Beginn des 21. Jahrhunderts ein weltpolitisch aktuelles Thema, auch wenn wir uns nach Castles und Miller derzeit im Zeitalter der Migration befinden (vgl. Castles/ Miller 2003 [1998]). Internationale Wanderungen hat es immer schon gegeben, jedoch haben sich Migrationsformen und Migrationspolitiken im Laufe der Zeit und im Zuge von Globalisierungsprozessen verändert. Weltweit wurden im Jahr 2005 191 Millionen internationale MigrantInnen gezählt, wovon 34 % in Europa, 28 % in Asien und 23 % in Nordamerika lebten. Der durchschnittliche Anteil der MigrantInnen an der Gesamtbevölkerung betrug 2005 weltweit 3 %, in Nordamerika 14 % und in Europa 9 % (vgl. United Nations 2009).

Was genau ist nun mit Migration gemeint, und wer wird als Migrant und Migrantin bezeichnet? Welche Begriffe sind zentral im heutigen Umgang und Verständnis von Migration und in der wissenschaftlichen Auseinandersetzung mit diesem Themenfeld? Im folgenden Artikel wird ein Überblick über relevante Begrifflichkeiten und unterschiedliche Typologisierungen aus verschiedenen Disziplinen gegeben.

Migration aus unterschiedlichen Perspektiven

Migrationen sind komplexe soziale Prozesse, die sowohl die migrierenden und nicht-migrierenden Personen betreffen als auch die Gesellschaften und Orte, in und zwischen denen sich die Menschen bewegen. Migration ist somit auch ein Thema, das in zahlreichen Disziplinen aus unterschiedlichen Perspektiven und mit verschiedenen Schwerpunkten behandelt wird (vgl. beispielsweise Treibel 2008; Brettell/Hollifield 2000). Die Soziologie etwa befasst sich vor allem mit sozialen Transformationen und gesellschaftlichen Folgen von Migration. In der Politikwissenschaft werden insbesondere migrationspolitische Entwicklungen beleuchtet, wobei es um Themen wie politische Partizipation von MigrantInnen, Staatsbürgerschaft, Integration oder den Vergleich von Einwanderungs- und Asylpolitiken verschiedener Staaten geht. Zuwanderungs-, Staatsbürgerschafts- und Asylrecht im internationalen Vergleich werden im rechtswissenschaftlichen Kontext untersucht, während sich Wirtschaftswissenschaften etwa schwerpunktmäßig mit ökonomischen Ursachen und Folgen von Migrationen sowie arbeitsmarktbezogenen Veränderungen durch Migration beschäftigen. In der Geographie wird Migration in Zusammenhang mit Bevölkerungsstrukturen, demographischen Veränderungen sowie Wohn- und Siedlungsstrukturen in Städten und Regionen untersucht, wobei Migration sowohl als räumliches als auch gesellschaftliches Phänomen verstanden wird. In der geschichtswissenschaftlichen Auseinandersetzung mit Migration geht es vor allem um sozial- und wirtschaftshistorische Vergleiche und Beschreibungen von Migrationsverläufen, während psychologische Untersuchungen unter anderem auf individuelle Ursachen von Migration, auf Bewältigung und Identitätsentwicklung im Migrationsverlauf eingehen.

Im Mittelpunkt der kultur- und sozialanthropologischen Migrationsforschung steht insbesondere die Untersuchung des gesellschaftlichen Umgangs mit „dem Fremden", die Erforschung von (neuen) sozialen und kulturellen Umgangsformen von zugewanderter und nicht-zugewanderter Bevölkerung. Analysen von Integrationspolitiken und -maßnahmen, von transnationalen Beziehungen, von globalen Prozessen und deren lokalen Auswirkungen sowie Fragen um Identität und Ethnizität sind zentrale Themenbereiche. Dabei spielen qualitative Forschungsmethoden eine wesentliche Rolle, die nicht alleine eine wichtige Ergänzung zu den oftmals quantitativen Untersuchungen in anderen Wissenschaftsdisziplinen darstellen, sondern tiefere Einblicke und ein Verstehen gesellschaftlicher Transformationsprozesse erlauben. Die anthropologische Migrationsforschung geht dabei von der Annahme aus, dass MigrantInnen innerhalb bestimmter gegebener Strukturen als selbständig Handelnde agieren und ihre Erfahrungen von ihren sozialen, kulturellen und geschlechtsspezifischen Verortungen geprägt werden (vgl. Brettell/Hollifield 2000). Als grenzüberschreitendes Phänomen per definitionem ist Migration ein Forschungsthema, das auch über wissenschaftlich-disziplinäre Grenzen hinaus untersucht werden sollte. Das geschieht zwar inzwischen vereinzelt in internationalen Forschungsprojekten und Forschungskooperationen[1], doch der Aufruf nach Multidisziplinarität und Interdisziplinarität in der Migrationsforschung (vgl. etwa Brettell/Hollifield 2000; Hammar/Tamas 1997) bleibt nach wie vor aktuell.

---

1 —— Beispielsweise IOM (*International Organization for Migration*), IMISCOE (*International Migration, Integration and Social Cohesion*), IMRC (*International Migration Research Centre*), IMIS (*Institut für Migrationsforschung und Interkulturelle Studien*). In dem 2004 gegründeten Europäischen Exzellenznetzwerk IMISCOE (*Immigration, Integration and Social Cohesion in Europe*) etwa sind über 500 MigrationsforscherInnen aus 23 europäischen Forschungseinrichtungen vertreten. Ziel dieses multidisziplinären Netzwerkes ist eine Integration der europäischen Migrationsforschung durch das Zusammenführen bisheriger Forschungen und der gemeinsamen Entwicklung neuer Forschungsansätze sowie die öffentliche Verbreitung dieser Ergebnisse (vgl. www.imiscoe.org).

Migration – Definitionen und Kategorisierungen

Was konkret bedeutet nun „Migration"? Was wird unter diesem Begriff verstanden, wie wird er abgegrenzt, und welche Definitionen gibt es?

Wörtlich übersetzt heißt „Migration" Wanderung (lat. *migrare*: wandern), das heißt, man versteht darunter die Wanderung bzw. Bewegung von Individuen oder Gruppen im geographischen und sozialen Raum. Die Begriffe „Emigration" (Auswanderung) und „Immigration" (Einwanderung) weisen in diesem Zusammenhang auf die Richtung der Migration hin.

Grundsätzlich finden sich zahlreiche unterschiedliche Definitionen von Migration, die je nach wissenschaftlicher Disziplin, je nach AutorIn bzw. Kontext, in dem der Begriff verwendet wird, breiter oder enger gefasst sind. Während die zentralen Aspekte von Bewegung und Wechsel in den unterschiedlichen Definitionen im Mittelpunkt stehen, unterscheiden sie sich vor allem in Bezug auf die Verwendung und Betonung der Kriterien von zurückgelegter Entfernung, von zeitlicher Dimension, inwieweit der Unterschied zwischen Herkunfts- und Zielregion betont wird und schließlich nach der Aufenthaltsdauer.

Eine mögliche, sehr allgemeine Definition etwa findet sich im ersten ‚Österreichischen Migrations- und Integrationsbericht' (2003), wonach Migration als „räumliche Bewegung zur Veränderung des Lebensmittelpunktes von Individuen oder Gruppen über eine bedeutsame Entfernung" (Fassmann et al. 2003: 10) verstanden wird.

Treibel schlägt folgende, breit gefasste Definition vor, wonach Migration „der auf Dauer angelegte bzw. dauerhaft werdende Wechsel in eine andere Gesellschaft bzw. in eine andere Region von einzelnen oder mehreren Menschen" ist (Treibel 2008: 21).

Um die meist sehr allgemein gehaltenen Begriffsdefinitionen von Migration zu differenzieren und zu konkretisieren, wurden und werden verschiedene Typologien entwickelt, die generelle Unterscheidungskriterien für unterschiedliche Formen von Migration bieten sollen. Diese Typologien können dabei nur als grobe Orientierung dienen, Entscheidungen und Auslöser von Migrationen sind meist vielfach, die Kriterien überschneiden sich und werden auch von AutorInnen der verschiedenen Disziplinen unterschiedlich interpretiert. So können Migrationen etwa in Bezug auf räumliche, zeitliche und kausale Kriterien unterschieden werden (vgl. Treibel 2008: 20). Nach räumlichen Aspekten wird dabei zwischen „internationaler" und „interner" oder „intra-nationaler" bzw. „Binnenmigration" unterschieden. Während bei Ersterer nationale Grenzen überschritten werden, erfolgt Binnenmigration innerhalb der Grenzen eines Staates. Eine weitere Kategorie, „regionale Migration", bezieht sich in der geographischen Migrationsforschung auf Wanderungsbewegungen innerhalb von Regionen eines Landes (das heißt als Sub-Kategorie von interner Migration), wird aber in anderen Disziplinen auch in Bezug auf Regionen über mehrere Länder verwendet, wie zum Beispiel innerhalb der *Europäischen Union* oder Lateinamerika (vgl. Hammar/ Tamas 1997: 15).

Zeitliche Kriterien beziehen sich auf Dauer und Verlauf von Migrationen und unterscheiden „permanente/dauerhafte Migration" von „temporärer/begrenzter Migration". Als relativ neue und aktuelle Form von temporärer Migration kann „zirkuläre Migration" oder „Pendelmigration" gesehen werden, die darauf Bezug nimmt, dass MigrantInnen zunehmend wiederholt oder regelmäßig zwischen ihrem Herkunftsland und einem oder mehreren Aufnahmeländern pendeln (vgl. Koser 2007).

Nach kausalen Kriterien, die sich auf die Migrationsentscheidung oder Migrationsursache beziehen, wird „freiwillige" von „unfreiwilliger Migration" unterschieden. Sowohl die Unterscheidung nach zeitlichen Aspekten als auch gerade die Unterscheidung in freiwillige und erzwungene Migration ist jedoch sehr umstritten und ungenau. Während mit freiwilliger Migration die Vorstellung einer freien, individuellen Migrationsentscheidung verbunden ist, impliziert erzwungene Migration die Vertreibung von Menschen mit Gewalt oder durch Angst vor Gewalt (also etwa Flucht, Vertreibung, Krieg oder Verfolgung). Ab wann Migrationsentscheidungen aber freiwillig oder erzwungen sind, ist meist nicht eindeutig zu beantworten und feststellbar, das heißt, es gibt einen großen Bereich von Entscheidungen und Faktoren, die zwischen diesen beiden Polen liegen. Diese Einteilungen nach verschiedenen Kriterien können also nur als grobe Richtlinien dienen, in denen es viele weitere Nuancen und Abweichungen gibt, die sich gegenseitig beeinflussen und überschneiden. Generell ist es mit keinen dieser Kriterien und Typologien möglich, die Komplexität der tatsächlichen Migrationsbewegungen zu erklären, es gibt daher auch keinen theoretischen Ansatz, der ausschließlich auf einer dieser Typisierungen beruht. Die Komplexität von Migrationsentscheidungen, -entwürfen und -prozessen, die in diesen Kategorien und Modellen nicht erfasst werden kann, kann jedoch gerade in sozialanthropologischen Arbeiten sichtbar gemacht werden.

Migrant/Migrantin – Definitionen und Kategorisierungen

Wer wird nun als Migrant/Migrantin bezeichnet und definiert, und welche Kategorien werden hier angewandt?

Eine allgemeine Definition von „MigrantIn", die international meist verwendet wird, ist die UN-Definition, nach der ein/e international/er MigrantIn eine Person ist, die in ein anderes Land als ihr Herkunftsland einreist und sich dort mindestens zwölf Monate aufhält.[2]

---

2 ⎯ "A person who moves to a country other than that of his or her usual residence for a period of at least a year (12 months) [...]" (UN 1998: 18).

Hammar und Tamas (1997) definieren eine/n internationale/n MigrantIn als „eine Person, die von einem Land in ein anderes Land gewandert ist, mit der Absicht sich dort für eine bestimmte Zeit niederzulassen"[3] [Anm.: Übersetzung der Autorin] (Hammar/Tamas 1997: 16).

Die tatsächliche Realität ist aber auch in diesem Fall eine viel komplexere, als sie mit diesen Definitionen erfasst werden kann: Zum einen ist die statistische Erhebung der Aufenthaltsdauer von MigrantInnen weltweit schwierig und komplex. Zum anderen ist es ebenso relevant zu beachten, dass Menschen nicht nur per definitionem zu „MigrantInnen werden", sondern auch durch bestimmte Prozesse nicht mehr als „MigrantInnen" in diesem „klassischen Sinn" definiert werden (etwa durch „Rückkehrmigration", durch die Erlangung einer neuen Staatsbürgerschaft oder aufgrund ihrer transnationalen Lebensrealitäten). Schließlich umfasst der Begriff „MigrantIn" Menschen in sehr unterschiedlichen sozialen und rechtlichen Lebenssituationen (vgl. Koser 2007).

Ähnlich wie in der Begriffsbestimmung von Migration wurden und werden Typologien entwickelt, um MigrantInnen nach verschiedenen Kategorien zu unterscheiden. Zusätzlich zur bereits erwähnten problematischen und ungenauen Kategorisierung in „freiwillige" und „erzwungene" MigrantInnen[4] wird oft auch eine Unterscheidung zwischen „politisch motivierten" und „wirtschaftlich motivierten" MigrantInnen sowie zwischen „legalen" und „illegalen" bzw. „irregulären"[5] MigrantInnen getroffen (vgl. Koser 2007).

Während unter MigrantInnen, die aufgrund politischer Faktoren migrieren, vor allem Flüchtlinge verstanden werden (die also ihr Herkunftsland aufgrund politischer Verfolgung bzw. politischer Konflikte verlassen), werden Menschen, die aufgrund wirtschaftlicher Faktoren migrieren, auch als „ArbeitsmigrantInnen" bezeichnet. Damit sind ganz generell Personen gemeint, die migrieren, um Arbeit bzw. bessere Arbeitsmöglichkeiten und Arbeitsbedingungen zu finden. Diese Personen werden oft auch weiter unterschieden in *low skilled* und *highly skilled* (niedrigqualifizierte bzw. hochqualifizierte) MigrantInnen. Gleichzeitig gibt es aber auch Personen, die vorrangig aufgrund sozialer Motivation migrieren, etwa als Familienmitglieder, als (Ehe-)PartnerInnen oder für Bildungszwecke. Die Bezeichnung „GastarbeiterIn" wird im österreichischen bzw. deutschsprachigen Kontext im Bezug auf MigrantInnen verwendet, die vor allem in den 1960er- und 1970er-Jahren nach Österreich und Deutschland angeworben wurden.

---

3 —— "An international migrant is thus a person who has moved from one country to another with the intention of taking up residence there for a relevant period of time" (Hammar/Tamas 1997: 16).

4 —— Letztere werden meist als „Flüchtlinge" bezeichnet, dieser Begriff hat jedoch eine sehr spezifische Bedeutung, wie noch später in diesem Text ausgeführt wird.

5 —— Obwohl der Begriff „illegale" Migration nach wie vor weitläufig verwendet wird, sind dem die Bezeichnungen „irregulär" bzw. „undokumentiert" vorzuziehen, da sie weniger einschränkend und auch der Situation entsprechender sind.

Diese aktive Anwerbepolitik ausländischer Arbeitskräfte wurde mit bilateralen Anwerbeabkommen festgelegt, so etwa schloss Deutschland 1961 ein Abkommen mit der Türkei ab. Mit den Anwerbeabkommen, die Österreich 1964 mit der Türkei und 1966 mit dem damaligen Jugoslawien abschloss, kam eine quantitativ bedeutende Arbeitskräftezuwanderung auch nach Österreich in Gange. Durch eigens vor Ort eingerichtete Anwerbestellen wurde außerdem die Anwerbung und Anreise der so genannten „GastarbeiterInnen" organisiert. „GastarbeiterIn" ist jedoch ein euphemistischer Ausdruck, impliziert er doch, dass diese ArbeitsmigrantInnen nur Gäste sein und je nach Nachfrage am Arbeitsmarkt nach einiger Zeit wieder in ihr Herkunftsland zurückkehren sollten. Dieses „Rotationsprinzip", also der (jährliche) Austausch der ArbeitsmigrantInnen, sollte einer dauerhaften Niederlassung in Österreich vorbeugen. Der Begriff „GastarbeiterInnen" wurde jedoch dem realen Phänomen der Migration nicht gerecht, denn einerseits stellten sich viele Unternehmer aus betriebswirtschaftlichen Erwägungen gegen die hohe Fluktuation von Arbeitskräften, andererseits sahen viele der als „GastarbeiterInnen" rekrutierten Arbeitskräfte für sich und ihre Familienangehörigen eine längerfristige Perspektive in den Aufnahmeländern, wo sie sich dauerhaft niederließen (vgl. Münz et al. 2003).

Die Unterscheidung zwischen „legalen" und „irregulären" MigrantInnen schließlich kann sich auf rechtlich unerlaubte Einreise oder Aufenthalt beziehen. Dieser Status kann bereits seit der Einreise in ein Land bestehen oder durch das Ablaufen von regulären Aufenthalts- oder Niederlassungs- bzw. Arbeitsgenehmigungen entstehen. Die Bezeichnung „irreguläre/r MigrantIn" umfasst somit eine große Gruppe von Menschen, die ohne oder mit falschen Papieren in ein Land einreisen oder die nach ihrer regulären Einreise nach Ablauf der Aufenthaltserlaubnis bzw. der Arbeitserlaubnis in einem Land bleiben. Die Zahl der so genannten „irregulären" MigrantInnen ist sehr schwer bzw. fast unmöglich zu schätzen, sicher ist jedoch, dass es viel mehr reguläre als irreguläre MigrantInnen weltweit gibt (vgl. Koser 2007).

Wie im Bereich der Typologisierungen von Migrationen nach zeitlichen, räumlichen und kausalen Kriterien sind auch Kategorisierungen unterschiedlicher MigrantInnengruppen problematisch, weil sie Realitäten vereinfachen. Einerseits gibt es immer Überschneidungen von verschiedenen Kategorien – so sind die meisten „freiwilligen" MigrantInnen oft auch „ökonomische" MigrantInnen, und viele „erzwungene" MigrantInnen sind politische MigrantInnen bzw. Flüchtlinge. Gleichzeitig sind auch die innerhalb der Kategorien getroffenen Unterscheidungen in der gelebten Realität meist nicht so klar, so etwa werden viele individuelle Migrationsentscheidungen weder ganz freiwillig noch ganz unfreiwillig getroffen, sondern sind von vielen verschiedenen Faktoren abhängig. Beispielsweise spielen in Bezug auf Migrationsentscheidungen und Migrationsverläufe soziale Beziehungen und Netzwerke sowie Familie und Haushalt eine wesentliche Rolle, auf die gerade in sozialanthropologischen Forschungen besonderes Augenmerk gelegt wird (vgl. u. a. Brettell/Hollifield 2000).

Schließlich ist zu bedenken, dass MigrantInnen (sukzessive) unterschiedlichen Kategorien angehören können, etwa im Fall von so genannten *overstayers*, also Personen, die nach Ablauf ihres „legalen" Aufenthaltsstatus als „irreguläre" MigrantInnen in einem Land leben. Ebenso kann eine „freiwillig" migrierte Person zu einer/m „unfreiwilligen" MigrantIn werden, wenn Umstände in ihrem/ seinem Herkunftsland eine Rückkehr etwa nicht mehr ermöglichen. Schließlich können MigrantInnen auch durch den Erwerb der Staatsbürgerschaft ihres Aufenthaltslandes aus der Kategorie „MigrantIn" fallen (vgl. Koser 2007).

Neben den skizzierten Kategorisierungen ist auch die unterschiedliche Verwendung des Begriffs „MigrantIn" relevant. Gerade im alltäglichen Sprachgebrauch, aber auch in politischen Diskussionen, werden mit dem Begriff „MigrantIn" Personen bezeichnet, die sich in sehr unterschiedlichen Lebenssituationen befinden und diversen rechtlichen Bedingungen unterliegen.

So werden oft etwa Personen mit „Migrationshintergrund" auch als MigrantInnen bezeichnet, unabhängig davon, ob sie selbst migriert sind oder nicht. In den offiziellen österreichischen Kategorisierungen von Statistik Austria verweist die Bezeichnung „Personen mit Migrationshintergrund" auf Menschen, deren beide Elternteile nicht in Österreich geboren wurden. Diese Gruppe wird weiters unterteilt in „MigrantInnen der 1. Generation", das sind Personen, die im Ausland geboren sind, und in „MigrantInnen der 2. Generation", das sind Kinder von zugewanderten Personen, die selbst in Österreich geboren sind (vgl. Statistik Austria, www.statistik.at).

Ebenso können Menschen als MigrantInnen bezeichnet bzw. als MigrantInnen wahrgenommen werden, die bereits die Staatsbürgerschaft des Aufnahmelandes angenommen haben. Gleichzeitig wird der Begriff MigrantIn oft auch gleichgesetzt mit „AusländerIn".[6] Letzterer bezieht sich in der statistischen Erfassung auf eine Person, die nicht die Staatsbürgerschaft des Aufenthaltslandes besitzt. Tatsächlich gibt aber die Staatsbürgerschaft einer Person nicht notwendigerweise Auskunft darüber, ob jemand per definitionem ein/e MigrantIn ist oder nicht. So gibt es etwa in Österreich unter ausländischen Staatsangehörigen in Österreich geborene und aufgewachsene Personen, die selbst nie migriert sind. Dies ist auf das in Österreich geltende *ius sanguinis* (Abstammungsprinzip)

---

6 __ Der Begriff „AusländerIn" wird oft auch synonym mit „Fremde/r" verwendet, um sich auf Nicht-Staatsangehörige zu beziehen. Im legalen Kontext ist die Verwendung dieser Begriffe üblich, so etwa sind sie im österreichischen „Ausländerbeschäftigungsgesetz" oder im „Fremdenrechtspaket" manifestiert, wo nach Österreich zuwandernde Personen als „Fremde" bezeichnet werden. Gerade im politischen und alltäglichen Sprachgebrauch sollte der Begriff des „Fremden" jedoch mit Vorsicht verwendet werden, beinhaltet er doch eine negative Konnotation, die eine künstliche Distanz und ein essentielles „Anders-Sein" bzw. „Fremd-Sein" impliziert.

zurückzuführen, nach dem die Staatsangehörigkeit von der Herkunft der Eltern abhängig ist, wonach in Österreich geborene Kinder automatisch die Staatsbürgerschaft ihrer Eltern erhalten. Dieses Abstammungsprinzip steht im Gegensatz zum *ius soli* oder Geburtsortprinzip, nach dem die Staatsangehörigkeit vom Geburtsort abhängt.[7] Während in manchen europäischen Staaten (unter anderem Österreich, Dänemark, Griechenland, Italien) nach wie vor nur das *ius sanguinis* gilt, werden inzwischen in vielen Staaten (wie etwa Deutschland, Frankreich, den Niederlanden, Spanien oder Großbritannien) ergänzend zum *ius sanguinis* unterschiedlich modifizierte Formen des *ius soli* praktiziert.

Je nach nationalem Kontext und wissenschaftlich-disziplinärem Kontext werden Begriffe also zum Teil unterschiedlich verwendet und können verschiedene zugrunde liegende Definitionen und Kategorien haben. Gleichzeitig sind gerade solche Überschneidungen von Kategorien wie Staatsbürgerschaft, Geburtsland, Aufenthaltsstatus etc. relevant für Prozesse von Zugehörigkeit und Identitäten.

Eine Gruppe von MigrantInnen, die ganz spezifischen Rechtsbedingungen unterliegen, sind Flüchtlinge. Flucht und Asyl wird in der Migrationsforschung auch in einem eigenen Forschungszweig behandelt.

Flucht – Flüchtling – Asyl

„Flucht" und „Asyl" stellen in Form der Flüchtlingsforschung *(Refugee Studies)* einen Kernbereich der Migrationsforschung mit spezifischen Fragestellungen dar (siehe den Beitrag 7 von Tošić, Kroner und Binder in diesem Band). Gleichzeitig wird dieser Bereich von Migration in einer eigenen Gesetzesmaterie geregelt – Asylgesetze und Asylpolitik sind somit auf nationaler als auch internationaler Ebene getrennt von Migrations- und Integrationspolitik.

„Fluchtmigration" meint die zumeist unfreiwillige und erzwungene Migration. „Flüchtling" bezeichnet in der Alltagssprache eine Person, die durch politische Zwangsmaßnahmen, Kriege oder existenzgefährdende Notlagen veranlasst wurde, ihre Heimat vorübergehend oder auf Dauer zu verlassen. Ob eine geflüchtete Person aber auch als Flüchtling im rechtlichen Sinn anerkannt wird, hängt von den Kriterien ab, die in der ‚Genfer Flüchtlingskonvention zur Rechtsstellung der Flüchtlinge' von 1951 festgelegt sind. Laut Artikel 1 der *Genfer Flüchtlingskonvention* findet der Begriff Flüchtling auf jede Person Anwendung, die sich

---

7 __ Vergleiche dazu Bauböck et al. (eds.) (2007): Citizenship Policies in the New Europe. Amsterdam University Press (IMISCOE Research). Der österreichische Politikwissenschafter Rainer Bauböck arbeitet an der *Universität Florenz* am *European Citizenship Observatory*, in dem Staatsbürgerschaftspolitiken der europäischen Staaten analysiert werden.

aus der begründeten Furcht vor Verfolgung wegen ihrer Rasse, Religion, Nationalität, Zugehörigkeit zu einer bestimmten sozialen Gruppe oder wegen ihrer politischen Überzeugung sich außerhalb des Landes befindet, dessen Staatsangehörigkeit sie besitzt, und den Schutz dieses Landes nicht in Anspruch nehmen kann oder wegen dieser Befürchtungen nicht in Anspruch nehmen will.[8]

Obwohl die *Genfer Flüchtlingskonvention* vor über 50 Jahren beschlossen wurde, gelten die in ihr festgelegten Definitionen und Kriterien nach wie vor als Basis des internationalen Flüchtlingsrechts. Nichtsdestotrotz geben bestimmte Teile der Konvention immer wieder Anlass zu Debatten, etwa weil die Konvention nicht explizit Personen miteinbezieht, die aufgrund ihres Geschlechts bzw. ihrer sexuellen Orientierung verfolgt werden, oder auch weil sich die Flüchtlingsdefinition nur auf Personen bezieht, die sich außerhalb ihres Herkunftslandes aufhalten, während es weltweit viel mehr Flüchtlinge innerhalb nationaler Grenzen (*internally displaced persons*) gibt (vgl. Koser 2007: 72).

Geflüchtete Personen, die einen Antrag auf Gewährung politischen Asyls im Sinne der *Genfer Flüchtlingskonvention* gestellt haben, gelten während der Antragsdauer/Verfahrensdauer als „AsylwerberInnen" oder „Asylsuchende".[9] Wenn die Antragstellung auf politisches Asyl positiv beschieden wird, erlangen sie den offiziellen Flüchtlingsstatus und die damit einhergehenden Berechtigungen zu Aufenthalt und Zugang zum Arbeitsmarkt im Aufenthaltsland.

Neben vielen weiteren zentralen Konzepten wie Ethnizität, Diversität, Identität und Kultur (auf die im vorliegenden Band noch näher eingegangen wird), ist Integration ein zentraler Begriff in der wissenschaftlichen und praktischen Auseinandersetzung mit Migration, der hier noch näher diskutiert werden soll.

Integration

Integration ist ein oft verwendeter, vielschichtiger und kontrovers diskutierter Begriff, dem in der Politik ebenso wie im alltäglichen Gebrauch unterschiedliche Bedeutungen zugeschrieben werden. Auch in der wissenschaftlichen Diskussion bleibt immer wieder unklar, was genau mit Integration gemeint ist.

8 ___ *Genfer Flüchtlingskonvention* – ‚Abkommen über die Rechtsstellung der Flüchtlinge vom 28. Juli 1951', vgl. http://www.unhcr.de/fileadmin/unhcr_data/pdfs/rechtsinformationen/ 45.pdf [3. 2. 2009].
9 ___ Vor allem in öffentlichen und politischen Debatten und im Alltagsgebrauch wird für AsylwerberInnen (aber auch für Flüchtlinge im rechtlichen Sinn) oft der Begriff „AsylantIn" verwendet, der jedoch mit einer negativen Konnotation behaftet ist und unterstellen mag, dass die betroffenen Personen zu Unrecht Asyl beantragen.

Vor dem allgemeinen Verständnis von Integration als „Zusammenführen", in diesem Fall der zugewanderten Bevölkerung mit der Mehrheitsgesellschaft, kann darunter sowohl eine gegenseitige Annäherung unter der Voraussetzung von Chancengleichheit und Gleichberechtigung verstanden werden als auch eine Anpassung an das Wertesystem des Aufnahmelandes bis hin zu Assimilation, also der völligen, einseitigen Angleichung. In letzteren Fällen wird Integration ausschließlich als eine Aufgabe der MigrantInnen verstanden, die sich an die Verhältnisse anpassen müssen. Assimilation wird nach dieser Auffassung als Voraussetzung für die Integration gesehen.

Im wissenschaftlichen Kontext stellt die Integrationsforschung einen zentralen Bereich der Migrationsforschung dar, die in den 1920er- und 1930er-Jahren in der so genannten *Chicago School of Sociology* begründet wurde, welche sich unter anderem mit Stadtsoziologie, Minderheiten und Subkulturen befasste. Dabei wurde auch mit Begriffen wie *melting pot* und „Akkulturation" der Frage nachgegangen, ob und inwiefern sich MigrantInnen neuen Kontexten anpassen oder ihre kulturellen Unterschiede bewahren (siehe den Beitrag 3 von Markom in diesem Band).

Dieses Spannungsfeld zwischen völliger Anpassung und Beibehaltung kultureller und anderer Besonderheiten prägt bis heute das Verständnis und die Verwendung des Integrationsbegriffs. Integration ist dabei ein möglicher Ansatz, die unterschiedlichen und wechselnden Beziehungen zwischen MigrantInnen und der Gesellschaft, in der sie leben, zu erklären. Obwohl die Definitionen von Integration sehr stark variieren – je nach nationalem Kontext, aber auch nach wissenschaftlicher Disziplin –, kann Integration generell als Prozess verstanden werden (und nicht als Zustand), der sich auf ökonomischen, sozialen, kulturellen und politischen Ebenen abspielt. Dabei gibt es unterschiedliche Ansätze, wie die verschiedenen Bereiche des Integrationsprozesses eingeteilt und definiert werden. Esser (2001) beschreibt vier Dimensionen der sozialen Integration: die kulturelle Dimension des Erwerbs von Wissen und Kompetenzen (Kulturation); die strukturelle Dimension der Positionierung in der Gesellschaft und des Zugangs zu Ressourcen (Platzierung); die soziale Dimension von Kontaktaufnahme und sozialen Beziehungen (Interaktion); und die emotionale Dimension der Identifikation.

Heckmann (2003) unterscheidet folgende vier Ebenen des Integrationsprozesses: Die „strukturelle Integration" meint den Erwerb von Rechten und Zugang zum Arbeitsmarkt und zentralen Institutionen; die „kulturelle Integration" bezieht sich auf Veränderungsprozesse in Bezug auf Einstellungen und Verhalten; die „soziale Integration" umfasst soziale Beziehungen und das Engagement in Netzwerken und Vereinen; und die „identifizierende Integration" schließlich zeigt sich in Form von Zugehörigkeit und Identifikationen. Integration wird dabei als interaktiver Prozess zwischen MigrantInnen und der Gesellschaft verstanden, in dem jedoch die Aufnahmegesellschaft mehr Macht und Prestige besitzt.

Die Rolle der Aufnahmegesellschaft im Integrationsprozess wird auch von Volf und Bauböck (2001) betont. Um Integration im Sinne eines Prozesses der „wechselseitigen Anpassung und Veränderung zwischen einer aufnehmenden und einer aufzunehmenden Gruppe" (Volf/Bauböck 2001: 14) zu ermöglichen, braucht es sowohl von MigrantInnen als auch von der Aufnahmegesellschaft Leistungen. Chancengleichheit und Gleichberechtigung sind nur möglich, wenn Zugänge zu gesellschaftlichen Ressourcen wie Arbeit, Bildung und Wohnen sowie politische und gesellschaftliche Teilhaberechte gesichert sind. Diese Voraussetzungen ermöglichen MigrantInnen wiederum, ihre individuellen wie auch kollektiven Handlungsspielräume und Kompetenzen zu erweitern (vgl. Volf/Bauböck 2001).

Der Begriff Integration kann je nach Definition und „nationalem" Verständnis also sowohl als einseitiger Prozess (als „Einbahn") verstanden werden als auch als wechselseitiger Prozess zwischen der Mehrheitsgesellschaft und den Zugewanderten. Aktuelle politische Diskurse und politische Maßnahmen in Europa gehen offensichtlich nach wie vor von einem mehr oder weniger linearen Weg von Integration aus, wobei sie das komplexe Wechselspiel von Kulturation, Identifikation, sozialem Status und Interaktion von Individuen ignorieren, welche viel diversifiziertere und unterschiedlichere Realitäten schaffen, als ein linearer Prozess zwischen „ImmigrantInnen" zu „Aufnahmegesellschaft" implizieren würde (vgl. Lindo 2005).

Wie Integration politisch und gesellschaftlich verstanden wird und wie mit diesem Thema umgegangen wird, variiert je nach nationalem Kontext.

Migrationspolitik – nationale Kontexte und Typologien

„Migrationspolitik" regelt internationale Migration bzw. jede Form von grenzüberschreitender Mobilität (das heißt neben Migration auch Tourismus oder Pendelwanderungen), wobei diese sich sowohl auf Bedingungen der Ein- und Ausreise als auch des Aufenthaltes bezieht. Die Regelungen und Bedingungen sind dabei nicht für alle Menschen gleich. Sie können sehr unterschiedlich ausfallen, etwa in Bezug auf das Herkunftsland (EU- bzw. EWR-BürgerInnen oder „Drittstaatsangehörige"[10]), in Bezug auf den Aufenthaltsgrund (beispielsweise Studium, Familie oder Asyl) oder in Bezug auf Qualifikationen (Hochqualifizierte oder Niedrigqualifizierte). Die Zuteilung von Staaten zu verschiedenen „Migrations- und Integrationsregimes" ist ein Versuch, Länder bezüglich ihrer Migrations- und Integrationspolitik und Gesetzgebung verschiedenen Idealtypen zuzuordnen. In der (vor allem politikwissenschaftlichen) Literatur wurden

---

10 ___ Der Begriff „Drittstaatsangehörige" (engl. *third country nationals*) bezeichnet Personen, die nicht aus EU-, EWR-Ländern bzw. der Schweiz kommen.

und werden zahlreiche Typologien solcher Migrations- und Integrationsregime entworfen, die sich teilweise stark unterscheiden, teilweise überschneiden und in denen auch die Zuteilung von Staaten zum Teil unterschiedlich erfolgt. So entwirft etwa Castles drei Modelle, die sich vor allem auf die Politik der Einbürgerung beziehen. Er unterscheidet ein *exclusionary model* (das er auf Österreich, Deutschland, Belgien und die Schweiz bezieht), ein *assimilationist inclusionary model* (dem er Frankreich, die Niederlande und Großbritannien zuordnet) und ein *pluralist inclusionary model* (das er auf die USA, Kanada, Australien und Neuseeland bezieht) (vgl. Castles 1994: 21ff.). Heinelt entwickelte eine Klassifikation, nach der er zwischen einem „Kolonialen Regime" (Frankreich, Großbritannien, Portugal), einem „Gastarbeiterregime" (Deutschland, Österreich, Schweiz) sowie der Gruppe der „Skandinavischen Länder" (dieser Gruppe teilt er neben Schweden, Finnland und Norwegen auch die Niederlande zu) und der Gruppe von „süd- und osteuropäischen ‚neuen' Einwanderungsländern" (darunter zählt er unter anderem Griechenland, Italien, Spanien) unterscheidet (vgl. Heinelt 1994).

Conclusio

Weltweite Trends von Migrationsprozessen und Migrationspolitiken werden in den letzten Jahren auch in der internationalen Migrationsforschung stärker thematisiert: Begriffe wie „Transnationalismus", „zirkuläre Migration", „Pendelmigration" oder „Rückkehrmigration" *(return migration)* zeigen die Relevanz komplexer Migrationsmuster zu Beginn des 21. Jahrhunderts und versuchen, Formen von Mobilität zu erforschen und zu konzeptualisieren, die durch ständige Bewegungen zwischen Regionen und Kulturen charakterisiert sind. Die steigende Tendenz zu zirkulärer Migration spielt ähnlich wie die Rückkehrmigration etwa eine wesentliche Rolle in Forschungen zu „Migration und Entwicklung" *(migration and development)*, in denen Auswirkungen von Migrationen auf soziale, wirtschaftliche und politische Entwicklungen in den Herkunftsländern untersucht werden. Neue Migrationsprozesse und -politiken sowie neue Migrationsrealitäten weltweit verlangen auch nach neuen Methoden in der Migrationsforschung. Gleichzeitig bleibt der Aufruf zu interdisziplinären Forschungsansätzen und Forschungsprojekten aktuell. Dabei sind nach wie vor Typologisierungen, Definitionen und Kategorisierungen relevant: Denn sie wurden und werden aus pragmatischen Gründen entworfen, für analytische und komparative Zwecke in der Forschung und vor allem auch, um Wanderungsbewegungen statistisch messbar und vergleichbar zu machen (vgl. Düvell 2006).

Fragen zur Erstellung eigenständiger wissenschaftlicher Arbeiten

1. Diskutieren Sie verschiedene Konzepte und Typologien des Begriffs „MigrantIn" in zwei verschiedenen nationalen Kontexten Ihrer Wahl.
2. Welche sind aktuelle Debatten und Diskussionen um die *Genfer Flüchtlingskonvention*?
3. Diskutieren Sie die Begriffe „Assimilation", „Integration", „Multikulturalismus" – wie grenzen sie sich voneinander ab, und wie werden sie in verschiedenen politischen Kontexten umgesetzt?

Basisliteratur

Brettell, Caroline B./Hollifield, James (eds.) (2000): Migration Theory. Talking across Disciplines. New York/London: Routledge.

Castles, Stephen/Miller, Mark (2003 [1998]): The Age of Migration. International Population Movements in the Modern World (3rd edition). New York: Guilford.

Düvell, Franck (2006): Europäische und internationale Migration. Einführung in historische, soziologische und politische Analysen. Hamburg: LIT.

Hammar, Tomas/Brochmann, Grete/Tamas, Kristof/Faist, Thomas (eds.) (1997): International Migration, Immobility and Development. Multidisciplinary Perspectives. Oxford/New York: Berg.

Koser, Khalid (2007): International Migration. A Very Short Introduction. New York: Oxford University Press.

Treibel, Annette (2008): Migration in modernen Gesellschaften. Soziale Folgen von Einwanderung, Gastarbeit und Flucht (4. Aufl.). Weinheim/München: Juventa.

Literatur

Bauböck, Rainer/Perchinig, Bernhard/Sievers, Wiebke (eds.) (2007): Citizenship Policies in the New Europe. Amsterdam University Press (IMISCOE Research).

Brettell, Caroline B. (2000): Theorizing Migration in Anthropology. The Social Construction of Networks, Identities, Communities, and Globalscapes. In: Brettell, Caroline B./Hollifield, James (eds.): Migration Theory. Talking across Disciplines. New York/London: Routledge, 97–136.

Castles, Stephen (1994): Democracy and Multicultural Citizenship. Australian Debates and Their Relevance for Western Europe. In: Bauböck, Rainer (ed.): From Aliens to Citzens. Redefining the Status of Immigrants in Europe. Aldershot: Avebury, 3–27.

Esser, Hartmut (2001): Integration und ethnische Schichtung. Arbeitspapiere – Mannheimer Zentrum für Europäische Sozialforschung, Nr. 40, Mannheim (http://www.mzes.uni-mannheim.de/publications/wp/wp-40.pdf [3.2.2009]).

Fassmann, Heinz/Stacher, Irene (Hg.) (2003): Österreichischer Migrations- und Integrationsbericht. Demographische Entwicklungen – sozioökonomische Strukturen – rechtliche Rahmenbedingungen. Klagenfurt/Celovec: Drava.

Fassmann, Heinz/Stacher, Irene/Strasser, Elisabeth (2003): Einleitung: Zweck des Berichts, zentrale Begriffe und inhaltliche Gliederung. In: Fassmann, Heinz/Stacher, Irene (Hg.): Österreichischer Migrations- und Integrationsbericht. Demographische Entwicklungen – sozioökonomische Strukturen – rechtliche Rahmenbedingungen. Klagenfurt/Celovec: Drava, 9–18.

Hammar, Tomas/Tamas, Kristof (1997): Why Do People Go or Stay? In: Hammar, Tomas/ Brochmann, Grete/Tamas, Kristof/Faist, Thomas (eds.): International Migration, Immobility and Development. Multidisciplinary Perspectives. Oxford/New York: Berg, 1–19.

Heckmann, Friedrich (2003): From Ethnic Nation to Universalistic Immigrant Integration. In: Heckmann, Friedrich/Schnapper, Dominique (eds.): The Integration of Immigrants in European Societies. National Differences and Trends of Convergence. Stuttgart: Lucius&Lucius, 45–78.

Heinelt, Hubert (Hg.) (1994): Zuwanderungspolitik in Europa. Nationale Politiken. Gemeinsamkeiten und Unterschiede. Opladen: Leske und Budrich.

Lindo, Flip (2005): The concept of integration: theoretical concerns and practical meaning. In: Fonseca, Lucinda/Malheiros, Jorge (eds.): Social Integration and Mobility. IMISCOE Cluster B5 – State of the Art Report. Lisbon: CEG, 7–18.

Münz, Rainer/Zuser, Peter/Kytir, Josef (2003): Grenzüberschreitende Wanderungen und ausländische Wohnbevölkerung: Struktur und Entwicklung. In: Fassmann, Heinz/Stacher, Irene (Hg.): Österreichischer Migrations- und Integrationsbericht. Klagenfurt/Celovec: Drava, 20–61.

United Nations (1998): Recommendations on Statistics of International Migration. Revision 1. Statistical Papers Series M, No. 58, Rev. 1. New York: United Nations (http://unstats.un.org/unsd/publication/SeriesM/SeriesM_58rev1E.pdf [3. 2. 2009]).

United Nations, Department of Economic and Social Affairs, Population Division (2009): International Migration Report 2006: A Global Assessment. New York (http://www.un.org/esa/population/publications/2006_Migration Rep/report.htm [3. 2. 2009]).

Volf, Patrick/Bauböck, Rainer (2001): Wege zur Integration. Was man gegen Diskriminierung und Fremdenfeindlichkeit tun kann. Klagenfurt/Celovec: Drava.

Christa Markom

3 Geschichte der Migrationsforschung: Interdisziplinäre Verflechtungen

Einleitung

In der Geschichte der Migrationsforschung wurde und wird mit unterschiedlichen Methoden und theoretischen Zugängen versucht, den Ursachen und Motivationen für Migration nachzugehen. Gängige Erklärungsversuche für (Ein- bzw. Aus-)Wanderung wie Armut und Verfolgung erklären beispielsweise nicht, warum andere Menschen an ihrem Herkunftsort bleiben. Die Überlegung, ob es (allgemein) erfassbare Strukturen hinter Migrationen gibt, stellt also WissenschafterInnen[1] schon lange vor die Herausforderung, Modelle für die Erklärung dieser Prozesse wie Mobilität, Wanderungen und Vertreibungen zu entwickeln. Der folgende Beitrag befasst sich mit Ursprüngen und wichtigen Entwicklungslinien sozialwissenschaftlicher Migrationstheorien. Er wird erste, für unsere Disziplin relevante Theorien zu Migration darstellen, die sich mit Ursachen und Effekten, Kontinuitäten und Auswirkungen von Mobilität und Wanderung im 19. und 20. Jahrhundert beschäftigten. Es handelt sich dabei um ausgewählte Beispiele, die zentral für die Geschichte der Migrationsforschung in der Sozial- und Kulturanthropologie sind: von frühen Ansätzen des „Diffusionismus" über die „Chicago School" und den „Peasant Studies" bis hin zum „Transnationalismus".[2] Die Einteilung in unterschiedliche Phasen der Migrationsforschung erfolgt je nach AutorIn unterschiedlich und wurde auch in diesem Fall – wie zumeist – nach inhaltlichen und zeitlichen Aspekten vorgenommen.[3]

Diffusion und Aufnahme

> Cultures were patchworks of traits, borrowed from others, the superior traits moving outwards from a centre like the ripples made by a stone thrown into a pond – to echo a favourite analogy of diffusionist writers. (Kuper 1996: 3)

---

1 —— Vor allem GeographInnen, HistorikerInnen, Kultur- und SozialanthropologInnen, ÖkonomInnen und PolitikwissenschafterInnen.
2 —— Einen guten Überblick gibt auch der Artikel ‚Ethnologische Migrationsforschung' von Ackermann (1997).
3 —— Vorliegender Beitrag erhebt nicht den Anspruch auf eine vollständige Darstellung der Geschichte der anthropologischen Migrationsforschung.

Eine frühe Auseinandersetzung mit Migration findet sich bereits im 18. Jahrhundert in den Schriften des Jesuitenpaters Lafiteau (1681–1746).[4] Durch vergleichende Methoden versuchte er, Übereinstimmungen zwischen „Irokesen" und umliegenden Gesellschaftsgruppen festzustellen, und beschäftigte sich in diesem Zusammenhang auch mit Besiedelungstheorien. Seine diffusionistischen Ansätze führten ihn zum Vergleich der „Sitten der Irokesen" mit „antiken Sitten". Er ging von der Entwicklung eines „Kulturelements" aus, welches durch Wanderung und Übernahme durch andere Gesellschaften Verbreitung fand.[5]

Spätere Theoretiker des Diffusionismus fanden stärkere Beachtung als Lafiteau. Diese waren mit Wanderungen von und Kontakten zwischen Menschen beschäftigt und werden deshalb ebenfalls häufig als Vorläufer oder gar als Ursprung der anthropologischen Migrationsforschungen angesehen (vgl. Mückler 1998: 124 f.).

Bedeutende Vertreter des Diffusionismus waren Ratzel (1844–1904) und dessen Schüler Frobenius[6] (1873–1938). Beide gingen fälschlicherweise von der Annahme aus, dass gemeinsame Ursprünge unterschiedlicher Kulturen durch den Vergleich ihrer materiellen und ideellen Elemente herausgefunden werden können. Als ideologisches Gegenmodell zum Evolutionismus im 19. Jahrhundert war der Diffusionismus im englisch- und französischsprachigen Raum nur kurzfristig aktuell. In Deutschland, Österreich und der Schweiz setzte er sich allerdings nachhaltiger durch (dort galt der Diffusionismus in seiner spezifischen Ausprägung von 1900 bis in die 1940er-Jahre als Hauptrichtung der Ethnologie). Die Vorstellung, gleichartige Erscheinungen hätten einen gemeinsamen Ursprung, also ein „Diffusionszentrum", führte zu der Schlussfolgerung, dass durch Kontakte, Handelsbeziehungen, Wanderungen und Nachahmungen eine Verbreitung von kulturellen Elementen und Ideen stattfände (vgl. Mückler 1998: 124–130).

Man nahm also an, dass die großen Weiterentwicklungen in der Menschheitsgeschichte nicht aus einzelnen Gesellschaften heraus entwickelt wurden, sondern durch Einflüsse von Anderen. Heute geht man davon aus, dass es sich bei Veränderungen und Entwicklungen um interaktive Prozesse handelt.

---

4 — Lafiteau wird aufgrund seines Zuganges zu kulturellen Phänomenen und seiner vergleichenden Methode nicht nur als „Begründer der Migrationstheorie im ethnologischen Kontext" bezeichnet, sondern auch als „eigentlicher Begründer der Ethnologie" (Mückler 1998: 124).

5 — Migration war zu diesem Zeitpunkt durchaus von Forschungsinteresse, allerdings entwickelte sich Migration als eigenes Forschungsfeld erst ab den 1970er-Jahren.

6 — Frobenius legte sich später auf die Kulturmorphologie fest und definierte den heute obsoleten Begriff der „Kulturkreise", welcher bis in die 1930er-Jahre die deutsche und österreichische Anthropologie entscheidend prägte.

Die ersten „Migrationsgesetze"

Der Kartograph und Demograph Ravenstein (1885) wird häufig als der Begründer der Migrationsforschung in den Sozialwissenschaften betrachtet. Er gründete seine Argumentationen auf statistischen Beobachtungen, wobei er in der zweiten Hälfte der 1880er-Jahre ‚Gesetze der Migration' formulierte. Im Rahmen seiner Untersuchungen zu Binnenmigration und Urbanisierung in England fand er unter anderem heraus, dass Frauen mehr wandern als Männer: „Woman is a greater migrant than man" (Ravenstein 1885: 196). Die Unterlagen der Volkszählung waren seiner Meinung nach eindeutiger Beweis für diese damals durchaus überraschende Erkenntnis.

> Nor do women migrate merely from the rural districts into the towns in search of domestic service, for they migrate quite as frequently into certain manufacturing districts, and the workshop is a formidable rival of the kitchen and scullery. (Ravenstein 1885: 196)

Nach Ravenstein verschwand die Kategorie Geschlecht bzw. Gender weitgehend aus der Migrationsforschung und wurde erst in der zweiten Hälfte des 20. Jahrhunderts wieder verstärkt thematisiert. Als Hauptakteure und Hauptbetroffene der Migration sind in der Geschichte der Migrationsforschung dominierend Männer zu finden, die – so dargestellt – ihre Frauen und Kinder maximal als „Anhängsel" mitnehmen oder nachholen (vgl. Kofman 2002; Phizacklea 2003; Andall 2003).

Die Beiträge des Diffusionismus zur sozial- und kulturanthropologischen Theorienbildung sind Teil der disziplinären Auseinandersetzung mit Formen des Kulturwandels und Auswirkungen von Wanderungen. Dennoch war die Migrationsforschung zu dieser Zeit ein sehr marginalisiertes Feld im Bereich der Demographie und der sich entwickelnden Soziologie. Erst mit Beginn der *Chicago School* und der *Peasant Studies* wurden verstärkt theoretische Konzepte zum Thema Migration entwickelt.

Assimilation

> The growth of Chicago in the nineteenth and early twentieth century, from practically nothing to a great metropolis was spectacular.
> (Hannerz 1980: 19)

In der zweiten Hälfte des 19. Jahrhunderts beeinflusste vor allem die starke Einwanderung nach Nordamerika die Entwicklungen und Veränderungen in US-amerikanischen Städten. Ein wesentlicher Impuls wurde durch die riesige Feuerkatastrophe 1871 gesetzt, bei der große Teile der Innenstadt Chicagos vernichtet wurden. Diese Zerstörung hatte enormen Einfluss auf die Theorienentwicklung im Rahmen der *Chicago School* (1920er- bis 30er-Jahre). Der Prozess des rasanten Neuaufbaus der Stadt war für die junge Disziplin der us-amerikanischen Soziologie[7] eine Fundgrube für Forschungen, um Stadtentwicklung durch enorme Expansion (vor allem via Einwanderung von MigrantInnen aus Europa) von einem „fiktiven Nullpunkt" aus zu beobachten.[8]

In der *Chicago School* haben sich zwei (nicht absolut voneinander trennbare) Formen der *Urban Studies* entwickelt – eine soziologische und eine anthropologische. 1929 etablierte sich in Chicago das *Department of Social Science and Anthropology* (vgl. Hannerz 1980: 30; Parker 2004).

Durch seine Lage am Michigansee war Chicago als Industriestadt strategisch sehr gut gelegen. Der Zugang zum Golf von Mexiko durch den Mississippi eröffnete der ökonomischen Entwicklung viele Tore. Der große wirtschaftliche Aufschwung im 19. Jahrhundert (unter anderem durch die florierende Stahlindustrie) führte mitunter zu einem jährlichen Zustrom von 10 000 ArbeiterInnen aus Europa. Das hohe Bevölkerungswachstum ging jedoch auch mit sozialen und ökonomischen Konflikten bzw. hoher Kriminalität einher. Die Zuwanderung und ihre Auswirkungen waren der Ausgangspunkt der damals aufstrebenden soziologischen Forschung in Chicago (vor allem auch zu Migration), die speziell in den 1930ern auch anthropologische Studien stark beeinflusste (vgl. Hannerz: 19–118).

Park (1864–1944) und Thomas (1863–1947) führten in den USA zu dieser Zeit soziologische und anthropologische Untersuchungen zu den Auswirkungen von Migration durch. Vor allem Prozesse des (Kultur-)Kontakts, Fragen von Kontinuität und Wandel von als ethnisch different eingestuften Gruppen in einer Stadt waren dabei von zentralem Interesse. Der Versuch lag darin, die Wanderungsbewegungen, die in der zweiten Hälfte des 19. Jahrhunderts aus Europa kamen, zu erfassen, um diese Dynamiken strukturiert und analytisch zu untersuchen.

Man ging der Frage nach, inwiefern sich ImmigrantInnen in einem neuen kulturellen Kontext anpassen bzw. ihre kulturellen Differenzen bewahren (*„melting pot"*, „Akkulturation"[9]). Es wurde ein Stufenmodell der „typischen Entwicklung" zugewanderter ethnischer Gruppen entwickelt (vgl. Hannerz 1980: 19–118).

---

7 — 1892 entstand dort ein erster soziologischer Lehrstuhl, der die Forschungen vor Ort beschleunigte.
8 — Überblicks- und Einführungsliteratur zur *Chicago School*: Hannerz (1980: 19–118); Lindner (1990); Bommer (1993).
9 — Unter Akkulturation wird das „Hineinwachsen" einer Person in ihr kulturelles Umfeld als Ergebnis von Kontakten bezeichnet. Die Verwendung des Begriffs bezieht sich hier auf MigrantInnen, die sich mit kulturellen Elementen in ihrem neuen Umfeld vertraut machen (vgl. Barnard/Spencer 2002: 594).

Race Relation Cycle

Park (1864–1944) und Burgess (1886–1966) bezeichneten dieses Modell als *Race Relation Cycle* – ein Schema zur Erklärung von kollektiver Anpassung bzw. Angleichung, welches sich mit dynamischen Bewegungen zwischen verschiedenen Stadtvierteln beschäftigt.

> The typical "race relation cycle" would lead from isolation through competition, conflict, and accommodation to assimilation – the ghetto represented accommodation, and the move out of it was the beginning of assimilation. (Hannerz 1980: 44)

Auf der ersten Stufe verläuft der Kontakt zwischen EinwanderInnen und der Aufnahmegesellschaft friedlich. Auf der zweiten Stufe entsteht Wettbewerb und Konflikt unter anderem um Wohnraum. Dieses Konkurrenzprinzip (vgl. Park et al. 1925) wurde als stimulierendes Element in den Beziehungsmustern der einzelnen eingewanderten Gruppen gesehen. Der Wettbewerb ist ein Ringen zwischen Gruppen von Individuen, die nicht notwendigerweise in Kontakt miteinander stehen müssen. Findet er im direkten Kontakt statt, so kommt es laut Park und Burgess unweigerlich zum Konflikt. Dieser wurde von ihnen definiert als die persönliche und bewusste Form des Wettbewerbs, der bei den Beziehungen unter den einzelnen Gruppen sehr heftige Formen annehmen kann. Dies wiederum hängt mit Vorurteilen und dem jeweiligen Umgang mit Konflikten zusammen. In der Phase des Konfliktes kommt es zu einer direkten Auseinandersetzung mit dem Anderen und der Diskriminierung einzelner Gruppen.

Gemäß dem Modell folgt auf den Konflikt ein Prozess der Anpassung, der auch als „Akkomodation" bezeichnet wurde. Menschen passen sich nicht nur an die äußere Umwelt an, sondern auch an sozial überlieferte Traditionen. Hier überwiegt bereits die Akzeptanz zwischen den Gruppen bzw. Individuen, obwohl es nach wie vor zu „Segregation" kommt.

Als nächstes erfolgt die „Assimilation", eine Angleichung an kulturelle Traditionen. „Assimilation" wird als ein langwieriger Prozess definiert, welcher Persönlichkeitsveränderungen und Modifikationen des eigenen kulturellen Hintergrundes erfordert. Sie wird als Einbindung in ein gemeinsames Leben verstanden, in dem auch die Vermischung von ethnischen Gruppierungen mit der Mehrheitsgesellschaft stattfindet und welche die Auflösung der ethnischen Dimension und Identifikation nach sich zieht. Park und Burgess (1925) meinten, dass die „Assimilation" erst von der 2. oder 3. Generation erreicht wird. Das „Assimilationsproblem" war Gegenstand heftiger Diskussionen in der amerikanischen Wissenschaft und Politik. Park und Miller plädierten stets für eine Assimilationspolitik, die den EinwanderInnen einen zeitlichen Freiraum lässt, alte Gewohnheiten durch neue zu ersetzen. „Assimilation" stellt also die Bewusstseins-, Gefühls-, Wert- und Chancenangleichung an die aufnehmende Gesellschaft dar (vgl. Treibel 1999: 92). In den USA wurde das Assimilationskonzept in der Folge zu einem Amerikanisierungskonzept geformt. Speziell in den 1930ern galt „Assimilation" gemeinhin als probates Mittel, um Stabilität im Lande zu schaffen.

Das Konzept der konzentrischen Kreise

Ein Klassiker der modernen Urbanitätsforschung ist ‚The City' (Park et al. 1925). Darin wird die Relevanz der Zuwanderung für die Entwicklung der Stadt Chicago auch im Sinne stadtplanerischer Überlegungen diskutiert. Burgess entwickelte dafür das Konzept der konzentrischen Zonen, um die (seiner Meinung nach ökonomisch determinierte) Verteilung der Bevölkerung auf einzelne Stadtviertel darzustellen.[10] Dies kann als Untersuchung zu den Folgen der Migration betrachtet werden. Die Stadtgebiete Chicagos teilten sich im Modell von Burgess auf in das innerstädtische Geschäftsviertel (The Loop) mit teuren Grundstückspreisen und die darum herum gruppierten Gebiete (die auch als Slums bezeichnet werden), in denen sich benachteiligte Menschen angesiedelt hatten. Einige der Einwanderungskolonien waren/sind dort angesiedelt: neben China Town auch ein jüdisches Viertel. Zudem gab es sehr viele deutsche EinwanderInnen in Chicago (bis 1910 waren mehr als die Hälfte Deutsche). Der dritte Kreis bestand aus dem Second Immigrant Settlement, welches aus aufstiegsorientierten EinwanderInnen gebildet wurde (IndustriearbeiterInnensiedlungen), die es geschafft hatten das Viertel zu verlassen (meist Angehörige der 2. Generation). Der vierte und fünfte Ring setzten sich aus mittelständischen Eigenheimen und Vororten zusammen und standen in Zusammenhang mit einem besseren ökonomischen Status. In jeder einzelnen Stadt gibt es solche Viertel, die von verschiedenen Bevölkerungsgruppen erschlossen werden/wurden. Zwischen ihnen besteht eine bestimmte Dynamik, wobei das Ziel darin liegt, von den Slums in die Peripherie zu gelangen, um sozialen Aufstieg zu erreichen. Park beschrieb die verschiedenen Charakteristiken der verschiedenen Gegenden:

> [...] how some were isolated little worlds to themselves, homes of immigrant populations with few ties to the surrounding society, while others were anonymous agglomerations of individuals on the move, and others again, such as the vice areas, were better characterized by how they were used then by who lived there. (Park et al. 1925, zit. nach: Hannerz 1980: 24)

---

10 —— Bei diesem Zonenmodell handelte sich hauptsächlich um eine ökologische Sichtweise über die Verteilung des städtischen Raumes, soziokulturelle Aspekte wurden erst später miteinbezogen (vgl. White/Weaver 1972).

Jedoch wurden auch die schlechteren Viertel als anregend und reizvoll klassifiziert, denn die dynamischste Entwicklung fand in der Zone zwei statt, den Slums.[11] Burgess zog daraus den Schluss, dass der sukzessive soziale Aufstieg unvermeidlich ist. Es wurden verschiedene Konzepte der Anpassung, also einer gelungenen „Assimilation" entwickelt, die zu jener Zeit als erstrebenswertes Ziel gesehen wurde: Park und Burgess gingen davon aus, dass jedes einzelne Mitglied einer Gruppe seinen Lebensbedingungen angepasste Möglichkeiten (Nischen) in der Gemeinschaft hat. Die Stadt als Lebensraum des Menschen dehnt sich durch Zuwanderung aus, so ihre Annahme. Die daraus entstehende (Neu-)Strukturierung wurde von den beiden Wissenschaftern untersucht, um universelle Formen der Interaktion darzustellen (vgl. Hannerz 1980: 19–118; Parker 2004: 40–46).

Der Beitrag der *Chicago School* zur Migrationsforschung

Park und Burgess vermuteten, dass die Welt im Laufe der Zeit zu einem einzigen großen *„melting pot"* würde. Problematisch an der *Chicago School* war unter anderem ihr sozialdarwinistischer Zugang, in dem „the fittest economic actors" die besten Plätze und Orte besetzen. Die *Chicago School* spielte auch eine wesentliche Rolle bei der Konstruktion von „Rasse" in den USA:

> The "Chicago School's" theories of race consciousness, cultural assimilation, and urban organization are integral to what's called a sociological outlook and celebrated as challenges to the dominant biological theories of social difference at the turn of the last century. (Baldwin 2004: 400)

Die Forschungsergebnisse wurden auch von den ‚Hull House Papers' beeinflusst. Diese bestanden aus den Untersuchungen einer Gruppe von SozialarbeiterInnen zur sozialen Situation von EinwanderInnen *(Settlement Movement)*. Sie waren der Überzeugung, dass nur ein fundiertes Verständnis des gesamten Umfeldes in Bezug auf Migration zu Problemlösungen in der Gesellschaft führen könne.

Eine der vielen Frauen[12], die sich mit diesen Themen beschäftigte, war die Feministin, Sozialarbeiterin und Soziologin Addams (1860–1935), welche eng mit ihren KollegInnen der *Chicago School of Sociology* zusammenarbeitete. Sie war

11 —— Die generalisierenden Schlussfolgerungen von Burgess auf Stadtnutzung wurden stark kritisiert, da sie zu sehr an Chicago orientiert waren. Weiters wurde die Urbanökologie aufgrund ihres dominierenden Fokus auf physisch-räumliche Faktoren der Stadtentwicklung und deren fehlende gesellschaftsspezifische Aspekte hinterfragt (vgl. White/Weaver 1972).

12 —— Unter anderen Abbott (1876–1957), Breckinridge (1866–1948), Abbott (1878–1939).

1893 eine Mitautorin der ,Hull-House Maps and Papers', in denen die Arbeitsge-
biete und Methoden der *Chicagoer Soziologie Schule* definiert wurden.[13]

> For several years, every Saturday evening the entire families of our
> Italian neighbours were our guests. [...] Many educated Italians helped
> us, and the house became known as a place where Italians were wel-
> come [...] They come to us with their petty lawsuits, sad relics of the
> vendetta, with their incorrigible boys, with their hospital cases, with
> their aspirations for American clothes, and with their needs for an inter-
> preter. (Addams 1910: 232)

Einen wesentlichen Aspekt stellte auch die Verbreitung der Untersuchungen
und Ergebnisse durch den Journalismus dar. Dies legte den Grundstein dafür,
dass die Dynamiken in einer breiten sozialen Reformbewegung endeten.

Die Auseinandersetzung der *Chicagoer Schule für Anthropologie und Soziologie*
mit Stadtsoziologie, Minderheiten- und Subkulturstudien[14] führte unter anderem zu einer der bekanntesten Untersuchungen: die 5-bändige Sammlung ,The
Polish Peasant in Europe and America' (1918–1922)[15] von Thomas (1863–1947)
und Znaniecki (1882–1958). Diese dokumentiert die entgegengesetzten Welten
des/der MigrantIn aus sehr persönlichen Zugängen und beinhaltet sowohl den
Verlust der alten als auch das langsame Verstehen einer neuen Welt. Dieser Zugang wird in der Literatur häufig als der Beginn biographischer Verfahren in der
Soziologie identifiziert. Die Autoren trugen mit ihrer Arbeit wesentlich zum
Konzept des „Kulturkontrasts" und „Kulturschocks" bei, indem sie die Folgen
dieser „zweiten Sozialisation" erklärten und Migration als einen Zustand der
Orientierungslosigkeit beschrieben, der „soziale Desorganisiaton" zur Folge hat
(vgl. Treibel 1999: 85). Die beiden Forscher sammelten auch Hintergrundinfor-
mationen aus den Herkunftsregionen in Polen und kamen so zu dem Ergebnis,
dass polnische MigrantInnen ihre ethnische Kohärenz erst in den USA hervorgebracht hatten. Auch deren zentrales Interesse galt Assimilationsprozessen. Sie
gingen dabei von einer Übergangssituation und einer geradlinigen Entwicklung
von MigrantInnen hin zur neuen Gesellschaft aus. Die *Chicago School* (wie auch
die *Peasant Studies*) ging häufig von einem Modernisierungsgedanken aus, demzufolge durch Assimilation oder zumindest durch Veränderung die so genannte
„traditionelle oder ursprüngliche Kultur" verloren geht.

---

13 — Sie beschäftigte sich vor allem mit den Rechten von Frauen und Theorien zu kulturel-
lem Feminismus und ist bekannt als die erste Amerikanerin, die den Friedensnobelpreis erhielt (1931).

14 — Zur Definition und Verwendung des Begriffes *subculture* siehe Yinger (1960).

15 — Zaretsky hat 1996 eine Auswahl aus den fünf Bänden dieser klassischen Immigrations-
studie herausgegeben.

Peasants

Zu Beginn der anthropologischen Forschung bildeten *peasants* den Großteil der Weltbevölkerung, dennoch begann die Forschung in „kleinen ländlichen Gemeinden" als *Peasant Studies* erst in den 1940er-Jahren (vor allem in Lateinamerika) (vgl. Bommer 1993: 24). Sie wurden erst in den späten 1950ern als eigenes Forschungsgebiet erkannt bzw. anerkannt. Zu dieser Zeit begann das bisherige Weltbild der Anthropologie (und anderer Disziplinen) sukzessive zu bröckeln: Quer zu damals gängigen Kategoriepaaren wie „modern" und „primitiv" oder „Westen" und „Nicht-Westen" wurden „die *peasants*" als Gegenstand des anthropologischen Interesses auserkoren und laut Kearney als „a new prototypic ethnographic other" (1996: 5) konzipiert. In den späten 1960ern und Anfang der 1970er-Jahre entwickelte sich schließlich ein reges, multidisziplinäres Interesse an diesem Forschungsbereich.[16]

Es gibt eine Reihe unterschiedlicher Definitionen darüber, was *peasants* sind, einige AutorInnen beschreiben diese als „relatively poor rural people who usually live by farming, producing for their own subsistence as well as for trade and tribute within a market and political system centered in cities" (Mangin 1970: xiii).

Peasant Studies gingen unter anderem stark von der amerikanischen Kulturanthropologie aus[17] und entwickelten sich auch aus der *Chicago School*, welche ihr Interesse von den Indigenen im eigenen Land auf die bäuerliche Bevölkerung Mexikos und Guatemalas verlagerte. Redfield (1897–1958) konzipierte auf Basis seiner Forschungen in einem Dorf in Yucatan (in den 1930er- und 1940er-Jahren) ein Modell von *peasants*, welches später von Wolf (1923–1999) stärker in Richtung eines politisch-ökonomischen Modells modifiziert wurde – etwa in seinem berühmten Buch mit dem Titel ‚Peasants' (1966).

Redfield weist in seinen Arbeiten darauf hin, dass sich die Forschung weder auf die Haushalte noch auf kleine Dorfgemeinschaften beschränken sollte, da das Leben von *peasants* natürlich auch durch größere ökonomische, politische und kulturelle Faktoren beeinflusst wird.

Anfangs ging Redfield davon aus, dass er eine relativ abgeschlossene Community untersuchen würde, kam aber schnell zu dem Schluss, dass es sich vielmehr um eine Untersuchung von mehreren Gruppen handelte, welche ihrerseits

---

16 __ AnthropologInnen verfolgten häufig den Migrationsprozess aus ländlichen Gegenden in die Stadt: „Dieses gilt zum einen für die britischen Sozialanthropologen, die sich mit dem soziokulturellen Wandel in Afrika während der Kolonialzeit beschäftigten und dabei die ehemaligen ‚tribesman' in den Kolonialstädten untersuchten, und zum anderen für die amerikanischen Ethnologen, welche die Wanderung der ‚peasants' in die Städte vor allem Lateinamerikas nachvollzogen." (Bommer 1993: 37)

17 __ In Europa wurden die *Peasant Studies* vor allem im Bereich der marxistischen Ethnologie diskutiert, vgl. etwa Meillassoux (1973) und Shanin (1966).

Teil komplexer Gesellschaften sind. Er meinte, dass kein Dorf wirklich unabhängig bzw. autark lebt, sondern Teil eines größeren komplexeren Systems sei, welches stets mitgedacht werden müsse:

> Now I raise the question: Considering a peasant community as a system of social relations, as social structure, how shall we describe its relations with the world outside of that community? What are the modifications of concept and procedure that come about if we study a peasant village, thinking of it as a system of persisting important relationships among people? (Redfield 1956: 37)

Er unterschied 1941 in *folk society* und *peasantry* und bezeichnete *peasantries* als „part-societies", welche auf einem *folk-urban continuum* basieren (vgl. Hannerz 1980: 59 ff.; Lindner 1990: 145–150; Bommer 1993: 24 ff.). Diese bipolare Darstellung von *folk* versus *urban* wurde vielfach kritisiert und widerlegt. „For peasantry [...] are such by reason in part of their long-established interdependence with gentry and townspeople" (Redfield 1956: 37).

Die Arbeit von Redfield war für viele nordamerikanische AnthropologInnen bis Mitte der 1970er ein Impuls für deren Forschungsinteresse an Fragen der Migration und Entwicklung. Die Bevölkerungsbewegungen vom Land in die Städte in der Zeit nach dem Zweiten Weltkrieg waren ausschlaggebend dafür, dass das Modell des *folk-urban continuum* eine solche Relevanz erhielt.[18]

> Migrants were seen as progressive types, who would have a positive impact on development by bringing back to their home communities innovations and knowledge that would break down traditionalism. (Kearney 1986: 333)

Ab den späten 1960ern schrieb auch Wolf in seinen Arbeiten der „*middle peasantry*", wie er sie nannte, eine Schlüsselrolle im Prozess sozialer Transformationen zu. Er definierte sie folgendermaßen: „Middle peasantry refers to a population which has secure access to land of its own and cultivates it with family labour" (Wolf 1973: 29).

Adas (1981) beschreibt, dass „pre-industrialisierte" Staaten in Afrika und Asien damals eher auf der Kontrolle über die Bevölkerung basierten und weniger auf einer bürokratischen Kontrolle über Land und Boden. Dies hatte zur Folge, dass *peasants*, die die Forderungen von Lehnsherren nicht mehr erfüllen konnten oder wollten, einfach weiterzogen und sich in anderen Gebieten niederließen.

---

18 — *Folk-urban continuum* ist ein Begriff, der von Redfield (1956) geprägt wurde, um damit die Bandbreite der kulturellen Vielfalt zwischen *peasants* und städtischer Bevölkerung innerhalb einer Gesellschaft zu beschreiben (vgl. auch Barnard/Spencer 2002: 605).

Interessant an vielen kontemporären Studien zu diesem Thema ist die Verlagerung der Forschungsschwerpunkte weg von der isolierten Betrachtung rein sozialer bzw. familiärer Strukturen, politischer Verbindungen oder kultureller Faktoren und eine Orientierung hin zu differenzierteren Erklärungsmodellen, die eine Kombination aus mehreren Aspekten anstreben.

Obwohl die Landflucht in vielen Teilen der Welt und die Veränderung der Güterproduktion ein Ende der *peasantries* als solche heraufbeschwören, forschen nach wie vor viele AnthropologInnen zu diesem Thema. Heute stehen diesbezüglich etwa Fragen nach der identifikatorischen Neuorientierung der (ehemals) ländlichen und insbesondere landwirtschaftlichen Bevölkerung im sich ständig wandelnden Setting der Spät- bzw. Postmoderne (zum Beispiel durch technologische Innovationen, erhöhte Mobilität, Globalisierung) im Vordergrund – sowohl in Hinblick auf Binnenmigration (zum Beispiel Landflucht) als auch auf inter- und transnationale Migrationsbewegungen (zum Beispiel von Afrika nach Europa).

Manchester School: Ethnische Gruppen und Kolonialismus

Die *Manchester School* befasste sich mit den Auswirkungen der Arbeitsmigration in städtische Zentren in British Central Afrika und den sich daraus entwickelnden soziokulturellen Veränderungen.

Im heutigen Sambia wurde 1938 das *Rhodes-Livingstone Institute*[19] gegründet. Britische und südafrikanische AnthropologInnen um Gluckman (Direktor von 1942 bis 1947) widersetzten sich der Dominanz der strukural-funktionalistisch orientierten Oxford-AnthropologInnen um Evans-Pritchard (vgl. Kuper 1996: 135 ff.). Mehrere AnthropologInnen arbeiteten an Problemen wie die Überschneidung von indigenen und kolonialen Regierungsstrategien, Effekte von Arbeitsmigration auf die lokale Ökonomie und andere mehr. „But where the project was at its most innovative was in looking rural locations, mining centers, and towns not as separate social and cultural entities but as interrelated elements caught up in a social field" (vgl. Wolf 1990: 221).

Die als *Manchester School* bekannt gewordenen ForscherInnen, Wilson[20] und Gluckmann (Leiter), Epstein, Mitchell, Watson[21], führten ausgedehnte Fallstudien durch, um soziale Situationen zu analysieren.

---

19 __ Überblicks- und Einführungsliteratur zur *Manchester School*: Werbner (1984); Hannerz (1980); Bommer (1993).

20 __ Wilson forschte in den 1930er-Jahren in Broken Hill nördlich von Lusaka zu den Abhängigkeiten zwischen Stadt und Land aufgrund von Arbeitsmigration und entwickelte dabei die „Equilibriumstheorie" (vgl. Bommer 1993: 17 f.).

21 __ Watson forschte zu Migration aus der ländlichen Perspektive.

While the studies do not offer the wealth of descriptive detail concerning a variety of groups and settings which one finds in their Chicago counterparts, they are important also for their awareness of problems of method, conceptualisation, and analysis. (Hannerz 1980: 119)

Einerseits war dies die Basis für die Entwicklung der Ethnizitäts- und Stadtforschung – andererseits auch für die Erforschung der Auswirkungen von Migrationen auf die jeweiligen Herkunftsregionen und urbanen Kontexte.

Richards (1899–1984, Schülerin von Malinowski), „another pioneer in Central African anthropology" (Watkins 1996: 370), hatte bereits in den 1930er-Jahren die saisonale Migration der Männer in die Gegenden der Kupferminen in ihren Untersuchungen der Bemba mitberücksichtigt.[22] Sie wies auf das Überhandnehmen von „hunger among the Bemba, whose migrants made up large numbers of the population in the new urban communities" (Hannerz 1980: 125) hin. Nur ein kleiner Teil der Einkünfte aus der Stadt wurde in ihre Herkunftsgebiete am Land geschickt, dieser zumeist in Form von Gebrauchsgütern, darüber hinaus

the loss of manpower [was] not adequately compensated. The situation was least favourable to the more distant areas to which migrants had the least opportunity to return with any regularity. Nor could these areas benefit from the markets for produce provided by the urban centers. (Hannerz 1980: 125)

In seiner Arbeit ,The kingdom of the Zulu in South Africa' entwickelte Gluckman 1963 ein Konzept zu Konsens, Gleichgewicht und Konflikt, das es ermöglichte Konflikte als Prozesse der Integration zu begreifen. „Every social system is a field of tension, full of ambivalence, of co-operation and contrasting struggle. This is true of relatively stationary -- what I like to call repetitive -- social systems as well as of systems which are changing and developing" (Gluckman 1963: 128).

Erforscht wurden rurale und urbane Gebiete mit besonderem Fokus auf die lokale arbeitende Bevölkerung. Wichtig an diesen Forschungen war, dass darin die soziale Situation betont wurde, anstatt geschlossene Gesellschaften zu illustrieren. Gluckman kam zum Ergebnis, dass Konflikte den internen Zusammenhalt der Gruppe stärken würden und Gesellschaften grundsätzlich einerseits Spannung und Rivalität und andererseits Kooperation aufbauen. Die Forschungen im süd-ostafrikanischen Copperbelt nahmen diese Grundidee auf, führten zu Analysen sozialer Netzwerke, neuer Siedlungsmuster und Grenzziehungen zwischen Gruppen im urbanen Kontext.

22 — Richards' Interesse an der Arbeitsmigration von Männern bezieht sich stark auf die Dokumentation der (potentiell) negativen Auswirkungen für die Bemba durch den Kontakt mit „Weißer Zivilisation", modernem Leben und Geld (vgl. Richards 1995 [1939]).

Die *Manchester School* wurde vor allem durch die Monographien im Bereich Süd-Zentralafrika bekannt (vgl. Werbner 1984). Die VertreterInnen dieser Schule suchten nicht nach Idealtypen, sondern setzten sich auch mit der nicht kategorisierbaren Ausprägung der Realität auseinander. Die *Manchester School* war aber auch immer wieder Gegenstand fundamentaler Kritik:

> The paradigm became exhausted in its general theoretical interest; it missed too much, was too tied to the status quo, and suffered from being applied too often to the microhistories of village life, mainly the passing moments of micropolitics, such as the petty squabbles of headman and their rivalrous relatives. (Werbner 1984: 159)

Auch die politischen Positionierungen und die fehlende neutrale Zugangsweise wurden stark bemängelt. Marxistische, sozialistische und liberale politische Positionen im Forschungskontext und vor dem Hintergrund eines kolonialen Systems offen zu vertreten, führte damals durchaus zu Kontroversen. Kurz gesagt untersuchte die *Manchester School* vor allem ethnische Gruppen und die Bedeutung von Konflikten und Zusammenleben zwischen unterschiedlichen ethnischen Gruppen in den neuen wirtschaftlichen Zentren Süd- und Zentralafrikas, die unter Bedingungen des Kolonialismus entstanden waren.[23] Dadurch löste der Begriff *ethnic groups* den des „Stammes" ab, und es begann bereits die Untersuchung dessen, was Barth (1965) später „Grenzziehungen" nannte.

Ökonomie und Bewegungen[24]

In den 1960er- und 1970er-Jahren kam es zu einer Konzentration auf ökonomische Ursachen in der Migrationsforschung, die nicht unwesentlich mit Entwicklungsgedanken verbunden waren. Kulturelle Determinanten wurden in dieser Phase nicht mehr als zentral für Wanderungen erachtet.

Angebot und Nachfrage

In den 1960er- und 1970er-Jahren traten stärker politische und vor allem ökonomische Ursachen von Migration in den Vordergrund. VertreterInnen der „neoklassischen Ökonomie" gehen davon aus, dass der relevante Grund für und Auslöser von Migrationsbewegungen Einkommensunterschiede sind. Durch Migra-

---

23 __ „Im November 1965, als das Institut nach der Unabhängigkeit Sambias in das ‚Institute for Social Research of the University of Zambia' umfunktioniert worden war, endete die enge Zusammenarbeit dieser Gruppe britischer Sozialanthropologen" (Bommer 1993: 21).
24 __ Einen guten Überblick über die hier verwendete Einteilung bietet Parnreiter (2000: 27–36).

tion wird ein Gleichgewicht zwischen Regionen und Ländern herbeigeführt. Dies wirkt sich auf das Arbeitskräfteangebot sowie die Lohn- und Einkommenshöhe in der Sende- bzw. Empfängerregion aus. Unterschiedliche Aspekte wie Alter, Arbeitslosenraten, Einwanderungspolitik etc. spielen bei den Analysen eine wichtige Rolle (vgl. Borjas 1989; Todaro 1980; Sjaastad 1962).

An der neoklassischen Ökonomie wurde in der Folge viel Kritik geübt. Beispielsweise zeigten bereits die Studien zu Formen der Rückkehrmigration, dass Menschen in ihre Heimat zurückkehrten ohne erhebliche finanzielle Mittel. Auch die Analyse der Veränderung der Region aufgrund der Rückkehr von MigrantInnen blieb häufig aus (vgl. Kearney 1986). Abgesehen davon, dass die neoklassische Ökonomie empirisch vielfach widerlegt wurde, verurteilten die KritikerInnen (u. a. Massey 2002; Chant 2003) den Universalismusanspruch, das vereinfachende Konzept, Menschen und deren Handeln zu beschreiben, und die fehlende Genderbetrachtung (vgl. Völkerer 2006: 111–114).

Motivationen

Der Ökonom Piore (1979) ging in der „Theorie des dualen Arbeitsmarktes"[25] vor allem von Zuwanderung aus der Perspektive der Nachfrageseite am Arbeitsmarkt, sprich den Unternehmen, aus und widersprach in wesentlichen Punkten den neoklassischen Theorien. Er konzentrierte sich auf die Teilung in gute Arbeitsplätze (erster und stabiler Sektor des dualen Arbeitsmarktes) und schlechte Arbeitsplätze (zweiter und flexibilisierter Sektor des dualen Arbeitsmarktes) in industriellen Gesellschaften. Letztere sind schwer zu besetzen, da aus sozialen Gründen (zum Beispiel Status) weder Arbeiten gerne übernommen werden, die geringe Aufstiegschancen bieten, noch jene, die am unteren Ende der Arbeitshierarchie angesiedelt sind. Das Besetzen dieser funktioniere nur dann, wenn der Arbeit keine Relevanz für die (soziale und individuelle) Identitätsstiftung zukommt.

> The temporary character of the migration flow appears to create a sharp distinction between work, on the one hand, and the social identity of the worker, on the other. The individual's social identity is located in the place of origin, the home community. (Piore 1979: 54)

Die soziale Rolle und die instrumentalisierte Rolle der Lohnarbeit werden demnach getrennt und auch als vorübergehend („GastarbeiterInnen") entworfen (vgl. Parnreiter 2000: 28 ff.).

---

25 ___ Dabei handelt es sich um eine Arbeitsmarkttheorie zur Erklärung der Diskriminierung von Frauen und minorisierten Gruppen, und nicht in erster Linie um eine Migrationstheorie. Sie wurde erst später auf migrationstheoretische Fragestellungen angewendet.

Auch die *New Economics of Migration* (entwickelt von Stark 1991) gehen nicht mit dem neoklassischen Modell konform. Stark untersucht die relevanten Faktoren für das Entstehen von Migrationsentscheidungen. Mit dem Ausgangspunkt von Migrationen zwischen ruralen und urbanen Gebieten in der „Dritten Welt" stellt er fest, dass das familiäre Umfeld einer migrierenden Person für die Migrationsentscheidung relevant ist. Wichtig für die Analyse der Migrationsentscheidung ist, laut Stark, auch eine Beschreibung der Transformation des ländlichen Haushaltes, ausgerichtet auf die Subsistenzproduktion hin zur kapitalistischen Produktion. Denn dafür sind Investitionen nötig, die dazu führen, dass das nötige Geld von einem arbeitsmigrierenden Familienmitglied lukriert werden muss (vgl. Parnreiter 2000: 31f.). Selbst wenn die Ersparnisse nicht in den Ausbau und in die Technisierung des ländlichen Haushaltes investiert und die Produktion nicht notwendigerweise umgestellt wird, wird das Geld oft allein für die Aufrechterhaltung des ländlichen Haushaltes verwendet, wie etwa für die Ausbildung bzw. medizinische Versorgung der Familienmitglieder. Essentiell ist auch das Fehlen von Märkten, so zum Beispiel von Versicherungs- und Finanzmärkten, daher tragen die Remittenzen nicht zur Weiterentwicklung der Region bei (vgl. Massey 2002: 23–27). Er kommt zu dem Schluss, dass die Untersuchung von Lohnunterschieden allein als Motivation/Impuls für Migration zu kurz greift.

Modernisierung und Dependenz[26]

Die bereits genannte Studie zu ‚The Polish Peasant in Europe and America' von Thomas und Znaniecki (1918–1922) ist ein Beispiel für die Annahme eines entwicklungsgeschichtlichen Dreischritts: von den nicht politisch organisierten „traditionellen" Gesellschaften hin zu Migrations- und schließlich Urbanisierungsprozessen, in denen die Isolierung gänzlich durchbrochen wird. Alle Formen der sozialen Ordnung bei den polnischen Bauern/Bäuerinnen entwickelten sich demnach hin zu neuen Organisationen, indem sich die alte Familienökonomie der traditionellen polnischen Dorfgemeinschaft langsam auflöst.

Die Modernisierungstheorie ist laut Kearney *urban-centric* durch ihre dualistische Betrachtungsweise und den polarisierenden Zugang zwischen ländlichen und urbanen Entwicklungsprozessen. Sie stellt eine Unterscheidung dar, die auch die Dichotomisierung zwischen „entwickelt" versus „unterentwickelt" und „modern" versus „traditionell" fördert. Vergessen wird häufig, dass sich die *urban anthropology*[27] zu einem Gutteil daraus entwickelt hat, dass ForscherInnen

---

26 —— Einteilung nach Kearney (1986: 332).
27 —— Das Forschungsgebiet Urbananthropologie entstand Anfang der 70er-Jahre als Teildisziplin der Anthropologie in den USA und beschäftigt sich im weitesten Sinne mit der Untersuchung von Städten und städtischen Gesellschaften (vgl. Bommer 1993: 2–6).

ausgehend von ihrer Arbeit in *rural communities* den migrierenden Menschen in die Stadt gefolgt sind[28] (vgl. Kearney 1986: 333f.).

Die „Dependenztheorie" stellt demgegenüber eine neomarxistische Kritik der Modernisierungstheorie dar (vgl. Kearney 1986: 338). Aus Sicht der Dependenztheorie entsteht Migration als Folge eines negativen Prozesses von Dominanz des Zentrums über die Peripherie. Unterentwicklung entsteht nach Frank (1929–2005) – einem der prominentesten Vertreter der Dependenztheorie – als Folge der Kolonialisierung (vgl. Frank 1967).

Auch die „Weltsystemtheorie"[29] kann unter die neomarxistischen Ansätze gereiht werden. Sie hat nicht nur die anthropologische Migrationsforschung beeinflusst, sondern auch viele andere wissenschaftliche Diskurse (zum Beispiel die Wirtschaftswissenschaften). Die VertreterInnen dieses Ansatzes widerlegten die modernistischen Arbeiten, ihre dualistischen Darstellungen und die dem zugrunde liegenden unilinearen Vorstellungen von Entwicklung. Meillassoux (1981) und Wolf (1973) beschäftigten sich in dem Zusammenhang mit der Frage, wie der Einfluss von kapitalistischen Märkten auf industrialisierte Gesellschaften die lokalen Märkte verändert und in weiterer Folge auch zu Migrationsbewegungen führt; also wie die stärkere Relevanz von Industrialisierung, kapitalistischer Produktion und Urbanisierung auf ländliche Gebiete wirkt.[30] Wallerstein (1986) ging davon aus, dass Migration seit dem 18. Jahrhundert durch Staaten erzeugt wird und ein Teilsystem des Weltmarktes darstellt.

Netzwerke und Transnationalismus

> Once the number of migrants in a community reaches a critical level, migration becomes self-perpetuating because every new migrant reduces the cost of subsequent migration for a set of friends and relatives. (Massey/España 1987: 736)

Forschungen über „Migrationsnetzwerke" konzentrieren sich vor allem auf die Ursachen für das Fortbestehen von Prozessen im Bereich der Binnen- und internationalen Migration. Netzwerke verschiedenster Art (Verwandtschaft, Freundschaft, Nachbarschaft) haben Einfluss auf die Quantität und Richtung von Migrationsbewegungen, da sie Sicherheiten in der jeweiligen Zielregion gewährleisten, womit die sozialen und nicht die ökonomischen Prozesse im Vordergrund stehen. Einerseits lässt sich dadurch die Eingebundenheit von Zuwander-

28 __ Beispiele dafür sind Butterworth (1977) und Kemper (1977).
29 __ Wichtige VertreterInnen sind unter anderen Massey (1998), Sassen (1988), Wallerstein (1984), Zolberg (1989).
30 __ Auch schlechte Verbindungen zwischen Regionen, nicht nur Einkommensunterschiede, spielen eine Rolle bei der Mobilität.

Innen in verhältnismäßig beständige Netzwerke darstellen und andererseits erklären sich damit auch räumliche Konzentrationen von bestimmten MigrantInnengruppen (vgl. Parnreiter 2000: 37).

Aufbauend auf Ansätzen zu Migrationsnetzwerken entwickelte sich ein neues Forschungsfeld, welches sich mit der Frage von Identitäten, Globalisierung und Entstehung von sozialen Räumen durch Migration beschäftigt: die „Transnationalismusforschung".[31] Zu Beginn der 1990er-Jahre fand ein Paradigmenwechsel statt, in dem historische, globale, transnationale, politische Prozesse und Aspekte zunehmend in Betracht gezogen wurden. Die Relevanz von Verbindungen zwischen „Aufnahmeland" und „Herkunftsland" und deren Auswirkungen – sichtbar etwa durch öffentliche Debatten über Integration und Assimilation – wurde seit den 1980er-Jahren in der anthropologischen Migrationsforschung immer stärker einbezogen (siehe den Beitrag 5 von S. Strasser in diesem Band).

Die neuen Ansätze beziehen laut Zolberg (1989) sich verändernde Aspekte von Raum und Zeit in die Arbeit mit ein. Sie sind strukturell und konzentrieren sich zumeist eher auf soziale Beziehungen mit speziellem Fokus auf den Kapitalismus als auf das individuelle Handeln Einzelner. Als drittes Merkmal der veränderten Migrationsforschung identifiziert er diese als *„generally globalist"*, indem sie transnationale und internationale soziale Felder als wichtige Einflussfaktoren beachten. Als letzten Aspekt nennt er sie *„generally critical"* und demystifizierend gegenüber der eigenen Disziplin – auch in dem Sinne, dass sie Herkunftsort, Aufnahmeland und die MigrantInnen selbst in die Forschung miteinbeziehen (vgl. Zolberg 1989: 403 f.).

Seit den späten 1980er- und frühen 1990er-Jahren konzentrieren sich viele Beiträge zu Migration auf die Erforschung von Transnationalismus. Die Kulturanthropologinnen Glick Schiller et al. (1997) beleuchteten neue Phänomene und Prozesse der Migration. Sie versuchten 1995 in ‚From Immigrants to Transmigrants' einen transnationalen Ansatz zu entwickeln, mit der die Ergebnisse der Migrationsforschung in einer globalen Ökonomie neu überdacht werden sollten. Transnationalismus zeichnet sich durch „Netzwerke, Aktivitäten und Lebensmuster" aus, die sowohl die Gast- wie auch die Herkunftsländer umfassen. Sie finden in ökonomischen, sozialen, politischen und religiösen Bereichen statt, wobei Aktivitäten, Identitäten und soziale Stellung „an mehrere soziale Orte geknüpft" sind (Glick Schiller et al. 1997: 81 ff.). Die Autorinnen entwickelten ein Framework für die Transnationalismusforschung, deren erste Prämisse lautet, dass transnationale Migration untrennbar mit den sich verändernden Aspekten des globalen Kapitalismus verbunden ist (vgl. Glick Schiller et al. 1992). Sie definieren Transnationalimus als Prozess, in dem MigrantInnen

---

31 __ Zur ausführlichen Darstellung der Entwicklung der Transnationalismusforschung in der Kultur- und Sozialanthropologie siehe Strasser (2008).

„forge and sustain multi-stranded social relations that link together their socie-ties of origin and settlement" (Basch et al. 1994: 7). Mit dieser Beschreibung drü-cken sie aus, dass MigrantInnen neue soziale Räume über geographische, kultu-relle und politische Grenzen hinweg erschließen und dabei vielfältige Beziehun-gen aufbauen.[32]

Conclusio

Migrationsforschung ist heute in der Sozial- und Kulturanthropologie und sämtlichen anderen sozialwissenschaftlichen Disziplinen bzw. Denkrichtungen stark vertreten. Die Geschichte und Entwicklung der Migrationsanthropologie zeigt auf, wie ForscherInnen in der Geschichte auf Bewegungen von Menschen aus ihren Kontexten reagiert haben. Die Auseinandersetzung mit diesem Thema hat sich im Laufe des 19. und 20. Jahrhunderts kontinuierlich und teil-weise essentiell verändert. Ständig ist die Forschung vor neue Herausforderun-gen gestellt. Bisherige Studien zeigen zwar viele Aspekte auf und gewähren tiefe Einblicke, aber die Migrationsforschung ist heute mit neuen Problemen und Fragestellungen konfrontiert. Der Komplexitätsgrad im Forschungsalltag hat stark zugenommen: Die Abwendung von abgeschlossenen Forschungsfeldern – sprich das themen- und disziplinenübergreifende Arbeiten – birgt einerseits fi-nanzielle und methodische Hürden. Andererseits wird es für die Migrationsfor-schung schwierig, über die reine Beschreibung Aussagen zu machen, die nicht in die Falle der Homogenisierung bzw. Pauschalisierung tappen – wie das in der Vergangenheit oft der Fall war. Was die dargestellten Ansätze zeigen, ist die kon-tinuierliche Entwicklung einer Migrationsforschung, die mit den zentralen Be-griffen und Konzepten der Sozial- und Kulturanthropologie in Verbindung steht: Kontakt im Kontext von Kulturen, Ethnizität, Traditionen und Diaspora.

Fragen zur Erstellung eigenständiger wissenschaftlicher Arbeiten

1. Wie sind die ersten theoretischen Konzepte zu Assimilation mit heutigen Theorien zu Integration und Assimilation zu vergleichen? Worin identifi-zieren Sie wesentliche Unterschiede?
2. Worin lagen und liegen die spezifischen methodischen und theoretischen Herausforderungen der sozial- und kulturanthropologischen Migrations-forschung?

---

32 __ Ausführlicher zu Transnationalismus siehe den Beitrag 5 von S. Strasser in diesem Band.

3.   Welche Vor- und Nachteile haben jeweils ökonomische und kulturspezifische Ansätze in der Migrationsforschung?

Basisliteratur

Barth, Frederic (ed.) (1969): Ethnic Groups and Boundaries: The Social Organization of Culture Difference. Bergen: Universitetsforlaget.

Hannerz, Ulf (1980): Exploring the City: Inquiries Toward an Urban Anthropology. New York: Columbia University Press.

Kearney, Michael (1986): From the Invisible Hand to Visible Feet: Anthropological Studies of Migration and Development. In: Annual Review of Anthropology 15, 331–361.

Werbner, Richard P. (1984): The Manchester School In South-Central Africa. In: Annual Review of Anthropology 13, 157–185.

Literatur

Ackermann, Andreas (1997): Ethnologische Migrationsforschung. In: KEA 10, 10–28.

Adas, Michael (1981): From Avoidance to Confrontation: Peasant Protest in Precolonial and Colonial Southeast Asia. In: Comparative Studies in Society and History 23, 217–247.

Addams, Jane (1910): Twenty Years at Hull-House with Autobiographical Notes. By Jane Addams (1860–1935). New York: MacMillan.

Andall, Jacqueline (2003): Introduction.The Space Between – Gender Politics and Immigration Politics in Contemporary Europe. In: Andall, Jacqueline (ed.): Ethnicity and Gender in Contemporary Europe. Oxford: Berg, 1–22.

Baldwin, Davarian L. (2004): Black Belts and Ivory Towers: The Place of Race in U.S. Social Thought, 1892–1948. In: Critical Sociology 30/2, 397–450.

Barnard, Alan/Spencer, Jonathan (eds.) (2002): Encyclopedia of Social and Cultural Anthropology. London/New York: Routledge.

Barth, Frederic (1956): Ecologic Relationships of Ethnic Groups in Swat, North Pakistan. In: American Anthropologist 58, 1079–1108.

Basch, Linda/Glick Schiller, Nina/Blanc-Szanton, Cristina (1994): Nations Unbound. Transnational Projects, Postcolonial Predicaments, and Deterritorialized Nation-States. New York: Gordon and Breach.

Benhabib, Seyla (1999): Sexual Difference and Collective Identities: The New Global Constellation. Signs. In: Journal of Women in Culture and Society 24/2, 335–361.

Bommer, Bettina (1993): Entwicklungslinien des Forschungsgebietes Urbananthropologie. Eine Untersuchung der Zeitschrift Urban Anthropology. Bonn: Holos Verlag.

Borjas, George J. (1989): Economic Theory and International Migration. In: International Migration Review 23/3, 457–485.

Borofsky, Robert (1994): Assessing Cultural Anthropology. New York: McGraw-Hill.

Butterworth, Douglas Stanley (1977): Selectivity of out-migration from a Mixtec community. In: Urban Anthropology 4/3, 265–283.

Chant, Sylvia (2003): Gender in Latin America. London: Latin America Bureau.

Comaroff, John L. (1987): Of Totemism and Ethnicity: Consciousness, Practice and the Signs of Inequality. In: Ethnos 52/3–4, 301–323.

Frank, André Gunder (1967): Capitalism and Underdevelopment in Latin America: Historical Studies of Chile and Brazil. New York: Monthly Review Press.

Frobenius, Leo (1898): Der Ursprung der afrikanischen Kulturen. Berlin: Gebrüder Borntraeger.

Glick Schiller, Nina/Basch, Linda/Blanc-Szanton, Cristina (1992): Towards a Transnational Perspective on Migration. Race, Class, Ethnicity, and Nationalism Reconsidered. New York: New York Academy of Sciences

Glick Schiller, Nina/Basch, Linda/Blanc-Szanton, Cristina (1997): Transnationalismus: Ein neuer analytischer Rahmen zum Verständnis von Migration. In: Kleger, Heinz (Hg.): Transnationale Staatsbürgerschaft. Frankfurt am Main: Campus, 81–108.

Gluckman, Max (1963): Order and Rebellion in Tribal Africa. London: Cohen and West.

Haddon, Alfred Cort (1912): The Wanderings of Peoples. Cambridge: Cambridge University Press.

Kearney, Michael (1996): Reconceptualizing the Peasantry. Anthropology in Global Perspective. Colorado/Oxford: Westview Press.

Kemper, Robert V. (1977): Migration and Adaption: Tzintzuntzan Peasants in Mexico City. Beverly Hills: Sage.

Kofman, Eleanore (2002): Family-Related Migration: A Critical Review of European Studies. In: Journal of Ethnic and Migration Studies 30/2, 243–262.

Kuper, Adam (1996): Anthropology & Anthropologists. The Modern British School. London/New York: Routledge.

Lindner, Rolf (1990): Die Entdeckung der Stadtkultur. Soziologie aus der Erfahrung der Reportage. Frankfurt am Main: Suhrkamp.

Mangin, William (1970): Peasants in Cities. Reading in the Antrhopology of Urbanization. Boston: Houghton Mifflin.

Massey, Douglas S. (1998): Worlds in Motion: International Migration at the End of the Millennium. Oxford: Oxford University Press.

Massey, Douglas S. (2002): Worlds in Motion. Understanding International Migration at the End of the Century. Oxford: Clarendon Press.

Massey, Douglas S./España, F. Garcia (1987): The social Process of International Migration. In: Science 237/4816, 733–738.

Meillassoux, Claude (1973): The Social Organization of the Peasantry: the Economic Basis of Kinship. In: Journal of Peasant Studies 1, 81–90.

Meillassoux, Claude (1981): Maidens, Meal and Money. Capitalism and the Domestic Economy. Cambridge: Cambridge University Press.

Mückler, Hermann (1998): Migrationsforschung und Ethnohistorie. In: Wernhart, Karl R./Zips, Werner (Hg.): Ethnohistorie. Wien: Promedia, 113–134.

Mühlmann, Wilhelm E. (1948): Geschichte der Anthropologie. Bonn: Universitätsverlag.

Numelin, Ragnar (1937): The Wanderin Spirit: A Study in Human Migration. London: Macmillan.

Park, Robert E./Burgess, Ernest W./McKenzie, Roderick D. (1925): The City. Chicago: University of Chicago Press.

Parker, Simon (2004):Urban Theory and the Urban Experience: Encountering the City. London/New York: Routledge.

Parnreiter, Christof (2000): Theorien und Forschungsansätze zu Migration. In: Husa, Karl/Parnreiter, Christof/Stacher, Irene (Hg.): Internationale Migration. Die globale Herausforderung des 21. Jahrhunderts. Wien: Südwind, 25–52.

Phizacklea, Annie (2003): Gendered Actors in Migration. In: Andall, Jacqueline (ed.): Ethnicity and Gender. Oxford: Berg, 23–37.

Piore, Michael J. (1979): Birds of Passage. Migrant Labor in Industrial Societies. Cambridge: Cambridge University Press.

Ratzel, Friedrich (1885–1888): Völkerkunde (3 Bde). Leipzig: Bibliographisches Institut.

Ravenstein, Ernest George (1885): The Laws of Migration. In: Journal of the Statistical Society London 48/2, 167–235.

Redfield, Robert (1941): The Folk Culture in Yucatan. Chicago: University of Chicago Press.

Redfield, Robert (1956): Peasant Society and Culture. An Anthropological Approach to Civilisation. London: The University of Chicago Press.

Redfield, Robert/Singer, Milton B. (1954): The cultural role of cities. Economic development and cultural change In: The Role of Cities in Economic Development and Cultural Change 3/1, 53–73.

Richards, I. Audrey (1995 [1939]): Land Labour and Diet in Northern Rhodesia: An Economic Study of the Bemba Tribe. Münster/Hamburg: LIT.

Sassen, Saskia (1988): The Mobility of Labor and Capital. Cambridge: Cambridge University Press.

Shanin, Teodor (1966): The peasantry as a political factor. In: Sociological Review 14/1, 5–27.

Sjaastad, Larry A. (1962): The costs and returns of human migration. In: Journal of Political Economy 70/5, 80–93.

Stark, Oded (1991): The Migration of Labor. Cambridge: Blackwell.

Strasser, Sabine (2008): Bewegte Zugehörigkeiten. Nationale Spannungen, transnationale Praktiken und transversale Politik. Wien: Turia & Kant.

Strasser, Sabine/Kroner, Gudrun/Herzog-Punzenberger, Barbara (2004): From Margin to Mainstream? Migration Studies and Social Anthropology in Austria. In: Khittel, Stefan/Plankensteiner, Barbara/Six-Hohenbalken, Maria (ed.): Contempory Issues in Socio-Cultural Anthropology. Wien: Löcker, 59–82.

Teeffelen, T. van. (1978): The Manchester School in Africa and Israel: A Critique. In: Dialectical Anthropology 3, 67–83.

Thomas, Weaver/White, Douglas (eds.) (1972): The Anthropology of Urban Environments. Oklahoma: The Society for Applied Anthropology. Monographs 11, 97–107.

Thomas, William/Znaniecki, Florian (1918–1920): The Polish Peasant in Europe and America (5 Bde.: 1918: 1/2; 1919–1920: 3/4/5; 1927: neue zweibändige Edition). Boston, Mass.: University of Chicago Press.

Todaro, Michael P. (1980): International migration in developing countries: A survey. In: Easterlin, Richard A. (ed.): Population and Economic Change in Developing Countries. Chicago: University of Chicago Press, 361–401.

Treibel, Annette (1999): Migration in modernen Gesellschaften. Soziale Folgen von Einwanderung, Gastarbeit und Flucht. Weinheim/München: Juventa.

Verrmeulen, Hans/Govers, Cora (ed.) (1994): The Anthropology of Ethnicity. Beyond 'Ethnic Groups and Boundaries'. Amsterdam: Het Spinhuis.

Völkerer, Petra (2006): Die Feminisierung von Migration und Beschäftigung: Frauenmigration und Frauenbeschäftigung in Mexikos Maquiladoras. Diplomarbeit, Wirtschaftsuniversität Wien.

Wallerstein, Immanuel (1984): Der historische Kapitalismus. Berlin: Argument.

Wallerstein, Immanuel (1986): Das moderne Weltsystem. Frankfurt am Main: Syndikat.

Wolf, Eric (1966): Peasants. Englewood Cliffs, NJ: Prentice-Hall Inc.

Wolf, Eric (1973): Peasant Wars of the Twentieth Century. London: Faber and Faber.

Wolf, Eric (1994): Facing Power. Old Insights, New Questions. In: Borofsky, Robert: Assessing Cultural Anthropology. New York: McGraw-Hill, 218–228.

Yinger, J. Milton (1960): Contraculture and Subculture. In: American Sociological Review 25/5, 625–635.

Zolberg, Aristide R. (1989): The Next Waves: Migration Theory for a Changing World. In: International Migration Review 23/3, 403–430.

Anthropologische Theorien__

Haben vor einem Jahrhundert VertreterInnen unserer Disziplin noch größtenteils auf die Wanderung von Objekten, Ideen oder „Kulturelementen" und nur vereinzelt auf die Wanderungsbewegungen von Menschen Bezug genommen, wurde durch Studien zu Transformationsprozessen von bäuerlichen Gesellschaften wie auch stadtanthropologischen Untersuchungen die Notwendigkeit, sich mit Migration anthropologisch auseinanderzusetzen, erkannt.

Heidemarie Armbruster gibt in ihrem Beitrag einen Überblick über die unterschiedlichen theoretischen Impulse und geht auf die Periodisierungen ein, die die sozialanthropologische Migrationsforschung in diesen fünf Jahrzehnten durchlaufen hat. Sie stellt das dieser Forschung immanente Spannungsfeld zwischen mikrogesellschaftlichen Untersuchungen und makropolitischen Entwicklungen vor und zeigt unterschiedliche Orientierungen und Diskurse der Postmoderne sowie die Auswirkungen auf kultur- und sozialanthropologische Migrationsforschung auf. Kultur- und SozialanthropologInnen, allen voran Arjun Appadurai, Ulf Hannerz, Markus Banks oder Vered Amit, um nur einige zu nennen, haben neue theoretische Impulse in dieses Forschungsgebiet eingebracht. Die Deterritorialisierung kultureller Entwicklungen, die Entstehung neuer Kommunitäten, die dank neuer Kommunikations- und Verkehrstechnologien nahezu zeitgleich über nationale Grenzen hinweg verbunden sind, machten neue theoretische Herangehensweisen notwendig. Ulf Hannerz's Ansatz von transnationalen makro- und mikrogesellschaftlichen Verflechtungen, Arjun Appadurais Konzeption von „scapes" als neue deterritoriale „Landschaften" ließen so aus den Migrationsstudien heraus neue transdisziplinäre Forschungsbereiche entstehen. Sabine Strasser geht in ihrem Beitrag auf diese neuen globalen Bewegungen ein und diskutiert die politischen Herausforderungen an Nationalstaaten im Sinne eines „diversity managements".

Die neue „Kartographie" der globalisierten Welt macht sich unter anderem in der Entstehung einer Vielzahl von Diasporen bemerkbar, die von Ulrike Davis-Sulikowski, Stefan Khittel und Martin Slama vorgestellt werden und deren theoretische Konzeption im Sinne einer postkolonialen Kritik kritisch beleuchtet wird.

Einen wesentlichen Beitrag dazu, die Komplexität von Migrationsbewegungen verstehen zu können, leisten Studien zu Fluchtbewegungen. Die Refugee Studies als einer der neueren transdisziplinären „Ableger" der Sozialanthropologie werden von Jelena Tošić, Gudrun Kroner und Susanne Binder vorgestellt und die Interdependenzen von Migrations- und Fluchtbewegungen aufgezeigt. Schließlich soll der englische Artikel von Sabine Strasser, Gudrun Kroner und Barbara

Herzog-Punzenberger über Migrationsforschung am Wiener Institut für Kultur- und Sozialanthropologie einen Einblick in die empirische Umsetzung dieser neueren theoretischen Ansätze im österreichischen Kontext geben.

Heidi Armbruster

4 Anthropologische Ansätze zu Migration

Einleitung

1989 schreibt das ‚International Migration Review' zum Silberjubiläum der Zeitschrift: „The birth of the IMR coincided with the arrival of the one millionth guestworker in Germany" (IMR 1989: 393). Es stellt ein rapides Wachstum der Migrationsforschung seit den 25 Jahren seines Bestehens fest und sagt weitere Wachstumsraten voraus. Das IMR sollte recht behalten, Migrationsforschung ist zur Boom-Industrie geworden und die Ethnologie ihre etwas späte, jedoch umtriebige Teilnehmerin.

Eine Reihe von Untersuchungen zum Thema Migration in der Anthropologie stellen übereinstimmend fest, dass AnthropologInnen die Relevanz des Themas relativ spät zur Kenntnis nahmen (vgl. Brettell 2000; Darieva 2007; Strasser et al. 2004; Vertovec 2007). Als kleine, jedoch wichtige Vorläufer werden generell zwei Forschungskontexte betrachtet: Die soziologische Stadtforschung der *Chicagoer Schule*, die ethnische Enklaven in amerikanischen Städten der 1930er-Jahre untersuchte, und die Forschungen zu migrantischen Bewegungen im südlichen Afrika, die von EthnologInnen um Gluckmann und die *Manchester Schule* der 1940er- und 1950er-Jahre durchgeführt worden waren. Als Erste analysierten sie lokale Migration als Teil größerer Veränderungsprozesse und entwarfen Netzwerkkonzepte (siehe Darieva 2007: 74 ff.; Rogers/Vertovec 1995; Vertovec 2007: 962). Die Anfänge der ethnologischen Migrationsforschung sind im anglo-amerikanischen Umfeld viel früher anzusetzen als beispielsweise im deutschsprachigen. Hier beginnt die eigentliche Migrationsforschung erst in den 1980er-Jahren (vgl. Darieva 2007: 71; siehe den Beitrag 3 von Markom in diesem Band).

Für den anglo-amerikanischen Kontext verortet Brettell die Anfänge anthropologischer Migrationsforschung in den späten 1950er- und frühen 1960er-Jahren, als AnthropologInnen begannen, ihrer migrierenden bäuerlichen Bevölkerung in die Städte zu folgen und deren Anpassung an urbane Lebensverhältnisse zu untersuchen. Migrationsforschung nahm ihren Anfang somit als unvermeidbare Nebenwirkung der ethnologischen *Peasant Studies* und der *Urban Anthropology* (vgl. Brettell 2000: 97 f.).

Angesichts der heutigen Migrationsforschungskonjunktur und Theorieentwicklung wirkt die damalige relative Abwesenheit des Themas nahezu befremdlich. Allerdings kann, was historisch unterschiedlichen Theorie- und Diskurskulturen geschuldet war, im Rückblick leicht als Versäumnis oder Verzerrung konstruiert werden. So hätten etwa, wie manche AutorInnen ausführen, der in den Nachkriegsjahren vorherrschende Funktionalismus in der Ethnologie, ihr „sedentarist bias" (Malkki 1995, zit. nach: Brettell 2000: 97), ihr „ortsfixiertes Identitäts- und Kulturverständnis" und „methodologischer Nationalismus" (Darieva 2007: 72) oder ihr relatives Desinteresse am Kulturwandel (vgl. Vertovec 2007: 962) den Blick auf scheinbar theorieinkompatible Realitäten verstellt. Die ideologischen Einfärbungen, diskursiven und institutionellen Zwänge,[1] die im Rückblick leicht zugänglich erscheinen, sind keinesfalls ein Grundproblem der Vergangenheit. Migrationsforschung hat bis in die Gegenwart mehrere Perioden durchlaufen, die einerseits theoretischer Natur sind, andererseits auch mit einem breiteren diskursiven Spektrum zusammenhängen, in das Forschungskonjunkturen und transdisziplinäre Forschungslandschaften eingebunden sind. Wie weiter unten zu sehen sein wird, haben theoretische Impulse, die oft über das eigentliche Fachgebiet hinausreichten, wie etwa die von „Marxismus", „Feminismus" oder „Globalisierung", ethnologische Fragestellungen in spezifischen Zeiträumen dominiert. Darüber hinaus ist Migrationsforschung und die Perspektiven, die sie einnimmt, von den geographischen und nationalen Kontexten geprägt, in die ihre AkteurInnen eingebettet sind, also etwa von lokalen Prozessen der Nationenbildung, historisch politischen und juridischen Verhandlungen um staatliche Migrationspolitik, medialen Konjunkturen der Migrationsthematik oder Entwicklungen der politischen Ökonomie.[2]

Silverstein (2005) hat in einer neueren Studie die sich historisch wandelnde Kategorisierung von MigrantInnen in Europa untersucht und dabei die Charakteristika des „mobilen Subjekts" herausgearbeitet, die sich an der Schnittlinie von akademischer Wissensproduktion und staatlicher Politik formierten. Das migrierende Subjekt, so argumentiert er, war immer ein Produkt von Rassialisierungen, das von Wissenschaft und Politik gleichermaßen konstruiert und festgeschrieben wurde. Er unterscheidet fünf historische Stufen, beginnend mit der kolonialen Figur des tribalen „Nomaden", die dem/der sesshaften, „zivilisierteren" BewohnerIn von Siedlungen gegenübergestellt und ihm/ihr im kulturellen Evolutionsschema gleichzeitig nachgeordnet wurde. Im Zuge der postkolonialen Wanderungen und Gastarbeiteranwerbungen nach 1945 folgte zunächst der „Arbeiter", der mit der kritischen Migrationsforschung der 70er-Jahre zum „entwurzelten Opfer" des Kapitalismus mutiert. Im Gefolge der Postmoderne

1 — Foners Beobachtung, dass es in den 60er- und 70er-Jahren nahezu unmöglich war, institutionelle Förderung für Forschung über als unexotisch geltende MigrantInnen in den USA zu bekommen, ist aufschlussreich in diesem Zusammenhang und Ausdruck der anthropologischen Vorliebe für das ethnisch „authentische" in jener Zeit (vgl. Foner 2000: 49f.; Eriksen/Nielsen 2001: 121).
2 — Siehe Glick Schiller und Çağlar (2009) für eine rezente Kritik des „methodologischen Nationalismus" in der Migrationsforschung.

entstanden die „hybriden Kosmopoliten" der 90er-Jahre und gegenwärtig dominiert die Figur des „(muslimischen) Transmigranten" (Silverstein 2005: 363–384).[3]

Die Frage der Einbettung akademischer Migrationsthematik in umfassendere politische und ökonomische Kulturen, die Silverstein herausarbeitet, gilt es im Auge zu behalten, nicht zuletzt vor dem Hintergrund einer derzeitig breit gefächerten Popularität des Themas. Anthropologische Perspektiven auf Migration sind gleichzeitig in solche Kulturen eingebettet und von der Frage bewegt, wie diese Einbettung empirisch zu erfassen und theoretisch zu verstehen ist. Drei Fragestellungen haben den ethnologischen Blick auf Migration seit den 1950er-Jahren weitgehend geprägt: das Verhältnis von lokal und translokal oder in Brettells Diktion, jenes von „micro" und „macro" (2000: 102), die Frage nach Kulturwandel und die Frage nach interkulturellen Beziehungen. Eine ganze Reihe von Untersuchungen haben die Entwicklung der ethnologischen Migrationsforschung und ihrer methodologischen und theoretischen Implikationen nachgezeichnet (siehe u. a. Bräunlein/Lauser 1997; Brettell 2000, 2003; Darieva 2007; Foner 2000; Kearney 1986, 1995; Lewellen 2002; Sanjek 2003; Silverstein 2005; Vertovec 2007). Ohne diese Arbeiten im Einzelnen wiederholen zu wollen, möchte ich zunächst die stark theoriegeleiteten Periodisierungen der ethnologischen Migrationsforschung skizzieren, die einige dieser AutorInnen vorschlagen. Ich werde dabei beispielhaft auf ein paar Ethnographien näher eingehen und ihre Zugänge zum Thema beleuchten. Da der *transnational turn*, der in der ethnologischen Migrationsforschung um die Mitte der neunziger Jahre einsetzt, in anderen Kapiteln dieses Buches zur Darstellung kommt, beschränke ich mich auf die Periode der 1970er- bis 1990er-Jahre.[4]

Periodisierungen

Wie oben angedeutet, hat Migration für EthnologInnen drei Themen aufgeworfen: die Frage der Veränderung, die Wanderungsbewegungen am Ursprungs- und Zielort auslösen, die Frage des Kontakts oder der Beziehungen zwischen ethnisch diversen Gruppen[5] und die Frage des Zusammenhangs zwischen lokalen Aktionsräumen und größeren trans-lokalen ökonomischen und politischen

3 — Siehe Malkki (1995) für eine vergleichbare Studie zur Diskursproduktion des „Flüchtlings".
4 — Dieser Aufsatz basiert ausschließlich auf in Englisch und Deutsch veröffentlichter Literatur. Es werden nach wie vor kaum fremdsprachige Arbeiten im anglophonen Sprachraum rezipiert. Im Unterschied dazu sind viele der englischsprachigen Ansätze im deutschen Sprachraum fester Bestandteil der Diskussion.
5 — Im Zeitraum, der hier betrachtet wird, stieß insbesondere die Frage nach dem Verhältnis zwischen ImmigrantInnen und westlichen Einwanderungsgesellschaften auf breites Interesse. Vor allem auch MigrationssoziologInnen beschäftigt(e) dieses Thema (siehe

Realitäten, in die sie eingebunden sind. Das der Ethnologie immanente Interesse an, vom Individuum vor Ort entwickelter, qualitativer Sozialforschung hat im Hinblick auf Migration immer auch Methodendiskussionen ausgelöst. Fragen wie: „Wo lässt sich, mit den Mitteln und Beschränkungen ethnographischer Feldforschung, durch Migration ausgelöster Wandel festmachen?", „An welchem Zeitrahmen kann er gemessen werden?", „In welchen Kontexten lässt sich ‚Kulturkontakt' beobachten?", „Welche sind die ethnologisch erfassbaren Knotenpunkte zwischen Mikro- und Makroebene?", „Wo ist Migration als ‚Prozess' zu erforschen?", „Durch wessen Erfahrung wird Migration verstehbar (was sind die Analyseeinheiten)?" sind nicht nur Theorie-, sondern auch Methodenfragen. Die unterschiedlichen Gewichtungen und empirischen Umsetzungen, die diese Fragen erhielten, hängen eng mit den theoretischen Ansätzen zusammen, die eine gewisse Normativität innerhalb der Anthropologie gewannen.

Modernisierung und Assimilation

Migration wurde seit Beginn ihrer ethnologischen Erfassung vornehmlich als Kulturwandel verstanden. Paradigmen der Modernisierung dominierten Erklärungsansätze zum Kulturwandel in den 1950er- und 1960er-Jahren und beeinflussten die ethnologische Theorienbildung bis in die 1970er (vgl. Kearney 1986: 333). Kearney, dessen Überblicksarbeit auf den Entwicklungen in den USA beruht, führt die zentralen Prämissen der Modernisierungstheorie anschaulich aus: Die als Prozess imaginierte Modernisierung beerbt Evolutionsideen des 19. Jahrhunderts, die von der zunehmenden „Zivilisierung" der Menschheit und ihres technologischen, sozialen und mentalen „Fortschritts" ausgingen. Das „moderne" Vokabular setzte an die Stelle des Evolutionismus das Primat der „Entwicklung". MigrantInnen – und hier standen die Forschungen in amerikanischen Städten im Mittelpunkt des Interesses – waren AkteurInnen des Fortschritts, indem sie, aus weniger „entwickelten", ärmeren und ländlichen Regionen kommend, sich in den urbanen Zentren der Moderne resozialisierten und diese in ihre Communitys vor Ort und der Herkunftsregion trugen. Migrantische „Anpassung", „Assimilierung" und „Adaptation" werden zu zentralen erkenntnisleitenden Begriffen unter den Prämissen der Modernisierungstheorie (vgl. Kearney 1986: 333). Eindimensionale *push-pull*-Modelle erklären Migrationsursachen und -entscheidungen. Diese Modelle besagen, dass Unterentwicklung und Armut Menschen veranlasst, ihre Regionen zu verlassen und sich in der Erwartung auf ökonomische Verbesserung in entwickelte urbane Zentren zu be-

Schmitter Heisler 1992; oder für gegenwärtige Ansätze Kalter 2008). Multiethnische, intraethnische oder von ethnischen Kategorien losgelöste Beziehungen und Verhandlungen von Migration und Multikulturalismus umschreiben neuere Ansätze (siehe auch Vertovec 2007).

geben. Die von der neoklassischen Ökonomie geprägte Vorstellung vom Individuum als rational handelndem, Gewinn und Verlust abwägendem Entscheidungsträger stand, so Kearney, im Zentrum der Modernisierungsthesen, und
der individuelle Akteur (meist als geschlechtsneutral oder männlich gedacht)
bildete die primäre Analyseeinheit vieler ethnologischer Arbeiten (vgl. Kearney
1986: 336).

Dependenz und kapitalistisches Weltsystem

In den 1970er-Jahren folgten Dependenztheorien oder – marxistischer Terminologie folgend – „historisch-strukturalistische" Ansätze (vgl. Brettell 2000: 103).
Diese gingen aus der marxistischen Kritik an Modernisierung hervor, die zugleich den Blick weglenkte von MigrantInnen als individuellen EntscheidungsträgerInnen hin zu größeren makro-ökonomischen Prozessen, in die Herkunfts-
und Zielregionen gleichermaßen eingebettet und international verkettet waren.

Die Beziehungen zwischen MigrantInnen und Aufnahmegesellschaften,
welche die Modernisierungsthese in einen einseitig und linear verlaufenden
Entwicklungsfortschritt eingebunden sah (Stadt entwickelt Land, Moderne entwickelt Tradition), wurde von DependenztheoretikerInnen in ein grundsätzlich
anderes Licht gerückt. Vor dem Hintergrund einer historisch kritischen Kapita-
lismusanalyse erschien dieses Verhältnis als Ausdruck einer globalen Ungleichheit, in der periphere Regionen die Rolle einnehmen, die Entwicklung der globalen Kapitalzentren zu fördern (vgl. Kearney 1986: 338). Der Wirtschaftshistoriker
und Soziologe Gunder Frank war einer der Ersten, der Abhängigkeit und Armut
vor dem Hintergrund lateinamerikanischer Erfahrungen theoretisierte und die
gängigen Modernisierungsthesen einer radikalen Kritik aussetzte (vgl. beispielsweise Frank 1967). Frank postulierte, dass die ungleiche Entwicklung kein
Ergebnis von voneinander unabhängigen ökonomischen und kulturellen Prozessen ist, die sich auf unterschiedlichen Stufen von „Tradition" und „Moderne"
bewegen, sondern eine Konsequenz eines allumfassenden, historisch weitrei-
chenden und auf Kolonialismus und Imperialismus aufbauenden kapitalistischen Weltsystems. Ungleiche Entwicklung in diesem System ist das Resultat
von Ausbeutungsverhältnissen, nach denen „Satelliten" (regional, national, international) den „Metropolen" (unterschiedlicher Dominanz im Weltsystem)
fortwährend Mehrwert schöpfen – durch die Bereitstellung billiger Arbeitskraft,
als Rohstofflieferant, Absatzmarkt, vom Bedarf der Metropolen abhängiger Ex-
portproduzent, als Freihandelszone etc. – und in dieser Rolle fortgeschrieben
werden. Franks These von der „Entwicklung der Unterentwicklung" (vgl. Frank
2000) machte Schule und EthnologInnen begannen, mithilfe von Dependenztheorien Auswirkungen des Kapitalismus in peripheren Gebieten zu untersuchen. Wallersteins 1974 veröffentlichte Arbeit zum ‚kapitalistischen Weltsystem',

in dem Abhängigkeit und Unterentwicklung gleichermaßen global analysiert und als Folge von internationaler Arbeitsteilung erörtert werden, war ebenso richtungweisend. Wolf hat in seinem Klassiker ‚Europe and the People without History' (1982) diese größeren, an strukturalen Prozessen interessierten Zugänge einem expliziteren ethnologischen Blick unterworfen. Er wendete sich gegen die auch in der Anthropologie vorherrschende Vorstellung von menschlichen Gemeinschaften als selbstregulierend und in sich geschlossen, ein „Mythos", der nur zustande kommen konnte, weil SozialanthropologInnen die historischen, von Kapitalismus, Eroberung und Kolonisierung geschaffenen Interdependenzen schlichtweg ignorierten (vgl. Wolf 1982: 18). Wolf verstand sein Buch als eine Korrektur dieser Perspektive, die im Detail untersuchte, wie sich historisch bis in die frühe Neuzeit zurückreichende globale Expansionsprozesse des Merkantilismus und Kapitalismus auf lokale, in der Peripherie lebende Populationen auswirkten und wie sich Mikro- und Makroprozesse in spezifischen Kontexten verflochten.

Dependenz- und Weltsystem-Theorien stellten Migration in den Rahmen einer Kapitalismus- und Kolonialismuskritik, was ein spezifisches Augenmerk auf die Rolle von Arbeitsmigration und auf umfassendere historische und ökonomische Meso- und Makrostrukturen insgesamt lenkte. Als Beispiel sei kurz eine Arbeit des amerikanischen Ethnologen Rhoades (1978) angeführt, die der Rolle von importierter Arbeit in der industriellen Entwicklung Deutschlands nachgeht. Der Autor vergleicht die Bedeutung von migrantischer Arbeitskraft im Zeitraum eines Jahrhunderts, beginnend mit den „Ruhrpolen" im 19. Jahrhundert, über die Zwangsarbeiter des Dritten Reiches zu den Gastarbeitern der 1960er- und 1970er-Jahre. Er streicht die Parallelen und historischen Kontinuitäten des Imports von Arbeitskraft heraus, in denen deutsche Regierungen jedweder Couleur bestrebt waren, der heimischen Wirtschaft ausländische Billigarbeit zuzuführen. Gleichzeitig betont der Autor, dass die Herkunftsregionen nicht von Abwanderung profitieren, da weder ausreichend Kapital zurückfließt noch Rückwanderung einen Qualifizierungs- und Wissenstransfer in Heimatregionen trägt (vgl. Gmelch 1980). MigrantInnen, so betont er, werden in reicheren Regionen Europas nicht zu qualifizierten Arbeitskräften ausgebildet, sondern bilden die unterste Schicht der Arbeiterklasse, „manual laborers who sell their muscle power, not their minds, to foreign bosses" (Rhoades 1978: 566).[6]

Rhoades weist die oft propagierten „Gleichgewichtsmodelle" zurück, nach denen europäische Regierungen und Entwicklungsthesen vertretende MigrationstheoretikerInnen davon ausgehen, dass sich Kapital- und Arbeitsflüsse zwischen Peripherie und Zentrum ausgleichen und zu einer sozioökonomischen Entwicklung agrarischer Regionen führen (vgl. Rhoades 1978: 554). „Transnationale

6 ⎯ Siehe auch Castles/Kosack (1973), eine in dieser Phase oft zitierte marxistische Analyse von Migration.

58

Arbeitsmigration"[7] (Rhoades 1978: 568) in Europa heißt Arbeitskräftetransfer im Dienste kapitalistischer Profitmaximierung, welche die Arbeit-exportierende Peripherie des Mittelmeerraums den Arbeit-importierenden Zentren nördlich der Alpen unterordnet. Rhoades' Analyse ist an Migration als sich historisch wandelnder Aspekt der politischen Ökonomie orientiert,[8] weniger an spezifischen migrantischen Gruppen und ihrem „sozialen und psychologischen Verhalten" (Rhoades 1978: 554). Obwohl der Autor seine Arbeit als „ethnographisch" versteht, bietet er ethnographisch interessierten LeserInnen auffallend wenig Anschauungsmaterial.

Wie dieses Verhältnis zwischen analytischem Interesse an ökonomischer und historischer Makrostruktur einerseits und an einer ethnographisch erfassbaren Mikrorealität andererseits auszuloten ist, ist eine immer wieder diskutierte Frage in der Ethnologie. Kearney betont, dass die Hinwendung zu Migration als Dependenz oder als Faktum einer globalen politischen Ökonomie zur einseitigen Verabschiedung von Migration als kultureller Alltagspraxis geführt hat, da konkrete menschliche Subjekte als Handelnde in den größeren Entwürfen dieser Ansätze oft verschwinden (vgl. Kearney 1986: 341). Er spricht sich deshalb für die Refokussierung auf Abhängigkeitsverhältnisse aus, die sich nicht nur auf die Sphäre von Arbeitskraftzirkulation beschränkt, sondern auf den Bereich der Arbeitskräfteproduktion und -reproduktion ausweitet, die in den für die Ethnologie viel unmittelbar erfassbareren Haushaltsökonomien stattfindet. Es gilt, Haushalte als ökonomische Einheiten zu betrachten, da sie, obwohl sie als nicht-kapitalistisch wahrgenommen werden, ArbeitsmigrantInnen reproduzieren und in das kapitalistische System einspeisen (vgl. Kearney 1986: 342 ff.).

Dieser analytische Blick auf die Rolle von Haushaltsökonomien im kapitalistischen Produktionsprozess (auch „Artikulationstheorie" genannt) zeigte zugleich die Anker- und Drehpunkte von Migrationsrouten auf, da sie Produktions- und Reproduktionssphären, über die MigrantInnen mit ihren Herkunfts- und Zielorten verwoben waren, miteinander in Verbindung setzte. Netzwerkforschung war ein Ausdruck dieser Konzeptualisierung (vgl. Kearney 1986: 352–355).

Kearney bezieht sich auf den französischen Anthropologen und Afrikanisten Meillassoux, dessen Arbeit das Interesse an Haushaltsökonomien auch bei vielen US-EthnologInnen weckte (vgl. Kearney 1986: 343). Insbesondere Meillasouxs ‚Femmes, greniers et capitaux' (1975), das bereits 1976 als ‚Die wilden Früchte der Frau' auf Deutsch erschien und 1981 als ‚Maidens, Meal and Money' auf Englisch publiziert wurde, beeinflusste die Fragestellungen vor allem linker und kritischer EthnologInnen. Meillassouxs marxistisch-historische Analyse der Integra-

7 — Der Begriff „transnational" hat hier noch nicht die Netzwerkkonnotationen der 1990er-Jahre. Er meint lediglich grenzüberschreitend.
8 — An marxistischer Theorie angelehnte ethnologische Untersuchungen unterstrichen in der Regel die historische Dimension ihrer Forschungsfragen.

tion von Haushaltsökonomien in einen globalen kolonialen und neo-kolonialen Kapitalismus richtete sich vor allem auf die „freie" Produktion und Reproduktion von Arbeitskraft in Familie und Haushalt, die über Migration in kapitalistische Industriezentren transferiert wird (vgl. Meillassoux 1981). Meillassouxs Studien waren richtungweisend auch auf einer anderen Ebene: Sie thematisierten die Rolle von Frauenarbeit. Frauen, so Meillassoux, kommt eine besondere Rolle in diesem Prozess zu, da sie als Mütter, Ehefrauen und häusliche Produzentinnen freie, ausbeutbare Reproduktionsarbeit leisten, die eine männliche Migrationspraxis überhaupt erst ermöglicht.

Diese Diskussion um die Rolle von Frauen in der Ökonomie des Haushalts wurde von der sich etablierenden Geschlechterforschung in der Ethnologie aufgegriffen, und die Frage weiblicher Reproduktions- und Lohnarbeit unter den Bedingungen des Kapitalismus etablierte sich bis in die 1980er-Jahre zu einem vielbearbeiteten Thema, vor allem auch in der deutschsprachigen Ethnologie. Die Soziologinnen und Ethnologinnen Mies, von Werlhof und Bennholdt-Thomsen, die in Indien und Lateinamerika forschten, führten zentrale Begrifflichkeiten in die Diskussion ein, die an einer feministischen Kritik an Modernisierungs- und Entwicklungstheorien orientiert waren, aber auch an einer kritischen Auseinandersetzung mit orthodoxer marxistischer Theorie. Der Begriff von der „Hausfrauisierung der Arbeit" etwa bezeichnete die materielle und ideologische Integration von Frauen in den sich global ausweitenden Akkumulationsprozess. Die überproportionale Präsenz von Frauen in „den Kolonien" (vgl. von Werlhof 1985) im Subsistenz- und informellen Sektor der Ökonomie wurde ideologisch als Nicht-Arbeit abgesichert, während sie de facto eine reale Größe des kapitalistischen Akkumulationsprozesses darstellt, die billige Reproduktions- und Warenarbeit garantiert (vgl. etwa Mies 1986; von Werlhof et al. 1983; von Werlhof 1985). Über die Analyse von Frauenarbeit vor allem in der „Dritten Welt" wurden Kapitalismus und Patriarchat als ineinander verschränkte Ausbeutungssysteme analysiert.[9] Migration ist in den oben genannten Arbeiten Hintergrundrealität, nicht Gegenstand ethnographischer Untersuchung an sich.

Allerdings etablierte sich die Kategorie „Geschlecht" in den 80er-Jahren zur festen Größe in der Migrationsforschung. Untersuchungen zu migrierenden Frauen werden zunehmend Teil der Debatte, die vor allem feministische Anthropologinnen führen. Auch hier liegt das Gewicht auf Migration und Arbeit, Fragen von Geschlecht und Klasse, der Reproduktion von Geschlechterverhältnissen unter Bedingungen der Ausbeutung migrantischer Arbeit oder auf der Geschlechterfrage im produktiven und reproduktiven Sektor (vgl. beispielsweise Berlin über ‚Migrant female labor' in Venezuela in Nash/Safa 1986; Lamphere 1987).

---

9 __ Die Rolle migrantischer Frauenarbeit oder der „Feminisierung" der Arbeit in einer global vernetzten Ökonomie wird bis in die Gegenwart diskutiert (siehe Sassen 2008).

Die Analyse des kapitalistischen (Re-)Produktionsprozesses von Geschlecht und Klasse am Arbeitsplatz und im Haushalt wurde oft erweitert durch die Ethnizitätsdebatte, die bereits einen festen Platz in der Ethnologie eingenommen hatte (siehe beispielsweise Cohen 1978). Lamphere etwa diskutiert Ethnizität als eine Adaptionsressource migrantischer Fabrikarbeiterinnen, die in heimatlichen Wertemustern wurzelt und eine kollektive Identitäts- und Netzwerksformierung unter den neuen ökonomischen Bedingungen der Migration ermöglicht (vgl. Lamphere 1987: 335).

Ethnizität hatte sich ebenfalls im Umfeld der Kritik von Modernisierungs- und Assimilationsthesen als zentrale Kategorie etabliert, durch die Makroprozesse einerseits und Mikrostrategien andererseits miteinander verknüpft werden konnten. Die Frage der interkulturellen Beziehungen in Einwanderungsländern inklusive des Rassismus, die Transformation von migrantischer Identität, von Herkunfts- und Zielgesellschaft oder des Verhältnisses zwischen 1. und 2. Generation wurde über ihren Ausdruck durch ethnische Identifizierungen, Manipulierungen und Mobilisierungen untersucht (vgl. Watson 1977; Brettell 2003: 113–118). Ethnizität bot auch eine Kategorie, mit der die orthodoxen, rein ökonomistischen push-pull-Modelle und die Vorstellung vom Migranten als sich assimilierenden „homo oeconomicus" kritisch gelesen werden konnten. Portes und Borocz (1989) argumentieren Ende der 1980er-Jahre, dass diese Modelle längst von der Realität überholt waren, dass nicht nur ArbeiterInnen, sondern auch Flüchtlinge und UnternehmerInnen wanderten und dass die soziale und ethnische Netzwerkbildung oft mehr Einfluss auf Migrationsentscheidungen und Wanderungsrouten habe als ökonomische Motive. Eingliederung in eine ethnische Gruppe, deren Netzwerke soziales Kapital und emotionale Verankerung erzeugen, wurde auch als Bewältigungsressource gedeutet für die zunehmend wahrgenommene, oft in der Mehrheitsgesellschaft diskriminierte „2. Generation" (vgl. etwa Portes 1994) oder eine marginalisierte ArbeiterInnenschaft (vgl. etwa Lamphere et al. 1994).

Ethnizität in ihrer Barth'schen Definition als Ausdruck von Grenzziehung und strategischer, kontextabhängiger Selbst- und Fremdverortung repräsentierte in den 1970er- und vor allem in den 1980er-Jahren einen der zentralen Zugänge in der Migrationsforschung (vgl. Vertovec 2007: 963). Insbesondere die zahlreicher werdenden Studien zu migrantischen Minderheiten in europäischen Einwanderungsstädten waren häufig Ethnizitätsstudien (vgl. Banks 1996: 110f.). Die „ethnische" Definition von MigrantInnen korreliert in diesen Fällen häufig mit den Ideologisierungen und Politisierungen von spezifischen Einwanderungsgruppen in den Aufnahmestaaten. Wie Banks für den britischen Fall anführt, spiegelte sich die gesellschaftliche und politische Problematisierung nicht-weißer ImmigrantInnen, vornehmlich aus der Karibik (Blacks) und Indien (Asians), in einem besonderen wissenschaftlichen Interesse an ihnen (vgl. Banks 1996: 88f.). In Deutschland gilt Ähnliches für die „TürkInnen", die seit den 1970er-Jahren oft stellvertretend die staatlich und medial definierte „Problematik" der Immigration symbolisieren. Sie sind gleichzeitig auch die wohl am häufigsten untersuchte Gruppe in der deutschsprachigen Migrationsforschung.

Nichtsdestotrotz waren Ethnizitätsstudien als Untersuchungen der Formierung kollektiver Identitäten, politischer oder ökonomischer Praktiken häufig einseitig auf migrantische AkteurInnen ausgerichtet, weniger auf die Ethnisierungen und Zuschreibungen von außen oder auf die Machtkonstellationen, in denen diese stattfanden (vgl. Banks 1996: 114).[10]

Eine interessante Ausnahme bildet Grillos 1985 veröffentlichte Studie zu Immigration in Frankreich, die auf seiner Feldforschung in Lyon Mitte der 70er-Jahre beruht. Mit Foucault'scher Diskurskritik arbeitend, beschreibt Grillo überzeugend, wie seine ethnologische Annäherung an die Erfahrung von MigrantInnen in Frankreich letztlich mehr kulturelles Wissen über die institutionellen und ideologischen Praktiken der Einwanderungsgesellschaft zutage förderte als über eine von ihr vorgeblich getrennte „ethnische Identität" algerischer MigrantInnen. Die institutionelle Kultur von Schule, Bürokratie, Sozialsystem und Arbeitsmarkt unterwirft vor allem nordafrikanische ImmigrantInnen einer Art Resozialisierungspraxis, die diese EinwanderInnen problematisiert und ihnen zugleich vorgibt, die Lösung ihrer Probleme zu sein. Grillo beschreibt diese Praxis als

[...] a form of integration of migrants in French society, or what I would rather term "incorporation". By that I do not mean conjoined on more or less equal terms in a shared enterprise [...]. I refer to an absorption of immigrants by the French, for the French, on French terms. (Grillo 1985: 280)

Die ideologische Wirkung dieser Prozesse reicht, so Grillo, in die wissenschaftliche Literatur und Forschung, die an der Konstruktion von ImmigrantInnen als „Problem" partizipiert (vgl. Grillo 1985: 298 f.), nicht zuletzt, wenn sie von staatlichen Auftraggebern finanziert ist. Deshalb gilt es, wissenschaftliche Produkte selbst zum Untersuchungsgegenstand zu machen, da sie oft Teil des Alltags- und ExpertInnendiskurses im Feld werden (vgl. Grillo 1985: 298 f.).

10 ___ In Watsons Reader ‚Between Two Cultures' (1977), der als Vorläufer der Idee einer „*multisited ethnography*" gelten könnte, wird zwar betont, dass die Artikel des Buches „genauso viel über Großbritannien [...] aussagen wie über die ImmigrantInnen selbst" (Watson 1977: 17), trotzdem werden diese als isolierte Einheiten diskutiert.

Globalisierung und mobile Identitäten

Grillos Analyse bietet eine gute Überleitung zu den Ansätzen der späten 1980er-und 1990er-Jahre, da die diskurskritischen Zugänge seiner Studie, inklusive der Forderung, akademische Wissensproduktion selbst zum Thema zu machen, jetzt zunehmend Teil der Diskussion werden. Der Einzug der Postmoderne in die Anthropologie veränderte Orientierungen und Fragestellungen, auch in der Migrationsethnologie. Foucault'sche Diskurstheorie, dekonstruktivistische und poststrukturalistische Ansätze, postkoloniale Kritik, feministische Interventionen und die Repräsentationskritik im Umfeld von Clifford und Marcus ‚Writing Culture' (1986) hatten Verunsicherungen und Re-orientierungen ausgelöst und neue, oder zumindest anders gewichtete Themenstellungen aufgeworfen: „Reflexivity, subjectivities, alterity, agency, and discourse became the key terms of a major refocusing away from grand theory, especially materialist theory, and onto the experiences, expectations, and identities of the migrants" (Lewellen 2002: 136).

Der theoretische Überbau der von der neoklassischen Ökonomie beeinflussten Entwicklungstheorie oder die materialistischen Konzepte des Marxismus, die lange Zeit Migrationsforschung begleitet hatten, erschienen jetzt, wie Lewellen anführt, als „große Erzählungen" (2000: 135f.), die heterogene Realitäten in ein hegemoniales Erklärungskonzept pressen. An ihre Stelle rückte die These der Globalisierung, ein ebenso umfassendes Rahmenkonzept, dem aber weder eine einheitliche Theorie zugrunde lag noch eine spezifische (etwa ökonomistische) Definition eines Migranten/einer Migrantin. Globalisierung wurde zum neuen Überbegriff des Kulturwandels, der nicht nur Menschen und Populationen (des globalen Südens), sondern „Kultur" im allumfassend ethnologischen Sinne in ein Paradigma von Mobilität und Veränderung einband. Appadurais (1990) vielzitierte Thesen von den *ethnoscapes, mediascapes, technoscapes, finance-scapes* und *ideoscapes* dürften als paradigmatisch für diesen Richtungswechsel gelten. Ebenso einflussreich waren die Interventionen von Gupta und Ferguson (1992), die den ethnologisch so relevanten Begriff der „Kultur" (im Sinne einer lokal verankerten „Ethnie") einer kritischen Dekonstruktion unterzogen, oder die Harvey'sche These der *time space compression*, die der veränderten globalisierten Zeit- und Raumerfahrung Ausdruck verlieh (vgl. Harvey 1990). Lewellen drückt den Globalisierungseffekt in der ethnologischen Migrationsforschung treffend so aus:

The communities, societies, cultures, and peoples of traditional anthropology were, for some, replaced by "imagined communities" (Anderson 1983) *that were created in the act of migration* [kursiv H. A].This required a new or revamped vocabulary for describing the fluid and undefined interaction zones characteristic of contemporary migrants: border theory,

transculturation, transnationalization, creolization, hybridity, diaspora
and diasporic communities, to name just a few. (Lewellen 2002: 136)

Der in diesem Zitat zum Ausdruck kommende radikal konstruktivistische Zugang zu „Kultur", den die Postmoderne eingeläutet hatte (und der an sich schon
als eine Art Hegemoniekritik verstanden wurde), sowie die Globalisierung als
Primat der Einbindung des Kleinen ins Große, das sich bereits auf der Alltags-
ebene von Identität, Populärkultur und Konsum abspielte, ebnete den Weg für
eine breitere ethnologische Aufmerksamkeit, die den früheren Weltsystemtheo-
rien, die zwar ebenso global konzipiert, aber schwieriger im Alltag konkreter
Menschen zu beobachten waren, abhanden gekommen war (vgl. Lewellen 2002:
134). Unter den Prämissen der Globalisierung entdeckte die Ethnologie Migration als Alltagspraxis.

Die Themen und Fragestellungen fächerten sich in zahlreiche Richtungen
auf (vgl. Kearney 1995). Ethnizität, das Thema der 1980er-Jahre, blieb aktuell bis
in die 1990er, setzte sich aber eher dem Verdacht aus, essentialisierender zu sein,
etwa als die Kategorie „Identität". Identität wurde mit vielfältigen Positionierungen, wie etwa Geschlecht, Sexualität, Alter, Klasse, Ethnie, Religion, Nationalität oder Lokalität besetzt und über eben diese Positionierungen einer Befragung ausgesetzt. Identität als „Politik", das heißt als Konstruktion, Handlung
und dynamische Interaktion in einem Feld von Machtverhältnissen, wurde tatsächlich auch zu einem Boom-Thema der 1990er und danach (nicht nur in der
Sozialanthropologie). Einige AutorInnen schlugen sogar vor, dass MigrantInnen oder Flüchtlinge paradigmatische Subjekte für die Diskussion um die Komplexität, Fluidität und Politikanfälligkeit von Identität darstellten, da ihre Wan-
derungs- und Deterritorialisierungserfahrungen stabile Selbstbilder außer Kraft
setzten (siehe etwa Gupta/Ferguson 1992: 9 f.; Rouse 1991), oder dass „Mobilität"
an sich für menschliche Subjektivität signifikanter sei als Sesshaftigkeit (siehe
etwa Clifford 1992). Die Auswirkung von Globalisierung auf individuelle und
kollektive Lebens-, Politik- und Befindlichkeitsformen wurde mit Identitäts-
attributen wie etwa „vielfältig", „komplex", „situationsbedingt", „fluktuierend",
„kreolisiert", „hybrid" oder „intersektional" gefasst und untersucht.

Diese sich der Konstruktivität des sozialen Lebens verschreibenden Ansätze, mit denen Menschen als AkteurInnen und in Beziehungsgeflechten ope-
rierende Subjekte dargestellt werden konnten, wurden zum Angelpunkt des
Transnationalismus, der sich seit Mitte der 1990er-Jahre als zentraler Ansatz in
der Migrationsforschung etabliert. Transnationalismus rückte Beziehungen, die
nationale Grenzen überschreiten und multiplen Migrationsgeographien folgen,
in den Vordergrund und machte damit soziale Formen und Konsequenzen von
Mobilität und Globalisierung als Alltagspraxis zugänglich. Transnationalismus
als Konzept ermöglichte ein Abrücken vom Modell der ortsfixierten, ganzheitli-
chen, in sich geschlossenen Ethnie und des Kulturessentialismus, den man frü-

heren EthnologInnen- und Wissenschaftstraditionen vorwarf (vgl. Vertovec 2007: 965). Gleichzeitig hat sich Transnationalismus bis heute keineswegs von der ethnischen Kategorisierung verabschiedet, da sich viele Studien nach wie vor auf spezifische ethnische Gruppierungen beziehen bzw. ethnisch definierte Zugänge zu MigrantInnen favorisieren (vgl. Vertovec 2007: 966).[11]

Aus dem Bedürfnis, die mobile und grenzübergreifende Beziehungsrealität der Migrierenden zu erfassen, entwickelte sich die *multisited ethnography* (vgl. Marcus 1995). EthnologInnen versuchten, diese Methode zu realisieren, indem sie „mitreisten" oder periodische Forschungsaufenthalte an verschiedenen Schnittstellen migrantischer Netzwerke durchführten. Diese „mobile" Forschung stellte allerdings unvermeidliche Fragen an die Grenzen des Leistbaren für individuelle AnthropologInnen und den Stellenwert des traditionellen Musters teilnehmender Beobachtung.

Verbindungen herzustellen zwischen über Migration vernetzte Orte und Erfahrungen ist keine Erfindung des Transnationalismus, sondern ein Thema, das die ethnologische Migrationsforschung seit ihren Anfängen begleitet, und sicher auch eine ihrer besonderen Stärken. Im deutschsprachigen Raum etwa haben die Arbeiten Schiffauers (1987, 1991) oder Wolberts (1995) Vernetzungen am Beispiel konkreter Wanderungs- und Rückkehrbiographien türkischer MigrantInnen untersucht, noch bevor Transnationalismus als Begriff allgegenwärtig war. Studien zur Auswirkung von Migration auf die Herkunftsgesellschaft sind bis in die 1990er-Jahre weniger zahlreich (vgl. beispielsweise Gardner 1995), werden aber zunehmend Teil des ethnologischen Interesses.

Wie im obigen Zitat angedeutet, erlebte auch der Begriff „Diaspora" Anfang der 1990er-Jahre eine gewisse fächerübergreifende Renaissance. Diaspora schien vielen TheoretikerInnen geeignet, Mobilität, Identität und Kollektivbindung in einem Begriff zusammenzufassen, der weder eindeutig ethnisierende noch nationalisierende Untertöne hatte (vgl. Clifford 1994; Gilroy 1994; Hall 1994; Safran 1991; Tölölyan 1991). Auf dem historischen Modell jüdischer, armenischer und afrikanischer Diasporen aufbauend, beinhaltete der Begriff zunächst für einige AutorInnen eine kollektive Identität, die auf historische Gewalt- und Vertreibungserfahrungen rekurriert (siehe etwa Gilroy 1994). Dann pendelte sich das Verständnis des Begriffs darauf ein, Identitätspraxen zu bezeichnen, die an ein Kollektiv appellieren, das sich auf eine gemeinsame Herkunft zerstreut lebender Individuen und Gruppen bezieht. EthnologInnen haben unter diesem Begriff häufig die Zusammenhänge von Identitäts- und Erinnerungspolitik untersucht sowie die Strategien und symbolischen Praktiken, mit denen diese über nationale Grenzen und interne Heterogenitäten hinweg verhandelt werden (vgl. Kokot/Dorsch 2006).

11 — Zur Forderung nach einer „Deethnisierung der Migrationsforschung" siehe Wimmer (2008); zu einer rezenten Kritik siehe auch Glick Schiller/Çağlar (2009).

Conclusio

Am Schluss sei noch einmal an den anfangs zitierten Artikel von Silverstein (2005) erinnert, der die Frage von „Rassialisierungen" im politischen und akademischen Migrationskontext aufgreift. Für EthnologInnen, die sich mit Immigration in Europa beschäftigen, drängte sich diese Frage in der auf die politischen Veränderungen nach 1989 folgenden Phase nahezu auf. Mit beinahe ironischer Gleichzeitigkeit, mit der SozialanthropologInnen damit beschäftigt waren, den Begriff der „Kultur" zu dekonstruieren, wurde er in der Alltagsrealität der europäischen Politik, der Medien und Straßen re-naturalisiert (vgl. Stolcke 1995). Rassistische Gewalt gegen ImmigrantInnen oder gegen die, die nach dem Dafürhalten von RassistInnen so aussahen, Verschärfungen von Einwanderungs- und Asylgesetzgebung, die sukzessive Realisierung der Festung Europa, die zunehmend staatlich verordneten Politiken von Integration oder Multikulturalismus in vielen Haupteinwanderungsländern, kurzum: eine wachsende Politisierung von Immigration begleitete die Dekade. Debatten um Rassismus im „neuen Europa" wurden allerdings oft außerhalb der Ethnologie geführt,[12] und Multikulturalismus als institutionelle regulative Praxis des Staates ist bis heute eher soziologisch und soziolinguistisch als ethnologisch untersucht worden.

Baumanns ‚Contesting Culture' (1996) ist eine der wenigen Studien in den 1990er-Jahren, die sich diesen Fragen widmet, indem sie die konstruktivistische Kulturkritik ethnographisch nach Southall trägt, einem multiethnischen Vorort Londons. In Baumanns Untersuchung werden die „dominanten" Kultur- und Community-Diskurse staatlicher und städtischer Politik gegengelesen mit den „demotischen" (oder populären) der BewohnerInnen Southalls. Das Ergebnis ist ein aufschlussreicher ethnographischer Einblick in die diskursiven Alltagsverhandlungen um ethnische Differenz und Diskriminierung in der Ära eines staatlich gesponserten Multikulturalismus (vgl. Baumann 1999).

Wie Vertovec jüngst feststellt, haben sich EthnologInnen allerdings bis heute nicht wirklich umfassend mit der Aufgabe angefreundet, Migrationspolitik „of states, international agencies, non-government organizations or civil society associations" (2007: 974) ethnographisch zu untersuchen.[13] Leider.

12 __ Die Literatur zu Politisierung und Rassialisierung von Migration in Europa nach 1989 ist umfangreich und reicht bis in die Gegenwart. Als Beispiele für die 90er-Jahre seien erwähnt: Wrench und Solomos (1993) bieten einen Überblick über Debatten in verschiedenen europäischen Ländern; Modood und Werbner (1997) diskutieren multidisziplinäre, darunter auch ethnologische Perspektiven zu Multikulturalismuspolitik in Europa; Brah (1996) ist ein wichtiger Beitrag zur Intersektion von Geschlecht, Klasse und Rassismus.
13 __ Für eine neuere Studie im österreichischen Kontext siehe allerdings Strasser/Holzleithner (2008).

Fragen zur Erstellung eigenständiger wissenschaftlicher Arbeiten

1. Die ethnologische Migrationsforschung im untersuchten Zeitraum richtet sich vor allem auf ImmigrantInnen in westlichen Einwanderungsgesellschaften. Untersuchen Sie, welche ethnologischen Arbeiten zu nicht-europäischen Migrationskontexten (oder auch außerhalb des anglophonen oder deutschsprachigen Raumes) vorliegen und welche Schlüsselfragen und theoretischen Ausrichtungen diese kennzeichnen. Decken sie sich mit den hier vorgestellten Ansätzen?

2. „Ethnie", „ethnische Gruppe" oder auch „Ethnizität" galten lange als unhinterfragbare Kategorien in der ethnologischen Migrationsforschung. In jüngerer Zeit wurden diese Kategorien kritisch beleuchtet, da manche BeobachterInnen in ihnen die Problematik von Rassialisierung oder Ethnisierung verorten. Gehen Sie der Frage nach, ob und welche neueren Forschungen mit Fragestellungen arbeiten, die jenseits ethnischer/ethnisierender Kategorien liegen. Welche Zugänge zum Thema bevorzugen Sie persönlich? Warum?

3. Untersuchen Sie, inwieweit die politische Kultur in Österreich oder einem anderen Ihnen vertrauten Staat (etwa von politischer Elite und zivilgesellschaftlichen Gruppierungen definierte Problemlagen und Sachverhalte, über Medien vermittelte und inszenierte Themen, institutionalisierte Ausdrucksformen gesellschaftlicher Verhältnisse, wie etwa Gesetzgebung etc.) die Migrationsforschungskultur beeinflusst (etwa Geldgeber, Projektträger, Fragestellungen, Forschungsansätze, Erkenntnisinteressen etc.). Welches Verhältnis oder welche Wechselwirkungen stellen Sie fest?

Basisliteratur

Brettell, Caroline B. (2000): Theorizing Migration in Anthropology. The Social Construction of Networks, Identities, Communities and Globalscapes. In: Brettell Caroline B./ Hollifield, James F. (eds.): Migration Theory. Talking across Disciplines. New York/ London: Routledge, 97–135.

Darieva, Tsypylma (2007): Migrationsforschung in der Ethnologie. In: Schmidt-Lauber, Brigitta (Hg.): Ethnizität und Migration. Einführung in Wissenschaft und Arbeitsfelder. Berlin: Reimer, 69–93.

Grillo, Ralph D. (1985): Ideologies and Institutions in Urban France. The Representation of Immigrants. Cambridge: Cambridge University Press.

Kearney, Michael (1995): The Local and the Global: The Anthropology of Globalization and Transnationalism. In: Annual Review of Anthropology 24, 547–565.

Vertovec, Steven (2007): Introduction: New Directions in the Anthropology of Migration and Multiculturalism. In: Ethnic and Racial Studies 30/6, 961–978.

Literatur

Anderson, Benedict (1983): Imagined Communities. London: Verso.

Appadurai, Arjun (1990): Disjuncture and Difference in the Global Cultural Economy. In: Public Culture 2/2, 1–24.

Banks, Marcus (1996): Ethnicity: Anthropological Constructions. London/New York: Routledge.

Baumann, Gerd (1996): Contesting Culture. Discourses of Identity in Multi-ethnic London. Cambridge: Cambridge University Press.

Baumann, Gerd (1999): The Multicultural Riddle. Rethinking National, Ethnic, and Religious Identities. New York/London: Routledge.

Brah, Avtar (1996): Cartographies of Diaspora. London: Routledge.

Bräunlein, Peter J./Lauser, Andrea (1997): Grenzüberschreitungen, Identitäten. Zu einer Ethnologie der Migration in der Spätmoderne. In: KEA 10, Ethnologie der Migration, I–XVIII.

Brettell, Caroline (2003): Anthropology and Migration. Essays on Transnationalism, Ethnicity, and Identity. Walnut Creek: Altamira Press.

Castles, Stephen/Kosack, Godula (1973): Immigrant Workers and Class Structure in Western Europe. London: Oxford University Press.

Clifford, James (1992): Traveling Cultures. In: Grossberg, Lawrence et al. (eds.): Cultural Studies. London: Routledge, 96–116.

Clifford, James (1994): Diasporas. In: Cultural Anthropology 9/3, 302–338.

Clifford, James/Marcus, George E. (eds. (1986): Writing Culture. The Poetics and Politics of Ethnography. Berkeley: University of California Press.

Cohen, Ronald (1978): Ethnicity: Problem and Focus in Anthropology. In: Annual Review of Anthropology 7, 379–403.

Eriksen, Thomas Hylland/Nielsen, Finn Sivert (2001): A History of Anthropology. London: Pluto.

Foner, Nancy (2000): Anthropology and the Study of Immigration. In: Foner, Nancy/Rumbaut, Ruben G./Gold, Steven J. (eds.): Immigration Research for a New Century. New York: Russell Sage Foundation, 49–53.

Frank, Andre Gunder (1967): Capitalism and Underdevelopment in Latin America: Historical Studies of Chile and Brazil. New York/London: Monthly Review Press.

Frank, Andre Gunder (2000 [1969]): The Development of Underdevelopment. In: Roberts, J. Timmons/Hite, Amy Bellone (eds.): From Modernization to Globalization: Perspectives on Development and Social Change. London: Blackwell, 159–168.

Gardner, Katy (1995): Global Migrants, Local Lives: Travel and Transformation in Rural Bangladesh. Oxford: Oxford University Press.

Gilroy, Paul (1994): Diaspora. In: Paragraph 17/3, 207–212.

Glick Schiller, Nina/Çağlar, Ayşe (2009): Towards a Comparative Theory of Locality in Migration Studies: Migrant Incorporation and City Scale. In: Journal of Ethnic and Migration Studies 25/2, 177–202.

Gmelch, George (1980): Return Migration. In: Annual Review of Anthropology 9, 135–159.

Gupta, Akhil/Ferguson, James (1992): Beyond "Culture": Space, Identity, and the Politics of Difference. In: Cultural Anthropology 7/1, 6–23.

Hall, Stuart (1994): Cultural Identity and Diaspora. In: Williams, Patrick/Chrisman, Laura (eds.): Colonial Discourse and Post-colonial Theory. A Reader. New York: Harvester Wheatsheaf, 392–403.

Harvey, David (1990): The Condition of Postmodernity: An Enquiry into the Origins of Cultural Change. Cambridge, MA: Blackwell.

IMR (1989): Foreword: IMR at 25: Reflections on a Quarter Century of International Migration Research and Orientations for Future Research. In: International Migration Review. Special Silver Anniversary Issue 23/3, 393–402.

Kalter, Frank (Hg.) (2008): Migration und Integration. In: Kölner Zeitschrift für Soziologie und Sozialpsychologie. Sonderheft 48.

Kearney, Michael (1986): From the Invisible Hand to Visible Feet: Anthropological Studies of Migration and Development. In: Annual Review of Anthropology 15, 331–361.

Kokot, Waltraud/Dorsch, Hauke (Hg.) (2006): Diasporen in der außereuropäischen Welt: Begriffliche Einordnung und inhaltliche Bestimmung. Fernuniversität in Hagen: Westliche Wirtschaftsinteressen und globale Migration: Diasporen und Minderheiten in der außereuropäischen Welt: Kurseinheit 1, Hagen.

Lamphere, Louise (1987): From Working Daughters to Working Mothers. Immigrant Women in a New England Industrial Community. Ithaca/London: Cornell University Press.

Lamphere, Louise/Stepick, Alex/Grenier, Guillermo (eds.) (1994): Newcomers in the Workplace. Immigrants and the Restructuring of the U.S. Economy. Philadelphia: Temple University Press.

Lewellen, Ted C. (2002): The Anthropology of Globalization. Cultural Anthropology Enters the 21st Century. Westport/London: Bergin & Garvey.

Malkki, Liisa H. (1995): Refugees and Exiles: From "Refugee Studies" to the National Order of Things. In: Annual Review of Anthropology 24, 495–523.

Marcus, Geroge E. (1995): Ethnography in/of the World System: The Emergence of Multi-Sited Ethnography. In: Annual Review of Anthropology 24, 95–117.

Meillassoux, Claude (1975): Femmes, greniers et capitaux. Paris: F. Maspero.

Meillassoux, Claude (1976): Die wilden Früchte der Frau. Über häusliche Produktion und kapitalistische Wirtschaft. Frankfurt am Main: Syndikat.

Meillassoux, Claude (1981): Maidens, Meal and Money. Capitalism and the Domestic Community. Cambridge: Cambridge University Press.

Mies, Maria (1986): Patriarchy and Accumulation on a World Scale. Women in the International Division of Labour. London: Zed Books.

Modood, Tariq/Werbner, Pnina (eds.) (1997): The Politics of Multiculturalism in the New Europe: Racism, Identity and Community. London: Zed Books.

Nash, June/Safa, Helen and contributors (1986): Women and Change in Latin America. South Hadley, Mass.: Bergin & Garvey.

Portes, Alejandro (1994): Introduction: Immigration and its Aftermath. In: International Migration Review. Special Issue: The New Second Generation 28/4, 632–639.

Portes, Alejandro/Borocz, Jozsef (1989): Contemporary Immigration: Theoretical Perspectives on its Determinants and Modes of Incorporation. In: International Migration Review 23/3, 606–630.

Rhoades, Robert E. (1978): Foreign Labor and German Industrial Capitalism 1871–1978: The Evolution of a Migratory System. In: American Ethnologist 5/3, 553–573.

Rogers, Alisdair/Vertovec, Steven (1995): The Urban Context: Ethnicity, Social Networks and Situational Analysis. Oxford: Berg.

Rouse, Roger (1991): Mexican Migration and the Social Space of Postmodernism. In: Diaspora 1/1, 8–23.

Safran, William (1991): Diasporas in Modern Societies: Myths of Homeland and Return. In: Diaspora 1/1, 83–99.

Sanjek, Roger (2003): Rethinking Migration, Ancient to Future. In: Global Networks 3/3, 315–336.

Sassen, Saskia (2008): Two Stops in Today's New Global Geographies: Shaping Novel Labor Supplies and Employment Regimes. In: American Behavioral Scientist 52, 457–496.

Schiffauer, Werner (1987): Die Bauern von Subay – Das Leben in einem türkischen Dorf. Stuttgart: Klett-Cotta.

Schiffauer, Werner (1991): Die Migranten aus Subay. Türken in Deutschland: eine Ethnographie. Stuttgart: Klett-Cotta.

Schmitter Heisler, Barbara (1992): The Future of Immigrant Incorporation: Which Models? Which Concepts? In: International Migration Review 26/2, 623–645.

Silverstein, Paul A. (2005): Immigrant Racialization and the New Savage Slot: Race, Migration, and Immigration in the New Europe. In: Annual Review of Anthropology 34, 363–384.

Stolcke, Verena (1995): Talking Culture. New Boundaries, New Rhetorics of Exclusion in Europe. In: Current Anthropology 36/1, 1–24.

Strasser, Sabine/Holzleithner, Elisabeth (Hg.) (2008): Multikulturalismus im Widerstreit: Geschlechteregalität, kulturelle Diversität und sexuelle Autonomie in der EU. Forschungsbericht node-research Austria des BMWF. Wien.

Strasser, Sabine/Kroner, Gudrun/Herzog-Punzenberger, Barbara (2004): From Margin to Mainstream? Migration Studies and Social Anthropology in Austria. In: Khittel, Stefan/Plankensteiner, Barbara/Six-Hohenbalken, Maria (eds.): Contemporary Issues in Socio-Cultural Anthropology. Wien: Löcker, 59–82.

Tölölyan, Khachig (1991): The Nation-State and its Others: In Lieu of a Preface. In: Diaspora 1, 3–7.

Von Werlhof, Claudia (1985): Wenn die Bauern wiederkommen. Frauen, Arbeit und Agrobusiness in Venezuela. Bremen: Edition Con.

Von Werlhof, Claudia/Mies, Maria/Bennholdt-Thomsen, Veronika (1983): Frauen, die letzte Kolonie. Zur Hausfrauisierung der Arbeit. Reinbek: Rowohlt.

Wallerstein, Immanuel (1974): The Modern World System I. Capitalist Agriculture and the Origins of the European World-Economy in the Sixteenth Century. New York/London: Academic Press.

Watson, James L. (ed.) (1977): Between Two Cultures: Migrants and Minorities in Britain. Oxford: Blackwell.

Wimmer, Andreas (2008): Ethnische Grenzziehungen der Immigrationsgesellschaft. Jenseits des Herder'schen Commonsense. In: Kölner Zeitschrift für Soziologie und Sozialpsychologie 48, 57–80.

Wolbert, Barbara (1995): Der getötete Pass. Rückkehr in die Türkei. Eine ethnologische Migrationsstudie. Berlin: Akademie Verlag.

Wolf, Eric (1982): Europe and the People without History. Berkeley: University of California Press.

Wrench, John/Solomos, John (eds.) (1993): Racism and Migration in Western Europe. Oxford: Berg.

Sabine Strasser

5 Transnationale Studien: Beiträge jenseits von Assimilation und „Super-Diversität"

Einleitung

Wenn US-amerikanische Gemeinden aus wirtschaftlichen Gründen von Call Centers in Indien verwaltet werden (vgl. Sharma/Gupta 2006), wenn chinesische Unternehmer ihre Kinder in England zur Schule schicken, ihre Familienstrukturen in Luxusapartments in Kalifornien aufrechterhalten und selbst mit fünf Reisepässen um die Welt fliegen (vgl. Ong 1999) und wenn kurdische AktivistInnen ihr Wissen über politische Systeme in zwei Ländern gegen Staudämme in der Osttürkei einsetzen (vgl. Strasser 2009), dann wirken sich „Zeit-Raum-Kompressionen"[1] und transnationale Verbindungen auf das tägliche Leben von Menschen aus. Soziale Beziehungen über nationale Grenzen hinweg sind nicht neu, sie wurden aber durch beschleunigte Transport- und Kommunikationsmöglichkeiten zu alltäglichen Erfahrungen, die Zugehörigkeiten[2], Ökonomien und Politiken verändert haben. Vor diesem Hintergrund wurden transnationale Studien in den 1990er-Jahren zu einem neuen Forschungsfeld mit dem Ziel, soziale, politische und wirtschaftliche Auswirkungen von diesen Netzwerken oder Formationen zu untersuchen. Es war die Sozialanthropologie, die wesentliche Impulse für diese transnationale Orientierung in der Migrationsforschung geliefert hat.

Diese alltäglichen Beziehungen über die Grenzen eines Nationalstaates hinweg bringen sowohl neue Nachbarschaften und Organisationen über große Distanzen wie auch heterogene, oft einander fremde Lebensentwürfe an benachbarten Orten hervor.[3] Neben Prozessen der Anpassung an lokale soziale und

---

1 —— Harvey (1989) bezeichnete mit „*time-space-compression*" die veränderten Wahrnehmungen von Raum und Zeit durch beschleunigte Transport- und Kommunikationssysteme.

2 —— „Zugehörigkeit meint nicht formale Mitgliedschaften oder Eintrittskarten und damit verbundene Rechte und Pflichten [...]. Es meint vielmehr flexible, wenn auch nicht beliebige Formen von subjektiv erwünschten und anerkannten, individuellen und kollektiven Formen des Fühlens und Handelns. Zugehörigkeit oder *belonging* trägt in sich die Komponenten ‚being' und ‚longing', Sein und Sehnen und damit die Ebene der konkreten Anwesenheit und Erfahrung genauso wie die des Verlangens und der Imagination." (Strasser 2009: 31f.)

3 —— Das Leben von ethnischen oder religiösen Gruppen in mehreren unterschiedlichen Ländern wird auch unter dem Stichwort „Diaspora" diskutiert. Die Abgrenzung der beiden Begriffe Transnationalismus und Diaspora ist uneindeutig und ihre Forschungsfelder überlappend wie in anderen Fragen, die auf Grenzziehungen zwischen Globalisierung, Kosmopolitismus und Transnationalismus fokussieren. Während sich transnationale Studien jedoch auf die Bedeutung und die Verbindung von mindestens zwei Nationalstaaten oder

kulturelle Erwartungen wurden durch den Blick auf überlokale Verbindungen neue soziale Erfahrungen sichtbar. Im polarisierten politischen Diskurs zu Migration werden diese Entwicklungen entweder als kreative soziale Formationen mit Vorbildwirkung gefeiert oder als integrationsunwillige und bedrohliche Subgesellschaften mit undurchsichtigen Machenschaften im Ausland abgewertet. Beide Darstellungen – Potential und Bedrohung – sind Ergebnis der Politisierung von kulturellen Differenzen in der Debatte um Eindeutigkeit, Loyalität und Vielfalt in den spätmodernen Nationalstaaten. Die Forschung zu Migration, Diversität und Transnationalität kennzeichnet also auch eine Orientierung in der Sozialanthropologie, in der *„anthropology at home"* von einer umstrittenen Marginalie zum Mainstream geworden ist und Stellungnahmen der Disziplin zu lokalen, nationalen und überlokalen politischen Themen unvermeidbar sind.

Transnationale Studien und der Blick auf grenzüberschreitende Beziehungen erfordern eine neue Perspektive und werfen eine Reihe von Fragen auf: Was ist an diesen sozialen Beziehungen neu oder im Vergleich zu herkömmlichen Beziehungen von MigrantInnen zu ihren Familien und Herkunftsländern qualitativ anders? Sind diese transnationalen Netzwerke wirklich innovativ und kreativ oder eigentlich durch Unsicherheiten und Ausgrenzungen erzwungen und sogar resignativ? Welche Auswirkungen haben also Nationalismus, Rassismus und Fremdenfeindlichkeit auf transnationale Formationen? Gibt es unter Bedingungen von Globalität noch eine sinnvolle Unterscheidung in Herkunfts- und Aufnahmeland, wenn die Menschen in beiden Ländern leben? Können „transnationale Räume" und soziale Beziehungen über nationalstaatliche Grenzen hinweg aufgrund uneindeutiger Loyalitäten Nationalstaaten oder politische Gemeinschaften ins Wanken bringen und damit neue Formen von politischen Zugehörigkeiten und Bürgerschaften erforderlich machen? Wie wirken sich diese Beziehungen auf Fragen von „zu Hause", Erinnerungen und Prozesse von Identitäten aus? Wie beeinflussen sie auf theoretischer Ebene die Konzepte der Sozialanthropologie wie beispielsweise Ethnizität, Haushalt und Geschlecht? Und schließlich, aber ganz wesentlich stellt sich die Frage, wie SozialanthropologInnen in diesen „transnationalen Räumen" forschen.

Ich werde in diesem einführenden Beitrag zuerst Entstehungszusammenhang und Zielsetzungen des Forschungsfeldes vorstellen und dann Verlauf, Kritiken und Diskussionen in diesem Feld zusammenfassen. Zudem möchte ich durch einige ethnographische Beispiele den Einblick in Fragestellungen und

Regionen in unterschiedlichen Staaten konzentrieren, können diasporische Gemeinschaften als Ethnizitäten ohne territoriale Fixierung gesehen werden (siehe dazu den Beitrag 6 von Davis-Sulikowski, Khittel und Slama in diesem Band). Auch wenn die Forschungsfelder und ihre Schwerpunkte mühsam getrennt werden, bleiben Fragen von Transnationalismus, Diaspora, Globalisierung und Multikulturalismus in den Erfahrungen von Menschen als Verhandlungen von Differenzen eng verwoben.

Forschungsfelder vertiefen sowie methodische Herausforderungen aufzeigen. Abschließend sollen in einem kurzen Ausblick Fragestellungen für die Zukunft formuliert werden.

Entstehungszusammenhänge und Zielsetzungen

Der Begriff „transnational" fand zuerst Eingang in die Ökonomie, wo er seither Firmen bezeichnet, die sowohl Produktion als auch Vertrieb über nationale Grenzen hinweg organisieren, kein Zentrum oder Heimatland haben und durch ihre Wirtschaftsmacht auch politische Entscheidungen in den Ländern ihrer Niederlassungen beeinflussen können. Zunächst griff in der Sozialanthropologie vor allem die Globalisierungsforschung den Begriff auf, da sie an den lokalen kulturellen Auswirkungen globaler ökonomischer Prozesse und Verbindungen interessiert war. Auseinanderdriftende und ineinanderfließende transnationale Flüsse von Menschen, Bildern und Technologien treffen demnach immer wieder auf lokale Erwartungen (vgl. Appadurai 1991, 1996, 2003 [1996]; Hannerz 1992, 1996), die durch unerwartete Konfrontationen alltägliche Imaginationen und kreative Identitäten erzeugen (vgl. Appadurai 1996: 4f.). Diese Reflexionen konnten verdeutlichen, dass der globalen Verbreitung von Coca Cola, Barbie und „Facebook" nicht eine homogene Weltkultur folgen würde, sondern lokal immer wieder neue Deutungen oder, wie Hannerz es ausdrückt, Kreolisierungen[4] erfolgen (vgl. Hannerz 1992: 264f.). Diese überwiegend theoretischen Beiträge beschäftigten sich mit den neuen Möglichkeiten und globalen Flüssen, nicht so sehr mit den Hürden, ausgrenzenden Gesetzen, lokalen rassistischen Ausschreitungen, denen sich MigrantInnen bei den Versuchen, eine Heimat zu finden, gegenübersehen.

Mit Fragen der globalen Verbundenheit setzte sich die Sozialanthropologie schon sehr früh auseinander: Nach dem Diffusionismus (siehe den Beitrag 3 von Markom in diesem Band) waren es vor allem marxistische TheoretikerInnen der 1960er- und 70er-Jahre, die Analysen von Produktionsverhältnissen nützten, um (im Gegensatz zu dem damals gängigen Fokus auf lokale Untersuchungen kultureller und sozialer Systeme) gegenseitige Abhängigkeiten und Unterwerfungen zu verstehen. Wolf lieferte mit seinem Buch ‚Europe and the People without History' (1982) einen wesentlichen Beitrag, um diese Verwobenheiten ökonomischer und politischer Systeme auf lokaler und globaler Ebene aufzuzeigen (siehe den Beitrag 4 von Armbruster in diesem Band).

---

4 __ "What I call creolization is the encounter, the interference, the clash, the harmonies and disharmonies between cultures in the accomplished totality of the earth-world." (Hannerz 1992: 264f.)

Die Etablierung des Begriffes Transnationalismus[5] in der sozialwissenschaftlichen Migrationsforschung brachte einen Perspektivenwechsel in den
Forschungsfragen. Zugewanderte waren bis dahin immer wieder in Zusammenhang mit Entwurzelungen, Orientierungslosigkeit oder Heimatlosigkeit in Verbindung gebracht worden, die zu abwertenden Defizit- und Opferkonstruktionen
beigetragen haben (vgl. Glick Schiller et al. 1995). Einmaligkeit und Eindeutigkeit
von Migration machten sie zu einem Einbahnsystem, an dessen Ende integrierte
neue StaatsbürgerInnen in einem anderen Land imaginiert wurden. Binäre Modelle von „Emigration" und „Immigration", von *„push"*- und *„pull"*-Faktoren sollten durch transnationale Perspektiven auf soziale Praktiken von MigrantInnen
überwunden werden.

Transnationale Studien sollten zudem im Vergleich zur Migrations- und Integrationsforschung verstärkt auf Handlungsfähigkeit der MigrantInnen abzielen
und auf innovative soziale Praktiken aufmerksam machen, da Lebensentwürfe
und Handlungen von transnationalen MigrantInnen (in der Literatur *„transmigrants"* genannt) nur verstanden werden können, wenn die Forschung Herkunftsland und Aufnahmeland einbezieht und die gleichzeitige Involviertheit
in beiden Ländern als eine neue technologische Möglichkeit, aber auch als eine
soziale Innovation versteht. Doch die Beziehungen von MigrantInnen zu ihren
Zielländern hatten sich nicht nur durch neue Technologien, sondern auch durch
zunehmend restriktivere Maßnahmen gegen Immigration der Aufnahmestaaten
und eine verstärkte Konfrontation von Zugewanderten mit Rassismus, Xenophobie und Islamophobie verändert. All diese Aspekte führten zu intensiveren
sozialen Beziehungen und politischen wie wirtschaftlichen Interessen von MigrantInnen in den Ländern ihrer Herkunft.

Während manche AutorInnen dann die kritischen bis revolutionären Beiträge
der TransmigrantInnen überzeichneten (vgl. Kearney 1995), herrscht nun weitgehend Einigkeit darüber, dass transnationale Beziehungen helfen, das Risiko
durch Migration zu reduzieren und die Potentiale des Lebens außerhalb des
Geburtslandes besser zu nutzen. Soziale, ökonomische oder politische Beziehungen werden trotz großer Distanz auch über mehrere Generationen aufrechterhalten, um sich vor Abwertungen zu schützen, neue Zugehörigkeiten zu etablieren, aber einfach auch um das Potential von zwei oder mehreren Kontexten
zu nützen.

---

5 __ Etwas unglücklich wurde auch der Begriff „Transnationalismus" neben „transnationale
Studien" für dieses Forschungsfeld gewählt, obwohl transnationale Beziehungen keinesfalls immer Nationalismus befördern, sondern diesem manchmal sogar gezielt entgegenwirken (siehe beispielsweise Glick Schiller et al. 1992; Smith/Guarnizo 1998).

Zum Verlauf der Debatten[6]

Transnationale Migrationsforschung entstand also nicht in erster Linie aus den theoretischen Annäherungen an kulturelle Dimensionen von Globalisierung, sondern vor allem aus der empirischen Arbeit zu internationaler Migration (vgl. Werbner 1990; Shaw 1988, 2000; Gardner 1993, 1995). Den Anfang zur Etablierung der transnationalen Studien als „neues" Forschungsfeld machten die US-amerikanischen Anthropologinnen Glick Schiller et al. (1992, 1995, 1997), die aus ihren Beobachtungen der Formationen von Ethnizität unter MigrantInnen aus Haiti, den Philippinen und der Karibik in New York neue Perspektiven auf Migration ableiteten und in der Folge gezielt Konferenzen einberiefen, um dieses Forschungsfeld zu etablieren. Die Debatte auf der Ebene der Migrationsforschung erfolgte aufgrund von ethnographischen Beobachtungen von Phänomenen, die mit gängigen Migrationstheorien nicht erklärt werden konnten: der Einfluss von MigrantInnen in New York auf die Wahlergebnisse in Haiti (vgl. Basch et al. 1994); Bemühungen mancher Länder, ihre ausgewanderten („noch immer" oder ehemaligen) StaatsbürgerInnen durch politischen Schutz oder ökonomische Zugeständnisse an ihr Land zu binden (vgl. Mahler 1998), und die ökonomische Absicherung von Menschen aus Grenada und St. Vincent durch das getrennte Leben der Familie an mehreren Orten (vgl. Basch et al. 1994). Diese Beispiele brachten neben Kommunikation und Verbundenheit auch Vertreibung, Sehnsucht und Gefahren dieser Strategien von MigrantInnen zur Sprache.

Bisherige Konzepte zur Erforschung von Migration, so die Autorinnen, bringen MigrantInnen immer wieder in Zusammenhang mit Bruch und Entwurzelung und führen zu abwertenden Opferkonstruktionen, reichen also für ein Verständnis einer *„new kind of migrating population"* nicht aus. MigrantInnen streben nämlich weder ausschließlich nach Assimilation noch nach sozialer und kultureller Grenzziehung, sondern leben soziale Beziehungen über nationale Grenzen hinweg, wodurch sie mindestens zwei Gesellschaften in ein soziales Feld zusammenführen. In drei Beiträgen (vgl. Glick Schiller et al. 1992; Basch et al. 1994; Glick Schiller et al. 1995) versuchen diese Autorinnen, einen analytischen Rahmen für diese „neuen" Phänomene und Prozesse der Migration zu entwerfen. „We call these processes transnational to emphasize that many immigrants today build social fields that cross geographic, cultural, and political borders" (Basch et al. 1994: 7). Diese Lebensformen entstehen aufgrund der Neuorganisation des globalen Kapitals, das keine sicheren Orte zum Niederlassen mehr anbietet, und werden durch Rassismus und durch nationalstaatliche Prozesse, die MigrantInnen in beide nationalen Systeme inkorporieren, verstärkt (vgl. Glick Schiller et al. 1995: 21 ff.).

---

6 ⎯ Dieser Abschnitt beruht auf Auszügen aus ‚Bewegte Zugehörigkeiten. Nationale Spannungen, transnationale Praktiken und transversale Politik' (Strasser 2009: 39–69).

Um sozialanthropologische Konzepte wie Ethnizität, Rassialisierung und Nationalismus im Kontext von transnationalen Erfahrungen überarbeiten zu können, gehen Glick Schiller et al. (1992: 5) von sechs Prämissen dieses Forschungszweiges aus: 1) Sozialwissenschaftliche Konzepte wie Stamm, Kultur, Gesellschaft oder ethnische Gruppe können den Blick auf Wahrnehmung und Analyse von Transnationalismus verstellen. 2) Die Analyse muss im Rahmen des globalen Kapitalismus erfolgen, weil dieser die Erfahrungen von MigrantInnen prägt. 3) Die Transnationalismus-Forschung ist an alltäglichen sozialen Erfahrungen und konkreten Beziehungen interessiert und in diesen verankert. 4) Auch wenn transnationale MigrantInnen in den Aufnahmeländern oft ArbeiterInnen sind, so sind ihre Identitätskonstruktionen komplex – rassialisierte und nationale Identitäten werden in diesem Kontext überformt. 5) Kategorien wie Nationalismus, Ethnizität und Rassialisierung werden durch diese Erfahrungen durchlässig und müssen neu formuliert werden, wodurch auch ein neues Verständnis von Kultur, Klasse und Gesellschaft ermöglicht wird. 6) Hegemoniale Kontexte werden durch diese alltäglichen Erfahrungen gleichzeitig global und national.

„Transmigrants" unterscheiden sich nach diesen Überlegungen von ihren VorgängerInnen, den „MigrantInnen", nicht nur durch die Vervielfältigung und Aufrechterhaltung der sozialen Beziehungen zu ihren Herkunftsgesellschaften,[7] sondern bilden neue Zugehörigkeiten und Identitäten in transnationalen sozialen Räumen aus. Gegenüber marxistischen Ansätzen fordern die drei Autorinnen eine verstärkt dialektische Annäherung, die es schafft „the study of structure, cultural process, and human agency" zusammenzubringen (vgl. Basch et al. 1994: 10). Gegenüber postkolonialen Forschungsstrategien wollen sie sich im Wesentlichen durch ihre Verankerung in der sozialen Realität unterscheiden, wodurch alltägliche Erfahrungen der untersuchten Individuen und Gruppen nicht entterritorialisiert, sondern erneut verortet werden. Wie alt bzw. neu diese Phänomene tatsächlich sind, wurde in der Folge genauso kritisch hinterfragt wie Inhalt und Beschaffenheit dieser „neuen" Räume.

Wie die Theorien zu globalen Prozessen und feministische Ansätze zu multiplen Identitätsprozessen reagieren auch die Forschungen zu Transnationalismus auf die Flexibilisierung der ökonomischen Bedingungen und auf „scattered hegemonies"[8] (vgl. Grewal/Kaplan 1994). Sie versuchen neue Zugänge zu Mobilität, Differenzen und vielschichtigen Machtverhältnissen zu erarbeiten. Wäh-

7 __ Glick Schiller et al. (1992: 10) finden selbst, dass der Unterschied zwischen „Transmigrants" der Gegenwart und den MigrantInnen vergangener Epochen in empirischen Studien erst noch gezeigt werden muss. Ich denke, dass sich weniger die sozialen Realitäten als der Blick und die Positioniertheit der Wissenschaft verändert haben.
8 __ Grewal und Kaplan (1994) wollen mit diesem Titel ihres Buches auf das Zusammentreffen von Geschlechterverhältnissen mit eben diesen „scattered hegemonies" hinweisen, unter denen sie globale Ökonomien, patriarchale Nationalismen, „authentische" Traditionen und ähnliche Machtverhältnisse verstehen, die Geschlechter formen.

rend Ansätze zur kulturellen Dimension der Globalisierung vor allem durch eine Betonung der politischen Ökonomie erweitert werden müssen, soll den ökonomisch dominierten Analysen der Migrationsforschung die Untersuchung von alltäglicher kultureller Praxis hinzugefügt werden. Auch wenn Machtverhältnisse nicht mehr durch einfache Oppositionen (USA/Lateinamerika oder Erste Welt/Dritte Welt) erklärt werden können, sondern eine Vielzahl von AkteurInnen und die *„peripheralization at the core"* (vgl. Sassen-Koob 1984) in die Analyse einbezogen werden müssen, so bleiben Menschen doch unter dem Einfluss von Staatsmacht, kapitalistischen Märkten und sozialen Normen der Verwandtschaft und der Familien (vgl. Ong 1997). Genau diese Zusammenhänge zwischen alltäglicher Praxis, ökonomischer Macht und transnationalen Strategien der Zugehörigkeit darzustellen, fordern die anthropologischen Beiträge zur Migrationsforschung heraus.

Rouse (1991, 1992, 1995) versuchte als einer der Wegbereiter transnationaler Untersuchungen Formen von sozialer Organisation von MigrantInnen mit neuen sozial-räumlichen Konzepten zu verknüpfen. Mexikanische Bauern, die seit den 1960er-Jahren im Silicon Valley (Redwood City) Teile ihres Lebens verbracht und sich in den 1980er-Jahren dort niedergelassen haben, entscheiden sich nicht zwischen zwei abgeschlossenen Gemeinschaften und entwickeln sich auch nicht langsam zu einem Teil der US-amerikanischen Gesellschaft. Weder Konzepte zu *„communities"* noch Ansätze zu Zentrum und Peripherie sind ausreichend, um diese sozialen Entwicklungen zu beschreiben. Er zeigt die Schwierigkeiten der ehemaligen Bauern, ihre sozialen Abhängigkeiten und auch, wie sie den Behörden der USA immer wieder ausgeliefert sind. Rouse macht weiters deutlich, wie sich MigrantInnen in den USA etablierten und wie dabei Transformationen von Klasse mit veränderten kulturellen Vorstellungen verknüpft werden. Klasse, Kultur und Macht sind für Leute aus Aguililla in Redwood City insofern mit transnationalen Perspektiven verbunden, als sie trotz weitgehender Überformung ihre Vorstellungen von richtiger Arbeitsmoral, Erfolg sowie Stolz auf Konsum, ihre neue Umgebung durch kognitive Werte Aguilillas kritisieren können: Überwachte Räume, verlorene häusliche Autorität, Drogen und Prostitution nähren ihre Unzufriedenheit in den USA. Aber ihre Einbindung in einen sozialen Raum an zwei Orten ermöglicht kulturelle Bifokalität und damit eine widerständige Strategie.

Extreme Armut und extremer Reichtum sind in den Grenzräumen zwischen den USA und Mexiko unmittelbar miteinander konfrontiert. Zentrum und Peripherie wachsen ineinander, statt dass, wie früher angenommen, die Peripherie konzentrische Kreise um die Zentren bildet. In der Migrationsforschung bedeutet diese neue soziale Landschaft das Ende der Vergleiche von zwei Systemen in einem bipolaren Rahmen. In diesem Beispiel bewegen sich die Menschen nämlich nicht zwischen zwei getrennten Räumen, sondern bilden einen Raum, in dem die Ereignisse im einen die Menschen im anderen Raum betreffen. Aguililla und

Redwood City bilden gemeinsam einen „*transnational migrant circuit*", in dem Mexiko die „Pflegestube" für die Arbeiter in den USA ist, die wiederum unabhängige Unternehmungen in Mexiko ermöglichen. Soziale Mobilität ist keine realistische Perspektive in den USA und rassistische Ablehnungen sowie gesetzliche Verschärfungen führen zu einem neuen Ideal: mexikanische StaatsbürgerInnen mit einer unbefristeten Aufenthaltsgenehmigung in den USA.

Der Beitrag von Rouse ist ein Versuch, die neue und oft mit gewalttätigen Ausschreitungen verbundene Situation in den Grenzgebieten USA und Mexiko begreifbar und damit veränderbar zu machen. Für ihn bilden die neuen sozialen Räume zwar ein widerständiges Potential, aber seine Arbeit fokussiert auf Verarmung, Ausbeutung und Gewalt. Was diese Forschung von anderen Untersuchungen zu Migration (neben der normativen Position, dass die zweite kulturelle Sprache der Herkunftsregion als Kritik und nicht als Defizit oder „noch nicht" Assimilation gesehen wird) unterscheidet, ist ein integrierender, nicht bipolarer Blick auf die Erfahrungen an zwei Orten. Untersuchungen unter der Prämisse der Verbundenheit von Orten führen zu einem neuen Verständnis der Formationen von Identitäten und von sozialen Praktiken in transnationalen Räumen.

Im Gegensatz zu Rouse zeigte Kearney (1996), der ebenfalls im Grenzgebiet von Mexiko und den USA arbeitete, einen „*postmodern hyperspace*"[9], in dem die Bauern von Oaxaca zu kalifornischen Landarbeitern werden. Die ArbeiterInnen im Agrarsektor werden durch die Illegalisierung ihres Aufenthaltes zwar entrechtet, durch ihre transnationale soziale Verortung schaffen sie aber eine Konstituierung ihrer Identität jenseits nationalstaatlicher Definitionen. Illegalisierte und damit entrechtete MigrantInnen werden nach seiner „Theorie der transnationalen Netzwerke" (1996) zu gegenhegemonialen Subjekten. Für ihn gibt es keine individuellen Bauern, sondern ein System, in dem „internally differentiated persons" (Kearney 1996: 119) arbeiten, die von geographischen Plätzen losgelöst sind.

> The network is an image that enables us to theorize the postpeasant subject and other complexly internally differentiated identities. The difference between the theories of internal and external differentiation is that in the latter the subject, is the node in a network of relationships. In contrast, in the case of the internally differentiated subject, the nodes of networks are internal to the subject and constitute the subject, such networking constitutes subjects' identities distinct from those that are officially constructed. (Kearney 1996: 120f.)

---

9 __ „*Hyperspace*" ist nach Jameson „socially constructed, not anchored in a certain locale" (1991: 118) und bezieht sich auf Flughäfen und Agrobusiness, Shopping Malls, internationale Hotels und Fast-Food-Ketten.

Diese neuen Netzwerke haben keine „Zentren", sondern nur „Pole", die Subjekte wären „Amöben", die sich ohne räumliche Verankerung in unvorhersehbare Richtungen bewegen können. So werden die benachteiligten und marginalisierten Menschen jenseits der nationalstaatlichen Konstruktionen transnational und autonom gesehen. Kearney beobachtet vor allem illegalisierte MigrantInnen, die in gefährlichen Aktionen die Grenzen überwinden. Obwohl er ebenfalls einen Anker und soziale Verortung der Transnationalismusforschung einfordert (vgl. Kearney 1995) und mit verarmten und illegalisierten LandarbeiterInnen argumentiert, verliert er meiner Auffassung nach die ökonomischen und rechtlichen Bedingungen dieser Menschen aus dem Blick, wenn er ihnen Konstruktionen von Zugehörigkeiten jenseits nationalstaatlicher Zwänge zuschreibt.

Transnationalismus wurde als neuer Impuls in der Migrationsforschung willkommen geheißen und umfasste bald Untersuchungen von Praktiken auf sozialen, kulturellen, religiösen, ökonomischen und politischen Ebenen. Ob informelle oder individuelle Beziehungen (Verwandtschaft, Sport, Schmuggel), ob formelle und kollektive (Konzerne, überstaatliche Institutionen, Religionsgemeinschaften), ob alltägliche oder ritualisierte, alle haben transnationale Aspekte.[10] Studien zu Transnationalismus versuchen seither zu erforschen, wie transnationale Prozesse Machtverhältnisse, kulturelle Konstruktionen, ökonomische Interaktionen und soziale Organisationen in bestimmten lokalen Zusammenhängen beeinflussen bzw. ob und wie lokale Vorstellungen transnationale Prozesse prägen.

Mahler (1998) untersuchte Migration zwischen El Salvador und den USA und berichtet, dass die Regierung El Salvadors im Jahr 1994 Anwälte bezahlte, die eine Verlängerung der Aufenthaltsgenehmigungen von 200.000 Flüchtlingen in den USA unterstützen sollten. Das Bizarre war, dass die Verlängerungsanträge mit der Gefahr einer Verfolgung durch die Regierung El Salvadors bei Rückkehr der Flüchtlinge begründet wurden. Diese Aktion macht nur Sinn, wenn bedacht wird, dass Geldsendungen von SalvadorianerInnen aus den USA eine zentrale Bedeutung für die Wirtschaft El Salvadors haben. Bis zu einer Billion US-Dollar flossen damals jährlich von den Flüchtlingen ins Land. Mahler zeigt dadurch, wie Bauern aus El Salavador in widersprüchliche Machtverhältnisse eingebunden sind. MigrantInnen kaufen in ihren Herkunftsregionen Land und werden selbst zu UnternehmerInnen oder LandbesitzerInnen, sie sind damit nicht nur in den USA ausgebeutet, sondern können durch die Ausbeutung landloser ArbeiterInnen die Erziehung ihrer Kinder und sozialen Aufstieg absichern.

---

10 ___ Die Zeitschrift ‚Ethnic and Racial Studies' (Vol. 22, Nr. 2, 1999) widmet diesem Thema genauso einen Band wie das ‚Journal of Ethnic and Migration Studies' (Vol. 27, Nr. 4, 2001). Vor allem Portes et al. (1999) sowie Vertovec (1999) versuchen, das Feld zu strukturieren und seine Aufgaben systematisch zu ordnen. Definitionen und Forschungsschwerpunkte umreißen auch Smith und Guarnizo (1998) im Kontext von *„Transnationalism from below"*.

Nicht alle Formen von wirtschaftlicher, sozialer, kultureller oder religiöser Beziehungen und Aktivitäten über die Grenzen hinweg repräsentieren auch Marginalisierungen. Wenn wir einen Blick auf die chinesische Diaspora im Pazifischen Raum werfen, sehen wir vor allem wirtschaftlich mächtige – um nicht zu sagen aggressive – Unternehmen, die im asiatischen Pazifikraum gefürchtet sind. Ong – selbst Chinesin aus Malaysia, die in Berkeley unterrichtet – beschreibt diese wirtschaftlichen Dynamiken in Südostasien als „Ungrounded Empires":

> [...] empires that constantly change shape, being constituted by the Chinese transnational practices in the ether of airspaces, international time zones, migrant labor contracts, mass media images, virtual companies, and electronic transaction, and operating across all recognized borderlines. (Ong 1997: 20)

„Chineseness" – so Ong – wäre bis vor kurzem vor allem als fixe oder starre Verbindung von Staat und Kultur (wenn auch unterschiedlicher ethnischer Gruppen) charakterisiert worden und muss jetzt in Begriffen wie „Fluidität eines triumphierenden Kapitalismus", der durch das pazifische Asien fegt, gefasst werden. Viele AkteurInnen in diesem Kontext haben mehrere Pässe und begreifen diese nicht als Zugehörigkeiten, geschweige denn als Verpflichtung zu Loyalität, sondern wollen Zugänge zu Märkten, sozialen Orten – zu Feldern ihres Interesses (vgl. Ong 1997: 173).

Diese Beispiele demonstrieren anschaulich, dass Individuen, Staaten und Kapital über Grenzen hinweg aktiv sind. Nicht durch neue soziale Prozesse, sondern durch eine Verschiebung der Fragestellungen und der wissenschaftlichen Positioniertheit werden Strategien sichtbar, die im Alltag von MigrantInnen relevant sind und ihre Herkunfts- und Aufnahmegesellschaften verbinden und verändern.

Diskussionen, Begriffe, Kritik

Nach einem wahren Boom an empirischer Transnationalismusforschung bestand Ende der 1990er-Jahre die Gefahr, dass der Begriff jegliche soziale Entsprechung verliert und für alles und nichts steht. „An empty vessel" meinen Guarnizo und Smith (1998) und versuchen den Forschungszweig wieder zu verorten. Ihr Beitrag aus den politikwissenschaftlichen Community Studies ‚The Locations of Transnationalism' (1998) ist eine der zentralen Grundlagen auch für die anthropologische Erforschung transnationaler Räume.

Der Nationalstaat wird ihrer Ansicht nach derzeit „von oben" (from above) durch das transnationale Kapital, globale Medien sowie supranationale politische

Institutionen, und „von unten" *(from below)* durch lokale Widerstandsformen
informeller Ökonomien, ethnischer Nationalismen und zivilgesellschaftlicher
Organisationen geschwächt. Während globale Theorien Phänomene losgelöst
von nationalen Kontexten untersuchen, sind die transnationalen Migrationsforschungen in den Nationen verankert (vgl. auch Kearney 1995: 548). Transnationale Prozesse können auch selbst Nationalismen hervorbringen. Bewegungen
über nationale Grenzen hinweg können somit sowohl befreiende Ordnungen
nach sich ziehen als auch zu Vereinnahmungen und Vereinheitlichungen führen.
Um diese widersprüchlichen Entwicklungen differenziert analysieren zu können,
fordern die Autoren lokal verankerte wissenschaftliche Untersuchungen, die
Transnationalismus weder feiern noch verdammen, sondern sich mit globalen
Faktoren und lokalen Auswirkungen auseinandersetzen.

Ähnlich wie Mintz (1998) werfen Guarnizo und Smith (1998) TheoretikerInnen
zur kulturellen Globalisierung wie Appadurai (1996), Hannerz (1996) oder Sassen
(1996) (und frühen Untersuchungen zu transnationalen Räumen wie Kearney
1996) eine unhinterfragte Annahme von subversiven Strategien unter transnationalen Bedingungen vor, die dem globalen Kapital und dem Staat entgegenwirken würden. Nach dem Niedergang der Arbeiterklasse werde nach Ersatz gesucht und hier in Gruppen gefunden, die zum Teil zwar gegenhegemonial, aber
weder widerständig noch politisch bewusst sein müssen. Ongs (1999) Beispiel
eines aggressiven transnationalen Kapitalismus zeigt die Unhaltbarkeit der
unhinterfragten Annahme einer Kritik an hegemonialen Strukturen durch grenzüberschreitende Beziehungen. Asymmetrien, Sexismen, Rassismen und Klas-
senkonflikte müssen wieder in die Forschungen hereingeholt und multilokale
sowie vielfältige Prozesse eben nicht entterritorialisiert, sondern auf der Ebene
des Lokalen untersucht werden. Wenn der lokalisierte Kontext von sozialen
Aktionen untersucht wird, dann sind transnationale politische Aktivitäten
„more in stage of becoming than of arrival which leads to encumbering, dis- and
reencumbering of situated selves" (Smith/Guarnizo 1998: 21).

Robert Smith (1998) und Goldring (1998) schlagen den Begriff *„translocalities"*
statt „transnational" für das soziale Feld vor, da MigrantInnen ihre alten und
neuen Lokalitäten und nicht unbedingt Nationalstaaten verbinden. Im Gegenteil sind translokale Beziehungen auch gegen nationale Zugehörigkeit positioniert oder nehmen Regionen oder Städte als Orte der Zugehörigkeit wahr. Translokale Positioniertheit soll dann alle sozialen Ereignisse und Kontexte der
„Transmigration" umfassen, die durch Beziehungen oder Imaginationen an mehr
als einem Ort und durch Netzwerke mit unterschiedlichen kulturellen Prozessen und räumlichen Dimensionen geprägt sind. Ob nationale Kontexte relevant
bleiben oder überschritten werden müssen oder nur die regional, sprachlich
oder ethnisch definierten Grenzen, ändert nichts an der *„interconnectedness"* von
zwei oder mehr Orten und Kontexten, die eine neue politische, ökonomische,
soziale oder religiöse Zugehörigkeit ermöglichen oder aufzwingen.

Mahler (1998) sieht das Problem des Forschungsfeldes vor allem in seiner historisch unterschiedlichen Verwendung des Begriffes „transnational", in der begrifflichen Verwirrung der gegenwärtigen Studien. „*Transnational social field*", „*spaces*" oder „*migrant circuit*" beschreiben alle dasselbe Phänomen. Zudem wird eine Vielfalt von sozialen Aktivitäten unter diesem Label behandelt. Sie schlägt für die Vergleichbarkeit der empirischen Arbeiten einerseits eine Einigung in Bezug auf die Begriffe vor und bringt andererseits einige Vorschläge für gemeinsame Forschungsfragen: Wer ist wie in die Bildung von Netzwerken eingebunden und welche Aktivitäten über Grenzen hinweg werden eigentlich verfolgt? Welche Rolle spielt körperliche Mobilität und Mobilität von Dingen, was ist überhaupt mobil in den untersuchten Feldern? Dafür fordert sie eine umfassende Darstellung des gesamten Feldes und nicht nur kleiner Ausschnitte von Vernetzungen.

Portes et al. (1999) versuchen sogar eine Typologie des Feldes, um die möglichen Fallen und Potentiale auszuloten. Um mit Legitimität ein neues Forschungsfeld zu begründen, so finden sie, muss 1) eine signifikante Gruppe von Personen betroffen sein, 2) die beschriebenen Beziehungen müssen stabil und langfristig sein und 3) das Feld darf nicht ein bereits existierendes abdecken und damit eine Redundanz hervorbringen. Die Studien sollen sich auf das alltägliche Leben und dabei auf Gemeinsamkeiten konzentrieren und nicht die Differenzen betonen. Portes und Guarnizo (1991) interessieren sich wie Michael Smith (1994) im Besonderen für „*grassroots*-Initiativen" und schlagen ebenfalls vor, das Feld in „*from above*" (Staat und Institutionen) und „*from below*" (*grassroot*-Ebene und MigrantInnen) zu unterscheiden. Wie auch andere Forschungsbereiche bezieht das Feld Transnationalismus Individuen, deren soziale Netzwerke, Gemeinschaften und weitere Strukturen (wie lokale und nationale Regierungen) mit ein. Das Individuum und seine Netzwerke halten sie allerdings für den geeigneten Ausgangspunkt transnationaler Untersuchungen. Diese Wahl begründet sich durch die Entstehungsgeschichte solcher Beziehungen, die nicht von Staaten oder Unternehmungen ins Leben gerufen werden, sondern meist individuell initiiert sind.

In ihrer Typologie unterscheiden sie nach Sektoren (Ökonomie, Politik und sozio-kulturelle Fragen) und Ebenen der Institutionalisierung (hoch und niedrig).[11] Dabei erwähnen sie zum Beispiel im Sektor Politik ausschließlich Aktivitäten von MigrantInnen, die sich direkt auf ihr Herkunftsland beziehen: *Hometown* Unterstützungsvereine, *Fund Raising* für politische KandidatInnen dort, ImmigrantInnen-Komitees, die dortige PolitikerInnen unterstützen.[12] Sie richten

---

11 __ Diese Unterteilung scheint jener in „*from above*" und „*from below*" zu entsprechen.
12 __ In diesem Beitrag kommt das einzige Mal in der gesamten anthropologischen Debatte Österreich vor, allerdings nur als willkürliches Beispiel für eine Assoziation, ohne sozialen Hintergrund.

ihr Interesse also auf Auswirkungen transnationaler Beziehungen und politischer Vernetzungen auf die „Herkunftsländer".

Während das Forschungsfeld „transnationale Studien" einerseits aus den Fugen zu geraten droht, engen Versuche einer Typologie von Forschungsfragen wie von Portes et al. (1999) dieses Feld wiederum so stark ein, dass nur „*transnational communities*" (signifikante Gruppe, stabil und langfristig) und nicht imaginäre oder individuelle Beziehungen als Forschungsfeld relevant und legitim erscheinen. Es besteht dabei die Gefahr, dass ein Forschungsfeld, das angetreten ist, um Handlungsfähigkeit und kreative Prozesse im Umgang mit Differenzen an mehr als zwei Orten zu untersuchen, zu einer wiederum essentialisierenden „Community-Forschung" verkommt.

Die Unterscheidung in „*transnationalism from below*" und „*from above*" soll Klarheit in das Feld bringen. Demnach beschäftigt sich „*transnationalism from below*" im Gegensatz zu „*from above*" mit Alltäglichem, mit Menschen, die durch ihre Handlungen strukturelle Kontrolle auf unterschiedlichen Ebenen in Frage stellen: lokal, regional, national und global. Mahler sieht in „*transnationalism from below*" die „*ethnoscapes*" von MigrantInnen und sozialen Bewegungen (vgl. Mahler 1998: 68), Al-Ali und Koser (2002) setzen „*from above*" mit Globalisierungstheorien gleich.

Politische oder soziale Bewegungen und Koalitionen verstärken den Druck auf Nationalstaaten durch ihre transnationalen Kooperationen. Zunehmend herrscht aber Verwirrung, welche Netzwerke und Bewegungen diese „*grassroots*" eigentlich umfassen (vgl. Smith 1994). Viele AutorInnen konzentrieren sich zwar auf gegenhegemoniale Positionen „von unten", ignorieren in ihren Untersuchungen aber die Bedeutung von internationalen Organisationen und nationalen Institutionen für diese politischen Bewegungen über territoriale Grenzen hinweg. Mahler fordert deshalb eine Klarstellung von „*transnationalism from below*" als

> [...] mass action carried out transnationally as well as organized or collective purposive activities. Moreover, since social movements are frequently led by elites, even when their expressed purpose is to subvert established hierarchies of power [...], mass action may provide a more universal medium through which non-elites exercise power (albeit not necessarily toward a reconfiguration of power). (Mahler 1998: 73)

„Unten" und „oben" sind meiner Ansicht nach aber keine eindeutig bestimmbaren Kategorien: Alltägliches Handeln von chinesischen KapitalistInnen kann schwer einer oder der anderen Kategorie zugeordnet werden. Strategien transnationaler Organisationen sind mit Protestbewegungen verwoben und ohne lokale nicht-staatliche Forderung nach Umsetzung in der Praxis nicht durchsetzbar.[13] Sind transnationale Strategien inter/nationaler Einrichtungen und Organisationen „oben", „unten" oder gar dazwischen? Wenn „von unten" mit gegenhegemonial gleichgesetzt wird, dann sind Strategien „von oben" immer mächtig und hegemonial. Internationale Organisationen repräsentieren aber nicht nur eine Politik der Herrschenden, sondern kritisieren diese auch und sind durchsetzt mit einander widersprechenden Strategien. „Oben" und „unten" sind durch Beziehungen und Netzwerke verbunden und können einander in den Biographien oder durch mehrfache Positioniertheiten ein und derselben Person immer wieder ablösen.

Die Kategorien *„from below"* und *„from above"* erscheinen mir nur in Bezug auf staatlich und nicht-staatlich, kapitalistisch und nicht-kapitalistisch nachvollziehbar. Doch auch da sind – wie Sikkink (1993) richtig feststellt – die Schnittstellen und Kooperationen fließend. *„From below"* erinnert an die Positioniertheit der Anthropologie an der Seite der Marginalisierten und beinhaltet die Unterstellung, dass gegenhegemoniale Strategien nur „von unten" ausgehen können.

Die Konzentration auf *„transmigrants"* statt auf *„cosmopolitans"* (vgl. Hannerz 1996) erscheint nach Werbner (1999) als eine Sackgasse. Diese Trennung schreibt *„cosmopolitans"* Offenheit gegenüber anderen zu, *„transnationals"* jedoch „move and build encapsulated cultural worlds around them" (Werbner 1999: 19). Werbner zeigt, dass in kosmopolitischen Kontexten zwar mit den anderen interagiert wird, aber deshalb die eigene Wahrnehmung als national oder ethnisch different nicht aufgegeben werden muss. Andererseits gehören Annahmen, die als kosmopolitisch[14] definiert waren, längst auch zur Ausstattung von so genannten *„transmigrants"*.

> [...] that even working class labour migrants may become cosmopolitans, willing to "engage with the Other"; and that transnationals – Hannerz term redefined to encompass migrants, settlers and refugees as well as occupational travellers – inevitably must engage in social processes of "opening up to the world", even if that world is still relatively circumscribed culturally. (Werbner 1999: 18)

„Oben" und „unten", transnational und kosmopolitisch sind verwobene Konzepte sozialer Bewegungen und translokaler Identitätsprozesse. „Neue Nachbarschaften" verändern Erfahrungen, aber noch nicht gesetzliche Rahmenbedingungen; translokale Biographien brauchen auch soziale und politische Anerkennung

---

13 __ „The idea of social movement [...] with its emphasis on bottom up citizen protest, fails to portray accurately the range of actors involved in human rights issues, including foundations and international and regional organizations" (Sikkink 1993: 439).
14 __ Kosmopolitismus umfasst außerdem ein weites Feld von Bedeutungen und löste Kritik an der Verwendung der transnationalen Forschung für Identitätsbildung der Wissenschafter und politischen Eliten aus (vgl. Friedman 2003).

durch transnationale Organisationen und Nationalstaaten, nicht nur normative Zurufe aus der Wissenschaft.

Die Forderung von Mahler (1998) nach der Vergleichbarkeit der Studien zu Transnationalismus beinhaltet den berechtigten Wunsch nach Begrenzbarkeit eines empirischen Feldes, aber meiner Ansicht nach führt Mahler das Feld in begrenzte Container zurück, die sie doch verlassen wollte. Nicht nationale Territorien bilden hier die Grenzen, sondern die Annahme, man könnte eine Gruppe „begrenzen". Alle Aktivitäten von allen zu untersuchen, gibt vor zu wissen, wer dazu gehört und wer nicht. Der Wunsch, transnationale Aktivitäten umfassend darzustellen, entspringt der Tradition einer holistischen Forschung in der Sozialanthropologie im Stil der Dorfmonographien. Doch Forschung zu transnationalen Netzwerken muss diesen Anspruch zugunsten von Verzweigungen aufgeben. Untersuchungen von Vernetzungen führen auch gleichzeitig zu Effekten transnationaler Aktivitäten in ihren unterschiedlichen Verortungen im Herkunfts- und Aufnahmeland. Werden zum Beispiel nur Vernetzungen in Bezug auf das „Herkunftsland" untersucht, gehen die Aktivitäten und Positioniertheiten im „Aufnahmeland" verloren, und damit Forschungen zu politischem Aktivismus in „transnationalen Landschaften" (vgl. Mahler/Pessar 2001). Dadurch geht die Kritik dieser politischen Organisationen an mangelnden politischen Partizipationsmöglichkeiten verloren, auch verschwinden transversale Allianzen, die diese Gruppen bilden, um nationale, regionale und lokale Kontexte mitzugestalten. Um also die unterschiedlichen Fallen der Begrenzung zu meiden, müssen meiner Ansicht nach Netzwerke in ihren translokalen und transversalen Verbindungen und nicht entlang einer ethnischen, nationalen oder politischen Begrenzung der Forschungsfelder untersucht werden. Da aber nationale, geschlechtliche, ethnische oder andere politisierte Kategorien wirken, sind die Prozesse um diese Kategorien in historische und geographische Kontexte einzubinden.

Europäische Versionen und feministische Interventionen

Vertovec bringt 1997 die Debatte um Inhalte und Strukturierung von „*transnational studies*" in Europa – und zwar „*from above*" durch einen Forschungsschwerpunkt[15] – ins Rollen und versucht das Feld nach thematischen Schwerpunkten zu ordnen (vgl. Vertovec 1999). Netzwerke über große Distanzen, ein Bewusstsein über die gleichzeitige Verbundenheit hier und dort mit neuen Subjektivitäten,

---

15 __ Zwischen 1997 und 2003 war der Forschungsschwerpunkt „*Transnational Communities*" am *Institut of Social and Cultural Anthropology* (ISCA) an der *Universität von Oxford* angesiedelt. Mit einer Gesamtförderung in der Höhe von 3,8 Millionen Pfund Stirling durch das *Directorship of the Economic and Social Research Council's* wurden 19 Projekte durchgeführt. Direktor des Programms war der heutige Leiter des *Max Planck Institute for the Study of Religious and Ethnic Diversity*, Göttingen, Steven Vertovec (vgl. www.transcomm.ox.ac.uk).

Kreolisierung und neue Ethnizitäten, ökonomische Strukturen, politische Fragen zu lokal/global (Menschenrechte, internationale Organisationen) sowie multiple Lokalität in Verbindung mit neuen Medien bilden demnach die Kernfragen transnationaler Studien. Auch wenn transnationale Politik nicht per se anti-essentialistisch oder subversiv ist, sieht Vertovec in diesen sozialen Entwicklungen eine Grundlage für ein neues Untersuchungsfeld. Er hält KritikerInnen entgegen, dass es historische Parallelen und Vorläufer dieser Prozesse gibt, die gegenwärtigen Entwicklungen aber durch die Intensität der Kontakte in *„real time"*, und zwar weltweit, als Markierungen von „neuen" Netzwerken zu sehen sind, die durch neue Technologien schneller und effizienter genützt werden. Doch im Gegensatz zu früheren Beiträgen lässt er keinen Zweifel an der Existenz und Macht von Nationalstaaten, die durch Gesetze, Zugangsregulierungen und nationale Narrationen präsent sind und wirken.

Ergebnisse dieses Forschungsschwerpunkts liefern erste Einsichten in soziale Aktivitäten transnationaler Populationen im europäischen Kontext. Durch empirische Studien werden gesetzliche und soziale Regulierungen und historische Verbindungen der Räume und sozialen Gruppen über nationale Grenzen hinweg mit Fragen nach „zu Hause", Zugehörigkeit, Ökonomie und politischen Strategien verknüpft und damit in konkreten historischen und sozialen Kontexten verankert.

Auch Al-Ali und Koser (2002) beginnen ihren Beitrag zur Debatte mit der Frage: „What is really new?" Sie orientieren sich dann aber weniger an den theoretischen Innovationen der Untersuchungen als an deren empirischen Verankerungen. Transnationale Aktivitäten haben keine fixe oder essentielle Wirkung, führen nicht zu *„communities"*, sondern bedeuten Unterschiedliches im Leben von Menschen im Laufe der Zeit oder auch im Laufe einer Biographie. Al-Ali und Koser (2002) versuchen nicht das Feld abzugrenzen oder einzuengen, sondern durch die Verankerung in der Empirie seine Entwicklungsmöglichkeiten auszuloten. Ausgehend von Kearneys (1995) Unterscheidung zwischen Globalisierung und Transnationalismus leiten sie ab, dass transnationale Beziehungen nicht die Todesglocken für den Nationalstaat läuten, wodurch sie sich von *Cultural Studies* und frühen Beiträgen zu transnationaler Forschung abgrenzen und sozialwissenschaftliche und politische Orientierungen anstreben. Sie bevorzugen, soziale Formationen und nicht Gemeinschaften zu untersuchen, und ermöglichen dadurch, Gemeinschaften nicht anzunehmen, sondern stattdessen die sozialen Auswirkungen der transnationalen Beziehungen zu analysieren. Eine transnationale Gemeinschaft ist demnach nur eine mögliche und seltene Formation, weil multiple Differenzen zwischen den AkteurInnen und Identitätsprozesse eben oft zu unterschiedlichen transnationalen und transversalen Netzwerken führen. MigrantInnen und ihre Beziehungen über Grenzen hinweg werden durch diese Untersuchungen zur Normalität, sie werden zu den alltäglichen RepräsentantInnen einer globalisierten Welt.

Al-Ali und Koser (2002) präsentieren Beiträge zu Transnationalismus, die empirisch fundiert sind und vom alltäglichen Leben ausgehen, wodurch sie den Vorwurf, nur neue Begriffe, aber keinesfalls neue Theorien oder gar ein neues Forschungsfeld zu entwickeln, ausweichen können. Sie betrachten Phänomene, wägen ab, was neu, was alt ist, und versuchen zu finden, was adäquat als transnational beschrieben werden kann. Sie betonen eine Strategie gegen Essentialisierung von MigrantInnen und für Differenzen innerhalb der Gruppen nach Alter, Geschlecht und Klasse. „Zu Hause" ist nicht nur ein geschützter Ort, sondern auch ein Ort, wo soziale Bedeutungen entstehen. Subjektpositionen werden mit *home* verbunden, aber auch Unbehagen, Spannungen, Fragmentierungen und sogar schmerzliche Erfahrungen können in diesen Konzeptionen enthalten sein.

Die Berücksichtigung von Geschlecht unter transnationalen Bedingungen ließ auch in diesem Feld lange auf sich warten. Die ersten Arbeiten, die Geschlecht in transnationalen Kontexten in den Mittelpunkt stellten, formulierten ebenfalls teilweise begrenzende Fragen: Sind Frauen für oder gegen eine Rückkehr, geben sie mehr oder weniger Geld für Aktivitäten im Herkunftsort aus oder sind sie für oder gegen eine traditionelle Erziehung ihrer Kinder? Ausgangsfragen wie diese vereinheitlichen die Frauen innerhalb einer ethnischen oder politisch konstruierten Gruppe und sind zwar geographisch grenzüberschreitend, verlassen aber eingrenzende Kategorien und damit Homogenisierungen und Essentialisierungen durch die Wissenschaft nicht.

Ich sehe einige wesentliche Impulse, die zum einen aus der feministischen Theorie um „translokale Positioniertheiten" (vgl. Anthias 2002) in vielschichtigen und widersprüchlichen Machtverhältnissen kommen und zum anderen aus feministischen Annahmen zu geographischen Räumen als *„gendered geographies of power"* (vgl. Massey 1994; Mahler/Pessar 2001). Geschlecht ist eine Kategorie, die von anderen Kategorien und deren unterschiedlichen Machtverhältnissen durchkreuzt und überlagert ist:

> Conceptualizing gender as a process, as one of several ways humans create and perpetuate social differences, helps to deconstruct the myth of gender as a product of nature while underscoring its power dimensions. (Mahler/Pessar 2001: 442)

Transnational bedeutet für feministische Arbeiten, Untersuchungen in konkrete historische und geographische Kontexte einzubetten, andererseits aber auch episodische, imaginierte oder später nicht realisierbare Formen von transnationalen Beziehungen zu berücksichtigen, ohne die Erkenntnis von Geschlecht als dynamische und relationale Kategorie zu vernachlässigen. Handlungsfähigkeit der beteiligten Personen wird in diesem Versuch einer feministischen Auslegung transnationaler Konzepte besonders betont. Tägliche Handlungen als Ausdruck kultureller Politik sollen in ihren spezifischen Machtkonstellationen untersucht werden. Vorgeschlagene Bausteine der feministischen Perspektive zur Transnationalismusforschung umfassen:

1) Geographische Landschaften: Gender wird simultan in räumlich und sozial multiplen Landschaften (auf der Ebene von Körper, Familie, Staat) geformt, zwischen diesen bestätigt oder neu konfiguriert.

2) Soziale Orte: Multiple Dimensionen von Identität, Machthierarchien und stratifizierende (historische, politische, ökonomische, verwandtschaftliche, geographische) Faktoren müssen beachtet werden. Zugänge, Entfernungen, Geburtsorte oder Bürgerschaft bestimmen über den Zugang zu sozialen Orten. Kategorien wie Klasse, Ethnizität, Rasse, Sexualität, Nationalität und Gender operieren auf unterschiedlichen Ebenen, auf denen Menschen situiert sind und die sie nicht selbst konstruiert haben.

3) Geometrie der Macht: Menschen formen ihre Lokalitäten, wie sie auch von diesen geformt werden, sie agieren aber je nach Position in den Machtverhältnissen unterschiedlich. Während manche über Dynamiken bestimmen können, sind andere diesen Dynamiken ausgeliefert.

> Thus we can speak of a gendered geography of power that maps the historically particularistic circumstances that a particular group of people experience, and be able to analyze them on multiple levels.
> (Mahler/Pessar 2001: 447)

Abschließend stellen aber auch Mahler und Pessar die Vorläufigkeit ihres feministischen Projekts fest, bedauern die empirische Konzentration auf die USA und die methodologischen Mängel, die sich auf den Begriff der „multi-sited ethnography" (vgl. Marcus 1995) beziehen, der zwar einen wichtigen Leitfaden liefert, für einen methodologischen Rahmen aber nicht ausreicht.

Die zentralen Beiträge zu transnationalen Studien beschäftigen sich zwar ausführlich mit der Komplexität der globalen Flüsse von Medien und Menschen, beziehen feministische Reflexionen zu bewegten Zugehörigkeiten, Multiplizität und Überschneidungen aber kaum mit ein. Feministische Reflexion für ein methodologisches Rahmenkonzept in diesem Feld muss von Geschlecht als komplexen Prozess ausgehen, der durch Institutionen wie Familie oder Staat erfahren wird und von den Prozessen um Ethnizität, Nationalität, Religion und Klasse durchwoben ist.

Zur Lokalisierung eines dynamischen Forschungsfeldes

Empirisch verankerte transnationale bzw. translokale Studien leisten einen wichtigen Beitrag zur Migrationsforschung, indem sie alltägliche Handlungen von MigrantInnen untersuchen, die nicht nur deren Inkorporation (Integration,

Assimilation, Partizipation oder freiwillige Anpassung), sondern auch soziale, ökonomische und politische Prozesse in komplex verwobenen Räumen umfassen. Diese Konzepte sind also nicht auf das Aufnahmeland begrenzt, behandeln aber andererseits Herkunftskontexte nicht einfach als kulturellen Rucksack, sondern versuchen mehrfachen lokalen Einbindungen nachzugehen, die zu neuen sozialen Formationen, ökonomischen Netzwerken, kulturellen Ausdrucksformen oder politischen Taktiken führen.

Translokale Untersuchungen entfernen sich zunehmend von der anfänglichen Behauptung der Auflösung oder zumindest abnehmenden Bedeutung der Nationalstaaten. Nationen und Nationalstaaten werden nicht weniger, sondern mehr (zum Beispiel die postsozialistischen Staatenbildungen). Nationalismen sind nicht überwunden, sondern flammen immer wieder auf. Nationalstaaten lösen sich auch nicht auf, sondern wachen trotz internationaler Gesetzgebungen und ökonomischer Globalisierung penibler denn je über ihre Grenzen, und Fragen der Migration und Inkorporation sind trotz supranationaler Zusammenschlüsse und globaler Menschenrechtsbewegungen immer noch fest in den Händen nationaler Gesetzgebungen.[16] Auch die euphorische Konzeption von transnationalen Identitäten als *„transmigrants"* oder *„cosmopolitans"* als kreative Mosaike mehrerer Kulturen und von gegenhegemonialen Subjekten weichen zunehmend wieder den sozialen Realitäten im Kampf um Einreise- und Aufenthaltsgenehmigungen, Arbeitsmarktregulierungen und Diskriminierungen sowie um ökonomische Ausbeutung und kulturelle Unterschiede. Forschungsstrategien in der Migrationsforschung können den sozialen und geographischen Bedingungen nur gerecht werden, wenn sie weder ihr Interesse auf nationale Integration, Anerkennung oder Partizipation reduzieren noch zu Fixierung von Gemeinsamkeiten von AkteurInnen durch ihre angebliche Zugehörigkeit zu transnationalen Gemeinschaften beitragen.

Conclusio

Eine transnationale Forschungsperspektive ermöglicht somit, Globalisierung einzubeziehen, Assimilationserwartungen zurückzuweisen, Auswirkungen von Rassismus in den involvierten Räumen zu identifizieren, innovative Prozesse von Identitäten und Geschlechterverhältnissen zu untersuchen und Grenzziehungen durch die Forschung selbst zu überwinden. Wimmer und Glick Schiller sprechen dabei von der Überwindung nationaler Container oder des „methodologischen Nationalismus"[17] (vgl. Wimmer/Glick Schiller 2002).

16 —— Schwierigkeiten bei den Versuchen von UNO und *Europäischer Union*, internationale Abkommen über Mindeststandards zu erreichen, belegen diese Annahme.
17 —— Der „methodologische Nationalismus" verweist auf jene Prämissen, die Nationalstaa-

Transnationalismus ist die mehrfache, multidimensionale und kontinuierliche Verbindung zwischen Menschen, um soziale, ökonomische, religiöse oder politische Interessen durch die Einbeziehung mehrerer Orte zu lösen. MigrantInnen haben aufgrund ihrer Biographie und gefördert durch Technologie Beziehungen zu mehr als einem Ort. Sie werden dadurch vom untersuchten Problem, das sie in der Migrationsforschung darstellten, zu handelnden Subjekten, deren Erfahrungen potentiell vorbildlich für zukünftige Lebensweisen aller sein können.

Appadurai, der in ‚Modernity at Large‘ (1996) einen optimistischen Blick auf kreative globale Entwicklungen gewählt hatte, gestand in ‚Fear of Small Numbers‘ (2006) ein, dass Globalisierung auch ethnische Konflikte, globale Ungleichheit und soziale Spannungen verstärkt und Minderheiten weiterhin als Störung und Abweichung gesehen werden, die Eindeutigkeiten verhindern und Unruhe erzeugen. Minderheiten sind dann in Gefahr, zur Ursache von Angst und Wut und in der Folge von Abwertung, Verfolgung bis hin zu Auslöschung gemacht zu werden. Appadurai spricht in diesem Zusammenhang vom Exorzismus der Globalisierung als „a force without a face" (Appadurai 2006: 44 f.). Diese ernüchternde Einschätzung einer Bedrohung durch globale Kräfte in fortgesetzt nationalistischen Kontexten mit territorialen Grenzen und ethnischen Konflikten führte schließlich zu einer verstärkten Verknüpfung von Fragen der Multikulturalität, Diversität und Transnationalität mit Nationalismen, Vertreibungen und Gewalt (vgl. Vertovec 2007; Strasser 2009).

Fragen zur Erstellung eigenständiger wissenschaftlicher Arbeiten

Die Untersuchungen von MigrantInnen in ihrer Verwobenheit in mehr als nur einem lokalen Kontext führen zu methodologischen Debatten um drei Fragen:

1. Familien mit transnationalen Beziehungen leben in unserer unmittelbaren Nachbarschaft oder wir leben sogar mittendrin. Wie nützen diese transnationalen Familien ihre unterschiedlichen politischen, sozialen und familiären Einbettungen, um Bildungs- und Berufsmöglichkeiten zu verbessern?
2. Hinter vielen Forschungsfragen verbirgt sich ein „methodologischer Nationalismus". Untersuchen Sie Fragestellungen, Materialien und Methoden von Migrationsforschungen und Ethnographien vor dem transnationalen Umbruch und diskutieren Sie die Konsequenzen.

ten und deren Regierungen zu den Untersuchungseinheiten der sozial- und politikwissenschaftlichen Forschung machen. Diese Annahme verhinderte lange Zeit einen transnationalen Blick in der Forschung (vgl. dazu Wimmer/Glick Schiller 2002).

90

3.   Suchen Sie einen Heimatverein von Zugewanderten in Ihrer Herkunftsge-
     meinde und identifizieren Sie darin transnationale, multikulturelle und
     globale Verbundenheiten der Menschen.

Basisliteratur

Glick Schiller, Nina/Basch, Linda/Blanc Szanton, Cristina (1997): Transnationalismus. Ein neuer analytischer Rahmen zum Verständnis von Migration. In: Kleger, Heinz (Hg.): Transnationale Staatsbürgerschaft. Frankfurt am Main: Campus, 81–107.
Guarnizo, Luis E./Smith, Michael P. (1998): The Locations of Transnationalism. In: Smith, Michael P./Guarnizo, Luis E. (eds.): Transnationalism from Below. New Brunswick/London: Transaction Publisher, 3–34.
Ong, Aihwa (1999): Flexible Citizenship. The Cultural Logics of Transnationality. Durham: Duke University Press.
Wimmer, Andreas/Glick Schiller, Nina (2002): Methodological nationalism and the study of migration. In: Archives Europeennes de Sociologie 43, 217–240.
Wolf, Eric R. (1982): Europe and the people without history. Berkeley/Los Angeles/London: University of California Press.

Literatur

Al-Ali, Nadje/Koser, Khalid (eds.) (2002): New Approaches to Migration? Transnational Communities and the Transformation of 'Home'. London/New York: Routledge.
Anthias, Floya (2002): Beyond Feminism and Multiculturalism. Locating Difference and the Politics of Location. In: Women's Studies International Forum 25/3, 275–286.
Appadurai, Arjun (1991): Global Ethnoscapes. Notes and Queries for a Transnational Anthropology. In: Fox, Richard G. (ed.): Recapturing Anthropology. Working in the Present. Santa Fe: School of American Research Press, 191–210.
Appadurai, Arjun (1996): Modernity at Large. Cultural Dimensions of Globalization, Minneapolis/London: University of Minnesota Press.
Appadurai, Arjun (2003 [1996]): Sovereignity without Territoriality: Notes for a Postnational Geography. In: Low, Setha M./Lawrence-Zuniga, Denise (eds.): The Anthropology of Space and Place. Locating Culture. Malden US/Oxford UK: Blackwell, 337–349.
Appadurai, Arjun (2006): Fear of Small Numbers. An Essay on the Geography of Anger. Durham: Duke University Press.
Basch, Linda/Glick Schiller, Nina/Blanc-Szanton, Cristina (1994): Nations Unbound. Transnational Projects, Postcolonial Predicaments, and Deterritorialized Nation-States. New York: Gordon and Breach.
Friedman, Jonathan (2003): Globalization, Dis-integration, Re-organisation. In: Friedman, Jonathan (ed.): Globalization, the State, and Violence. Walnut Creek: Altamira Press, 1–34.
Gardner, Katy (1993): Desh-Bidesh: Sylethi Images of Home and Away. In: Man (N.S.) 28, 1–25.
Gardner, Katy (1995): Global Migrants, Local Lives. Travel and Transformation in Rural Bangladesh. New York: Oxford University Press.
Glick Schiller, Nina/Basch, Linda/Blanc-Szanton, Cristina (1992): Towards a Transnational Perspective on Migration. Race, Class, Ethnicity, and Nationalism Reconsidered. New York: New York Academy of Sciences.
Glick Schiller, Nina/Basch, Linda/Szanton Blanc, Cristina (1995): From Immigrant to Transmigrant. Theorizing Transnational Migration. In: Anthropological Quarterly 68/1, 48–63.

Goldring, Luin (1998): The Power of Status in Transnational Social Fields. In:
    Smith, Michael P./Guarnizo, Luis E. (eds.): Transnationalism From Below.
    New Brunswick/London: Transaction Publisher, 165–195.
Grewal, Inderpal/Kaplan, Caren (eds.) (1994): Scattered Hegemonies. Postmodernity and
    Transnational Feminist Practices. Minneapolis/London: University of Minnesota Press.
Guarnizo, Luis E./Smith, Michael P. (1998): The Locations of Transnationalism. In: Smith,
    Michael P./Guarnizo, Luis E. (eds.): Transnationalism from Below. New Brunswick/
    London: Transaction Publisher, 3–34.
Hannerz, Ulf (1992): Cultural Complexity. Studies in the Social Organisation of Meaning.
    New York: Columbia University Press.
Hannerz, Ulf (1996): Transnational Connections. Culture, People, Places. London/New York:
    Routledge.
Harvey, David (1989): The Condition of Postmodernity. Oxford: Blackwell.
Jameson, Fredric (1991): Postmodernism, or, the Cultural Logic of Late Capitalism. Durham:
    Duke University Press.
Kearney, Michael (1995): The Local and the Global: The Anthropology of Globalization and
    Transnationalism. In: Annual Review of Anthropology 24, 547–565.
Kearney, Michael (1996): Reconceptualizing the Peasantry. Anthropology in Global
    Perspective. Colorado/Oxford: Westview Press.
Mahler, Sarah J. (1998): Theoretical and Empirical Contributions Toward a Research Agenda
    for Transnationalism. In: Smith, Michael P./Guarnizo, Luis E. (eds.): Transnationalism
    from below. New Brunswick/London: Transaction Publisher, 64–102.
Mahler, Sarah/Pessar, Patricia R. (2001): Gender and Transnational Migration, Transnational
    Community Programme. WTCP (http://www.transcomm.ox.ac.uk [15.9.2003]).
Marcus, George E. (1995): Ethnography in/of the World System: The Emergence of Multi-
    Sited Ethnography. In: Annual Review of Anthropology 24, 95–117.
Massey, Doreen (1994): Space, Place, and Gender. Minneapolis: University of Minnesota
    Press.
Mintz, Sidney W. (1998): The Location of Anthropological Practice. In: Critique of Anthro-
    pology 18/2, 117–133.
Ong, Aihwa (1997): Chinese Modernities: Narratives of Nation and of Capitalism. In: Ong,
    Aihwa/Nonini, Donald M. (eds.): Ungrounded Empires: The cultural politics of modern
    Chinese transnationalism. New York/London: Routledge, 171–202.
Ong, Aihwa (1999): Flexible Citizenship. The Cultural Logics of Transnationality. Durham:
    Duke University Press.
Portes, Alejandro/Guarnizo, Luis E. (1991): Tropical Capitalists. US-bound immigration and
    small enterprise development in the Dominican Republic. In: Diaz-Briquets, S./
    Weintraub, S. (eds.): Migration, Remittances, and Small Business Development:
    Mexico and Caribbean Basin Countries. Bolder: Westview Press, 101–131.
Portes, Alejandro/Guarnizo, Luis E./Landolt, Patricia (1999): Introduction: Pitfalls and
    promise of an emergent research field. In: Ethnic and Racial Studies 22/2, 217–237.
Rouse, Roger (1991): Mexican Migration and the Social Space of Postmodernism. In:
    Diaspora 1/1, 8–23.
Rouse, Roger (1992): Making Sense of Settlement: Class Transformation, Cultural Struggle,
    and Transnationalism among Mexican Migrants in the United States. In: Glick Schiller,
    Nina/Basch, Linda/Blanc-Szanton, Cristina (eds.): Towards a Transnational Perspective
    on Migration. Race, Class, Ethnicity, and Nationalism Reconsidered. New York: The
    New York Academy of Sciences, 25–52.
Rouse, Roger (1995): Questions of identity. Personhood and collectivity in transnational
    migration to the United States. In: Critique of Anthropology 15/4, 351–380.
Sassen, Saskia (1996): Toward a feminist analytics of the global economy. Indiana Journal of
    Global Legal Studies 4/1, 7–41.

Sassen-Koob, Saskia (1984): Notes on the Incorporation of Third World Women into Wage-Labor through Immigration and Off-shore Production. In: International Migration Review 18/4, 1144–1167.

Sharma, Aradhana/Gupta, Akhil (2006): The Anthropology of the State. A Reader. Malden: Blackwell.

Shaw, Alison (1988): A Pakistani Community in Britain. Oxford: Blackwell.

Shaw, Alison (2000): Kinship and Continuity, Pakistani Families in Britain. Amsterdam: harwood academic publishers.

Sikkink, Kathryn (1993): Human Rights, Principled Issue Networks, and Sovereignity in Latin Amerika. In: International Organisation 47/3, 411–441.

Smith, Michael P. (1994): Can You Imagine? Transnational Migration and the Globalization of Grassroots Politics. In: Social Text 39, 15–33.

Smith, Michael P./Guarnizo, Luis E. (eds.) (1998): Transnationalism from below. New Brunswick/London: Transaction Publisher.

Smith, Robert C. (1998): Transnational Localities: Community, Technology and the Politics of Membership Within the Context of Mexico and u.s. Migration. In: Smith, Michael P./Guarnizo, Luis E. (eds.): Transnationalism from Below. New Brunswick/London: Transaction Publisher, 196–238.

Strasser, Sabine (2009): Bewegte Zugehörigkeiten. Nationale Spannungen, transnationale Praktiken und transversale Politik. Wien: Turia & Kant.

Vertovec, Steven (1999): Conceiving and researching transnationalism. In: Ethnic and Racial Studies 22/2, 447–462.

Vertovec, Steven (2007): Introduction: New directions in the anthropology of migration and multiculturalism. In: Ethnic and Racial Studies 30/6, 961–978.

Werbner, Pnina (1990): The Migration Process: Capital, gifts and offerings among British Pakistanis. Oxford: Berg.

Werbner, Pnina (1999): Global Pathways. Working class cosmopolitans and the creation of transnational ethnic worlds. In: Social Anthropology 7/1, 17–35.

Wimmer, Andreas/Glick Schiller, Nina (2002): Methodological nationalism and the study of migration. In: Archives Europeennes de Sociologie 43, 217–240.

Ulrike Davis-Sulikowski, Stefan Khittel und Martin Slama

6 Migration, Diaspora und postkoloniale Zugehörigkeiten: Identitäten, Grenzen, Verortungen

Einleitung

Die Erforschung von Wanderungsbewegungen, Migrationen und der Herausbildung diasporischer Gesellschaften hat eine lange Tradition in zahlreichen Wissenschaftsdisziplinen. Gegenwärtig stellen diese Bereiche und die vielschichtigen
damit verbundenen globalen Phänomene unter den Bezeichnungen Diasporastudien und Postkolonialismusforschung besonders fruchtbare trans- und interdisziplinäre Forschungsfelder dar. Diese sind dazu geeignet, sich umfassend
mit komplexen aktuellen Prozessen auseinanderzusetzen wie auch innovative
Forschungsperspektiven zu den konkreten Lebenswelten von MigrantInnen und
Mitgliedern unterschiedlichster Diasporagesellschaften zu bieten.

Aus der Perspektive postkolonialer Forschung zu den Themenfeldern Migration und Diaspora gibt es zunächst offenkundige Gemeinsamkeiten, welche die
Phänomenkomplexe, deren Beschreibung und Analysemethoden betreffen.
Weiters sind zahlreiche wechselseitige konzeptuelle Verbindungen und Durch-
dringungen von etablierter Migrations- und Diasporaforschung vorhanden, die
deutlich machen, dass es notwendig ist disziplinäre Abgrenzungen zu überwinden, um zu verstehen „how global identities are constructed ‚from below' and
‚on the move'" (Vertovec/Cohen 1999: xiii). Wesentliche Unterschiede finden
sich vor allem in der theoretisch-methodischen Kontextualisierung, nach der
jede Bewegung im geographisch-sozialen Raum – der Wechsel des Lebensfeldes
einer Person, einer Gruppe oder einer Gesellschaft – zwar Migration ist, aber
nicht jede Migration zur Bildung einer Diaspora führt.

In der Anthropologie setzt das Interesse an Migration mit Bauern- und Wan-
derarbeiterstudien und rural-urbanen Migrationen im Zuge der so genannten
Modernisierung ein (siehe Redfields Studien 1930, 1934) wie auch das Interesse
an Stadt-Land-Bewegungen in verschiedenen kolonialen Kontexten, etwa in der
britischen oder französischen Anthropologie, im Verlauf der 1950er-Jahre signifikant zunimmt (beispielsweise die Arbeiten von Gluckman oder Balandier; siehe
den Beitrag 3 von Markom in diesem Band). Häufig verwendet die Diasporaforschung das lateinische Wort *migratio*, also Wanderung, sowohl metaphorisch als
auch empirisch-deskriptiv oder greift konkret, nach Bedarf, auf spezifische Begriffe der Migrationsforschung zu – wie zum Beispiel legale oder illegale Arbeitsmigration, Flüchtlingsmigration, unabhängige weibliche oder *„skilled transient"*
Migration oder andere beschreibende Definitionen.

Der Begriff Diaspora selbst war lange Zeit an bestimmte ethnische bzw. religiöse Gruppen geknüpft, in zeitlicher Abfolge sind dies die griechische (die auch das Wort prägt), die jüdische, die armenische und in den letzten Jahrhunderten auch die afrikanische Diaspora. Im Griechischen bedeutet Diaspora ursprünglich „Zerstreuung" und bezeichnet freiwillige wie auch unfreiwillige Wanderungen und Expansion einer Gruppe, einer Ethnie, einer Glaubens- oder Interessengruppe; so werden zum Beispiel die frühen Christen als Diaspora gesehen. Der Begriff kann somit Erfahrungen von Leid, Verlust und Gewalt, Versklavung und Vertreibung aus dem Heimatland, Flucht und erzwungenes Exil oder Verlust der sozialen und beruflichen Identität bedeuten, aber auch einfach die aus Wanderung hervorgegangenen Erfahrungen und Vorstellungen von Selbstbestimmung, Identität und Raum beinhalten (vgl. Cohen 1997).

Auch der Begriff der Kolonie stammt aus der europäischen Antike und wurde zur Zeit des römischen Reiches gebraucht, um Neubesiedelungen zu bezeichnen. Jedoch erst in der Neuzeit erhält der Begriff seine heutige sozioökonomische und politische Bedeutung und wird namensgebend für eine Herrschaftsform, die auf territorialer Expansion, Eroberung und wirtschaftlicher Ausbeutung beruht. Mit dem formalen Ende des europäischen Kolonialismus im 20. Jahrhundert wird der Prozess der Dekolonialisierung als abgeschlossen betrachtet, wobei es aber zahlreiche Ausnahmen gibt. So befinden sich mehrere Gebiete in der Karibik und in Ozeanien nach wie vor unter kolonialer Administration, auch die besetzten Palästinensischen Territorien könnten dazugerechnet werden. Eine kritische und politische Sicht auf die dekolonisierten sozioökonomischen Formationen vermittelt der Begriff neo-kolonial (vgl. Fanon 2007 [1952], 2001 [1961] oder Sartre 1968).

Der Ende der 1980er-Jahre entstandene Begriff postkolonial bedeutet zunächst die zeitliche Dimension, wobei der politische Prozess der Veränderung etablierter Machtkonstellationen häufig weiterhin als Dekolonisierung bezeichnet wurde, da dieses Wort für viele deutlicher als das deskriptive postkolonial auf die politische Willensbekundung verweist. Mittlerweile meint Postkolonialismus eine gesamthafte kritische Praxis, eine Sichtweise der Welt jenseits eurozentristischer Mächtigkeiten. Dieser Zugang legt die Betonung auf kulturelle Praktiken, Wissensperspektiven und Bedürfnisse, die widerständiges, anti-hegemoniales Denken und Handeln hervorbringen.

Die postkoloniale Periode ist bisher charakterisiert durch globale Migrationsbewegungen – „narratives of cultural and political diasporas, major social displacements […] the poetics of exile, the grim prose of political and economic refugees", wie Bhabha (1994: 5) den gegenwärtigen Zustand umreißt. Die Annäherung an die subjektiven Lebenswelten der Menschen, die konkreten Erfahrungen von Individuen und Gruppen erfordert beständiges Hinterfragen etablierter Verhältnisse und Wahrnehmungen, aktive Perspektivenwechsel sowohl in den epistemologischen Grundlagen wie auch die Handlungsräume betreffend, um eine kritische Praxis zu verwirklichen. In den kultur- und sozialwissenschaftlichen sowie anthropologischen Analysen bedingt die postkoloniale Gegenwart auch vermehrtes Suchen nach adäquaten Ausdrucksformen, oft nach poetisch-metaphorischen Begriffen, die als Denkbilder geeignet sind, um nicht bloß Ereignisse oder Strukturen zu erfassen, sondern auch Handlungsbeweggründe und Gefühle der Menschen vermitteln zu können. Ein solcher Begriff ist *belonging* (Zugehörigkeit oder Zusammengehörigkeit), der die Selbst-Verortung, den ideellen und materiellen wie auch den emotionalen Zusammenhang zwischen Ort und Identität, kollektivem oder individuellem Bezugssystem ausdrückt. In der poetischen Formulierung Hooks':

> I have yearned to find a place in this world, to have a sense of home-coming, a sense of being wedded to a place. Searching for a place to be-long I make a list of what I will need to create firm ground. At the top of the list I write: "I need to live where I can walk. I need to be able to walk to work, to the store, to a place where I can sit and drink tea and fellow-ship. Walking I will establish my presence, as one who is claiming the earth, creating a sense of belonging, a culture of place." (Hooks 2009: 2)

Der Zusammenhang von *locality* und *belonging* ist eine der zentralen Achsen von Diaspora- und Postkolonialismusforschung. Entlang dieser entwickeln MigrantInnen und Mitglieder von Diasporagesellschaften ständig eigene Konzepte und Überlebensstrategien als Gruppen wie auch als Einzelne und verhandeln die zahlreichen Widersprüchlichkeiten von Ort und Zugehörigkeit in Konfrontation mit diversen hegemonialen Machtkonstellationen, zwischen theoretischen Debatten und konkreten Alltagswelten, denn „Überleben ist keine akademische Fertigkeit" (Lorde 1981, zit. nach: Castro Varela/Dhawan 2005: 138).

Einblicke in Diaspora und Migration

Zurzeit wird der Begriff Diaspora sowohl in der Umgangssprache wie auch im wissenschaftlichen Diskurs für beinahe alle Migrationsbewegungen verwendet, die längerfristige Ansiedlung „anderswo/*elsewhere*" aufweisen, und ist damit losgelöst von seiner so genannten klassischen Definition, deren zentrales Element eine kollektive Leidenserfahrung war. Nun versteht man darunter allgemein alle Gruppen, die pluri-territorial und jenseits von Nationalstaaten organisiert sind und transnationale oder translokale soziale, ökonomische oder auch politische Netzwerke haben. Türkische ArbeitsmigrantInnen, palästinensische Flüchtlinge, tibetische ExilantInnen oder die indische Software-DesignerInnen-Elite, sie alle konstituieren postkoloniale Diasporas, die sich jeweils in wesentlichen Bereichen voneinander unterscheiden (vgl. Gibney/Hansen 2005; Ember et al. 2004).

Die empirisch-deskriptiven Definitionsansätze (etwa Vertovec 1999a; Hall 1990) sind nicht zuletzt wegen ihrer politischen Implikationen für Konflikte zwischen Diaspora-Gruppen und in Hinblick auf jeweilige Nationalstaaten oder Einrichtungen der internationalen Gemeinschaft umstritten, vor allem aber wird auch die theoretisch-methodische Anwendbarkeit einer derart allgemeinen, umfassenden Konzeption angezweifelt. Tölölyan ist einer der Ersten, der sich auf Basis der armenischen Diaspora-Erfahrung für eine präzise Bestimmung ausspricht, wobei er jedoch Diasporas als „exemplary communities of the transnational movement" versteht, deren „staatenlose Macht" im geschärften Bewusstsein sowohl um die Gefahren wie auch um die Vorteile vielfacher Zugehörigkeiten liegt (vgl. Tölölyan 1991: 4 f.; 1996: 7; für eine detaillierte Diskussion der daraus folgenden Debatten vgl. Six-Hohenbalken 2002). Eine weitere und nachhaltig einflussreiche Auseinandersetzung mit Diaspora ist die begriffliche Redefinition von Clifford:

> Diaspora societies are deployed in transnational networks built from multiple attachments, they encode practices of accomodation with, as well as resistance to, host countries and their norms. Diaspora involves dwelling, maintaining communities, having homes away from home. (Clifford 1994: 307 f.)

Diese Aspekte unterscheiden für Clifford Diaspora wesentlich von temporärer Migration, zeitlich befristeter Flucht, der Reise oder dem möglichen Individualismus des Exils.

In weiterer Folge legte Cohen (1997) daher eine sich am Hauptgrund der Migration orientierende Typologie von Diasporas vor. Er unterscheidet zwischen Opfer-, Arbeits-, imperialer, Handels- und kultureller Diaspora. So repräsentieren für ihn die durch den Sklavenhandel entstandene afrikanische Diaspora und die von einem Genozid geprägte armenische Diaspora typische Opfer-Diasporas. Arbeits- und imperiale Diasporas sind häufig ineinander verschränkt, was Cohen am Beispiel des britischen Kolonialreichs illustriert, das in großem Ausmaß indische Arbeitskräfte in jeweils andere Teile des Empires umsiedelte. In diesem kolonialen Kontext bildeten die Briten eine imperiale Diaspora, während ihre indischen Untertanen zu einer Arbeits-Diaspora wurden. Die chinesische oder die libanesische Diaspora sieht er als typische Handels-Diasporas, während kulturelle Diaspora vor allem die Verbreitung und Ausdehnung im Bereich diverser kultureller Produktion hervorhebt und auf zahlreiche, verschiedene diasporische Formationen angewendet werden kann.

Trotz dieser unterschiedlichen möglichen Typologien identifiziert Vertovec (1999a: 3 f.), basierend auf Arbeiten wie Safran (1991), Sheffer (2000) oder Clifford (1994), Merkmale, die vielen Diasporagesellschaften gemein sind: Diasporas basieren auf einer freiwilligen oder erzwungenen Migration in mindestens zwei

Länder; die MigrantInnen bewahren eine kollektive Identität, die oft durch Mythen einer gemeinsamen Herkunft genährt wird; sie halten Beziehungen über nationale Grenzen hinweg aufrecht, vor allem zum Herkunftsland, ihrem *homeland* (zur Problematik von „Heimat" vgl. Safran 1991), und gründen Organisationen in der Diaspora; sie entwickeln Solidarität mit Mitgliedern ihrer Diaspora in anderen Ländern und werden oft nicht vollständig von der Mehrheitsgesellschaft akzeptiert, was auch mitunter zu Spannungen bezüglich politischer Orientierungen führen kann. Was letzteren Punkt betrifft, kann es zu einem Loyalitätskonflikt zwischen Herkunftsland und Aufenthaltsland kommen.

Das besondere Engagement von Menschen in der Diaspora für ihr *homeland* im postkolonialen Kontext hat Anderson (1994) *long-distance nationalism* genannt (siehe auch Glick-Schiller 2004).

Weiters unterscheidet Vertovec drei Bedeutungsfelder des Begriffs, da mit Diaspora eine bestimmte soziale Form, ein bestimmtes Bewusstsein oder bestimmte kulturelle Produktionsweisen bezeichnet werden können (vgl. Vertovec 1999a). Schließlich entwickeln Diasporagesellschaften ökonomische Strategien, wie Vertovec (1999a: 4) betont, die auf Familien- und Verwandtschaftsnetzwerken sowie auf ethnischer Solidarität aufbauen und in einer globalisierten Ökonomie zu beachtlichen Erfolgen führen können.

Um die soziale Organisation von Diasporagesellschaften zu beschreiben, wird oft auf das Bild des Netzwerks zurückgegriffen. Für Tambiah (2000: 170) bestehen Diasporas aus drei Beziehungsnetzwerken: 1) Vertikale Netzwerke bestimmen die Beziehungen zwischen den Diasporagemeinschaften und der Mehrheitsgesellschaft; 2) laterale Netzwerke verbinden die Diaspora mit dem Herkunftsland und 3) laterale transnational-globale Netzwerke halten den Kontakt zwischen den einzelnen Orten in der Diaspora aufrecht. Für Tambiah sind diese dritten Netzwerke in der Gegenwart von besonderer Bedeutung: „Migrants and immigrants of similar origins are distributed and situated in many diasporic locations, such that they are interconnected especially by modern media and travel in a transnational transactional arena focused on their own preoccupations and interests." (Tambiah 2000: 172)

Zweifelsohne sind Netzwerke zentral für Diasporagesellschaften. Nonini (2004: 562) macht jedoch darauf aufmerksam, dass Diasporas aus mehr als nur Netzwerken bestehen. Für Nonini können Netzwerke in unterschiedlichem Maße eine Formalisierung oder Institutionalisierung erfahren, nämlich von ichzentrierten sozialen Netzwerken über (Groß-)Familien und Fraternitäten zu Interessengruppen und formalen Organisationen. Zusätzlich zur Formalisierung der sozialen Beziehungen weist Nonini auf ihre Vermittlung durch Medien und Kommunikationstechnologien hin, die für Diasporas in der Gegenwart zentral ist. Er fasst seinen Ansatz nun wie folgt zusammen:

Diasporas as transnational social formations, then, vary in their composition in terms of formalized and mediatized social relations. They may
contain transnational social networks, quasi groups of a variety of sorts
(cliques, factions, etc.), formal organizations, and individuals connected via mediated quasi-interactions to larger transnational diasporic publics. (Nonini 2004: 564)

In den bereits vorgestellten Ansätzen wird davon ausgegangen, dass Diasporas
auf mehrere Nationalstaaten verteilt sind. Dies ist jedoch nicht immer der Fall.
Es gibt auch Diasporagesellschaften innerhalb eines Staates oder Diasporas, die
zwar sehr wohl nationale Grenzen überschreiten, aber genauso innerhalb eines
Staates eine hohe Zerstreuung aufweisen, und die dann – wie die KurdInnen in
der Türkei (vgl. Houston 2004) – eine Diaspora innerhalb eines Landes (*diaspora
within a country*) bilden.

Nach der bekannten Formulierung von James Clifford (1994) sind Diasporas
sowohl „*rooted*" als auch „*routed*". Während Ersteres die Verwurzelung im Herkunftsland anspricht, betont Letzteres die Mobilität innerhalb von Diaspora-Netzwer-
ken und darüber hinaus. Wie bereits im Feld der Migrationsstudien postuliert,
gilt Mobilität als wichtiger Indikator für den Handlungsspielraum (*agency*) von
AkteurInnen einer Diaspora. Hier zeigen sich oft große Unterschiede zwischen
den Geschlechtern bezüglich ihrer Mobilität, ihrer Netzwerkbildung und ihren
Handlungsmöglichkeiten allgemein (vgl. Sudbury 1998; Alexander 2000). Dieser
Fokus geht laut Kokot (2002: 104 f.) jedoch mit einer Überbetonung des Themas
Mobilität einher, für die sowohl der akademische Diskurs als auch die überaus
mobilen Diaspora-Eliten verantwortlich zeichnen. Kokot betont, dass die meisten Mitglieder einer Diaspora in bestimmten Orten meist schon längere Zeit
leben, diese nur selten verlassen und ihr unmittelbares örtliches und sozio-kul-
turelles Umfeld für sie nicht weniger bedeutsam ist als ihr Herkunftsland.

In neueren Diasporastudien wurde die bislang unumstrittene Zentralität der
Beziehung „*diaspora/homeland*" zunehmend in Frage gestellt. Einen ersten radikalen Paradigmenwechsel schlägt Axel (2001) in seiner Arbeit zur Sikh-Diaspora
und dem Kampf um Khalistan vor: Das Problem der Diasporaforschung besteht
seiner Ansicht nach darin, das *homeland*, das Herkunftsland oder die Heimat, als
Ursprung zu betrachten, woraus theoretisch-methodisch folgt, dass die Diaspora tendenziell zur inauthentischen Replik reduziert wird. Er argumentiert,
dass das Gegenteil der Fall ist, und sich erst durch die Zirkulation von realen
Körpern, Ideen und Informationen *homeland* oder Heimat konstituiert. Mit dem
Beharren auf konkreten Erfahrungen und Ereignissen kritisiert Axel die bislang
etablierten Zugänge, die Diaspora und *homeland* als imaginäre Kategorien fassen, „thereby creating an odd spatio-temporal duality, wherein the homeland is
understood to be a lost relic of a past time, and the diaspora is a present configu-
ration" (Axel 2001: 11).

Das Forschungsinteresse an *homeland* oder Herkunftsland richtet sich auch auf andere, wenig berücksichtigte Aspekte, beispielsweise welche Vorstellungen die Menschen, die im *homeland* leben oder dahin zurückgekehrt sind, über die Orte der Diaspora entwickeln (vgl. Levy/Weingrod 2005). Die Untersuchung von Levy (2005) über marokkanische Juden, die nach Israel zurückgekehrt sind, zeigt, dass für diese nun das nostalgisch imaginierte Marokko zu einem „symbolischen *homeland*" wurde. Marokko wurde so sowohl zu einem Ort der Diaspora, zu einer Peripherie, als auch zu einem Zentrum. Dasselbe gilt für Israel. Die Imagination marokkanischer Juden konstruiert multiple Peripherien und Zentren, *multiple homelands* und Orte der Diaspora. Levy fasst zusammen: „[T]he relationships between diaspora and homeland, or better, these very classifications themselves, may be fluid, historically conditioned, and even multidirectional" (Levy 2005: 72).

Diese neuen Ansätze in der Diasporaforschung lassen bisherige Konstruktionen von Diaspora und *homeland* nicht unhinterfragt bestehen und legen in der Folge ihr Augenmerk darauf, welche Orte nun tatsächlich von Mitgliedern einer Diasporagesellschaft als zentral oder peripher oder in gewissem Maße beides zugleich angesehen werden. Auch beziehen sich die meisten Diasporastudien auf MigrantInnen, die sich „einer" Diaspora zugehörig fühlen. Das muss nicht immer der Fall sein, da durch Migration sowohl in die Diaspora als auch von der Diaspora in das *homeland* Identifikationen mit mehreren diasporischen Gruppen entstehen können. So wurden äthiopische Juden, die nach Israel migrierten, Teil der äthiopischen Diaspora wie auch der „Black Diaspora", wie Anteby-Yemini (2005) zeigt.

Fragen der Identität wird in der gegenwärtigen Diasporaforschung eine zentrale Bedeutung zugemessen – „‚identity' is revealed to us only as something to be invented rather than discovered; as a target of an effort, ‚an objective'; as something one still needs to build [...]" (Baumann 2004: 15 f.). Diese kritische, konstruktivistische Perspektive, die das subjektive Handeln betont, prägt den Großteil der Analysen, wie beispielsweise auch Brahs Zugang (1996) zeigt. Sie schlägt den Begriff *„identity community"* vor, der das diasporische Selbstverständnis als Kultur und Gemeinschaft von Menschen in Bewegung bestimmt, die sich als einander zugehörig wahrnehmen aufgrund gemeinsamer Elemente, die der jeweiligen Herkunftsregion und -kultur entstammen, und die gemeinsame historische Erfahrungen teilen.

Andere wichtige Herangehensweisen zu Identität greifen auf Ansätze und Aspekte zurück, die in der kultur- und sozialanthropologischen Globalisierungsforschung entwickelt wurden, wie etwa auf Appadurais (1996) Analyse der Rolle der Medien in der Globalisierung. Für Appadurai liefern die Medien die Versatzstücke für das, was er „the work of the imagination" (Appadurai 1996: 3) nennt, indem sie „new resources and new disciplines for the construction of imagined selves and imagined worlds" bereitstellen. So sieht er unter anderem das Internet als geeignetes Medium an, um solche Solidargemeinschaften der neuen Art zu erschaffen und/oder aufrechtzuerhalten.[1]

Appadurai folgend, betonen Vertovec und Cohen, dass „in the age of cyberspace, a diaspora can, to some degree, be held together or re-created through the mind, through cultural artefacts and through a shared imagination" (Vertovec/ Cohen 1999: 8). Diese neuen Möglichkeiten der Kommunikation und Mobilität verbinden die verstreuten Gemeinschaften mit hoher Geschwindigkeit und Effizienz, was für Vertovec folgende Konsequenz hat: „In these ways the dispersed diasporas of old have become today's ‚transnational communities' sustained by a range of modes of social organisation, mobility and communication" (Vertovec 1999b: 4).

Die neuen Möglichkeiten in einer sich globalisierenden Welt können zweifelsohne dazu genutzt werden, um Diaspora-Netzwerke und -Identitäten zu stärken (vgl. Ong 2004; Kosnick 2007). Es kann jedoch auch das Gegenteil passieren und das durch die Medien und Kommunikationstechnologien deterritorialisierte kulturelle Angebot führt zu einer Transformation von Diaspora-Identitäten (vgl. Iwabuchi et al. 2004). Nach Vertovec (1999a: 20) gilt dies vor allem für junge Menschen, für *diasporic youth*, die in unterschiedlichen, sich überschneidenden kulturellen Feldern sozialisiert wurden. Dies kann zu Konflikten zwischen den Generationen führen, da bestimmte Erinnerungen und Sehnsüchte, die für die Diaspora-Identität der älteren Generation wichtig sind, für die Jungen aber, die sich für die Konstruktion ihrer Identität an der globalisierten Populärkultur orientieren, nicht mehr die gleiche Bedeutung haben (siehe auch Hall 1991). Jedoch hat bereits Hall in seinem gesamten Werk wiederholt auf die „offene Gestalt" und den fluiden Charakter von Identität hingewiesen, „perhaps we should think of identity as a ‚production' which is never complete, always in process, and always constituted within, not outside representation" (Hall 1990: 222).

Postkoloniale Theorienbildung und rezente Diasporaforschung verstärken wechselseitig ein soziopolitisches Verständnis von Diaspora als Gesellschaften, die sich auf einer offenen, einschließenden Weltsicht begründen und durch ständige Kreativität und vielfältige, im Prozess eingeschriebene Widersprüchlichkeiten charakterisiert sind. Dieser Schwerpunkt wird vor allem von Arbeiten gesetzt, die auf den historischen Erfahrungen der afrikanischen Diaspora basieren: Gilroy (1993) fordert, jede Diaspora „as a particular processual space" zu begreifen, die permanent, nach Glissant (1992 [1981]) „relationale Identitäten" erschafft. Hesse spricht von Diaspora als einem antagonistischen Konzept, das immer gleichzeitig auf die entgegengesetzten Richtungen von Zerstreuung und Erschaffung verweist. Dies erfolgt entsprechend der *„logic of diasporicity"*, denn

---

1 __ Als Beispiel nennt er die weltweite Internet-Plattform der Tamilen, www.eelam.com (vgl. Appadurai 2006: 24).

Diasporas generate by their own specifically internal rules of explica-
tion, forms of enunciation and relations of representation which desig-
nate their identities and constitutive outsides [...], the meaning of its
relative markings of distinctiveness as the expressive basis of its culturally relational and political configurations. (Hesse 2000: 113)

Diese Forschungsorientierungen sehen Diasporagesellschaften als notwendigerweise transethnisch, transnational und gleichzeitig in interkulturellen, poly-
phonen Kommunikationsformen und multiplen Identitätskonstruktionen begründet. Dadurch ist es für sie geradezu eine existenzielle Notwendigkeit, beharr-
lich bestehende hegemoniale Gefüge zu unterlaufen und immer wieder Gegen-
Hegemonien und -Strategien auszubilden (siehe den Beitrag 9 von S. Strasser in
diesem Band).

Zugänge zu postkolonialen Zugehörigkeiten

Aus der Auseinandersetzung und Unzufriedenheit mit dem vorherrschenden
Eurozentrismus hat sich die postkoloniale Theorie zunächst in der Literaturwissenschaft entwickelt (vgl. Ashcroft et al. 1989), wobei diese auf zentrale Wegbereiter wie Fanon (2007 [1952], 2001 [1961]), Sartre (1968) oder Said (1978) aufbaut.
Sehr rasch haben sich die *Postcolonial Studies* als transdisziplinäre Strömung her-
ausgebildet, die nicht nur an den Instituten der Anglistik oder der vergleichenden Literaturwissenschaft institutionalisiert ist, sondern auch andere klassische Disziplinen wie Geschichte, Soziologie oder Anthropologie erreicht hat. Vor
allem zwei Aspekte, die den postkolonialen Ansatz bei aller Unterschiedlichkeit
der verschiedenen Unterströmungen (vgl. Beverly 2002) kennzeichnen, sind für
die Migrationsforschung von Bedeutung:
    Zunächst ist der postkoloniale Ansatz immer transnational, es gibt nicht
die Vorstellung einer abgeschlossenen Nation mit ihren fixen Grenzen, im Gegenteil, in seinen Kolonien pervertiert sich die Idee des Nationalstaates. Die hegemoniale Fiktion besteht darin, dass das koloniale Subjekt nicht als Teil der
(reinen) Nation gesehen, sondern entweder marginalisiert oder sogar außerhalb der Grenzen der Nation gedacht wird. Der postkoloniale Ansatz setzt an
diesem Punkt an und fordert, dass sowohl die postkolonialen Subjekte in der
(vormaligen) Kolonie als auch in der kolonisierenden Metropole neu gedacht
werden müssen. Daraus ergibt sich als weiterer wesentlicher Aspekt, dass Fragen
zu Macht und Herrschaft neu analysiert werden müssen, nämlich konkret aus
der Perspektive der Kolonialität. Dieser Begriff wurde laut Castro-Gómez von
Quijano (vgl. Castro-Gómez 2008) eingeführt, um die komplexen Aus- und Nach-
wirkungen der europäischen Kolonisierung zu denken.

Mit ähnlicher Intention arbeitet Mbembe (2001) an der postkolonialen Hinterfragung von Konstellationen von Macht in verschiedenen Bereichen wie Religion, Politik oder Populärkultur, der „banality of power in the postcolony", die sich für ihn vor allem durch Exzess und Gewalt auszeichnet.

Nun hat gerade die Anthropologie schon in den 1980er-Jahren (zum ungefähr gleichen Zeitpunkt, als Quijano sein Konzept der Kolonialität formulierte) Werke hervorgebracht, die auf die „Ströme" von Menschen und Waren hinwiesen, die sich in einem vom Kolonialismus geprägten Weltsystem (vgl. Wallerstein 1974–1989) entfalten. Mintz (1985) beschreibt die verschlungenen Wege und Orte des Zuckers in all seinen Erscheinungsformen von der Produktion bis zum Konsum. Entlang der Wege des Zuckers bewegen sich auch Ströme anderer Waren, von Geld und nicht zuletzt von Menschen. So ist die Herausbildung der afrikanischen Diaspora in Nord- und Südamerika und der Karibik nicht zuletzt Resultat der europäischen Gier nach Zucker.

Wolf (1982) analysiert in Anspielung auf Hegels Diktum über die „Völker ohne Geschichte" die komplexen Auswirkungen der europäischen Kolonialisierung auf den „Rest der Welt". Taussig (1989) kritisiert nun gerade diese Haltung, weil sie nicht den Rahmen des Eurozentrismus sprengt, sondern ihn auf einer anderen Ebene fortsetzt und eben gerade nicht den epistemologischen Standpunkt der Universalität verlässt und die großen Theorien (in diesem Fall die materialistische Geschichtstheorie) aus der Perspektive der Kolonisierten betrachtet.

Eine mögliche Überwindung eurozentrischer Positionen schlägt Chakrabarty (2000) vor. Ihm zufolge hat das europäische Projekt der Moderne den Historismus hervorgebracht, der wiederum auf das Engste mit dem Nationalismus und dem Nationalstaat verbunden ist. Die Besonderheit des Historismus ist nach Chakrabarty (2000, 2008), dass er versucht, alles rational erklären zu wollen und die Ebene des Gefühls, des *belonging* (Zugehörigkeit), nicht zu thematisieren, ja sogar als unwissenschaftlich zu vermeiden. Geschichte wird nach ihm somit zu einem Instrument der Normierung, der Grenzziehung und Rationalisierung, oder anders ausgedrückt: der Modernisierung. Er selbst schreibt gegen diese Tendenz an, versucht Geschichte aus der Position der Universalität zu vertreiben und die „europäische" Geschichtsschreibung und ihre kolonialen Ableger zu „provinzialisieren". Dies bedeutet, der hegemonialen modernen „universalen" Geschichtsschreibung einen Platz zuzuweisen, der kenntlich macht, dass es sich hierbei um eine spezifische Perspektive handelt. Dabei geht es nicht darum, diese nun abzulehnen oder zu leugnen, sondern der subalternen Bevölkerung Gehör zu verschaffen. Die ehemals kolonialen Subjekte werden nicht mehr als marginalisierter, machtloser Teil der Moderne aufgefasst, sondern ihre Lebenswelten und Handlungsspielräume werden sichtbar und bedeutungsvoll gemacht. Dies hat zur Folge, dass Europa nicht mehr als Zentrum und Motor der Geschichte erscheint, sondern in seiner spezifischen Provinzialität zu erkennen ist, eine Sichtweise, die in der Anthropologie beispielsweise von van de Veer

(2001) vertreten wird. An Chakrabarty kritisiert Dietze (2008) teilweise zu Recht, dass dieser weder das Konzept der Moderne klar definiert noch Europa konkret verortet. Allerdings bemerkt Chakrabarty (2008), dass er nicht ein wirkliches Europa beschreibt, sondern ein „hyperreales", eines – nach Beaudrillard – das eine „Kopie ohne Original" ist, eines, das sich in der imaginierten Welt der beispielsweise indischen Historiker befindet. Dieses hyperreale Europa und die damit vorgestellte Moderne sind keine stabilen Entitäten, sondern sind ständig im Fluss.

Transnationale Flüsse sind in den letzten zwei Jahrzehnten innerhalb der Migrationsforschung vor allem von den *Transnational Studies* analysiert worden. Nach Glick Schiller (2005: 440) unterscheiden sich diese transnationalen Studien von den Globalisierungsstudien, indem sie das theoretische Konzept auf staatlichen Grenzen und deren Überwindung aufbauen und dieser somit einen besonderen analytischen Rang verleihen. Globalisierungsstudien sind in dieser Sichtweise durchaus wichtig, jedoch eignen sie sich eher für Aspekte der Finanzwelt oder dem, was Appadurai (1996) als *global flows* bezeichnet hat. Die analytische Wichtigkeit der Grenzen zeigt sich besonders in den Unterschieden zwischen Diasporastudien, die diese transnationalen Flüsse berücksichtigen, und dem Großteil der Diasporastudien, die ihrer Ansicht nach dem Nationalstaat immer noch eine zu große Rolle einräumen. Damit wird der Zugehörigkeit zu einem imaginierten oder realen *homeland* zu viel Bedeutung verliehen, wodurch andere Aspekte von *belonging* – beispielsweise die Zugehörigkeit zu sozialen Bewegungen, Arbeitswelten oder auch Familie – aus dem Analysefokus verschwinden. Glick Schiller (2005) plädiert somit für einen integrierten Ansatz, der auch die Kräfte des Imperialismus berücksichtigt und in die Analyse einbaut.[2] Für Vertovec (2007: 156 ff.) verfügt der transnationale Ansatz über das Potenzial, die für den Nationalstaat klassische Dreiheit von *identity-border-order* (Identität-Grenze-Ordnung) aufzubrechen und damit auch in der Forschung einen Transformationsprozess nachvollziehen zu können, der sich in der politischen Wirklichkeit schon seit geraumer Weile ereignet.

Die Diskussion um „*citizenship*" in einer globalisierten Welt, Fragen von doppelter Staatsbürgerschaft oder „*flexible citizenships*" (vgl. Ong 2005) sind Belege für derartige Veränderungen. Das *homeland* ist demnach nicht mehr die einzige Entität, die Identität zu bestimmen vermag, sondern auch jener Ort, an dem soziale Netzwerke und Alltagsbeziehungen bestehen, wird zentraler Referenzpunkt. Appadurai unterstreicht dieses Moment und meint

---

2 __ An dieser Stelle ist eine Bemerkung zur Unterscheidung von „Imperialismus" und „Kolonialismus" angebracht. Während Glick Schiller (2005) an einer im Wesentlichen marxistischen Definition von Imperialismus festhält, versucht Castro-Gómez (2008) zu erläutern, dass zwar im Wesentlichen das Gleiche gemeint ist, jedoch das analytische Konzept der Kolonialität dem epistemologischen Gehalt der Imperialismustheorien vorzuziehen wäre.

what is noteworthy about the new flows of money, weapons, information, people, and ideologies across national boundaries is that they have produced forms of solidarity that exist on the same *political* plane as those that were traditionally monopolized by the nation-state. (Appadurai 2006: 24)

Fallstudien

Empirische Fallstudien zu Diaspora und Transnationalismusdebatten belegen die Validität dieses postkolonialen Zuganges: So zeigen zum Beispiel Glick Schiller und Çağlar (2008), dass das soziale Netzwerk von *Reborn Christians* in Deutschland und Neuengland der Gemeinde andere Möglichkeiten bietet, als vom Staat (Deutschland oder die USA) vorgegeben. Für den Staat sind die Mitglieder dieser Gemeinden MigrantInnen, die aus Nigeria, dem Kongo, Zentral- oder Südamerika kommen. Für die religiösen Gemeinden sind sie Mitglieder der Kirche und Teil von deren sozialem Netzwerk. Noch dazu sehen sie ihre eigene Situation nicht als eine der Diaspora, sondern eher der Mission, indem sie ihre Wichtigkeit für Deutschland beschreiben, das durch ihr Tun nun zu Jesus finden kann (Glick Schiller/Çağlar 2008: 209). Glick Schiller und Çağlar sprechen daher auch von *social citizenship*, einer sozialen Staatsbürgerschaft, zu der sich die Mitglieder dieser Gemeinden zugehörig fühlen.

Selbstverständlich sind diese Prozesse eingebettet in Machtgefüge, die auf kolonialen Strukturen aufbauen und diese in vielerlei Hinsicht perpetuieren. So demonstrieren Sáiz Echezarreta und Sánchez Leyva (2008), wie unterschiedliche Stereotype die Beziehung von SpanierInnen zu LateinamerikanerInnen prägen. Im Wesentlichen wird die europäische Moderne (durchaus in ihrer hyperrealen Version) einer lateinamerikanischen Vormoderne gegenübergestellt. Diese Vormoderne ist sowohl positiv als auch negativ besetzt, repräsentiert traditionelle Werte einerseits, verweist aber andererseits auch auf Rückständigkeit. Hier wird besonders die in Spanien herrschende Rollenzuschreibung der afrikanischen MigrantInnen angeführt, die als derart rückständig und anders betrachtet werden, dass sie für nicht integrierbar deklariert werden. Trotz der durchaus gegensätzlichen Deutung bleiben die MigrantInnen in beiden Fällen in einer untergeordneten Position, weil sie sich nicht gegen die vorherrschende Rollenzuschreibung wehren können.

Eine komplementäre Untersuchung hat Hurtado (2008) unternommen, in welcher sie die Situation der „Italienerinnen" in Cali und Buenaventura in Kolumbien erforscht. Die „Italienerinnen" sind afrokolumbianische Frauen, die in Italien (aber auch Spanien) entweder der Prostitution nachgehen oder auf dem dortigen Heiratsmarkt vermittelt werden. Die Rückwirkungen auf die sozialen

Netzwerke der afrikanischen Diaspora in Kolumbien sind vielfältig: Einerseits gibt es einen Fluss an Ressourcen nach Kolumbien, vor allem in Form von Geldsendungen, aber auch umgekehrt einen vermehrten Migrationsfluss von Frauen nach Italien und Spanien. Gleichzeitig haftet dieser spezifischen Arbeitssituation der Geruch der Unmoral an, die aber dadurch verteidigt wird, dass die eigentlich unmoralischen Personen diejenigen sind, die in Kolumbien von dem nach Hause geschickten Geld profitieren. Zudem wird immer auch die Möglichkeit offen gelassen, dass sich die Frau verheiratet, denn „die Italiener stehen auf Afrikanerinnen" (Hurtado 2008: 357); zudem könne man sich auch für Geld jederzeit verheiraten. Allerdings sind sich die Frauen durchaus bewusst, dass die meisten (italienischen oder spanischen) Männer aus den unteren Schichten der dortigen Bevölkerung kommen und sie deshalb auch nach ihrer Heirat zumindest einen Teil des Familieneinkommens mitverdienen müssen. Dabei sind es vorwiegend unqualifizierte Arbeiten wie Putzfrau, Haushaltshilfe oder Babysitterin, die nachgefragt werden. Auf der Identitätsebene spielen sich dabei komplexe, verschachtelte Prozesse ab. Die Afrokolumbianerinnen treten einerseits in Italien in direkte Konkurrenz zu den vorwiegend nigerianischen Prostituierten, die ihre eigenen sozialen Netze haben. Andererseits verändert sich auch ihre Beziehung zu Kolumbien und zu den alten sozialen Netzwerken in der primären Diaspora. So wird die eigene lateinamerikanische Identität als „zivilisierter" verteidigt und in Gegensatz zu den „hässlichen" Afrikanerinnen in Italien gestellt.

Komplexe Zusammenspiele von Kolonialität, Identität und grenzüberschreitenden Netzwerken sind keine nordamerikanischen oder europäischen Sonderfälle, wie die Arbeit von Lindquist (2008) zeigt, der sich mit Migrationen in Südostasien beschäftigt und die konkrete Arbeitswelt indonesischer Migrantinnen in Singapur und Malaysien untersucht. Durch die *krismon* (Währungskrise), die vor allem Indonesien 1998 traf, kam es zu einem Migrationsschub in die benachbarten Länder. Dort boten sich indonesische Frauen auf dem Arbeitsmarkt als Haushaltshilfen an. Durch das daraus folgende Überangebot und die ebenfalls gespannte ökonomische Lage der genannten Länder war die Einkommensgenerierung durch diese Arbeit jedoch eher gering; als Alternative, um Geldsendungen an die Familie aufrechterhalten zu können, bot sich die Prostitution an. Dieses Fallbeispiel verdeutlicht die anhaltende Relevanz der sozialen Netzwerke, hier vor allem des Familienverbandes, und wie diese, jenseits des Staates, Überlebensstrategien bestimmen und entwickeln. Erst die postkoloniale Forderung homogene und homolythische Vorstellungen aufzugeben, wie die des Nationalstaates oder einer hierarchisch ordnenden universalistischen Geschichtsschreibung, und stattdessen prozessuale Konzepte wie *social citizenship* oder *relational identity* anzuwenden, macht den Zugang zur kreativen Praxis konkreter Handlungsräume frei.

Conclusio

Forschungen zu Migration, Diaspora und Postkolonialismus arbeiten an gemeinsamen Phänomenen der sozialen Realität und entwickeln in ihren unterschiedlichen Herangehensweisen ineinander verschränkte Konzepte, denen eine grundlegende Forderung gemeinsam ist: „[To turn] the world upside down. [To look] from the other side of the photograph, experiencing how differently things look when you live in Bagdad or Benin rather than Berlin or Boston, and understanding why" (Young 2003: 2). Es charakterisiert sie das radikale Bestreben, sich immer weiter einer Forschung anzunähern, die endlich frei vom hegemonialen Blick ist und endlich die globalen Lebensrealitäten wahrnehmen kann „as lives lived with and through, not despite, difference [...] allowing us to see and recognise the different parts and histories of ourselves" (Hall 1990: 236).

Fragen zur Erstellung eigenständiger wissenschaftlicher Arbeiten

1. Welche Diaspora-Gruppen gibt es in der Stadt, in der Sie leben?
1a. Welche dieser Gruppen kommen oft in der Öffentlichkeit vor und welche nicht? Wie und von wem werden sie in der Öffentlichkeit repräsentiert?
2. Wie konstituiert sich die Identität von MigrantInnen in postkolonialen Kontexten?
3. Welche Relevanz haben postkoloniale Theorien für die Forschung über Diaspora-Gruppen in Ländern, die keine oder eine spezifische koloniale Vergangenheit haben? Untersuchen Sie dies anhand der unterschiedlichen Gegebenheiten von Österreich, Deutschland und der Schweiz.

Basisliteratur

DelVecchio Good, Mary-Joe/Hyde, Sandra Theresa/Pinto, Sarah/Good, Byron J. (eds.) (2008): Postcolonial Disorders. Berkeley: University of California Press.

Hesse, Barnor (2000): Un/settled Multiculturalisms. Diasporas, Entanglements, Disruptions. London/New York: Zed Books.

Levy, André/Weingrod, Alex (eds.) (2005): Homelands and Diasporas. Holy Lands and Other Places. Stanford: Stanford University Press.

Portes, Alejandro/DeWind, Josh (eds.) (2007): Rethinking Migration: New Theoretical and Empirical Perspectives. New York: Berghahn.

Vertovec, Steven/Cohen, Robin (eds.) (1999): Migration, Diasporas and Transnationalism. Cheltenham/Northampton: Edward Elgar.

Literatur

Alexander, Claire (2000): (Dis)Entangling the 'Asian Gang': Ethnicity, Identity, Masculinity. In: Hesse, Barnor (ed.): Un/settled Multiculturalisms. Diasporas, Entanglements, Transruptions. London/New York: Zed Books, 123–147.
Anderson, Benedict (1994): Exodus. In: Critical Inquiry 20, 314–327.
Anteby-Yemini, Lisa (2005): From Ethiopian Villager to Global Villager: Ethiopian Jews in Israel. In: Levy, André/Weingrod, Alex (eds.) (2005): Homelands and Diasporas. Holy Lands and Other Places. Stanford: Stanford University Press, 220–246.
Appadurai, Arjun (1996): Modernity at Large. Cultural Dimensions of Globalization. Minneapolis/London: University of Minnesota Press.
Appadurai, Arjun (2006): Fear of Small Numbers. An Essay on the Geography of Anger. New York: Public Planet Books.
Ashcroft, Bill/Griffiths, Gareth/Tiffin, Helen (eds.) (1989): The Empire Writes Back. Theory and Practices in Post-Colonial Literatures. London: Routledge.
Axel, Brian Keith (2001): The Nation's Tortured Body. Violence, Representation and the Formation of a 'Sikh Diaspora'. Durham: Duke University Press.
Beverley, John (2002): La persistencia del subalterno. In: Nómadas 17, 48–57.
Baumann, Zygmunt (2004): Identity. Cambridge: Polity Press.
Bhabha, Homi K. (1994): The Location of Culture. London: Routledge.
Brah, Avtar (2001): Cartographies of Diaspora: Contesting Identities (Gender, Race, Ethnicity). London: Routledge.
Braziel, Jana Evans/Mannur, Anita (eds.) (2003): Theorizing Diaspora: A Reader. Hoboken: Wiley-Blackwell.
Castro-Gómez, Santiago (2008): (Post)Coloniality for Dummies: Latin American Perspectives on Modernity, Coloniality, and the Geopolitics of Knowledge. In: Moraña, Mabel/Dussel, Enrique/Jáuregui, Carlos A. (eds.): Coloniality at Large: Latin America and the Postcolonial Debate. Durham: Duke University Press, 259–287.
Castro Varela, Mario do Mar/Dhawan, Nikita (2005): Postkoloniale Theorie. Eine kritische Einführung. Bielefeld: Transcript.
Chakrabarty, Dipesh (2000): Provincializing Europe: Postcolonial Thought and Historical Difference. Princeton: Princeton University Press.
Chakrabarty, Dipesh (2008): In Defense of Provincializing Europe: A Response to Carola Dietze. In: History and Theory 47/1, 85–96.
Clifford, James (1994): Diasporas. In: Current Anthropology 9/3, 302–338.
Cohen, Robin (1997): Global Diasporas. An Introduction. Seattle: University of Washington Press.
Dietze, Carola (2008): Toward a History on Equal Terms: A Discussion of Provincializing Europe. In: History and Theory 47/, 69–84.
Ember, Melvin/Ember, Carol/Skoggard, Ian (eds.) (2004): Encyclopedia of Diasporas. Immigrant and Refugee Communities around the World. New York: Springer.
Fanon, Frantz (2007 [1952]): Schwarze Haut, weiße Masken [Peau noire, masques blancs]. Münster: Unrast.
Fanon, Frantz (2001 [1961]): Die Verdammten dieser Erde [Les Damnés de la Terre]. Frankfurt am Main: Suhrkamp.
Gibney, Maurice/Hansen, Randall (eds.) (2005): Global Migrations – Immigration and Asylum from 1900 to the Present. Santa Barbara: ABC-CLIO.
Gilroy, Paul (1993): The Black Atlantic. Modernity and Double-Consciousness. London: Verso.

Glick-Schiller, Nina (2004): Long-Distance Nationalism. In: Ember, Melvin/Ember, Carol/Skoggard, Ian (eds.): Encyclopedia of Diasporas. Immigrant and Refugee Cultures around the World. New York: Kluwer Academic Press, 570–580.

Glick Schiller, Nina (2005): Transnational social fields and imperialism: Bringing a theory of power to Transnational Studies. In: Anthropological Theory 5/4, 439–461.

Glick Schiller, Nina/Cağlar, Ayse (2008): And Ye Shall Possess It and Dwell Therein: Social Citizenship, Global Christianity, and Nonethnic Immigrant Incorporation. In: Reed-Danahay, Deborah/Brettell, Caroline B. (eds.): Citizenship, Political Engagement, and Belonging: Immigrants in Europe and the United States. Piscataway: Rutgers University Press, 203–225.

Glissant, Edouard (1992 [1981]): Caribbean Discourse: Selected Essays. Charlottesville: University of Virginia Press.

Glissant, Edouard (1990): Poétique de la relation. Paris. Gallimard.

Hall, Stuart (1990): Cultural Identity and Diaspora. In: Rutherford, J. (ed.): Identity: Community, Culture, Difference. London: Lawrence & Wishart, 222–237.

Hall, Stuart (1991): Old and new identities, old and new ethnicities. In: King, Anthony D. (ed.): Culture, Globalization and the World-System. Basigstoke: Macmillan, 41–68.

Hooks, Bell (2009): Belonging: a culture of place. New York: Routledge.

Houston, Christopher (2004): Creating a Diaspora within a Country: Kurds in Turkey. In: Ember, Melvin/Ember, Carol/Skoggard, Ian (eds.): Encyclopedia of Diasporas. Immigrant and Refugee Cultures around the World. New York: Kluwer Academic Press, 403–411.

Hurtado Saa, Teodora (2008): Movilidades, Identidades y sexualidades en mujeres afrocolombianas migrantes en Europa: El caso de las 'Italianas': In: Wade, Peter/Urrea Giraldo, Fernando/Viveros Vigoya Raza, Mara (eds.): etnicidad y sexualidades: Ciudadanía y multiculturalsimo en América Latina. Bogota: CES, 343–376.

Iwabuchi, Koichi/Mücke, Stephen/Thomas, Mandy (eds.) (2004): Rogue Flows. Trans-Asian Cultural Traffic. Hong Kong: Hong Kong University Press.

Kokot, Waltraud (2002): Diaspora und transnationale Verflechtungen. In: Hauser-Schäublin, Brigitta/Braukämpfer, Ulrich (Hg.): Ethnologie der Globalisierung. Perspektiven kultureller Verflechtungen. Berlin: Reimer, 95–100.

Kosnick, Kira (2007): Migrant Media. Turkish Broadcasting and Multicultural Politics in Berlin. Bloomington, Indianapolis: Indiana University Press.

Levy, André (2005): A Community That Is Both a Center and a Diaspora: Jews in Late Twentieth Century Morocco. In: Levy, André/Weingrod, Alex (eds.): Homelands and Diasporas. Holy Lands and Other Places. Stanford: Stanford University Press, 68–96.

Levy, André/Weingrod, Alex (2005): On Homelands and Diasporas: An Introduction. In: Levy, André/Weingrod, Alex (eds.): Homelands and Diasporas. Holy Lands and Other Places. Stanford: Stanford University Press, 3–28.

Lindquist, Johan (2008): Of Maids and Prostitutes: Indonesien Female Migrants in the New Asian Hinterlands. In: DelVecchio Good, Mary-Joe/Hyde, Sandra Theresa/Pinto, Sarah/Good, Byron J. (eds.): Postcolonial Disorders. Berkeley: University of California Press, 218–237.

Lorde, Audre (1981): The Master's Tools Will Never Dismantle The Master's House. In: Moraga, Cherry/Anzaldua, Gloria (eds.): This Bridge Called My Back. Writings by Radical Women of Color. Latham: Kitchen Table Press, 98–101.

Mbembe, Achille (2001): On the Postcolony. Berkeley: University of California Press.

Mintz, Sidney (1985): Sweetness and Power: The Place of Sugar in Modern History. New York: Penguin.

Nonini, Donald (2004): Diasporas and Globalization. In: Ember, Melvin/Ember, Carol/ Skoggard, Ian (eds.): Enyclopedia of Diasporas. Immigrant and Refugee Cultures around the World. New York: Kluwer Academic Press, 559–570.

Ong, Aihwa (2004): Chinese Diaspora Politics and its Fallout in a Cyber Age. In: Ember, Melvin/Ember, Carol/Skoggard, Ian (eds.): Enyclopedia of Diasporas. Immigrant and Refugee Cultures around the World. New York: Kluwer Academic Press, 392–403.

Ong, Aihwa (2005): Flexible Staatsbürgerschaften. Die kulturelle Logik von Transnationalität. Frankfurt am Main: Suhrkamp.

Redfield, Robert (1930): Tepoztlan, a Mexican Village: a Study in Folk Life. Chicago: Chicago University Press.

Redfield, Robert (1934): Chan Kom, a Mayan Village. Chicago: Chicago University Press.

Safran, William (1991): Diasporas in Modern Societies: Myths of Homeland and Return. In: Diaspora 1/1, 93–99.

Said, Edward W. (1978): Orientalism. New York: Vintage.

Sáiz Echezarreta, Vanesa/Sánchez Leyva, María José (2008): Latinoamericanas en España: Encarnación de un estereotipo ambivalente. In: Rodríguez, Ileana/Martínez, Josebe (eds.): Postcolonialidades históricas: (In)visibilidades hispanoamericanas/colonialismos ibéricos. Madrid: Anthropos, 169–186.

Sartre, Jean-Paul (1968): Kolonialismus und Neokolonialismus. Hamburg: Rowohlt.

Six-Hohenbalken, Maria Anna (2002): Reyên Kurdan. Ethnologische Überprüfungen von Theorieansätzen zu Migration, Diaspora und Transnationalismus am Beispiel ‚kurdischer Wege‘ durch Wien und Europa. Dissertation, Universität Wien.

Sudbury, Julia (1998): ‘Other kinds of dreams’. Black women’s organisations and the politics of transformation. London: Routledge.

Tambiah, Stanley (2000): Transnational Movements, Diaspora, and Multiple Modernities. In: Daedalus 129/1, 163–194.

Taussig, Michael (1989): History as Commodity: In some Recent American (Anthropological) Literature. In: Critique of Anthropology 9/1, 7–23.

Tölölyan, Khachig (1991): The Nation State and Its Others. In: Diaspora 1/1, 3–7.

Tölölyan, Khachig (1996): Stateless Power in the Transnational Moment. In: Diaspora 5/1, 3–36.

Van de Veer, Peter (2001): Imperial Encounters: Religion, Nation and Empire. Princeton: Princeton University Press.

Vertovec, Steven (1999a): Three Meanings of ‘Diaspora’, exemplified among South Asian Religions (http://www.transcomm.ox.ac.uk/working%20papers/diaspora.pdf [17. 6. 2009]).

Vertovec, Steven (1999b): Conceiving and Researching Transnationalism (http://www.transcomm.ox.ac.uk/working%20papers/conceiving.PDF [17. 6. 2009]).

Vertovec, Steven (2007): Migrant Transnationalism and Modes of Transformation. In: Portes, Alejandro/DeWind, Josh (eds.): Rethinking Migration: New Theoretical and Empirical Perspectives. New York: Berghahn, 149–180.

Wallerstein, Immanuel (1974–1989): The Modern World System. San Diego: Academic Press.

Williams, Patrick/Chrisman, Laura (eds.) (1994): Colonial Discourse and Postcolonial Theory. A Reader. Harlow et al.: Pearson Education.

Wolf, Eric (1982): Europe and the People without History. Berkeley: University of California Press.

Young, Robert J. C. (2003): Postcolonialism. A Very Short Introduction. Oxford: Oxford University Press.

Jelena Tošić, Gudrun Kroner und Susanne Binder

7 Anthropologische Flüchtlingsforschung

Einleitung

In diesem Beitrag werden wir eine relativ neue Forschungsrichtung innerhalb der Kultur- und Sozialanthropologie (und den Sozialwissenschaften im Allgemeinen) skizzieren und dabei – ohne den notwendigerweise interdisziplinären Charakter derselben außer Acht zu lassen – vor allem die anthropologischen Aspekte und Beiträge diskutieren. Nach der Diskussion der komplexen und oft uneindeutigen „Variationen" des Flüchtlingsbegriffs – die bereits sehr viel über die jeweilige historisch eingebettete soziopolitische Konstruktion „des Flüchtlings" verraten – gehen wir auf die Geschichte der anthropologischen Flüchtlingsforschung und anschließend auf einige ihrer Kernthemen ein. Abschließend betrachten wir die anthropologische Flüchtlingsforschung vor dem Hintergrund des Transnationalismusansatzes.

Flucht als spezielle Form der Migration

Die Definition des Begriffs „Flüchtling" variiert, je nachdem in welchem Kontext der Begriff verwendet wird. Der Begriff „Flüchtling" im rechtlichen Rahmen ist sehr eng gefasst. Im (völker-)rechtlichen Sinn und gemäß der *Genfer Konvention*, die durch das UNHCR[1] 1951 implementiert wurde, gelten nur jene Menschen als Flüchtlinge, die:

> aus der begründeten Furcht vor Verfolgung wegen ihrer Rasse, Religion, Nationalität, Zugehörigkeit zu einer bestimmten sozialen Gruppe oder wegen ihrer politischen Überzeugung sich außerhalb des Landes befinden, dessen Staatsangehörigkeit sie besitzen, und den Schutz dieses Landes nicht in Anspruch nehmen können oder wegen dieser Befürchtungen nicht in Anspruch nehmen wollen. (UNHCR 1997: 55)

---

1 —— Das *Hochkommissariat für Flüchtlinge der Vereinten Nationen* (engl. *United Nations High Commissioner for Refugees*; UNHCR) wurde 1950 ins Leben gerufen. 1951 verabschiedete das UNHCR die *Genfer Flüchtlingskonvention*, das erste völkerrechtliche Übereinkommen, das die Rechte von Flüchtlingen regelt. Das Hauptmandat des UNHCR ist der Schutz aller Flüchtlinge.

Da die *Genfer Konvention* sich nur auf europäische Flüchtlinge des Zweiten Welt-kriegs bezog, wurden 1967 durch ein Zusatzprotokoll diese zeitlichen und räumli-chen Einschränkungen aufgehoben. Durch diese zwei internationalen Abkommen wurde also einerseits der Begriff „Flüchtling" im völkerrechtlichen Sinn definiert, andererseits wurden die Rechte, der Schutz und die Pflichten der Flüchtlinge festgelegt.

Zu den Rechten gehört unter anderem das Verbot, Flüchtlinge in ihr Heimat-land zurückzuschicken, solange die Möglichkeit einer Verfolgung besteht (engl. *non-refoulement*) (vgl. Hathaway 2005: 278–370). Weiters gelten für sie grundle-gende Bürgerrechte wie zum Beispiel Bewegungsfreiheit und Schutz vor Folter und erniedrigender Behandlung. Flüchtlinge haben – ebenso wie andere Bürger-Innen – Anspruch auf einen Zugang zu medizinischer Versorgung, Schulbildung und zum Arbeitsmarkt.

In der Konvention und dem Protokoll sind drei dauerhafte Lösungen (engl. *durable solutions*) für anerkannte Flüchtlinge vorgesehen. Dazu gehören die Inte-gration im Aufnahmeland (engl. *local integration*), die freiwillige Rückkehr (engl. *voluntary repatriation*) oder die Neuansiedlung in einem Drittland (engl. *resettle-ment*). Letzteres bedeutet, dass Flüchtlinge, die Zuflucht beispielsweise in einem afrikanischen oder asiatischen Land gesucht hatten, sich in einem westlichen Land ansiedeln können. Einige westliche Länder haben Quoten für Flüchtlinge aus anderen Kontinenten, die sie mit diesen Flüchtlingen „füllen". Die Anzahl der Menschen, die neu angesiedelt werden, ist verglichen mit den Flüchtlings-zahlen dieser ärmeren Länder sehr gering.

Da die Flüchtlingszahlen während und nach der Zeit der Entkolonialisierung vor allem in Afrika stark anstiegen, wurde 1969 eine weiter gefasste Auslegung des Begriffs Flüchtling in der Konvention der *Organisation der Afrikanischen Einheit* (OAU) verankert. Für diejenigen Länder, die diese OAU Konvention unterzeichnet haben, gilt auch jene Person als Flüchtling

> die auf Grund von äußerer Aggression, Okkupation, ausländischer Vor-herrschaft oder Ereignissen, die ernsthaft die öffentliche Ordnung stö-ren, sei es in ihrem gesamten Herkunftsland oder einem Teil davon oder in dem Land, dessen Staatsangehörigkeit sie besitzt, gezwungen ist, den Ort, an dem sie für gewöhnlich ihren Wohnsitz hatte, zu verlassen, um an einem anderen Ort außerhalb ihres Herkunftslandes oder des Landes, dessen Staatsbürgerschaft sie besitzt, Zuflucht zu nehmen. (UNHCR 1997: 56)

Dies bedeutet, dass auch Bürgerkrieg oder bürgerkriegsähnliche Zustände und nicht nur persönliche Verfolgung als legitimer Fluchtgrund gelten. Für den latein-amerikanischen Raum wurde die Flüchtlingsdefinition 1984 mit der so genann-ten *Cartagena Deklaration* erweitert.

Diese Konventionen und Protokolle gelten für alle Flüchtlinge, solange ihr Aufnahmeland diese unterzeichnet hat. Es gibt nur eine Ausnahme: PalästinenserInnen, die 1948 geflüchtet sind und in Palästina, Jordanien, Syrien oder Libanon leben, fallen nicht unter das Mandat des UNHCR, sondern unter jenes der UNRWA *(United Nations Relief and Works Agency for Palestine Refugees in the Near East)*, die wiederum eine andere Definition von Flüchtlingen verwendet.[2] Eine weitere Besonderheit dieser Flüchtlingsgruppe ist, dass der Flüchtlingsstatus vererbt wird.

Obwohl die Definition durch bereits genannte Zusatzprotokolle und Konventionen erweitert wurde, schließt sie dennoch viele flüchtende Menschen nicht ein. Die größte Gruppe bilden die IDPs (engl. *Internally Displaced Persons*). Während die Zahl der Flüchtlinge in den letzten Jahren gesunken ist und den niedrigsten Stand seit 1988 erreicht hat (vgl. Chimni 2009: 15), steigt die Zahl der IDPS stark an. Da sie keine internationale Grenze überschreiten, stehen sie offiziell nicht unter dem Mandat des UNHCR, inoffiziell werden sie jedoch in den letzten Jahren zumindest zum Teil durch das Hochkommissariat betreut.

In der Alltagssprache und oft auch in der Sozialforschung werden unter dem Begriff „Flüchtlinge" zum Beispiel auch IDPs, AsylwerberInnen und Menschen, die sonst als „forced migrants"[3] bezeichnet werden, verstanden. Die Anthropologinnen Harrel-Bond und Voutira argumentieren, dass im anthropologischen Sinn alle Menschen Flüchtlinge sind „who have undergone a violent ,rite' of separation and unless or until they are ,incorporated' as citizens into their host state (or return to their state of origin) find themselves in ,transition', or in a state of ,liminality' " (Harrell-Bond/Voutira 1992: 7).

Geschichte der anthropologischen Flüchtlingsforschung

Bis Anfang der 1960er-Jahre beschränkten sich Studien über Flüchtlinge fast ausschließlich auf den europäischen Raum. Erst danach begann die erzwungene Migration, die eine Folge der Dekolonialisierung bzw. der postkolonialen Konflikte in Asien, Afrika und dem Nahen Osten war, in den Mittelpunkt der

2 — "Palestine refugees are persons whose normal residence was Palestine during the period 1 June 1946 to 15 May 1948 and who, as a result of the Arab-Israeli conflict in 1948, lost both their homes and their means of livelihood. To be eligible to receive UNRWA assistance, refugees and descendants of such persons in the male line born after 14 May 1948, must be registered with UNRWA and live in the areas of UNRWA operations" (Parvathaneni 2003: 1).

3 — Unter *„forced migration"* versteht man zum Beispiel auch Sklaverei, Zwangsumsiedlung, Migration aufgrund von Umweltkatastrophen, IDPs, Menschenhandel, unter anderem auch Wirtschaftsflüchtlinge. Konventionsflüchtlinge bilden nur einen kleinen Teil dieser Menschen.

Forschungen zu rücken (vgl. Skran/Daughtry 2007). In den 1980er-Jahren entwickelte sich aus anfänglichen Studien über Flüchtlinge eine akademische Disziplin unter dem Namen *Flüchtlingsforschung* (engl. *Refugee Studies*) (vgl. Bakewell 2007: 8).

Die Kulturanthropologie begann sich ebenfalls zu Beginn der 1980er-Jahre mit dem Phänomen der Flucht auseinanderzusetzen. Mit der Gründung des *Refugee Studies Centre* (RSC) 1982 an der *Universität von Oxford* – vonseiten der Anthropologin Harrell Bond – und des *Centre for Refugee Studies* (CRS) an der *York University*, Kanada, wurde der Grundstein für eine multidisziplinäre Flüchtlingsforschung gelegt, in deren Rahmen der anthropologische Zugang eine wesentliche Rolle spielt. Dies war eine sehr wichtige und innovative Entwicklung innerhalb des Faches, da das Phänomen der Flucht in der Kultur- und Sozialanthropologie lange Zeit ausgeblendet war. Was waren die Gründe dafür?

Der Anthropologe Baker (1983) führt mehrere Gründe für diese lange Vernachlässigung des Themas in der Anthropologie an. Ein wesentlicher Grund ist laut Baker die Schwierigkeit einer eindeutigen Migrationstypologie und demnach auch einer klaren Unterscheidung zwischen Flucht und anderen Formen von Migration (siehe den Beitrag 2 von E. Strasser in diesem Band). Ein weiterer Grund ist der Umstand, dass im Rahmen der Flüchtlingsforschung meistens ein multidisziplinärer Ansatz benötigt wird, den viele ForscherInnen nicht ansprechend oder aber zu anspruchsvoll finden. Zuletzt spricht Baker zwei Probleme an, die ebenfalls heute noch relevant sind: einerseits die Schwierigkeit, Förderungen für Forschungsprojekte zum Thema Flucht zu bekommen, und andererseits die Tatsache, dass die Arbeit mit Flüchtlingen in der Regel sehr praxisgebunden ist, was auch bedeutet, dass AnthropologInnen mit schmerzhaften bzw. traumatischen Erfahrungen von Menschen konfrontiert werden und sich mit selbigen auseinandersetzen müssen (vgl. Omidian 1994: 172).

Anthropologische Flüchtlingsforschung kann in der Tat im Schnittfeld zwischen angewandter Anthropologie (engl. *applied anthropology*) und Grundlagenforschung verortet werden. Einerseits erinnert die wissenschaftliche Auseinandersetzung mit Flucht AnthropologInnen deutlich an die politische und soziale Verantwortung ihrer Wissenschaft (vgl. Gingrich 2002), und zwar – wie Fog Olwig und Hastrup (1997) hervorheben – insbesondere bezüglich der Lebenssituation marginalisierter und unterprivilegierter Menschen. Andererseits führte (unter anderem) die verstärkte anthropologische Auseinandersetzung mit Flucht zu einer kritischen Hinterfragung der Kernkonzepte des Faches.

So haben AnthropologInnen Ende der 1990er-Jahre ausgeführt, wie und wieso der „traditionelle" anthropologische Begriff von „Kultur" – gerade auch sehr stark durch die Beschäftigung mit Flüchtlingen – hinterfragt und transformiert wurde (vgl. Malkki 1997 und 1997a; Fog Olwig/Hastrup 1997; Gupta/Ferguson 1997). Aufgrund ihrer Mobilität (in vielen Fällen auch ihrer wiederholten Ortswechsel durch sich wiederholende oder neue Vertreibungen bzw. Zielländer),

der „temporären" Lebensumstände in Flüchtlingslagern oder -siedlungen und der häufigen Veränderung ihrer Gruppenkonstellationen waren Flüchtlinge (und MigrantInnen im Allgemeinen) nämlich keine „klassischen" Forschungssubjekte der Kultur- und Sozialanthropologie. Flüchtlinge sprengen sozusagen durch ihre Existenz das in der Kultur- und Sozialanthropologie lange Zeit vorherrschende „territoriale" Konzept von Kultur, welches einen „Isomorphismus von Raum, Ort und Kultur" (Gupta/Ferguson 1997: 34) und somit einen Kulturessentialismus impliziert – „Kulturen" und ihre „TrägerInnen" (Gruppen und Individuen) werden hier nämlich eindeutig bestimmten Räumen bzw. Territorien (die aber nicht notwendigerweise Staaten sein müssen) zugeordnet. Identitäten (siehe den Abschnitt ‚Multikulturalität, Identität und Geschlecht' in diesem Band) erscheinen in diesem Verständnis von Kultur daher als (natur)gegeben, statisch und unveränderbar. Gupta und Ferguson (1997: 34 f.) verwenden als Metapher für diese Denkweise den Begriff der ethnographischen Mappen (engl. *ethnographic maps*), auf welchen – wie die von ihnen beispielhaft angeführten „Nuer" im „Nuerland" – „Kulturen" bzw. Gruppen auf klar abgegrenzten Territorien für die EthnographInnen auffindbar wären.

Flüchtlinge erscheinen im Rahmen dieser mittlerweile überholten Denkweise sozusagen als „nicht einordenbar" oder „fehl am Platz". Während die Bewegung von Nomadengesellschaften – da als geschlossenes System vorgegebener Bewegungsmuster innerhalb bestimmter Territorien betrachtet – nicht aus der anthropologischen Forschung ausgeklammert wurde (vgl. Fog Olwig/Hastrup 1997: 6), wurde Flucht bzw. „displacement" hingegen als eine „abnormal disruptive episode unsuitable for study by anthropologists as ethnographers" (Colson 2007: 113) gesehen.

Obwohl heutzutage diese Einstellung unter Kultur- und SozialanthropologInnen passé ist, gestaltet sich das Forschen über und mit Flüchtlingen durch ihre Mobilität und ihre unbeständige Lebenssituation oft sehr schwierig. So ist beispielsweise eine lange Feldforschung sowie eine nochmalige Überprüfung der Forschungsergebnisse – eine „Re-Study" in derselben Fluchtsituation bzw. Fluchtphase – oft unmöglich. In diesem Zusammenhang ist gerade für die anthropologische Flüchtlingsforschung das Konzept des *multi-sited fieldwork* (vgl. Marcus 1998) von großer Bedeutung, da es den/die FeldforscherIn dazu anregt, (so gut wie möglich) die Fluchtwege bzw. die transnationalen Netzwerke der Flüchtlinge auch als aktiven Handlungsrahmen bzw. Ressource ihrer Flucht erst zu erfassen (vgl. Bang Nielsen 2004; Horst 2006; Al-Ali/Koser 2002).

Bevor wir uns ausgewählten Kernbegriffen und -themen widmen, soll hier noch kurz auf das konstruktive und gegenseitig befruchtende Verhältnis der Flüchtlingsforschung und der Anthropologie eingegangen werden. Dieses Verhältnis haben die AnthropologInnen Harrell-Bond und Voutira (1992) bereits in der Entstehungsphase dieser Forschungsrichtung in der Kultur- und Sozialanthropologie durch die Diskussion von drei grundlegenden Fragen dargestellt.

Obwohl sich in der Zwischenzeit die anthropologische Flüchtlingsforschung stark weiterentwickelt hat, sind Harrell-Bonds und Voutiras Überlegungen nach wie vor relevant. Als Antwort auf die erste Frage „Was kann die Anthropologie für Flüchtlinge tun?" verweisen Harrell-Bond und Voutira darauf, dass besonders AnthropologInnen durch die spezifische Methode der Feldforschung ein komplexes Wissen über den kulturellen, politischen und wirtschaftlichen Kontext der Flüchtlinge erwerben können. Damit bietet sich ihnen die Möglichkeit, die Geschichte bzw. die Geschichtskonstruktionen, die Weltbilder und die lokalen Machtverhältnisse sowie die Verwandtschaftsstrukturen der jeweiligen Flüchtlingsgruppen im Alltag zu analysieren. Darüber hinaus können sie das erworbene Wissen und die eigenen Interpretationen in der täglichen Interaktion mit Flüchtlingen hinterfragen und verändern. Durch die Feldforschung erhalten AnthropologInnen ebenfalls gute Einblicke in die Art und Weise, wie die jeweilige Aufnahmegesellschaft mit „Fremden" umgeht. Damit können wir wesentlich zum Verständnis des komplexen und leider oft spannungsgeladenen Verhältnisses zwischen Flüchtlingen und der Aufnahmegesellschaft beitragen.

Die Diskussion dieser ersten Frage leitet bereits zur Beantwortung der zweiten, stärker auf die Praxis bezogenen Frage über „Was kann die Anthropologie für politische EntscheidungsträgerInnen tun?" AnthropologInnen können auch bei der Ausarbeitung von Integrations- und Hilfsprogrammen einen wichtigen Beitrag leisten. Im Zuge der Feldforschung können wir die Lebensumstände der Flüchtlinge und dementsprechend auch die Wirkung bestimmter Hilfsmaßnahmen und humanitärer Projekte feststellen, und somit Verbesserungen und innovative Strategien vorschlagen. Die Hilfs- und Integrationsmaßnahmen müssen stets im kulturellen und subjektiven/lebensgeschichtlichen Kontext der Flüchtlinge und unter Beachtung der von ihnen entwickelten (Über-)Lebensstrategien im Aufnahmeland konzipiert werden. Ein solcher Zugang berücksichtigt das kulturelle Selbstverständnis und die aktive Rolle der Flüchtlinge in der Aufnahmegesellschaft und ermöglicht es, die richtige Form und das adäquate Ausmaß an Hilfe bereitzustellen, ohne Flüchtlinge kontraproduktiv zu passivieren.

Die dritte von Harrell-Bond und Voutira formulierte Frage lautet: „Was können Flüchtlinge für die Anthropologie tun bzw. wieso sind die *Refugee Studies* besonders für die Anthropologie interessant?" Laut Harrell-Bond und Voutira können AnthropologInnen durch ihre Forschungsarbeit mit und unter Flüchtlingen besonders gut die Prozesse des sozialen Wandels erforschen. Menschen, die aus ihrer Heimat vertrieben wurden, befinden sich nicht nur in einer existenziellen Not, sondern müssen sich in einer oft ganz neuen kulturellen Umgebung zurechtfinden: „Dieser Prozess hinterfragt die Nützlichkeit von Glaubensvorstellungen, Werten, Technologien, den gesellschaftlichen Status, von Tauschsystemen und allen anderen Gesellschaftsaspekten, an denen die Anthropologie ein starkes Interesse hat" (Harrell-Bond/Voutira 1992: 9).

Kernbegriffe und -themen

Identität

Wie bereits weiter oben kritisch erwähnt, impliziert das „territoriale" Konzept ein essentialistisches Verständnis von Kultur und Identität. Demzufolge werden Menschen durch ihre Flucht „entwurzelt" (engl. *uprooted*) – sie verlieren nicht nur ihre „Heimat", sondern auch die Verbindung zu ihrer Geschichte, ihrer „Kultur" und somit auch ihre „Identität". Dieses auch in den Medien sehr weit verbreitete Darstellungs- und Denkmuster (siehe den Abschnitt ‚Multikulturalität, Identität und Geschlecht' in diesem Band) führt dazu, dass Flüchtlinge aufgrund ihrer „Entwurzelung" von Nationalstaaten in der Regel als Bedrohung angesehen werden (vgl. Malkki 1997, 1997a). Nicht die politischen bzw. militärischen Umstände, die zu ihrer Flucht führten, werden als Problem angesehen, sondern oftmals die Flüchtlinge selbst. Die Unmöglichkeit ihrer „Verortung" – die sich sowohl auf Territorium als auch auf kulturelles Wertesystem bezieht – macht die Flüchtlinge in den Augen des Nationalstaates somit zu potentiell „unkontrollierbaren" und „unloyalen" Menschen (vgl. Malkki 1997: 63). So entstehen klischeehafte und fremdenfeindliche Identitätszuschreibungen wie etwa jene des „Kriminellen", des „Drogendealers" oder des „religiösen Fanatikers", die zum festen Bestandteil des Alltagsdiskurses und des politischen Diskurses und in erster Linie von rechtsorientierten politischen AkteurInnen im Rahmen populistischer Wahlkampagnen instrumentalisiert werden.

Abgesehen von der Kritik des starren und vereinfachenden territorialen Kulturkonzepts haben sich AnthropologInnen in den letzten beiden Jahrzehnten stark mit der globalisierungsbedingten Transformation des Verhältnisses von Raum und Kultur bzw. Identität beschäftigt. Im Rahmen dieser Überlegungen spielen besonders Migration und Flucht – als wesentliche Aspekte der rezenten Phase der Globalisierung – eine wichtige Rolle. Die seit dem Zweiten Weltkrieg sich intensivierenden Konflikte und durch sie ausgelösten Fluchtbewegungen veranlassten Said bereits Ende der 1970er-Jahre von einer „generalized condition of homelessness" (Said 1978) zu sprechen. In ihrem bekannten Artikel ‚Beyond ‚Culture': Space, Identity and the Politics of Difference' greifen Gupta und Ferguson (1997) den Begriff der „Deterritorialisierung" (engl. *deterritorialization*) auf. Diese geht einher mit bzw. ist eine Folge von der gegenwärtigen und grundlegenden Transformation des Charakters der Mobilität, die zu einer „Erosion" kultureller „Spezifität" von Orten sowie einer Umdeutung derselben führt (vgl. Gupta/Ferguson 1997). Laut Gupta und Ferguson sind gerade Flüchtlinge unter jenen Menschen, die am stärksten und offensichtlichsten mit diesen Transformationen konfrontiert sind (vgl. Gupta/Ferguson 1997). Vor diesem Hintergrund ist es verständlich, wieso, laut Malkki, besonders Arbeiten über Flüchtlinge für die anthropologische Erforschung von Identitätskonstruktionen sehr fruchtbar sein können.

> It is precisely the interstitial position of refugees in the system of nation-states that makes their lives uniquely clarifying and enabling for the anthropological rethinking of nationness, of statelessness, and of the interconnections between historical memory and national consciousness. (Malkki 1995: 1)

Die Fluchterfahrung rückt vor allem den dynamischen Charakter der Identität in den Vordergrund. Durch das Überschreiten von Grenzen und das Leben in einer neuen kulturellen Umgebung, das heißt aufgrund der drastischen Veränderung der Lebensumstände, stellen Flüchtlinge die alten und als selbstverständlich gedachten kollektiven Identitäten oft in Frage und verändern diese: Entweder entstehen neue derartige Identitäten oder aber es werden alte verstärkt oder jegliche Vorstellung von kollektiven Identitäten von vornherein abgelehnt. Auch die Lebensbedingungen in der Aufnahmegesellschaft prägen die neu entstehenden Identitäten wesentlich. Wie beispielsweise Malkki (1995) in ihrer bekannten Ethnographie über Hutu-Flüchtlinge in Tansania gezeigt hat, kann allein die jeweilige Art der Unterkunft der Flüchtlinge bei ein und derselben Gruppe ganz unterschiedliche Vorstellungen kollektiver Identitäten hervorrufen. So entstand unter den Hutu-Flüchtlingen, die in einem Flüchtlingslager untergebracht waren, eine besondere historisch legitimierte Identitätsvorstellung, wonach sich die Hutu als ursprüngliche Vertreter einer „Burundi-Nation" betrachteten. Im Unterschied dazu lehnten jene Hutu-Flüchtlinge, die in der Stadtgemeinde Kigoma lebten, jegliche „heroisierte nationale Identität" ab und wollten ein neues Leben in ihrer Aufnahmestadt anfangen. Sie lebten einen Kosmopolitismus und sahen sich in erster Linie als WeltbürgerInnen.

Kurz vor dieser bekannten Studie von Malkki beschrieben die AnthropologInnen Camino und Krulfeld (1994) den Transformationsprozess von Identitäten als einen kreativen und aktiven Prozess, den Flüchtlinge durchlaufen und der darüber hinaus – wie auch von Harrell-Bond und Voutira (1992) hervorgehoben, für die anthropologische Erforschung des Kulturwandels höchst interessant ist:

> In the process of losing country, community, family, status, property, culture, and even a sense of personal identity, replacements for these losses must be created for refugees' lives to continue, as well as for adjustment to the new and changing circumstances of their lives in the places they now find themselves. The study of these processes of adjustment, cultural modification, creation and re-creation, as well as negotiation, and the effects exerted on refugee ethnic and national identi-

ties can provide new insights for our understanding of the process of culture change. (Krulfeld/Camino 1994: X)

Abgesehen von der Identitätsreflexion und -konstruktion im Exil wird das Selbstverständnis von Menschen mit einer Fluchterfahrung im jeweiligen Aufnahmeland durch einen weiteren Umstand belastet und herausgefordert: Durch die bloß rechtliche und ziemlich bedeutungsarme Bezeichnung „Flüchtling" bzw. „Vertriebene/r" wird dem Individuum eine Art uniforme Identität im Exil aufgezwungen. Alle anderen Aspekte der Identität, wie die kulturelle, die ethnische oder geschlechtliche, werden nämlich stillschweigend „geleugnet". Oft ist gerade dieser „Kampf" gegen die als Verletzung der eigenen Persönlichkeit erlebte Bezeichnung „Flüchtling" viel schwieriger als der Kampf um eine menschenwürdige Existenz im Exil. Diese Gedanken weiter entwickelnd, beschäftigt sich das nächste Unterkapitel mit der medialen Darstellung von Flüchtlingen.

Repräsentation von Flüchtlingen

Die Repräsentation von Flüchtlingen bedient sich oft Stereotypen, die mit einer Zuschreibung von Passivität, Armut, Sprachlosigkeit und Hilflosigkeit einhergehen. Die Erwähnung von Flüchtlingen erfolgt in erster Linie in einem Problem-Kontext (vgl. Malkki 1997: 234). Die Folgen einer solchen problembehafteten, klischeehaften Darstellung sind eine Festigung von stereotypen Bildern, die einem adäquaten Umgang mit AsylwerberInnen und Flüchtlingen nicht entgegenkommen. Stereotype beeinträchtigen die Wahrnehmung des/der Einzelnen, Flüchtlinge und AsylwerberInnen werden als homogene Masse – oft als bedrohliche – wahrgenommen. Die Schicksale und Persönlichkeiten der Menschen, die dahinter stehen, werden in den Hintergrund gedrängt. Die Medien arbeiten somit einer ausländerfeindlichen, diskriminierenden Politik zu, die integrative und humanitäre Aufgaben eines Staates nicht anerkennen will. Flüchtlinge und AsylwerberInnen selbst haben oft wenig Möglichkeit, sich in ihre Repräsentation aktiv einzubringen.

In Zusammenhang mit Flüchtlingen kommen Bilder vermehrt zum Einsatz, Aussagen oder Geschichten von einzelnen Personen sind weniger üblich; Massenvertreibungen oder Fluchtbewegungen werden in Termini von Naturkatastrophen beschrieben (Flüchtlingswellen, Flüchtlingsströme etc.) – womit suggeriert wird, dass sie nicht vorhersehbar und nicht vermeidbar gewesen wären. Bilder überlagern mögliche Diskurse in TV-Beiträgen oder Printmedien: „Just the refugee's physical presence is ‚telling' of his/her immediate history of violence" (Malkki 1997: 237).

Malkki kritisiert die Bilder von Flüchtenden, die von humanitären Hilfsorganisationen eingesetzt werden, um Spendengelder zu lukrieren. Frauen und Kinder, ärmlich gekleidet, bepackt mit „ihrem Hab und Gut" fungieren als

„Spendenfänger": „Refugees are helped because they are helpless, they must display their need and helplessness" (Stein 1981: 327, zit. nach: Malkki 1997: 236). Auf diese Weise werden Umstände, die dazu führen, dass Menschen sich auf die Flucht begeben, ausgeklammert, geschichtliche Zusammenhänge bleiben unerwähnt, eine persönliche Betroffenheit wird letztlich nicht hergestellt – die Betrachtenden nehmen nur „generalities of bodies" war – „dead, wounded, starving, diseased, and homeless – [they] are pressed against the television screen as mass articles" (Feldmann 1994: 407, zit. nach: Malkki 1997: 235). So werden, wie Malkki hervorhebt, Flüchtlinge in der medialen Darstellung statt zu Individuen vielmehr zu ahistorischen und apolitischen und somit sozusagen zu „universellen" Menschen: „a universal man, universal woman, universal child, and universal family" (Malkki 1997a: 224).

Eine Darstellung von Flüchtlingen als Individuen mit Handlungsspielraum, mit ihren eigenen kulturellen Ressourcen, die ihren eigenen Weg gestalten und beschreiten können, wäre ein Schritt in die Richtung, dass diese Personen auch als Bereicherung (statt als Bedrohung) für die Aufnahmegesellschaft wahrgenommen werden können (vgl. Fischer 1995: 146).

Genderspezifische Aspekte in der Flüchtlingsforschung

In wissenschaftlichen Forschungsfragen und Analysen, aber auch in der Asylpolitik wurde und wird immer noch vom männlichen Migranten und Flüchtling als Standard ausgegangen, Frauen werden gegebenenfalls als Mitflüchtende betrachtet (und sind in der Folge an den Ausgang des Asylverfahrens des Mannes gebunden; vgl. Schlögl/Kux 2006: 9). Jedoch entspricht eine solche Passivisierung und Marginalisierung von Frauen auf der Flucht nicht den realen Umständen, da bei Fluchtbewegungen Frauen die Mehrheit stellen (vgl. Schöttes/Treibel 1997: 86). Relevant für die Forschung ist, inwiefern Fluchtmotive, Ablauf der Flucht, die Aufnahme und das Leben im Exilland wie auch eine etwaige Rückkehr geschlechtsspezifisch bedingt und geprägt sind. Hier zeigt sich deutlich eine marginalisierte Position von flüchtenden Frauen aufgrund größerer Verwundbarkeit und Unterdrückungsmechanismen in patriarchal strukturierten Gesellschaften (vgl. Hillmann 1994).

Frauen sind aufgrund ihrer Position spezifischen Verfolgungsformen ausgesetzt. Schöttes und Treibel (1997: 91) nennen vier wesentliche Bereiche.

Frauen werden wegen ihrer politischen Aktivitäten verfolgt. In Asylverfahren wird oft davon ausgegangen, dass Frauen politisch weniger aktiv sind als Männer. Das wirkt sich negativ auf einen positiven Asylbescheid aus. Feministischer Widerstand wird als Übergreifen auf eine Männerdomäne verstanden und oft nicht als Fluchtgrund anerkannt.[4]

Frauen werden wegen der Zugehörigkeit zu ethnischen und/oder religiösen Minderheiten verfolgt. Frauen sind deshalb Zielgruppe für gewaltsame und sexuelle Übergriffe, stellvertretend für das Kollektiv. Diese Strategie der Kriegsführung (zum Beispiel Massenvergewaltigungen in Bosnien-Herzegowina) wurde im Kriegstribunal von Den Haag 2000 erstmals als nicht kriegsinhärent und somit in weiterer Folge als Asylgrund anerkannt. Frauen werden wegen verwandtschaftlicher Beziehungen zu Oppositionellen verfolgt. Sie sind oft Opfer von Sippen- und Geiselhaft, wenn sie verwandtschaftliche Beziehungen zu Oppositionellen haben (Erpressung, Verletzung der Ehre etc.).

Schließlich werden sie aufgrund von Übertretungen von speziell für Frauen geltenden Normen und Gesetzen verfolgt. Ein Verstoß gegen frauenspezifische Regeln und Normen in einer Gesellschaft kann zur unrechtmäßigen Ahndung durch unterschiedliche Instanzen führen (durch den Staat, durch religiöse Organisationen, ethnische Gruppen oder die eigene Familie).

Eine quantitative Erhebung von Flüchtlingen ist im Allgemeinen schwierig, eine Differenzierung nach Geschlecht zeigt, dass Frauen und Kinder in einer Kategorie zusammengefasst werden. Während Frauen und Kinder meist in Flüchtlingslagern Aufnahme suchen (aus finanziellen, Schutz- und Versorgungsgründen), flüchten Männer weiter weg, sind eher mobiler und wandern in andere Aufnahmeländer weiter (vgl. Schöttes/Treibel 1997: 88).

Die Entscheidung für oder gegen eine Flucht ist stark von genderspezifischen Überlegungen und Gegebenheiten abhängig (wie etwa die soziale Rolle der Frau/des Mannes im Herkunftsland, die familiäre Konstellation, die Versorgung von mitflüchtenden oder zurückbleibenden Kindern, finanzielle Abhängigkeiten, Angst vor sexualisierter Gewalt und/oder erzwungener Prostitution; vgl. Schöttes/Treibel 1997).

Auch die letzte Station der Flucht – die Ankunft im Aufnahmeland – wie auch die Situation während des Asylverfahrens stellt sich für Frauen und Männer unterschiedlich dar. Desertion von Männern aus kriegsführenden Armeen wird als Fluchtgrund nicht anerkannt – sie werden im Fall einer Flucht in die Illegalität gedrängt (vgl. Nussbaumer 2002: 247). Die Zustände in Asylheimen sind für alle Beteiligten meist belastend, gerade Frauen sehen sich oft weiteren Repressionen ausgesetzt (neben einer kinderfeindlichen Umgebung, der sexuellen Belästigungen durch Betreuer und Mitbewohner auch mangelhafte hygienische Versorgung etc.; vgl Schöttes/Treibel 1997: 96).

Veränderungen geschlechtsspezifischer Rollenbilder

Geschlechtsspezifische Rollenverteilungen in Familien führen im Laufe der Flucht von veränderten Konstellationen und von krisenhaften Situationen zu

---

4 — Vgl. http://www.sicetnon.org/content/soz/foerster_vergewaltigung_im_krieg.pdf [6. 7. 2008].

Umbrüchen, zu Neuformierungen, zu einem Überdenken oder aber auch zu einem Festhalten an (geschlechts-)spezifischen sozialen Mustern.

So dürfen AsylwerberInnen in Österreich in der Regel keiner bezahlten Arbeit nachgehen (es gibt Ausnahmeregelungen, etwa erhielten bosnische Flüchtlinge vorübergehend eine Arbeitserlaubnis). Dies führt einerseits zu einem Verlust von über einen Beruf definierter Identität, andererseits werden Ausbildung und Qualifikationen oft nicht anerkannt, und wenn einer Arbeit nachgegangen werden kann, ist es oft Arbeit, die keine hohe Qualifikation verlangt.

Erwerbslosigkeit ist für Familienväter besonders belastend, da sie ihrer Rolle als Ernährer der Familie nicht mehr gerecht werden können. Ebenso ist es für Väter/Ehemänner manchmal schwierig, wenn die Ehefrau als Erste Arbeit findet (Frauen sind beispielsweise im Reinigungs- und Haushaltsbereich leichter vermittelbar) und sie sich in ihrer Rolle als Familienunterhalter untergraben fühlen. Das erzwungene Nichts-Tun in einer ohnehin traumatisierten Situation birgt zusätzliche psychische Probleme (vgl. Schöttes/Treibel 1997). Mütter leiden stark unter ihrer Einschränkung als Versorgerin der Familie, wenn sie beispielsweise in Lagern die Mahlzeiten nicht selbst zubereiten können und die Kinder deshalb an fixe Essenszeiten oder ungewohnte Kost gebunden sind.

Im Exil wandeln sich oft innerfamiliäre Verbindungen deutlich, was für alle Familienmitglieder einen zusätzlichen Stressfaktor darstellt (vgl. Klocker 1995: 1). Familien sind – bereits in der Fluchtvorbereitungsphase – großem Druck und großer Bedrohung ausgesetzt (wer flüchtet, wie flüchtet man, wohin etc.). Dadurch erhalten die Familie und das Zusammenbleiben der Familie einen sehr hohen Stellenwert.

Nach der Flucht werden die alten Familienrollenbilder meist neu gefestigt und gestärkt, der Zusammenhalt der Familie wird ins Zentrum gerückt (vgl. Klocker 1995). Das Aneinanderklammern kann eine entwicklungsgemäße Ablösung der Kinder von ihren Eltern verzögern bzw. verhindern. Kindern wird oft eine „Lebenssinn"-stiftende Rolle zugeschrieben, die sie unter (Erfolgs-)Druck setzen kann. Solcher Druck kann im Kind bei einem etwaigen Versagen Schuld- oder Ohnmachtsgefühle hervorrufen.

Die Rollenverschiebungen in Flüchtlingsfamilien sind insofern problematisch, als sie mit dem Verlust der Identität als Familienmitglied in einer bestimmten Funktion einhergehen: Kinder werden durch den verpflichteten Schulbesuch das erste integrierte Familienmitglied in der neuen Gesellschaft. Sie haben einen unkomplizierten Umgang mit Fremdsprachen, erlernen sie leichter als Erwachsene und können sich demnach meist schneller als ihre Eltern in der neuen soziokulturellen und sprachlichen Umgebung bewegen. Damit lastet auf Flüchtlingskindern eine enorme Verantwortung, oft werden sie für Übersetzungsdienste herangezogen. Sie verfügen dann über mehr soziale Kompetenzen als die Erwachsenen in der Familie, und oft ist das Kind ein wichtiger Draht zur Außenwelt. Durch diese Kompetenzverschiebung bricht die herkömmliche Vorstellung der Struktur einer Familie zusammen, die Eltern werden als nicht kompetent und vielleicht sogar als Versager erfahren, was für Kinder eine Bedrohung der familiären Sicherheit darstellen kann (vgl. Vrečer 1996: 133 ff.).

Letztlich hat auch die Asylpolitik Auswirkungen auf geschlechtsspezifische Verhaltensmuster – die Abhängigkeit von Frauen wird im Asylverfahren oft verstärkt, was zu einer Ausweitung des Machtverhältnisses innerhalb der Familie führen kann, im Falle von Gewalttätigkeit (etwa auch aufgrund des hohen psychischen Drucks) ist die Möglichkeit einer Trennung daher nicht gegeben. Hier können seitens der Asylpolitik positive Impulse durch die Anerkennung frauenspezifischer Asylgründe gesetzt werden (vgl. Schlögl/Kux 2006: 9).

Transnationalismus im Flüchtlingskontext

Im Rahmen der Migrations- und Flüchtlingsforschung hat sich das Konzept des „Transnationalismus" (siehe den Beitrag 5 von S. Strasser in diesem Band) etabliert.

> Transmigrants develop and maintain multiple relations – familial, economic, social, organizational, religious, and political that span borders. Transmigrants take actions, make decisions, and feel concerns, and develop identities within social networks that connect them to two or more societies simultaneously. (Glick Schiller et al. 1992: 1)

In der Transnationalismusforschung sind die AkteurInnen nicht die Ausnahmeerscheinung, sondern ein repräsentativer Bestandteil in einer globalisierten Welt (vgl. Al-Ali/Koser 2002: 3). Hier ist die Unterscheidung zwischen „MigrantIn" und „Flüchtling" nicht zentral, der Fokus liegt auf der Analyse von sozialen Beziehungen von MigrantInnen und Flüchtenden in ihren multiplen und variationsreichen Erscheinungen. Zunehmende Mobilität und wachsende kommunikative Vernetzung durch moderne Medien haben nicht nur Auswirkungen auf die sozialen Beziehungen zwischen Menschen im Herkunftsland und im Aufnahmeland, sondern sie ermöglichen viele Spielarten dieser Beziehungen erst (vgl. Al-Ali/Koser 2002: 3). Es werden neue Lebensformen möglich, transnationale Erfahrungen von *migrant communities* und *refugee communities* prägen das Migrations- und Fluchtverhalten (vgl. Glick Schiller et al. 1992: 9). Die Aktivitäten der Flüchtlinge erhalten das Hauptaugenmerk; dieser Ansatz geht also weg von der Auffassung, sie seien lediglich passive Opfer. Die Migrierenden werden als *culturally creative* betrachtet – zwar in einer Arena, die sie selbst nicht kontrollieren (Nationalstaat); aber ihre Aktivitäten beeinflussen die jeweiligen Arenen (Herkunfts- und Aufnahmeland; vgl. Glick Schiller et al. 1992: 19). Gerade politische Flüchtlinge können aus dem Exilland Einfluss auf die Situation im Herkunftsland ausüben, sei es durch politische Aktionen im Aufnahmeland oder durch finanzielle Unterstützung von oppositionellen oder auch militärischen Gruppierungen im Herkunftsland (vgl. Al-Ali/Koser 2002: 13). *Remittances* und andere materielle Transfers machen einen großen ökonomischen Faktor aus, sie können als materielle Manifestation von Transnationalismus bezeichnet werden (vgl. van Hear 2002: 221). Van Hear betrachtet sie als „two-way exchanges": Nicht nur die Community im Herkunftsland profitiert davon, sondern auch die *migrant* oder *refugee community* (wenn etwa die Flucht finanziell ermöglicht wird). Dennoch dürfen Remittenzen in ihren Auswirkungen laut van Hear nicht überbewertet werden: „The impact of remittances on balance seems conservative, and the potential for transformation of the homeland through them has yet to be realized" (van Hear 2002: 223).

Conclusio

Das anthropologische Interesse am Phänomen der Flucht ist einerseits mit der kritischen Hinterfragung und Neuformulierung der Kernbegriffe des Faches, aber andererseits auch mit der Rückbesinnung auf die soziopolitische Verantwortung der Kultur- und Sozialanthropologie als einer sowohl grundlagen- als auch anwendungsorientierten Wissenschaft verbunden.

Trotz der langen Ausblendung der Fluchtproblematik in der Kultur- und Sozialanthropologie – bedingt durch ein lange Zeit vorherrschendes und eingeschränktes Verständnis von Kultur, die oft schwierigen Forschungsbedingungen und eine erst relativ rezente globale Intensivierung von Flucht und Migration im Allgemeinen – gewann die anthropologische Flüchtlingsforschung in den letzten drei Jahrzehnten zunehmend an Bedeutung und konstituierte sich erst als eine eigene Forschungsrichtung. Laut einzelner AutorInnen wie etwa Colson (2003: 1) kann sie heute sogar als eines der Hauptgebiete in der Kultur- und Sozialanthropologie verstanden werden. Eine bedeutende rezente Entwicklung sind Dikussionen, ob der Bezeichnung *Refugee Studies* der Begriff *Forced Migration Studies* vorgezogen werden soll. Einige ForscherInnen tendieren zum Begriff *Forced Migration Studies*, weil – wie bereits weiter oben erwähnt – dadurch das Forschungsfeld insofern erweitert werden würde, als es auch IDPs und andere Personen, die nicht Flüchtlinge gemäß der *Genfer Konvention* sind, einschließen würde. In einem aktuellen Artikel hinterfragte Hathaway (2007) diese neue Forschungsrichtung und löste damit eine heftige Diskussion im ‚Journal of Refugee Studies' aus (siehe JRS 20/3, 2007).

Fragen zur Erstellung eigenständiger wissenschaftlicher Arbeiten

1. Inwiefern leistet die Flüchtlingsforschung einen Beitrag zu Identitätsfragen in der Kultur- und Sozialanthropologie?
2. Mit welchen unterschiedlichen Aspekten von Flucht beschäftigen sich genderspezifische Ansätze?
3. Welche methodischen Zugänge finden besonders in der anthropologischen Flüchtlingsforschung eine sinnvolle Anwendung?

Basisliteratur

Bakewell, Oliver (2007): Researching Refugees. Lessons from the Past. Current Challenges and Future Directions. In: Refugee Survey Quaterly 26/3, 6–14.
Colson, Elizabeth (2003): Forced Migration and the Anthropological Response. In: Journal of Refugee Studies 16/1, 1–18.
Hathaway, James C. (2007): Forced Migration Studies: Could we Agree Just to "Date"? In: Journal of Refugee Studies 20/3, 349–369.
Malkki, Liisa H. (1997a): National Geographic. The Rooting of Peoples and the Territorialization of National Identity among Scholars and Refugees. In: Gupta, Akhil/Ferguson, James (eds.): Culture, Power, Place. Explorations in Critical Anthropology. Durham/London: Duke University Press, 52–74.
Schöttes, Martina/Treibel, Annette (1997): Frauen – Flucht – Migration. Wanderungsmotive von Frauen und Aufnahmesituation in Deutschland. In: Pries, Ludger (Hg.): Transnationale Migration. Soziale Welt, Sonderheft 12. Baden-Baden: Nomos, 85–117.

Literatur

Al-Ali, Nadje/Koser, Khalid (2002): Transnationalism, international migration and home. In: Al-Ali, Nadje/Koser, Khalid (eds.): New Approaches to Migration? Transnational Communities and the Transformation of Home. London/New York: Routledge, 1–14.
Anderson, Benedict (1991): Imagined Communities: Reflections on the Origin and Spread of Nationalism. London/New York: Verso.
Appadurai, Arjun (1991): Global Ethnoscapes. In: Fox, Richard G. (ed.): Recapturing Anthropology. Working in the Present. Santa Fe: School of American Research Press, 191–210.
Baker, Ron (1983): The Psychosocial Problems of Refugees, British Refugee Council and European Consultation on Refugee and Exile. Luton: L and T Press.
Bang Nielsen, Katrine (2004): Next Stop Britain: The Influence of Transnational Networks on the Secondary Movement of Danish Somalis. Working Papers 22. Sussex Centre for Migration Research.
Binder, Susanne/Tošić, Jelena (2003): Flüchtlingsforschung. Sozialanthropologische Ansätze und genderspezifische Aspekte. In: SWS-Rundschau 34/4, 450–473.
Black, Richard/Koser, Khalid (eds.) (1999): The End of the Refugee Cycle? Refugee Repatriation and Reconstruction. New York/Oxford: Berghahn Books.
Camino, Linda A./Krulfeld, Ruth (eds.) (1994): Reconstructing Lives, Recapturing Meaning. Refugee Identity, Gender and Culture Change. Amsterdam: Gordon and Breach Publishers.
Chimni, B. S. (2009): The Birth of a „disipline": From Refugee to Forced Migration. In: Journal of Refugee Studies 22/1, 11–29.

Colson, Elizabeth (2007): Displacement. In: Vincent, David/Vincent, Joan (eds.):
    A Companion to the Anthropology of Politics. Oxford: Blackwell, 107–120.
Dimova, Rozita (2006): From Protection to Ordeal. Duldung Status and Bosnians in Berlin.
    Max Planck Institute for Social Anthropology Working Papers. Working Paper No. 87
    (http://www.eth.mpg.de/pubs/wps/pdf/mpi-eth-working-paper-0087.pdf [5.7.2009]).
Doreen, Indra (ed.) (1999): Engendering Forced Migration. Theory and Practice. New
    York/Oxford: Berghahn Books.
Feldman, Allen (1994): On Cultural Anesthesia. From Desert Storm to Rodney King. In:
    American Ethnologist 21/2, 404–418.
Fischer, Michael M. J. (1995): Starting Over: How, What, and for Whom Does One Write about
    Refugees? The Poetics and Politics of Refugee Film and Ethnographic Access in a
    Media-saturated World. In: Daniel, E. Valentine/Knudsen, John Chr. (eds.): Mistrusting
    Refugees. Berkeley/Los Angeles: University of California Press, 126–150.
Fog Olwig, Karin/Hastrup, Kirsten (eds.) (1997): Siting Culture. The Shifting Anthroplogical
    Object. London/New York: Routledge.
Gingrich, Andre (2002): Anthropological Approaches to Understanding Refugees. Some
    Notes on Their Relevance for Research, for Cultural Identity, and for Politics. In: Bin-
    der, Susanne/Tošić, Jelena (eds.): Refugee Studies and Politics. Human Dimensions
    and Research Perspectives. Wien: wuv, 13–25.
Glick Schiller, Nina/Basch, Linda/Blanc-Szanton, Cristina (eds.) (1992): Towards a Transna-
    tional Perspective on Migration: Race, Class, Ethnicity, and Nationalism Reconsidered.
    New York: New York Academy of Sciences.
Gupta, Akhil/Ferguson, James (1997): Beyond "Culture": Space, Identity, and the Politics of
    Difference. In: Gupta, Akhil/Ferguson, James (eds.): Culture, Power, Place. Explorations
    in Critical Anthropology. Durham/London: Duke University Press, 33–51.
Harrell-Bond, Barbara/Voutira, Eftihia (1992): Anthropology and the Study of Refugees. In:
    Anthropology Today 8/4, 6–11.
Hathaway, James C. (2005): The Rights of Refugees Under International Law. Cambridge/
    New York: Cambridge University Press.
Hillmann, Felicitas (1996): Jenseits der Kontinente. Migrationsstrategien von Frauen nach
    Europa. Pfaffenweiler: Centaurus.
Horst, Cindy (2006): Connected lives: Somalis in Minneapolis, family responsibilities and
    the migration dreams of relatives. epau Working Papers.
Jambrešić Kirin, Renata/Povrzanović, Maja (eds.) (1996): War, Exile, Everyday Life. Cultural
    Perspectives. Institute of Ethnology and Folklore Research. Zagreb.
Klocker, Beate (1995): Die Problematik bosnischer Flüchtlingskinder in der Beziehung zu
    ihrer familiendynamischen Situation. Diplomarbeit, Universität Wien.
Krulfeld, Ruth M./MacDonald, Jeffery L. (eds.) (1998): Power, Ethics, and Human Rights.
    Anthropological Studies of Refugee Research and Action. London et al.: Rowman &
    Littlefeld Publishers, Introduction: 1–21.
Malkki, Liisa (1995): Purity and Exile. Violence, Memory, and National Cosmology among
    Hutu Refugees in Tansania. Chicago: University of Chigaco Press.
Malkki, Liisa (1997): Speechless Emmissaries. Refugees, Humanitarianism and Dehistori-
    cization. In: Fog Olwig, Karen/Hastrup, Kirsten (eds.): Siting Culture. The Shifting
    Anthropological Object. London: Routledge, 223–251.
Marcus, George (1998): Ethnography through Thick and Thin. Princeton: Princeton
    University Press.
Nikolic-Ristanovic, Vesna (1999): Women, Violence and War. Wartime Victimization of
    Refugees in the Balkans. Budapest: ceu Press.

Nussbaumer, Michael (2002): „Zwischen den Stühlen ist kein Platz". Experiences of
    Deserters an Consciencious Objectors from Yugoslavia in the Austrian Asylum Regime.
    In: Binder, Susanne/Tošić, Jelena (eds.): Refugee Studies and Politics. Human Dimen-
    sions and Research Perspectives. Wien: wuv, 241–263.
Omidian, P. A. (1994): Life out of context: recording Afghan refugees' stories. In: Krulfeld,
    Ruth M./Camino, Linda A. (eds.): Reconstructing Lives, Recapturing Meaning: Refugee
    Identity, Gender, and Cultural Change. Washington, DC: Gordon and Breach, 151–179.
Parvathaneni, Harish (2003): Who are the refugees. Social, economic and legal conditions.
    Paper presented at the Stocktaking Conference on Palestinian Refugee Research in
    Ottawa, Canada, June 17–20, 2003, 1–2 (www.idrc.ca/.../1207663619110576028380Session_
    1-_Harish_Parvathaneni-_Paper.doc [5. 7. 2009]).
Riak Akuei, Stephanie (2005): Remittances as unforeseen burdens: the livelihoods and
    social obligations of Sudanese refugees. University College London.
Said, Edward W. (1978): Orientalism. London: Vintage Books.
Schlögl, Waltraud/Kux, Julia (2006): First Aid. Frauenspezifische Fluchtgründe. Skriptum
    Modul 2. EQUAL-Entwicklungspartnerschaft „First Aid in Integration" (Hg.)
    (http://www.aivet.at/~asp001/uploads/aivet_equal/documents/1/afe7ae7b5f3b7fee71ff/
    FrauenFluchtgruende.pdf [5. 7. 2009]).
Schöttes, Martina/Schuckar, Monika (1995): Fluchtgründe von Frauen in der Einschätzung
    von asylrechtlichen Entscheidungsinstanzen und RechtsanwältInnen: Ergebnisse
    einer empirischen Untersuchung. In: Schöttes, Martina (Hg.): Frauen auf der Flucht.
    Band 2: Weibliche Flüchtlinge im deutschen Exil. Berlin: Berliner Institut für verglei-
    chende Sozialforschung, 133–173.
Skran, Claudena/Daughtry, Carla N. (2007): The Study of Refugees before "Refugee Studies".
    In: Refugee Survey Quaterly 26/3, 15–35.
Stein, Berry (1981): The Refugee Experience. Defining the Parameters of a Field of Study.
    In: International Migration Review 15/1, 320–330.
UNHCR (1997): Zur Lage der Flüchtlinge in der Welt. UNHCR-Report 1997–1998. Erzwungene
    Migration: Eine humanitäre Herausforderung. Bonn: Dietz.
Van Hear, Nicholas (2002): Sustaining societies under strain: remittances as a form of
    transnational exchange in Sri Lanka and Ghana. In: Al-Ali, Nadje/Koser, Khalid (eds.):
    New Approaches to Migration? Transnational Communities and the Transformation
    of Home. London/New York: Routledge, 202–223.
Vrečer, Natalija (1996): The Lost Way of Life: The Experience of Refugee Children in Celje
    from 1992–1994. In: Jambrešić Kirin, Renata/Povrzanović, Maja (eds.): War Exile Every-
    day Life. Cultural Perspectives. Zagreb Institute of Ethnology and Folklore Research,
    133–146.
Zetter, Roger (1991): Labelling Refugees: Forming and Transforming a Bureaucratic Identity.
    In: Journal of Refugee Studies 4/1, 39–62.

Sabine Strasser, Gudrun Kroner und Barbara Herzog-Punzenberger

8   From Margin to Mainstream? Migration Studies and Social Anthropology in Austria

Vorbemerkung der Herausgeberinnen

Dieser Artikel wurde für den Reader ‚Contemporary Issues in Social and Cultural Anthropology'[1] anlässlich der EASA Konferenz 2004 in Wien erstellt. Wir haben eine gekürzte Version des Beitrages in diesem Lehrbuch aufgenommen, da er einen sehr profunden Überblick über die Entwicklung dieser jungen Subdisziplin in Österreich gibt.[2] Der Beitrag wurde um die theoretischen Ausführungen (und die entsprechenden bibliographischen Angaben) gekürzt, da in diesem Band mehrere Artikel ausführlich auf diese Thematik eingehen. Eine Aktualisierung mit Fokus auf die Entwicklungen der letzten fünf Jahre hätte hier den Rahmen eines Beitrages bei Weitem überschritten.

Introduction

Despite the fact that international migration has become one of the major issues of political and academic discourse during recent decades, studies of migration, integration, asylum and transnational relations have been located at the fringes of Austrian research institutions and university departments. In this contribution we aim to explore the Austrian institutional (under)development of this important area of research from four different angles. First, we will briefly delineate how social and cultural anthropology have theorised migration and contributed to migration studies. Secondly, we will focus on the local interrelation of the political and institutional contexts of this transdisciplinary field of research in Austria. Thirdly, we will introduce some recent Austrian examples of anthropological studies of migration, particularly with regard to immigration into Austria and Europe. Finally, activities related to migration studies and social anthropology in the Austrian context are presented, as well as some closing remarks on future prospects of this field.

---

1 ⎯ Khittel, Stefan/Plankensteiner, Barbara/Six-Hohenbalken, Maria (eds.) (2004): Contemporary Issues in Social and Cultural Anthropology. Perspectives and Contributions from Vienna. Wien: Löcker.
2 ⎯ An dieser Stelle sei den Autorinnen und Alexander Lellek vom Verlag Löcker für die Genehmigung des Abdruckes gedankt.

Assessing Migration in Social and Cultural Anthropology [...]

Framing Transdisciplinary Migration Studies

A field of research is always shaped by its political, institutional and intellectual frameworks. Not only shifts and continuities in Austrian migration and integration policies but also institutional embeddedness and intellectual connectedness help us to understand research activities. Austria has a long and intense history of immigration and emigration, but studies in this field did not become relevant before the 1980s.

One hundred years ago, Vienna had a considerably larger population as well as a higher proportion of migrants, peaking at 50 per cent of a total of 2.2 million in 1918. Studies of related phenomena, however, were only cautiously taken up by various disciplines. Anthropology was a latecomer to the field of migration studies in Austria. In geography (Lichtenberger 1984), economics (WIFO 1984; Biffl 1986), linguistics (Fischer 1986), sociology (Matuschek 1985; Pilgram 1986) and mainly political science (e. g. Bauböck 1986; Kreisky 1986; Wimmer 1986) the first publications on the issues of 'guest workers' were produced at the beginning of the 1980s; there were no anthropologists among them. Anthropologists, though involved in migrant counselling or political pressure groups (e.g. Miteinander Lernen 1995), for a long time did not focus on migration as an academic concern.

The most relevant immigration after World War II is closely connected to the so-called 'guest worker' policy. During the 1960s in Austria, as in many other Western European countries, labour shortage resulted in a recruitment policy demanding cheap, mostly unskilled labour. The Austrian trade union together with the Federal Chamber of Commerce actually established their basic understanding of social partnership when negotiating policies on wages, prices and foreign labour in 1961 (Gächter et al. 2004). The first recruitment contract, with Spain in 1962, however, was not at all successful. At that time, the wage level in Austria was the second lowest among the industrialised countries in Europe (Jaksche 1998). Austria, therefore, was not a favourite destination for labour migrants. The recruitment offices in Turkey and Yugoslavia, established in 1964 and 1966 respectively, were only partly successful. This is shown by the fact that in Turkey the age limit for potential labour migrants had to be raised (Rasuly-Paleczek 1995). Furthermore, in most cases labour migrants came as tourists whose stay was subsequently legalised. It is quite interesting that workers from Yugoslavia at times went on strike when their actual wage was much lower than earlier promised. In two documented cases in 1965 and 1966, this claim for a fair treatment resulted in termination of residence permits and expulsion (Gächter et al. 2004).

Overall, chain migration began to yield results. Several tens of thousands of Yugoslavs (in today's terms mainly Serbs and Croats) as well as Turks came to work but decided to stay (especially after the oil crises, which meant the end of easy border crossing in 1974). Hence 'guest workers' turned into co-workers and neighbours, establishing families in the new country and turning them into de facto immigrants, this in a country that firmly denied, and still denies, that immigration has in fact been happening.

The unparalleled, difficult legal and social situation of migrants in Austria, especially at the beginning of the 1990s, led to the initiation of international comparative work, particularly by legal scholars and political scientists. In the following years the political science department at the Institute for Advanced Studies was a focal point for citizenship studies. In 1993 the first international conference 'From Aliens to Citizens', initiated by Bauböck, took place in Vienna. Research activities and conferences subsequently increased considerably. The European Center for Welfare Policy and Social Research published three books discussing aspects of immigration, ethnicity, pluralism and citizenship (Bauböck 1994; Bauböck et al. 1996; Bauböck and Rundell 1998).

It is worth mentioning that institutions focusing on migration in Austria, such as the European Center for Welfare Policy and Social Research, and the International Center for Migration Policy Development (ICMPD) are funded internationally. They are geared towards international comparisons, and are thus oriented towards European or globally relevant debates. At the beginning of the 1990s on a local level, in Vienna, one of the first attempts to overcome disciplinary boundaries in migration research came with the foundation of the working group on migration within the Austrian Society of Sociology and the Austrian Association of Political Science. During the second half of that decade the Austrian Forum for Migration Studies (AFM) was founded within the framework of the ICMPD. The AFM was successful in securing the money to fund over thirty researchers to produce a comprehensive overview of the situation of migrants in Austria (Fassmann and Stacher 2003). However, the number of anthropologists among the involved researchers was rather limited and they instead concentrated on the behind-the-scenes work of editorship and reviewing.

The first half of the 1990s saw an increasing number of racist incidents in Europe and the growing importance of xenophobic topics in election campaigns. As a result, the Austrian Federal Ministry of Education, Science and Culture initiated a research programme on xenophobia lasting from 1995 to 2001, which included lectures by such renowned British scholars as Robert Miles and Stuart Hall. The results of the Austrian research projects and international guest-lectures were subsequently published in a series of seven volumes[3]. Together with the research programme on 'cultural studies', these initiatives at the policy level, led Austrian scholarly discourse in a new theoretical direction:

3 __ See Fassmann et al. 1999; Wodak/Dijk 2000; Liebhart et al. 2002; Volf/Bauböck 2001; Berghold et al. 2000; Bauer et al. 2002; Fassmann et al. 2002.

the former orientation on Germany was replaced by a strong focus on British and American theory building (Perchinig n.d.). Today, the Austrian landscape of migration studies is increasingly structured beyond the national scope. In particular, Austria's integration into the European Union in 1995 facilitated activities in the social, political and economic spheres concerning migration. This situation not only gave more freedom to critical approaches independent of actual political interests in the country, but also gave rise to a developing 'migration research community' in Austria.

Local Examples of Global Connectedness:
Migration Studies and Social Anthropology in Austria

Mainstream anthropology has a long tradition of studying ethnicity and urban complexity. In spite of this fact, the focus on cultural change, interrelations of selves and others, differences and similarities, migration, particularly immigration, and its effects was not accepted as truly 'anthropological' in Austria until quite recently. For theoretical as well as specific organisational reasons, the anthropological department in Vienna began to support an interest in migration, cultural diversity and multiplicity of belongings only at the beginning of the 1990s. These changes triggered a number of MA theses, mainly studying ethnic or religious communities in Austria, a few doctoral dissertations and a small but increasing number of research projects and publications.

Even before the institutional and theoretical shift in Austrian anthropology, regional migration was included in the work of Rasuly-Paleczek. In her Ph.D. thesis (Paleczek 1984) on a Muhacir (migrant, refugee) village in Western Anatolia, she focuses on economic change, but describes the history of settlement embedded in an early wave of emigration from the Caucasus in the late nineteenth century. In spite of the fact that students interested in migration and refugees were not encouraged to focus mainly on migration at the time Rasuly-Paleczek was writing, she nevertheless continued her work and in 1996 edited a book on *Turkish Families in Transition* (Rasuly-Paleczek 1996a); she also wrote several contributions on regional and international migration and an overview of 'Turkish Migrants in Austria' for a French reader on immigration from Turkey to Europe (Rasuly-Paleczek 1995). Her book on Turkish agricultural development (Rasuly-Paleczek 1997), which focuses on problems of modernisation strategies in Turkey, looks at regional migration as well as at demographic and social factors effecting mobility within Turkey. In the early 1990s she started field research in Afghanistan. Against the background of political developments there, her study on kinship and social organisation was conducted in refugee camps and made her into an activist involved in numerous political and public debates on forced migration (Rasuly-Paleczek 2001).

Ethnic and Religious Communities in Austria

The anthropological preoccupation with migrants in Austria started in 1994 with a remarkable effort. Through oral history, Armbruster (1994) produces insights about individual belonging and collective self-understanding among Assyrians in Vienna. She took an exceptionally well-informed theoretical discussion on memorising, text production and scientific results as a starting point. Central to her analysis is the relation the interviewees, people in the Tur'Abdin region in south-east Anatolia, construct to a dominating history and myths of the past. Armbruster works out how different individuals, often along gender and generational lines, identify with, confirm or deny respective positions through their narratives. Finally, in their present situation in Vienna, the diasporic experience causes a reinterpretation, which balances a history of suffering and persecution with the heroic tradition of a presumed old Oriental nation.

Another ambitious MA thesis focuses on the second generation, using the socio-political networks of Turkish-Alevi as a prism through which to view identity building among youth (Reiser 1997). Invoking Bourdieu's concept of 'habitus', Reiser analyses two sets of empirical material. On the one hand, he gathered information on objective conditions of social reproduction such as socio-political networks, socio-structural characteristics of the community, basic symbolic patterns, mechanisms of social control and family-related socialisation. On the other, he interviewed adolescents about their relation to, the hierarchy within and the values and norms of the community, and their ways of dealing with it. This approach makes the importance of specific networks for the processes of identity building visible. Their emancipatory potential, elaborated in his thesis, sheds light on the transformative power of social practices of the second generation. The second generation in Austria is still a group about which very little is known. Herzog-Punzenberger (2003, n.d.) published a first comprehensive overview of the social mobility of the so-called 'second generation' of Turkish and ex-Yugoslavian background in Austria. Contrary to common expectations intra- as well as intergenerational social mobility in this field is uncommonly slow, compared to other European countries. A further research project focusing on the circumstances of Turkish families in Austria was conducted by Rasuly-Paleczek and Six-Hohenbalken (2001) within the framework of the ministerial research programme on 'xenophobia'.

Since the mid-1990s attempts to produce initial ethnographies of specific ethnic groups and their networks in Vienna have continued with theses about Syrians (Weiss 1994), Mexicans (Ruprechtsberger 1998), Hindus (Buchbauer 2001), Sikhs (Horvarth 2002) and Ghanaians in Vienna (Krausz 2003). In an anthropological manner, graduate students aimed to represent emic perspectives on the situation, in particular on migrant communities in Vienna. Qualitative interviews, often with a biographical focus, as well as participant observation at social, political or religious community events constitute the empirical basis of these contributions.

Being Muslim does not necessarily mean being a migrant. Nevertheless ongoing debates focus mainly on the interrelation of religious identity, immigration and social exclusion. Höglinger's MA study on Muslim women in Austria, published as *Verschleierte Lebenswelten* (*Veiled Worlds*) in 2002, explores motivations and experiences of veiling in the European context. Islamic clothing, often represented as an expression of male dominance and female obedience, produces furious discussions about legal provisions for religious freedom on the one hand and gender equality on the other. Höglinger's (2002) insightful narratives not only reveal Muslim women's different approaches towards Islam and clothing, but also show how Muslim women try to claim individual freedom. This comprehensive study rejects assimilationist discourses and shows headscarves as a political and symbolic expression of personal identity and religious belief.

Multiplicity and processes of identity are also the major interest of a study conducted by a transdisciplinary research team (Gürses, Herzog-Punzenberger, Reiser, Strasser, and Çinar 2001), which includes three anthropologists, in the context of the ministerial research programme on 'xenophobia'. Based on transdisciplinary approaches towards identity and difference the study focuses on migrant youth of different ethnic backgrounds in Vienna. The empirical data were generated in group discussions. Challenging the concepts of identity and hybridity, this study emphasises the notion of intersecting differences and contradictory subject positions. Migrant youths are not represented as a deprived group but as individual actors debating and negotiating gender, ethnicity and nation. Against their different backgrounds, they call for education and social mobility. Identity and interest, unexpected alliances among Muslims and Christians, minority and majority positionality as well as men and women are emphasised in the carefully anti-essentialist analysis.

Identities and Interests: Migrants' Organisations in Austria

In Austria, the guest worker system and its policies were depriving migrants of independent organisations, political participation and financial support. Nevertheless, Austria has a wide range of organisations, associations and political parties established by left- and right-wing interest groups with migrant backgrounds. In his Ph.D. thesis Reiser (2000) gives a detailed description of the history, aims and orientations of Turkish and Kurdish umbrella organisations. The study explores the shift from Turkish to Austrian politics, particularly integration policies. He describes the development of a differentiated landscape of cultural, religious and ethnic organisations. Though political cooperation and ideological exchange among the members of these groups were the prime motivation for the founding of these organisations, their main activities today are shaped by Austrian integration policies. Many of these associations are counselling centres, offering vocational training, German language courses, youth clubs, women's groups, religious services and cultural events. In his comparative analysis, Reiser summarises the similarities and differences between religious and leftist groups in Vienna. These organisations unanimously criticise the Austrian migration and integration regime; they also demand cultural recognition and political participation. Nardelli's work (1998) focuses on the social and political networks of Turkish women in Vorarlberg (one of the nine Austrian federal regions). Based on Schweitzer's network analysis, she describes intra- and inter-ethnic networks and follows the social relations of these women. She focuses on informal gatherings, gossip and religious practices as well as on strategies in the fields of housing and employment.

Anthropologists also got involved in the study of 'ethnic business'. Riegler contributed a study that examines ethnic economies in order to support and expand these fragile economic niches by education and vocational training. The study poses the question of how to avoid segregation through ethnic business (Haberfellner et al. 2000). Esezobor's study (2002) of female entrepreneurs of migrant background in Vienna analyses the difficulties and opportunities of women as economic actors. Deconstructing the term 'ethnic' as a homogenising concept, she suggests the term 'immigrant business'. Her empirical approach is shaped by the question of whether entrepreneurship promotes individual self-consciousness or is a result of migrants' exclusion from the labour market.

A different approach towards professional organisations in the context of migration is represented by Wagner's MA thesis (2002). She compares professional skills and concepts of culture and religion among psychotherapists working with clients of migrant background in Austria and the Netherlands. She explores how differences between the two national immigration regimes are expressed in the concepts of the medical and therapeutic system.

First Steps into Translocalities

In the early 1990s, a research project on urban studies headed by Ansari and Dostal encouraged a number of MA theses in the field of migration. Mayer (1994) based her study on James Watson's notion of including 'both ends of the migration chain' (1977). She was interested in a 'Central Anatolian Kurds' community between two cultures'. After comprehensive studies in Viennese households, she followed the people to their villages in Turkey. According to her findings, there was constant economic and social interaction between Viennese and village family segments. Over time migrants distance themselves from their villages and focus on urban life in Vienna. However, Mayer argues, most family members in Turkey and in Vienna have improved their living standards and migrants still invest in both places.

Studies of migration from an anthropological point of view have been increasingly interested in social practices and everyday experiences of new minorities in different national contexts. Following people who do not belong to bounded groups and defined territories challenges anthropological methods of field research. Recently, some contributors to migration studies have been concerned with processes of constructing a research field in a world of motion (Rapport and Dawson 1998; Amit 2000).

> How to study the complex cultures and identities of transnationals in a globalising world? For such persons there are no self-evident cultural truths or subjectivities. Often, they no longer even imagine themselves as belonging to spatially bounded, culturally separate social entities or "communities". (Çağlar 1997: 170)

Trauner (2001), for example, focuses on Malian immigrant women in Paris. She makes use of concepts that emphasise the *processes* of creating, recreating or claiming identities, cultures and ethnicities. The focus of this research is on the daily lives of these migrant women within different fields of power relations and the 'politics of differences'. The marginalised position of West African immigrants, the isolation as well as the increasing stigmatisation is reflected in their daily experiences and strategies.

Baumgartner (2002) goes beyond boundedness and avoids the danger of essentialising a certain national, regional or ethnic background. She uses the concepts of transnationalism and consumerism to focus on practices of 'eating'. She looks at people who try to relate to their countries of origin with strategies of buying and cooking. She offers insights into transnational processes of constructing identity, difference and connectedness. This contribution is challenging to local and national expectations of assimilation.

Six-Hohenbalken's (2002) Ph.D. thesis on the Kurdish diaspora critically examines concepts of diaspora and transnationalism in relation to experiences of forced migration and violence. She analyses the limitations and potential of these theoretical approaches for the Kurdish case. Against the background of multiple differences within this community, an ongoing war and continuous displacement she challenges the boundaries between transnational, diaspora and refugee studies. Kurds from the different national backgrounds of Iraq, Turkey, Syria and Iran are integrated in a Vienna-based case study that evaluates theoretical developments in the field. She aims to contribute to methodological debates on the feasibility of transnational empirical research.

Herzog-Punzenberger together with Bauböck, Fischer and Waldrauch (Bauböck et al. 2004) participated in an EU-funded international comparative project on 'Migrants, Minorities, Belonging and Citizenship'. The research team was interested in participation dilemmas in the EU, particularly in small states, such as Austria. The aim of this first study was to create a basis for further enquiries. Legal and institutional frameworks, relevant for minority members, are the background against which innovative glocal (the global in the local) spaces are considered. The empirical fieldwork concentrated on individual and collective self-understanding, transcending common linguistic, religious, ethnic or national boundaries. Strasser (2003), in her habilitation thesis, uses ongoing anthropological and feminist debates on culture, ethnicity, nation, class and gender to develop her *translocal ethnography*. Following 'biographies of belonging', she is constructing a field of transversal networks and focuses on tactics of place making. She explores how Austrian citizens of different Turkish and Kurdish backgrounds express and negotiate belonging, citizenship and integration in migration policy 'from below'. The biographies lead into the networks of European Muslims, of the Kurdish diaspora and of intellectual laic upper-class activists. Following the activists' biographies, the field research had to be extended to Turkey. This involvement offered insights into transnational as well as local personal, familial and political relations. Strasser is able to delineate how complexity in everyday lived experience becomes relevant in political activism. The activists' transnational relations, as well as their tactics of place making, challenge Austrianness and national belonging in manifold ways (see Strasser 2001, n. d.). Finally, in a neo-structural comparative approach, she connects biographical experiences with political activism, and structural opportunities with social practices.

Colleagues from other disciplines, such as history, sociology or African studies, sometimes choose anthropological approaches to answer their research questions. Among them Bilger (2002) focuses on Nigerian migrants working in the sex business. She explores the situation of trafficked women in Italy by doing fieldwork in a context ruled by anxiety, superstition and violence.

Refugee Studies: Different But Not Separate

Since refugee studies has become an area of research for anthropologists in Austria, there have been an increasing number of younger scholars contributing to this challenging field. While the majority of students concentrate on Austria and Europe, some conduct their fieldwork in Africa, Asia and the Middle East. Many of them are not only committed to academia but also get involved in social and political activism (e. g. Rasuly-Paleczek 2001; Akkilic and Strasser 2003; Kroner 2003).

In the beginning the focus was on psychological and quantitative approaches. Unterberger (1999), for example, shows how cultural and historical backgrounds shape the psychological ability of refugees in Austria to withstand stress. Korber (1998) in her Ph.D. thesis describes the context and development of the refugee phenomenon in West Papua from 1962 to 1998. Through the refugee movement, she argues, there is a continuous exchange of information between different ethnic groups, who all express their suffering at the hands of the Indonesian state. This process initiates the construction of a group identity in the context of the Indonesian state and its majority population. She highlights how refugee flows from West Papua impact on ethnicity and nationalism in Indonesia. Hadolt and Herzog-Punzenberger (1999), together with legal and econometric experts, conducted a pilot study on Austria's de facto action (1992–1999) towards refugees from Bosnia-Herzegovina (Hadolt and Herzog-Punzenberger 1999). The aim was to prepare a research project investigating strategies of involved officials, NGOs, ethnic networks and refugees. The study was meant to show the capacity of a society (of eight million people) to integrate 65,000 refugees in a short period of time. Officers of respective ministries, however, considered this undertaking dangerous. In their view such approaches would fuel the 'refugee crises' and counteract EU policy (keeping refugees in their region). They therefore blocked the study. Pokorny's (2001) study, conducted among Kurdish refugees in Zurich, deals with the impact of notions of 'foreigners' and 'refugees', as understood in their Swiss environment, on the ethnic identity of this refugee group.

Some of the recent contributions are theoretically shaped by the works of Gupta and Ferguson (1997), Appadurai (1996) and Malkki (1995 a, b; 1997 a, b). Many of these studies criticise the classical anthropological notion of 'ethnographic maps' that causes the conceptualisation of refugees as *uprooted*, and as having lost not only home but also history and culture. Empirical studies in this field are based on extensive qualitative fieldwork.

In her MA thesis, Tošić (1999) deals with one of the biggest refugee groups in Serbia and Montenegro, the Krajina-Serbs, and focuses on identity construction in exile. In Tošić's explorations, Krajina-Serbs, discriminated against as 'Croats' in Serbia/Montenegro and expelled as 'Serbs' from Croatia, suffer from 'double discrimination'. This experience has a strong impact on their identity constructions. While stressing the relational and fluid character of identity building, she extracts five identity patterns among Krajina-Serbs ranging from nationalist conceptions to anti-collective, cosmopolitan identity formations.

Binder (1998) analyses the situation of Bosnian refugees in Austria. Her work is based on empirical research in a day-care centre and focuses on integration and intracultural practices in this Austro-Bosnian project. In addition to the emphasis on the situation of child refugees, Binder focuses on ethnicity. She calls for consideration of opportunity structures that support dialogue, mutual recognition and integration.

In a recent publication, Binder and Tošić (2003) place refugee studies in the context of globalisation. They highlight that social and cultural anthropology can provide significant insights for refugee studies by concentrating on local, transnational and cultural interrelations. The crucial contribution of social sciences and especially social and cultural anthropology lies in deconstructing the image of refugees as helpless and passive aid receivers. Their potentially active role and its significance for coping with the consequences of the experience of flight are emphasised. Furthermore, this publication contributes to a gender-sensitive approach in refugee studies.

Kroner (2000), drawing on concepts of situated identities, follows the stages of the expulsion of Somalis. She focuses on social and political experiences of Somali refugees in their neighbouring states (Kenya and Ethiopia), and compares these experiences with those in Canada and Austria. She argues that the dominant discourse in all these countries pictures refugees as a threat to the nation state. The refugees and not the circumstances causing their flight are depicted as the problem. Asylum policy and deprivation in refugee camps force refugees into passivity and silence, for which they are then blamed. However, examples from Kenya and Austria show that refugees, offered fair opportunities, are not inactive victims, but are active in creating their social lives. In a later publication, Kroner (2002) examines the circumstances of how victimisation and humiliating treatment forced a Somali refugee to commit suicide within the Austrian asylum regime. In her Ph.D. project, Kroner compares female Somali refugees in Egypt with Palestinians in Gaza, both Muslim refugees in a dominantly Muslim host society.

Social Anthropology and Its Professional Practices

The 'anthropology of migration' was not accepted as a field of research for a Ph.D. thesis until about ten years ago, but it is now at the core of anthropological training. Transnational theoretical reassessments of anthropological concepts triggered new approaches towards mobility, and new field sites. In addition, the ongoing deregulation of the educational and funding systems in Austria leads researchers towards major shifts in timeframes, the selection of field sites and methodology. For financial reasons, many MA students decide to do fieldwork 'at home'.

One expression of this shift of focus is the implementation of migration studies at the centre of the new curriculum. Particularly, the department's concern to foster professional skills and thus improve opportunities in the non-academic job market is connected with so-called 'modules', one of which focuses on integration, identity, migration and asylum (IIMA). Introductory courses are offered and specialised courses will increasingly encourage studies about migration, integration, asylum and identity formations.

During this process of institutionalisation, anthropologists increasingly contribute to public debate. In 1998, the head of department together with public media co-organised a two-day event, 'Minderheiten in Österreich' (Minorities in Austria), making the political responsibility of ethnology the 'core question of the debate' (Kletzander and Wernhart 2001). The relationships of minorities (old and new) and majority within the Austrian society were discussed and ethnology's public contributions reflected.

Binder and Tošić organised an international conference at the Viennese Department of Social and Cultural Anthropology on 'Refugee Studies and Politics: Human Dimensions and Research Perspectives'. The published conference proceedings (Binder and Tošić 2002) comprise fundamental theoretical contributions to anthropology as well as to refugee studies, and include case studies from Croatia, Serbia and Montenegro, Slovenia, Germany, Netherlands, Italy and Austria.

Rasuly-Paleczek, Binder, Six-Hohenbalken and Kalny succeeded in stimulating transdisciplinary exchange in a conference on the occasion of the UN Migrants' Day 2001 at which many different university departments and NGOs presented their work to a wider audience. The proceedings of this conference will be published as *Herausforderung Migration* (*The Challenge of Migration*; Binder et al. n.d.).

Steps To Be Taken

As in international migration studies Austrian anthropologists concentrate on metropolitan contexts, especially on Vienna. Besides very few efforts to understand the situation in other regions within Austria, there is a lack of studies committed to smaller communities, towns or villages in the countryside. It should be remembered that one of the peculiarities of Austria is that there are a considerable number of smaller communities with migrant residents. It would be worth, though perhaps more demanding of time and effort, investigating these quite different contexts of integration.

There have, however, obviously been important anthropological contributions to the future of migration studies in general. Anthropological competence and experience in understanding communities other than our own should enable anthropologists to bring to the fore the other end of 'the migration chain'. The potential and limitations for individuals, families and communities resulting from migration can be revealed through extended fieldwork in migrants' home villages, neighbourhoods, towns and cities. Anthropological insights, modes of analysis and data creation should be essential in the study of the manifest transformative power of the enhanced mobility of goods, persons and ideas. Typical anthropological fields of interest, such as kinship, marriage and alliances, gender, age and social hierarchies, ritual, religion and modes of thought, to mention just a few, will complement the growing and foundational import for studies of transnationalism, displacement, diasporic conditions and state impacts upon individuals and collectivities. Anthropology offers a specific, unique and valuable dimension to the multidisciplinary field of future migration studies.

References

Akkiliç, Senol and Sabine Strasser. 2003. Initiative Munzur. Umweltpolitische Arbeits-
gemeinschaft oder transnationale Politik von Wiener Kurden und Kurdinnen? *Stimme
von und für Minderheiten* 47, 16–17.

Amit, Vered. Editor. 2000. *Constructing the Field. Ethnograhpic Fieldwork in the Contemporary World.*
European Association of Social Anthropology. London: Routledge.

Appadurai, Arjun. 1996. *Modernity at Large. Cultural Dimensions of Globalization.* Minneapolis:
University of Minnesota Press.

Armbruster, Heidemarie. 1994. *Wir sprechen die Sprache, die Jesus gesprochen hat: Die Vergangenheit in der Gegenwart syrisch-orthodoxer ChristInnen, AssyrerInnen in Wien.* MA thesis: Universität Wien.

Bauböck, Rainer. 1986. „Demographische und soziale Struktur der jugoslawischen und
türkischen Wohnbevölkerung in Österreich", in *Ausländische Arbeitskräfte in Österreich.*
Edited by H. Wimmer. Frankfurt am Main: Campus, 331–348.

Bauböck, Rainer. Editor. 1994. *From Aliens to Citizens. Redefining the Status of Immigrants in
Europe.* Aldershot: Avebury.

Bauböck, Rainer, Agnes Heller, and Aristide Zolberg. Editors. 1996. *The Challenge of Diversity.
Integration and Pluralism in societies of immigration.* Aldershot: Avebury.

Bauböck, Rainer and John Rundell. Editors. 1998. *Blurred Boundaries. Migration, Ethnicity,
Citizenship.* Aldershot: Avebury.

Bauböck, Rainer, Wladimir Fischer, Barbara Herzog-Punzenberger, and Harald Waldrauch.
2004. *Migrants, Minorities, Belongings and Citizenship. The Case of Austria.* Bergen: BRIC (in print).

Bauer, Ingrid, Josef Ehmer, and Sylvia Hahn. Editors. 2002. *Walz – Migration – Besatzung: historische Szenarien des Eigenen und des Fremden.* (Research Programme Xenophobia, Vol. 6).
Klagenfurt: Drava.

Baumgartner, Rahel. 2002. *Transnationale Migration: Herstellung von Heimaten durch Nahrungs-
mittelkonsum in Wien.* MA thesis: Universität Wien.

Berghold, Joe, Elisabeth Menasse, and Klaus Ottomeyer. Editors. 2000. *Trennlinien: Imagination des Fremden und Konstruktion des Eigenen.* (Research Programme Xenophobia, Vol. 5).
Klagenfurt: Drava.

Biffl, Gudrun. 1986. „Der Strukturwandel der Ausländerbeschäftigung in Österreich", in *Ausländische Arbeitskräfte in Österreich.* Edited by H. Wimmer. Frankfurt am Main: Campus,
33–88.

Bilger, Veronika. 2002. *Nigerianische Migrantinnen in der Sexarbeit. Zur Situation von Trafficking
betroffener Frauen in Italien. Ein Beitrag zur Migrations- und Prostitutionsforschung.* MA thesis:
Universität Wien.

Binder, Susanne. 1998. *Kindergruppe Schmetterling-Leptir. Eine ethnologische Untersuchung zu
Intergration und interkulturellem Zusammenleben am Beispiel eines österreichisch-bosnischen
Integrationsprojektes.* MA thesis: Universität Wien.

Binder, Susanne and Jelena Tošić. 2003. Flüchtlingsforschung. Sozialanthropologische
Ansätze und genderspezifische Aspekte. *sws Rundschau* 4/2003, 43. Jahrgang, 459–473.

Binder, Susanne and Jelena Tošić. Editors. 2002. *Refugee Studies and Politics. Human Dimensions
and Research Perspectives.* Wien: WUV.

Binder, Susanne, Eva Kalny, Gabriele Rasuly-Paleczek, and Maria Six-Hohenbalken. Editors.
n.d. *Herausforderung Migration.* Wien: Universität Wien. Forthcoming.

Brah, Avtar. 1996. *Cartographies of Diaspora.* London: Routledge.

Buchbauer, Petra. 2001. *Hindus in Wien: Eine Aufnahme der hinduistischen Religionsgemeinschaft in
Wien.* MA thesis: Universität Wien.

Cağlar, Ayse S. 1997. "Hyphenated Identities and the Limits of 'Culture'", in *The Politics of
Multiculturalism in the New Europe. Racism, Identity and Community.* Edited by T. Modood
and P. Werbner. London: Zed, 169–185.

Esezobor, Hanna. 2002. *Frauen, die etwas unternehmen!: Chancen und Grenzen der Selbständigkeit von Migrantinnen im österreichischen Kleingewerbe, ein Beitrag zur Immigrant Business-Forschung aus sozialanthropologischer Sicht*. MA thesis: Universität Wien.

Fassmann, Heinz, Josef Kohlbacher, and Ursula Reeger. Editors. 2002. *Zuwanderung und Segregation. Europäische Metropolen im Vergleich*. (Research Programme Xenophobia, Vol. 7). Klagenfurt: Drava.

Fassmann, Heinz, Helga Matuschek, and Elisabeth Menasse. Editors. 1999. *abgrenzen ausgrenzen aufnehmen. Empirische Befunde zu Fremdenfeindlichkeit und Integration*. (Research Programme Xenophobia, Vol. 1). Klagenfurt: Drava.

Fassmann, Heinz and Irene Stacher. 2003. Editors. *Österreichischer Migrations- und Integrationsbericht*. Klagenfurt: Drava.

Fischer, Gero. 1986. „Aspekte der Beschulungspolitik der Gastarbeiterkinder in Österreich", in *Ausländische Arbeitskräfte in Österreich*. Edited by H. Wimmer. Frankfurt am Main: Campus, 307–330.

Gächter, August and Recherche Gruppe. 2004. „Vom Inlandarbeiterschutzgesetz bis EURODAC-Abkommen. Eine Chronologie der Gesetze, Ereignisse und Statistiken bezüglich der Migration nach Österreich 1925–2004", in *Gastarbajteri. 40 Jahre Arbeitsmigration*. Edited by H. Gürses, C. Kogoj, and S. Mattl. Wien: Mandelbaum, 31–46.

Gürses, Hakan, Barbara Herzog-Punzenberger, Karl Reiser, Sabine Strasser, and Dilek Çinar. 2001. The Necessary Impossibility: Dynamics of Identity among Young People of Different Backgrounds in Vienna. *Journal of International Migration and Integration* 2 (1), 27–54.

Gupta, Akhil and James Ferguson. 1997. "Beyond 'Culture': Space, Identity, and the Politics of Difference", in *Culture, Power, Place. Explorations in Critical Anthropology*. Edited by A. Gupta and J. Ferguson. Durham: Duke University Press, 33–51.

Haberfellner, Regina, Fritz Betz, Martina Böse, and Johanna Riegler Johanna. 2000. *Ethnic Business – Integration vs. Segregation*. ZSI online papers: http://www.zsi.at/attach/Ethnic-Business_2000.pdf.

Hadolt, Bernhard and Barbara Herzog-Punzenberger. 1999. *Die österreichische de-facto Aktion für Flüchtlinge aus Bosnien-Herzegowina 1992–99*. Unpublished report to the Council of Vienna. MA 18.

Hastrup, Kirsten and Karen Fog Olwig. 1997. "Introduction", in *Siting Culture: The Shifting Anthropological Object*. Edited by K. Fog Olwig and K. Hastrup. London: Routledge, 1–14.

Herzog-Punzenberger, Barbara. 2003. Ethnic Segmentation in School and Labour Market – 40 Year Legacy of Austrian "Guestworker Policy". *International Migration Review* 37 (4), 1120–1144.

Herzog-Punzenberger, Barbara. n.d. „Schule und Arbeitsmarkt ethnisch segmentiert? Einige Bemerkungen zur 2. Generation im österreichischen Bildungssystem", in *Herausforderung Migration*. Edited by S. Binder et al. Wien: Universität Wien. Forthcoming.

Höglinger, Monika. 2002. *Verschleierte Lebenswelten: Zur Bedeutung des Kopftuchs für muslimische Frauen*. Maria Enzersdorf: Roesner.

Horvath, Brenda. 2002. *Sikhs in Wien: Aspekte des Wandels und der Diskriminierung als Folge der Migration*. MA thesis: Universität Wien.

Jaksche, Elisabeth. 1998. *Pädagogische Reflexe auf die multikulturelle Gesellschaft in Österreich*. Innsbruck: Studienverlag.

Kletzander, Helmut and Karl R. Wernhart. Editors. 2001. *Minderheiten in Österreich. Kulturelle Identitäten und die politische Verantwortung der Ethnologie*. Wien: WUV.

Korber, Renate. 1998. *West Papua zwischen Kolonialregime und postkolonialer Herrschaft: sozialanthropologische Untersuchungen zu Kontext, Entwicklung und Ausmaß des Flüchtlingsphänomens von 1962 bis 1998*. Ph.D. thesis: Universität Wien.

Krausz, Ellen. 2003. *Ghanaer in Wien: Einblicke in eine Zuwanderer-Community*. MA thesis: Universität Wien.

Kreisky, Eva. 1986. „Vom bürokratischen Nutzen ständiger Unsicherheit. – Arbeitsmigranten zwischen Anwerbung und Abschiebung", in *Ausländische Arbeitskräfte in Österreich*. Edited by H. Wimmer. Frankfurt am Main: Campus, 381–432.

Kroner, Gudrun. 2000. *Stationen einer Vertreibung. Somalische Flüchtlingsgeschichten in Ostafrika und im Westen*. MA thesis: Universität Wien.

Kroner, Gudrun. 2002. "Social and Political Impact on Somali Refugees in the Diaspora", in *Refugee Studies and Politics: Human Dimensions and Research Perspectives*. Edited by S. Binder and J. Tošić. Wien: WUV, 139–124.

Kroner, Gudrun. 2003. Von der Welt vergessen: Zur Situation palästinensischer Frauen in Gaza. *Frauensolidarität* 86, 16–18.

Lichtenberger, Elisabeth. 1984. *Gastarbeiter – Leben in zwei Gesellschaften*. Wien: Böhlau.

Liebhart, Karin, Elisabeth Menasse, and Heinz Steinert. Editors. 2002. *Fremdbilder – Feindbilder – Zerrbilder: zur Wahrnehmung und diskursiven Konstruktion des Fremden*. (Research Programme Xenophobia, Vol. 3). Klagenfurt: Drava.

Malkki, Liisa H. 1995a. *Purity and Exile: Violence, Memory, and National Cosmology among Hutu Refugees in Tanzania*. Chicago: University of Chicago Press.

Malkki, Liisa H. 1995b. Refugees and Exile: From Refugee Studies to the National Order of Things. *Annual Review of Anthropology* 24, 495–523.

Malkki, Liisa H. 1997a. "National Geographic: The Rooting of Peoples and the Territorialization of National Identity among Scholars and Refugees", in *Culture, Power, Place. Explorations in Critical Anthropology*. Edited by A. Gupta and J. Ferguson. Durham: Duke University Press, 52–74.

Malkki, Liisa H. 1997b. "News and Culture: Transitory Phenomena and the Fieldwork Tradition", in *Anthropological Locations. Boundaries and Grounds of a Field Science*. Edited by A. Gupta and J. Ferguson. Berkeley: University of California Press, 86–101.

Matuschek, Helga. 1985. Ausländerpolitik in Österreich 1962–1985. *Journal für Sozialforschung* 25. Jg., Heft 2. Wien.

Mayer, Daniela. 1994. *Kurdische Migration aus zentralanatolischen Dörfern nach Wien: ein Beitrag zur Stadtethnologie: Feldforschungen in Zentralanatolien, Ankara und Wien*. MA thesis: Universität Wien.

Miteinander lernen – Birlikte Ögrenelim. Editor. 1995. *Frauen im Fremdland. Reflexionen und Analysen*. Wien: Promedia.

Morre, Henrietta. 1994. Divided We Stand: Sex, Gender, and Sexual Difference. *Feminist Review* (47), 78–95.

Nardelli, Carmen. 1998. *Türkische Migrantinnen am Bodensee: eine ethnologische Migrationsstudie über intra- und interethnische Netzwerke türkischer Migrantinnen in Vorarlberg am Beispiel der Marktgemeinde Hard*. MA thesis: Universität Wien.

Paleczek, Gabriele. 1984. *Der Wandel der traditionellen Wirtschaft (Subsistenz- und marktanteilige Produktion) in einem westanatolischen Muhacirdorf*. Ph.D. thesis: Universität Wien.

Perchinig, Bernhard. n.d. "Migration studies in Austria – research at the margins?", in *National Paradigms of Migration Research*. Edited by M. Bommes and D. Thränhardt. (IMIS-Schriften, Bd. 13). Göttingen: V & R Unipress. Forthcoming.

Pilgram, Arnold. 1986. „Ausländerbeschäftigung und Kriminalität", in *Ausländische Arbeitskräfte in Österreich*. Edited by H. Wimmer. Frankfurt am Main: Campus, 349–380.

Pokorny, Alexandra. 2001. *Kurden in Zürich. Ethnische Grenzziehung im Kontext nationalstaatlicher Diskurse*. MA thesis: Universität Wien.

Rapport, Nigel, and Andrew Dawson. Editors. 1998. *Migrants of Identity. Perceptions of Home in a World of Movement*. Oxford: Berg.

Rasuly-Paleczek, Gabriele. 1995. "Turkish Migrants in Austria", in *Turcs d'Europe … et d'Ailleurs*. Edited by S. de Tapia. Paris: A-ERISM, 177–203.

Rasuly-Paleczek, Gabriele. 1996b. "Some Remarks on the Study of Household Composition and the Intra-Family Relations in Rural and Urban Turkey", in *Turkish Families In Transition*. Edited by G. Rasuly-Paleczek. Frankfurt am Main: Peter Lang, 1–45.

Rasuly-Paleczek, Gabriele. 1997. *Die türkische Landwirtschaft: Modernisierungsstrategien und Problemfelder* (Arbeitspapiere des Instituts für Völkerkunde, Vol. 4). Horn: Berger & Söhne.

Rasuly-Paleczek, Gabriele. 2001 Afghanische Flüchtlinge – von der Welt vergessen. *Asylkoordination Aktuell* 1/2001, 27–40.

Rasuly-Paleczek, Gabriele. Editor. 1996a. *Turkish Families In Transition*. Frankfurt am Main: Peter Lang.

Reiser, Karl Michael. 1997. *Das sozio-politische Netzwerk türkisch-alevitischer Einwanderer und seine Auswirkungen auf die Identitätsentwicklung der „Zweiten Generation". Eine empirische Analyse in Wien und Niederösterreich.* MA thesis: Universität Wien.

Reiser, Karl Michael. 2000. *Identitäts- und Interessenpolitik „türkischer" Migranten-Organisationen in Wien.* Ph.D. thesis: Universität Wien.

Ruprechtsberger, Silke. 1998. *Mexikanische Migrantinnen in Wien: eine ethnologische Studie über Konflikte und Berührungspunkte mit der Aufnahmegesellschaft.* MA thesis: Universität Wien.

Six-Hohenbalken, Maria. 2001. *Migrantenfamilien aus der Türkei in Österreich.* Materialiensammlung Heft 9. Wien: Schriftenreihe des ÖIF.

Six-Hohenbalken, Maria. 2002. *Reyên Kurdan. Ethnologische Überprüfungen von Theorieansätzen zu Migration, Diaspora und Transnationalismus am Beispiel „kurdischer Wege" durch Wien und Europa.* Ph.D. thesis: Universität Wien.

Strasser, Sabine. 2001. „Dynamiken der Deterritorialisierung – oder wie Bewegung in die Sozialanthropologie kam", in *Interkulturelle Geschlechterforschung. Identitäten-Imaginationen-Repräsentationen.* Edited by J. Schlehe. Frankfurt am Main: Campus, 29–51.

Strasser, Sabine. 2003. *Beyond Belonging. Kulturelle Dynamiken und transnationale Praktiken in der Migrationspolitik „von unten".* Habilitation thesis: Universität Wien.

Strasser, Sabine. n.d. I am not a politicized migrant! Transnational relations and transversal tactics among political activists in Vienna, Austria. *The Journal of Economic and Social Research.* Forthcoming.

Tošić, Jelena. 1999. *Flucht in die „Heimat". Krajina-Serben nach dem Exodus.* MA thesis: Universität Wien.

Trauner, Helene. 2001. *Westafrikanische Identitäten und Gender in Paris: Methodologische und ethnographische Untersuchungen unter MigrantInnen in einer europäischen Metropole.* MA thesis: Universität Wien.

Unterberger, Silvia. 1999. *Der Einfluss kultureller Faktoren auf psychische Belastungsreaktionen bei Flüchtlingen in Österreich.* MA thesis: Universität Wien.

Volf, Patrik-Paul and Rainer Bauböck. Editors. 2001. *Wege zur Integration. Was man gegen Diskriminierung und Fremdenfeindlichkeit tun kann.* (Research Programme Xenophobia, Vol. 4). Klagenfurt: Drava.

Wagner, Ursula. 2002. *Politics of therapy: Zur Bedeutung von Gemeinsamkeiten und Unterschieden in der psychotherapeutischen Behandlung von MigrantInnen in Österreich und den Niederlanden.* MA thesis: Universität Wien.

Watson, James. Editor. 1977. *Between Two Cultures.* Oxford: Blackwell.

Weiss, Hildegard M. 1994. Zur Lebenssituation der Syrer und Syrerinnen in Wien anhand ausgewählter ethnologischer Beispiele. MA thesis: Universität Wien.

WIFO – Österreichisches Institut für Wirtschaftsforschung. 1984. *Untersuchung über ausländische Arbeitskräfte in Österreich.* Wien: Eigenverlag.

Wimmer, Hannes. Editor. 1986. *Ausländische Arbeitskräfte in Österreich.* Frankfurt am Main: Campus.

Wodak, Ruth and Teun van Dijk. Editors. 2000. *Racism at the Top. Parliamentary Discourses on Ethnic Issues in Six European States.* (Research Programme Xenophobia, Vol. 2). Klagenfurt: Drava.

Multikulturalität, Identität und Geschlecht__

Dieser Abschnitt widmet sich ausgewählten Sachthemen im Rahmen anthropologischer Zugänge zur Migrationsthematik. Durch die Darstellung der Forschungen zu konkreten Themen kommt in den folgenden Beiträgen die Besonderheit anthropologischer Theorienbildung und Arbeitsweise klar zum Vorschein. Ebenso stellen die Texte in diesem Abschnitt die Verbindungen zwischen den „klassischen" Themen und den neueren, auch stärker interdisziplinär ausgerichteten, Schwerpunkten in unserem Fach her. Schließlich enthält dieser Abschnitt zwei englische Texte, die die studentischen LeserInnen dazu anhalten, sich mit der englischen Fachsprache vertraut zu machen, um an die internationale Ausrichtung (in Bezug auf Forschung und Begrifflichkeiten) anzuknüpfen.

Der Beitrag von Sabine Strasser über Multikulturalismus analysiert und reflektiert diesen einflussreichen sowohl theoretischen als auch politischen Diskurs aus feministischer Perspektive.

Stefan Krist und Margit Wolfsberger gehen in ihrem Beitrag auf den eng mit dem Multikulturalismusdiskurs verbundenen Identitätsbegriff ein und verbinden diesen komplexen theoretischen Topos mit den Begriffen „Heimat", Zugehörigkeit und dem umstrittenen Thema der Remigration.

Jelena Tošić und Anna Streissler verflechten in ihrem Beitrag zwei „jüngere" Forschungsthemen miteinander, nämlich anthropologische und interdisziplinäre Zugänge zu Kinder- und Jugendkulturen einerseits und Forschungen zur 2. Generation der MigrantInnen andererseits.

Die US-amerikanischen Anthropologinnen Sarah J. Mahler und Patricia R. Pessar widmen sich der theoretisch-historischen Darstellung der Erforschung von Gender im Kontext der Migration – einem Aspekt, der in der Migrationsforschung lange vernachlässigt wurde und welcher als themenübergreifende Dimension auch in den anderen Beiträgen dieses Lehrbuchs besprochen wird.

Die letzten beiden Beiträge, verfasst von Maria Six-Hohenbalken, widmen sich zwei „klassischen" Themen, nämlich der anthropologischen Forschung zu Verwandtschaft/Familie und Religion. Hierin wird gezeigt, welche Beiträge unsere „traditionellen" Ansätze in der Migrationsforschung leisten können und welche Einblicke auf gesellschaftlicher Mikroebene, wie Familiengründung, Kindererziehung und religiöse Orientierung, dadurch ermöglicht werden.

Sabine Strasser

9 Multicultural Tensions and Integrative Reflections

Introduction

[...]

All over Europe, the question of the effects of the regulation of diversity on social cohesion is high on the political agenda.[1] Multicultural politics has been
seen as an inevitable and essential response to increasing de-facto diversification and diasporization of societies during the 1990s. Yet, the effects of a new
global world order with Islam as the favourite enemy and increasing fear of dis-
integration brought the multicultural project to a halt in many EU member
states just when it was identified as the most convincing social policy and theory (Kymlicka 1995; Glazer 1997). Enthusiasm for multiculturalism has always
been fundamentally questioned by egalitarian liberals, who have insisted on
citizenship[2] as an instrument for equal rights for all individuals and the normative standards they must share in order to guarantee autonomy, freedom and
equality. The accommodation of special rights, and exemptions from specific
regulations and obligations for cultural (ethnic, religious or sexual) or ascriptive
minorities might, in their opinion, cause social fragmentation and thus
threaten equality rather than contribute to it. However, these egalitarian arguments are in danger of being deployed ethnocentrically when they are interwoven with the anti-Muslim and anti-immigration rhetoric (Fekete 2004) that
has emerged since the end of the Cold War and in the aftermath of September 11.
In Europe, anxieties about increasing cultural differences (Grillo 2003) publicly
debated since the mid 1990s have, in particular, dislocated the politics of multi-

1 ___ This report was written for FEMCIT – *Gendered Citizenship in Multicultural Europe: The Impact
of Contemporary Women's Movement*, a research project funded under the Sixth Framework of
the European Commission. FEMCIT explores the relationship between the changing forms
and practices of gendered citizenship in a multicultural Europe and the demands and
practices of contemporary women's movements. 15 partners are studying in seven work
packages how citizenship is gendered, and how women, as ordinary citizens and activists,
have been involved in challenging inequalities and injustice across Europe. This article is
published in full length as Working Paper No. 2 at www.femcit.org/publications.xpl.
2 ___ Citizenship became the "buzzword" of political thinkers in the 1990s when, for
example, the increasing diversification of populations in Western Europe raised questions
relating to justice and membership as well as to the need for renewed account of the relationship of individuals with particular communities (Kymlicka/Norman 1994).

culturalism after the murders of Fadime Şahindal in Sweden 2002, Theo van Gogh in the Netherlands 2004, as well as the bombings in Madrid 2004 and London 2005. Hence, critics and advocates of multicultural perspectives alike have become concerned about the question of how the accommodation of group rights would support the dominant structures of different ethnic and religious "cultures", discourage dissent (feminist, gay, lesbian, religious), weaken the voices of vulnerable members (women, youth, children) of minoritized groups and prevent minorities from integrating into society at large.

Two fields of theory and politics that obviously both aim to enhance equality models for citizens, namely multiculturalism and feminism, have, in the course of these contestations, become locked in awkward mutual rejection. Since, when in 1997, Susan Okin posed the puzzling question of "Is multiculturalism bad for women?",[3] the negative effects of multicultural politics on feminist aims to combat violence against women among ethnic and religious minorities (referred to as tradition-based violence or violence in the name of honour) have been continuously and contradictorily discussed. The difficult relationship between ethnic and religious rights, on the one hand, and gender equality and sexual autonomy, on the other, has become one of the main reasons for multiculturalism's declining reputation. This "paradox of multicultural vulnerability" (Shachar 2000)[4] hence includes all forms of violence conducted in order to strengthen men's control over women and their sexuality in the name of a group's particular culture. The way violence against women within minorities has been conceptualized as an "imported problem" of "other cultures" (Narayan 1997; Holzleithner/Strasser 2006) has furthermore provided arguments for the harsh critique of and retreat from multiculturalism (Scheffer 2001; Joppke 2003; Ateş 2007). Many EU member states have again turned to the notion of "integration" (calling for adaptation to normative values of European liberal democracies regarding equality) as an adequate solution for these problems.

Feminists have developed different or, rather, contradictory positions. They either criticize liberal democracies for their inactivity and naivety concerning

---

3 — The paper was first published in the October/November 1997 issue of ,Boston Review‘ and reprinted in the anthology with the same name by Princeton University Press, 1999. That was the same year in which Nathan Glazer stated with great reluctance that "we are all multiculturalists now" (Glazer 1997).

4 — "Multiculturalism presents a problem, however, when state accommodation policies intended to mitigate the power differential between groups end up reinforcing power hierarchies within them. This phenomenon points to the troubling fact that some categories of at-risk group members are being asked to shoulder a disproportionate share of the costs of multiculturalism. Under such conditions, well-meaning accommodations by the state may leave certain group members vulnerable to maltreatment within the group, and may, in effect, work to reinforce some of the most hierarchical elements of a culture. I call this phenomenon the paradox of multicultural vulnerability" (Shachar 2000: 65).

the culturally legitimized control of sexuality and violence against women within minorities and for their desire to integrate politics and legal intervention (Okin 1999; Wikan 2002; Kelek 2005; Ateş 2007), or they warn about the stigmatizing effect of the whole debate with its often homogenizing attacks on ethnic and religious minorities and the probably unintended, but nevertheless implied shift from political multiculturalism to "integration" or, rather, assimilation (Narayan 1997; Razack 2004; Phillips 2007; Ongan 2008).

[...]

Regulating cultural diversity

Political systems offer rather divergent solutions to the question of if and how to accommodate group rights to ethnic, religious and often transnational minorities.[5] Yet, all these political units share a rather long-standing aversion to group identities or social movements that claim recognition for differences. Theoretical contributions include a wide range of rather contradictory positions concerning the question of how to regulate social and cultural diversity and citizenship; these nevertheless fall into three broad groupings: 1) globalization theories that investigate the effects of global flows of people, capital and technologies on national membership and social equality; 2) theories on liberal democracy that aim to ensure the equality of all citizens irrespective of their ethnic, religious or social background versus theories of multiculturalism that suggest the accommodation of rights as a means to combat historically developed differences, offer exemptions and facilitate cultural identity processes.

Globalization and fragmentation

Following the highly visible effects of processes of globalization, some theorists anticipate the decline of nation-states and they welcome transnational flows and new diasporic neighbourhoods as subversive and innovative anti-nationalist movements (Appadurai 1996). Critics of this "transnational romanticism", on the other hand, stress the disadvantages of horizontal (cultural indigenization) and vertical (culturally supported social stratification) fragmentation of societies

---

5 __ The notion of "transnational minorities" refers to migrant workers and their families as well as to post-colonial subjects who have entered the EU since the early 1960s and who, instead of entirely assimilating to the dominant cultural structures and practices, have maintained their relations with their countries or regions of origin and thus have developed nested, transnational, recombinant (Bauböck 1994, 2007), multicultural (Kymlicka 1995) or multilayered (Yuval-Davis 2002) citizenships. For a feminist perspective see Lister (1997). I will comment on these questions in working paper 2009/2 on intersectionalities and citizenship (planned for January 2010).

through processes of globalization and they accuse representatives of transnational theories of overestimating these processes and of supporting cosmopolitan upper classes for their own benefits and dividends (Žižek 2000; Friedman J. 2003). Criticizing multiculturalism, leftists such as Jonathan Friedman highlight the danger of emphasizing differences at the expense of social integration and thus the redistribution of welfare and power.

> The dialectic of integration and differentiation accounts for the volatility of the contemporary world arena where violence has become increasingly intrastate and fragmentary. The other form of violence is that produced by vertical polarization in the state units of the world system. It is based on the destruction of larger identities. Within the national states it consists in the separation of the elites from the people, in the cosmopolitanization of the former and the indigenization of the latter. [...] This situation drives former nationals to seek roots, to become increasingly indigenous. (Friedman J. 2003: 25)

Former nationalist elites today identify as hybrid and multicultural whereas they view the former "motley foreign mixed" people as "dangerous purists" (Friedman J. 2003: 13).

Equal versus differentiated citizenship

Liberal egalitarians, in contrast to leftist critique on dangers of multiculturalism, demand neutrality of the state and legal equality of all citizens in the social and political systems of liberal democracies (Barry 2001). According to them, multiculturalism has supported cultural relativism, which conflates right and wrong behaviour. Some liberal positions even actively promote cultural assimilation in order to protect individuals from group prescriptions or the hierarchical normative values of "minority groups" (Tibi 1998; Okin 1999). Despite the fact that social cohesion is a very convincing argument, the advocates of this position are faced with a rather difficult question: why is cultural recognition and not class distinction responsible for fragmentation and disintegration?

Within the theoretical approach to diversity, which aims at various forms of differentiated citizenship in multicultural societies, there are again two controversial positions: that is, liberal culturalism (Kymlicka 1998) and critical or political multiculturalism (Parekh 2000; Modood 2007). Whereas liberal culturalism links questions of equality with the right to differences and legal accommodation, the multiculturalists criticize these liberal democratic positions and see them as part of the problem instead of as a contribution to its solution. The political multiculturalists reject the liberal democrats' assumption of their own perception as superior, and they open the floor to intensified consultations or *deliberation* (Deveaux 2000; Parekh 2000) instead of suggesting group rights for ethnic and religious "minorities"[6].

Whereas both, liberal and critical multiculturalists advocate differentiated citizenship focusing on ethnic and religious differences, communitarian approaches are concerned with rights of social movements. They not only focus on ethnic and religious groups, but also include the promotion of rights for women, sexual minorities, children, the elderly and people with disabilities, etc. The simultaneous focus on different identity groups leads, on the one hand, to the question of different "faces of oppression" (Young 1990), and, on the other hand, to the question of hierarchies between different subject positions or "differences within" (Moore 1994; Klinger 2003) or the problem of an adverse effect of the accommodation of rights to one group for another group (Okin 1999). The most prominent example of this debate is the feminist challenge to the accommodation of group rights to ethnic and religious minorities that do not aim at gender equality. The debates around hierarchy of identity groups and mutual effects of recognition and rights of simultaneous but different belonging have been discussed under the label of "minorities within minorities" (see the following section).

[...]

Weak and strong versions of these positions lead to a range of different approaches between the extremes of "let's leave them alone" and "let's make them extinct". Since Glazer, in 1997, expressed the fear that multiculturalism had won, the multicultural riddle has, on the contrary, been even further complicated, not least by feminist intervention in the debate.

Multicultural tensions and feminist responses

The starting point in this section are questions concerning the core problem at the intersection of multicultural and feminist claims for equality: What if the groups claiming cultural acknowledgement and group rights do not promote gender equality but consider different forms of hierarchy (e.g. age, gender and ethnicity) as intrinsic to their group identity or their "culture"? How to accommodate group rights without simultaneously strengthening existing hierarchical cultural regimes, thus contributing to the disadvantage of such vulnerable persons as women, youth, gay men, lesbians and children within these minorities? Since much of what is perceived as "culture" also revolves around gender and practices of sexuality, marriage and divorce, different effects on men and

---

6 __ It is this focus on "minorities" that creates the difficulties of cultural essentialism on the one hand and the fixing of differentiations between minoritized and majoritized groups as will be discussed below.

women seem inevitable. This problem is familiar to feminists, who have for a long time been criticizing the consequences of male-dominated cultural regimes for gender relations in their own societies in receiving and sending countries. Since immigrated minorities' claims for group rights include or even are particularly focused on rights concerning "private life" (family law, marriage, sexuality, control of virginity, gender segregation, dressing, child education), many of their requests, according to critics of multicultural gender blindness, impinge upon women's human rights. When states, through group rights, unintentionally support or even amplify male domination or normative pressure among minorities, feminists find themselves challenged to combat grievances and gender inequality among those minorities, yet they are simultaneously trapped in the role of the "Western know-it-alls", who, in fact, know little about the details of variations in cultural practice across the many different ethnic and religious groups in their environment.[7]

Nonetheless, much of feminist critique on multiculturalism has focused on "minorities within minorities" (Eisenberg/Spinner-Halev 2005), which refers to groups that have been minoritized by virtue of their race, ethnicity, religion, language or culture, and sub-groups within these, minoritized by virtue of age, sexuality, gender or class (Phillips 2005: 113). Feminist scholars and activists have been foregrounding troublesome issues such as genital cutting, honour crimes and honour killings, forced suicide, trafficking women, and veiling as a sign of female subordination for some time, but they were heard only when the tension increased and young women represented themselves as victims of their "culture" or "traditions". As already mentioned, Susan Okin (1997) triggered the debate with her paper on the problematic effects of multiculturalism on women. Ayalet Shachar (2001) and Susan Okin (in her later contribution from 2005) both argue that women do benefit from multicultural accommodations but nevertheless have to pay a disproportionate share of the psychological, social and material costs of the accommodation of group rights. Since feminists can hardly ignore the fact that there are differences between ethnic and religious groups and it seems uncontroversial that some of these groups are less supportive towards equality for women than others, Susan Okin has not primarily been criticized for her conclusions that group rights are not "part of the solution", but can on the contrary increase the problem. Rather, she has been criticized for the ethnocentrism in her argument that minorities are usually more patriarchal than their surrounding (Western liberal democratic) environment and in particular for her offensive suggestion, or at least unfortunate wording, concerning the consequences of cultural differences for gender relations:

---

7 __ Effects of possible misrepresentations and misguided cultural translations across national borders are exemplified by Uma Narayan's contribution on us-American perspectives on "dowry murder" (Narayan 1997).

Indeed, they [women] *may* be much better off if the culture into which they were born were either to become extinct (so that its members would become integrated into the less sexist surrounding culture) or, preferably, to be encouraged to alter itself so as to reinforce the equality of women – at least to the degree to which this is upheld in the majority culture. (Okin 1997)

She has drawn her explanations almost entirely from examples of court cases dealing with murder and suicide.[8] Her statement on the "extinction of cultures" (although weakened by the option of encouraging them to alter themselves) provoked post-colonial, transnational and multicultural feminists (Volpp 2001; Razack 2004) to accuse Okin of a liberal ethnocentrism that makes a division between patriarchal minorities and less sexist majorities. She aimed to combat perpetrators' explanations of *violence against women as cultural* and was herself accused of homogenizing and devaluing other *cultures as violent*. Nonetheless, not only mainstream politics and mass media but also some liberal feminists in the EU agreed with Okin and called a halt to multicultural projects that did not consider the gendered effects of their undertaking.

Concerned with Scandinavian cases of violence in the name of honour, Unni Wikan identifies violence within minorities as an entirely European problem that needs European protection and legislation. Equal treatment of women and girls according to citizenship rights independent of their ethnic, religious or immigrant background is the only way to protect them from group violence. Differences in treatment by officials "in the name of culture" (in order to avoid accusations of racism) are considered a betrayal of girls' and women's EU citizenship rights (Wikan 2002). Although Unni Wikan's position presents the struggle against violence and subordination of women as a European duty, the practices of oppression have not lost their (imported) troublesome cultural foundation. Wikan identifies the "respect" of other cultures as a part of the problem and consequently blames Western states and their officials for a dual betrayal: first, of migrants by reducing them to the status of welfare receivers and hence contributing to increased segregation and marginalization; and, second, of young migrant women whose autonomy is sacrificed in the name of culture. Wikan is rightly rejecting essential versions of culture as an instrument of "making other" in official treatments. Yet, she focuses on misdirected "respect" and not on a second possible explanation for non-action: the officials' ignorance could also be based on a racist assumption that violence and coercion is normal among the respective groups (Razack 2004).[9] By scandalizing violence, she has

8 — See Uma Narayan (1997) on the Indian example of "dowry murder" for the problem of "dislocating culture" and violence against women.
9 — As was the case in Germany 2007, when a judge legitimized domestic violence by the

152

been unintentionally increasing the division between "us" who make rational decisions and "them" who have (violent) cultures which they cannot escape by agency. The way she convincingly discusses grievances in social policies and official treatments is in sharp contrast to her detailed representation of the other women as victims of their cultures. Her arguments can easily be turned into an "anti-immigrant" discourse that aims to prevent tradition-based violence in Europe by reducing transnational as well as early marriage and supporting integration as an assimilative project to Western liberal codes (presented as gender equality).[10] The interest of right-wing populists in women's protection as a means of promoting anxieties about immigration and the project of multiculturalism has become significant all over Europe.[11]

Both, Okin and Wikan represent versions of liberal feminist perspectives on violence in the name of honour. Yet, Okin on the one hand claims intervention in order to adapt essentialised "minority cultures" to (in her view less male dominated or patriarchal) Western liberal societies, Wikan on the other hand blames the use or rather the abuse of "culture" as an excuse for the betrayal of minoritized girls' rights by the Welfare state. Okin was criticized because of her contribution to binary opposition, whereas Wikan was seen as contributing to the conflation of racism, violence and social security and thus to the dismantling of the Welfare state.

Similarly, women "reporting from within" minoritized groups criticize EU member states for acting naively and accommodating rights with "generous tolerance" to minorities which not only establish "parallel societies" and "Islamist segregation" but also enforce male dominance and violence against women and children (Kelek 2005). Necla Kelek, a German-Turkish sociologist who received the prestigious Geschwister-Scholl-Award in Germany for her book 'Die Fremde Braut' ('The Foreign Bride'), Ayaan Hirsi Ali, the former Dutch-Somalian parliament member in the Netherlands, and Seyran Ateş with her book on the 'Multikulti-Irrtum' ('The Multicultural Fallacy' 2007) are some examples of authors challenging patriarchal family systems in Muslim societies while falling into the trap of "anti-immigrant" and "anti-Muslim" discourses. Yet, when multicultural or post-colonial feminists have rightly rejected Western feminists' patronizing support, they have often found themselves unable to articulate criticism of violence against women in minoritized groups.

Koran and rejected a divorce suit (Retrieved from www.spiegel.de/politik/deutschland/0,1518,472849,00.html, May 25, 2008).
10 ___ The applicability of her claims arguing for assimilation might explain why Wikan, and not other feminists such as Marianne Gullestad (2004) or Anja Bredal (2005), was exploited by Norwegian right-wing parties.
11 ___ There are many examples such as Pim Fortuyn in the Netherlands, the DVP (Danish People's Party) in Denmark, and the FPÖ (Freedom Party) in Austria.

In order to clarify the multicultural riddle from a feminist perspective we obviously have to include further questions in the ongoing debate: First, what is the feminist answer, if the groups claiming cultural acknowledgement and group rights do not promote gender equality? Second how to avoid contributing to the devaluation of ethnic and cultural groups when challenging gender relations or family systems among minorities? Sherene Razack focuses precisely on this dilemma when she states:

> How is it possible to acknowledge and confront patriarchal violence within Muslim migrant communities without descending into cultural deficit explanations (they are overly patriarchal and inherently uncivilised) and without inviting extraordinary measures of stigmatisation, surveillance and control? (Razack 2004: 131)

How can feminists successfully negotiate gender inequality and combat violence across cultural borders, yet avoid contributing to essentialized notions of culture as expressed in "death by culture" (Narayan 1997: 86) or "violence by honour" (Strasser 2008)?

It is worth mentioning that feminist activists have began to advert to issues of violence against women in the name of culture, such as FGM/C, honour killing and polygamy in the early 1980s, simultaneously stressing the danger of Western feminists patronizing "third world women" and challenging the assumption of the "universal woman" and "global sisterhood" (Mohanty 1988; Toubia 1995). Yet, the critical feminist contribution to the troublesome issues of multicultural politics became relevant again when Europe was faced with serious problems in the form of violent outbursts that were probably related to ethnic and religious as much as social differences, regardless of the local immigration regimes in the respective areas: burning suburbs all over Republican France, young "home-grown" Muslims protesting in multicultural Britain[12] and in Germany, with its integration model, houses of families of Turkish background set on fire. Anxieties explained by vanishing social cohesion and the lack of security in EU societies undoubtedly contribute to new policy measures which not only promote "integration" but also control or prevent immigration. Mandatory language courses for newcomers and tests assessing language skills and knowledge of democratic values have become a prerequisite of citizenship in many EU countries. The regulations and the effects of particular legal measures to protect women and vulnerable persons (e.g. regulation on forced and early marriage, female genital mutilation, regulation on dress codes) differ in various EU member states (Dustin 2006).

---

12 __ The four British citizens who killed themselves and 52 people in London in the name of Islam on 5 July 2005 all were born and raised in the UK.

In theory there are three feminist strands to dealing with the multicultural tensions: 1) post-colonial and anti-racist critique deconstructing liberal feminist assumptions about the victimization of the "Third World Women" (e.g. Narayan 1997; Volpp 2001; Razack 2004); 2) judicial recommendations for hierarchically organized legislation in order to protect individual freedom and to balance inequalities (e.g. Shachar 2001); and 3) deliberative processes based on democratic consultation with as many people from as many different backgrounds as possible (Deveaux 2005). This debate has so far identified three viable political approaches to this dilemma: legal regulations, deliberation, and exit as a minimal right of group members (Phillips/Dustin 2004). Of course, to juxtapose approaches as, on the one hand, liberal and judicial and, on the other, as democratic and deliberative ignores the fact that these fields of possible action against injustice in diverse society are interwoven and mutually constitutive principles. Democracies are liberal rather than totalitarian, and democratic processes include liberal principles of equality, representation and the inclusion of underrepresented voices. Yet, liberal legal advocates are convinced of being able to represent "the other" on the basis of shared principles, whereas deliberative processes stress the de-facto participation of representatives, stakeholders and ordinary people by way of consultation in order to integrate different experiences and contexts.

The problem with post-colonial criticism is its weaknesses in tackling the troublesome issues that are a real social problem "out there". Despite the necessary critique of transpositions of cultural differences across borders, vulnerable individuals need analysis of and measures against violence. The fear of acting according to one's own cultural experiences has obviously led to inactivity on the part of social workers and officials so as not to act in an unjust or racist manner. Hence, sensitivity to cultural difference might lead to a "paralyzed relativism" (Phillips 2005: 115) that prioritizes such caution over necessary interventions and the needs of women. The problem of legislation is exactly that which has been criticized by post-colonial approaches: its lack of sensitivity to cultural differences. Since law is a cultural effect, its assumed neutrality is itself an expression of this very weakness. Law is furthermore interwoven with a concept of autonomy[13] that is itself part of a liberal world-view and thus should not be perceived as an uncontested precondition of self-determination but as part of the negotiations of difference. Exit from a group, on the other hand, puts all responsibility for agency on the shoulders of the potential victims without seriously discussing the distribution of the emotional, social and material costs of the

13 —— Preconditions of autonomy include: 1) reasonable options or alternatives, 2) an environment that provides the possibility to reflect on these alternatives, and 3) the (relative) absence of pressure or manipulation so that individuals are able to act according to their own decisions (see Friedman M. 2003).

freedom to exit. Deliberation seems to be able simultaneously to accept the group members' serious concerns about their own norms and practices as well as historic and political contexts and their continuous contestations within their own groups. Deliberation can deal with both minority groups' cultural difference and associated concerns about the norms and practices of wider society, as well as with debates within those groups, e.g. about gender, sexuality, age. Intercultural dialogue or other forms of deliberative democracy, however, have to answer the difficult question of who is going to be involved in the consultation processes, who represents whom, and who is selected by whom. Can the people involved make informed decisions about the problems, and do they understand the consequences, are they under pressure not to act as they wish or can they exercise free will, and does the consulting process offer equal access to the subsequent decision-making processes for those concerned (Deveaux 2000; Okin 2005)?[14] Despite these obvious difficulties in solving the conundrum, feminists can make important contributions at least to certain if, of course, not all circumstances, precisely because one of the major arguments of feminist discourse is that there are no general solutions (as law might assume).

Equal treatment, legal regulations and joined government

Political interventions by means of the form of legislation have often ignored the fact that national law is itself a result of cultural negotiations within a society (Shachar 2001; Volpp 2001). Thus, the regulation of certain practices is often shaped by expectations of right and wrong and forgets the cultural enmeshment of legal mores. Whereas genital mutilation causes utmost disgust among national majorities within the EU, and they understand hymen repair as the expression of patriarchal suppression, the same might not be the case when it comes to genital cosmetic surgery, which may be perceived as necessary in order to prevent mental distress. Phillips (2007: 159) argues for equal treatment of cosmetic and customary operations and for both to be banned for minors but permitted for adults. Her argument is that unequal treatment and reification of others' cultures produce a gap between Western women as active decision makers and "minority women" as culturally programmed creatures that have to be protected. Saharso (2003, 2008) and Phillips (2005, 2007) show, through many examples, the weaknesses of legal interventions and the difficulties produced by criminal law as long as culture is reified. The example of forced marriage reveals that specialized legal regulation does not necessarily improve the situation for

14 ___ In FEMCIT these difficulties can be discussed in comparison with the experiences gained from gender and diversity mainstreaming as examples of one top-down and one bottom-up measurement.

the women concerned, in particular when the application of the law includes punishment of close relatives, exposes vulnerable persons to the public, or forces them to leave their families.

Ayelet Shachar's notion of the "paradox of multicultural vulnerability" (2000, 2001) refers to the question of how to accommodate groups and simultaneously assure freedom and equality of individuals. Her suggestion of a "joined government" aims to outline an innovative way of dividing and sharing jurisdictional authority. The idea is based on concepts of differentiated citizenship, and focuses on the potential of legal institutions to distribute rights, authority and social costs in multicultural states. Women and vulnerable persons are often forced to choose between their "culture" and their "rights". The members of a nomos-group[15] share a comprehensive world-view that enables them to create a law for the community including a unique history and collective memory, a distinct culture, a set of social norms, customs and traditions or perhaps an experience of maltreatment by mainstream society or oppression by the state, all will give rise to a set of group-specific rules or practices (Shachar 2001: 2).

Against this backdrop, individuals should thus be offered an opportunity to claim their rights beyond their nomos-group without being forced to opt out of their group. By offering vulnerable persons a second choice, Shachar simultaneously introduces a transformative instrument, since nomos-groups may come under pressure if too many individuals do not feel sufficiently represented by their own group and choose the law of the state. Although nomos-groups are presented as rather strict entities that demand loyalty, it is possible for individuals to be members of different groups at the same time.

This approach of transformative accommodation simultaneously addresses the recognition of groups and the acknowledgement of their possibly injurious effects on some of their members; it also brings state, individuals and groups together in a legal dialogue. Local religious and universal secularist advocates alike tend to avoid this kind of challenge. Shachar's contribution can be seen as defining legal interventions with deliberative effects.

Third ways: contexts and deliberation

Some suggest "third ways" (Deckha 2004; Reitman 2005) between liberal claims for state regulation and post-colonial rejection of the whole debate as ethnocentric and stigmatizing, which nevertheless does not offer solutions to the social problem: namely the protection of women from culturally legitimized violence. Sawitri Saharso recognizes the potential tensions between feminism and multiculturalism from her Dutch perspective but provides extensive contextualization

15 __ The nomos of minority groups is "the normative universe in which law and cultural narrative are inseparably related" (Shachar 2001: 2).

instead of simply opposing the two positions. The weaknesses of general judicial arguments and the dispute over feminism and multiculturalism cannot, according to Saharso, be settled theoretically but have to be investigated in the
context of empirical "cases". Results of her contextual approach towards different controversial examples such as veiling, hymen repair (2003) and sex selec-
tive abortion (2005) suggest that the practices investigated can be justified from
a feminist perspective and are consonant with feminist concerns in the Dutch
context. She thus shows the overstatement of the incompatibility of or contra-
dictions between feminism and multiculturalism by stressing different positions *within* feminism itself, namely equal rights and self-determination. Saharso
successfully mediates between the extreme versions of positions within the
feminist versus multicultural debate and calls for sensitive accommodation of
self-determined practices.

In her paper on the 'Dilemmas of gender and culture', Anne Phillips (2005)
contrasts the liberal-judicial (with a stress on gender equality by feminists) and
democratic-deliberative (with a feminist stress on deliberation not only between
but also within minoritized groups) approaches. She suggests a third position
that is able to understand the "multicultural paradox" or the "minorities within
minorities" conundrum as specifically political and contextual, and she rejects
that cultures are entities with equal moral worth. Similar to Saharso, the political contexts become crucial for Phillips.

From the perspective of the political activist, the question of what is ethi-
cally just cannot be so easily detached from judgements about the effects of
one's actions, and when there is reason to think that these will be at odds with
the original intentions, it can be an abdication of political responsibility not to
take this into account. In my view, it is in this, rather than "deep disagreement",
that many of the dilemmas of multiculturalism lie (Phillips 2005: 118).

Phillips refers to the example of a feminist organization that had to call for
a certain man to be banned from the EU in order to protect a woman from forced
marriage. These political activists' decisions were controversial and caused a
dilemma between either criticizing immigration policy or protecting women's
rights. Some organizations tackling violence against women decided to give up
their former claim for free access to the EU as a result of their decision to protect
women against violence. In light of this example and its consequences, the point
needs to be made that the simultaneous questions of equality of gender and of
equality of cultures are not mutually exclusive but instead are totally inter-
twined. There is no culture independent from its gender system, and no culture
can be separated discretely from other cultures (see below on cultural remedies).
Problems arise from the requirement that measures be found that do not de-
value and discriminate against minoritized groups and thus harm women
among these minorities. "The key problems, to put it in another way, may be
those that arise from the perspective of the political activist rather than that of

the constitutional lawyer, or even the deliberative democrat" (Phillips 2005: 134). The political activist's decisions represent the real dilemmas of multicultural societies rather than the challenges described as "deep disagreements" between cultural values. The problem is less with "clash of cultures" per se and more with the decisions made and actions taken to deal with cultural differences.

Monique Deveaux and Bhikhu Parekh recommend the engagement in public debates between diverse dominant and minoritized groups. The deliberation process is meant to increase mutual knowledge and by way of this understanding to facilitate transformation within ethnic or religious groups. However, the need to select spokespeople for negotiations shapes the representation of groups, their claims and their cultures. Spokespeople potentially have their own agendas as representatives of groups[16] and support rather essentialized versions of culture instead of encouraging cultural transformation for the benefit of dissidents or marginal members of their group. Deliberation, like autonomy and exit, requires awareness and recognition of different (meaningful) options, the ability and freedom to communicate them in consultations, and thus it places much responsibility for change on the victims' shoulders. Deveaux's (2005) suggestion of deliberation is nonetheless a useful starting point in that it facilitates some initial, acceptable compromises that go some way to preventing harm and cultural devaluation and it makes space for ethnic, religious and feminist viewpoints as well as positions of dissent.

The right to "exit" and obstacles to it in practice

Being able to choose to leave a group (associations or minoritized ascriptive groups alike) if that group does not meet its members' expectations or is restricting some members' freedom in inadmissible ways seems to be a very convincing and necessary option for dissenters and weak members of society. Exit can thus protect against injustice within the group by making leaving the unjust environment possible (Reitman 2005: 192). In other words, those members of a group who are not able to transform disturbing, dominant structures will benefit from having the option "to go". Some radical multiculturalists see the right to exit as the single most, necessary intervention of the state into ethnic, religious or other minoritized groups (Kukathas 2002). Exit could, from their point of view, even be perceived as a possible contributing factor in transformation, in cases where many people leave a group (as in the option of a different jurisdiction as suggested by Shachar). The right to exit in this way could even increase opportunities to influence dominant structures. Yet, there are some

16 __ Phillips' account of group representation stresses the fact that representatives are not linked with a certain group and thus not obliged to focus on that group's interests (Phillips 2007).

obstacles: for various reasons, giving a platform to dissenting or marginal voices does not necessarily change the situation for those who stay in the minoritized group, and exit imposes all the social and material costs on the drop-out. Furthermore, those who remain may not be consenting, since the decision to stay may show the will to bring transformation "from within".

One of the difficulties of exit is its liberal misrepresentation as an isolated and individual decision of an autonomous member of a religious or ethnic group at a certain point in his or her life; whereas in reality it involves often dependant minors, with few skills and material resources, often embroiled in the process of leaving not an anonymous group but a beloved family or neighbourhood (Shachar 2001; Okin 2005; Markom/Rössl 2008). Without any doubt, minoritized groups should grant the right to exit to their members, but it is obviously more difficult for weak, poor or dependant members of a society to make use of this option.

Nonetheless, the relation between minoritized groups and the dominant surrounding society, expected reactions to the exit as well as potential allies within the own group will heavily influence whether exit is either facilitated or prevented. Women, often seen as the symbol of dignity and difference, will have to deal individually with the burden as well as the (material, intrinsic and associated) costs (Barry 2001: 150) of the neglect towards the vulnerable individual caused by unequal opportunity structures. The lack of protection afforded by his or her own family or group in a discriminatory environment can worsen living and working conditions for the exiter. The debate on exit thus has to evaluate all kinds of psychological, social and material costs, find solutions and take into account actual obstacles instead of hypothetical options. The ongoing retreat from multiculturalism and the increasing pressure on Muslims to integrate, I suspect, diminish options for vulnerable individuals (in particular of Muslim background) instead of offering a "realistic right to exit" (Okin 2005).

We conclude that exit is necessary but by no means sufficient. Emotional, social and material costs have to be compensated by the state, and thus exit needs legal regulation as well as social and material support, and responsibility for it cannot be left solely to individuals. Exit needs all the same prerequisites as autonomy as defined by Marilyn Friedman (2003): material resources such as accommodation and provisions, and opportunities for individuals to reflect on the consequences of certain decisions and to choose between them relatively free from coercion.

Yet, there is another problem caused by "the right to exit", which could be considered as that of cultural permeability. If "cultures" are not strictly separated and individuals cannot be tagged as members of them, and if people leave situations and families rather than cultures, why is it still "culture" that is puzzling us so much in the debates on multicultural accommodation?

[…]

Beyond "minorities within minorities": tracing the potential of FEMCIT

At a time when many public commentators are turning against multiculturalism in response to fears about militant Islam, immigration or social cohesion, many post-colonial, liberal and multicultural feminists are trying to find ways to reconcile minorities' (ethnic, religious, sexual) and women's shared or similar concerns about equality, self-determination and protection from discrimination, exclusion and violence. The necessity of a combined awareness of the needs of vulnerable individuals and minoritized groups in an increasingly culturally and socially anxious environment has been stressed again and again by feminists in their comparison of migration policies and legal regulations of violence against women across the EU.

It is also useful to ask whose agendas are served by the new focus on violence against minority women. In some cases there are legitimate concerns that women's rights are being exploited by an anti-immigration or Islamophobic agenda. This puts minority women's organisations in a difficult position in combining criticism of restrictive immigration policies with support for the commitment to protect women from violence (Dustin 2006: 33).

Tariq Modood, one of the world's leading authorities on multiculturalism, has recently provided a distinctive contribution to these debates. He contends that the rise of Islamic terrorism has neither discredited multiculturalism nor heralded a clash of civilizations. Instead, it has highlighted a central challenge for the twenty-first century: "the urgent need to include Muslims in contemporary conceptions of democratic citizenship" (Modood 2007). Both multicultural accommodation and gender equality thus cannot be the task of the state alone but must be shared across different sectors of civil society.

[...]

Main Contributions

Baumann, Gerd (1999) *The Multicultural Riddle*. The Multicultural Riddle: Rethinking National, Ethnic and Religious Identities, New York: Routledge.

Grillo, Ralph D. (2003) "Cultural Essentialism and Cultural Anxiety", *Anthropological Theory* 3(2), 157–173.

Sauer, Birgit and Sabine Strasser (eds.) (2008) *Zwangsfreiheiten. Feminismus und Multikulturalismus*, Wien: Promedia (in press).

Okin, Susan M. (1999) *Is Multiculturalism Bad for Women?*, Princeton: Princeton University Press.

Phillips, Anne (2007) *Multiculturalism without Culture*, Princeton: Princeton University Press.

References

Appadurai, Arjun (1996) *Modernity at Large*, Minneapolis, London: University of Minnesota Press.

Ateş, Seyran (2007) *Der Multikulti-Irrtum. Wie wir in Deutschland besser Zusammenleben können*, Berlin: Uhlstein.

Barry, Brian (2001) *Culture and Equality*, Cambridge, Massachusetts: Harvard University Press.

Bauböck, Rainer (1994) *Transnational Citizenship. Membership and Rights in International Migration*, Aldershot: Edward Elgar.

Bauböck, Rainer (2007) Political Boundaries in a Multilevel Democracy, in Seyla Benhabib and Ian Shapiro (eds.) *Identities, Affiliations and Allegiances*, Cambridge: Cambridge University Press, 85–109.

Bredal, Anja (2005) Tackling Forced Marriages in the Nordic Countries: Between Women's Rights and Immigration Control, in Lynn Welchman and Sara Hossain (eds.) *'Honour' – Crimes, Paradigms and Violence Against Women*, London: Zed Books, 332–353.

Deckha, Maneesha (2004) "Is Culture Taboo? Feminism, Intersectionality, and Culture Talk in Law", *CJWL/RFD* 16, 14–53.

Deveaux, Monique (2000) *Cultural Pluralism and Dilemmas of Justice*, Ithaca, London: Cornell University Press.

Deveaux, Monique (2005) "A Deliberative Approach to Conflicts of Culture", in Avigail Eisenberg and Jeff Spinner-Halev (eds.) *Minorities within Minorities*. Cambridge: Cambridge University Press, 340–362.

Dustin, Moira (2006) "Gender Equality, Cultural Diversity: European Comparisons and Lessons", The London School of Economics and Political Science, Gender Institute, The Nuffield Foundation. Retrieved from *www.lse.ac.uk/collections/genderInstitute/NuffieldReport_final.pdf* (2 May, 2008).

Eisenberg, Avigail and Jeff Spinner-Halev (eds.) (2005) *Minorities within Minorities: Equality, Rights and Diversity*, Cambridge: Cambridge University Press.

Fekete, Liz (2004) "Anti Muslim Racism and the European Security State", *Race & Class* 46(1), 3–29.

Friedman, Jonathan (2003) Globalization, Dis-integration, Re-organisation, in Jonathan Friedman (ed.) *Globalization, the State, and Violence*, Walnut Creek, Calif.: AltaMira, 1–34.

Friedman, Marilyn (2003) *Autonomy, Gender, Politics*, Oxford: Oxford University Press.

Glazer, Nathan (1997) *We Are All Multiculturalists Now*, Cambridge: Harvard University Press.

Gullestad, Marianne (2004) "Blind Slaves of our prejudices: Debating 'Culture' and 'Race' in Norway", *Ethnos* 69(2), 177–203.

Holzleithner, Elisabeth and Sabine Strasser (2006) "Troublesome Issues: Current Debates on Tensions between Gender Equality and Cultural Diversity in Austria", Working paper. Retrieved from *www.univie.ac.at/NODE-CMC* (25 May, 2008).

Joppke, Christian (2003) The Retreat of Multiculturalism in the Liberal State: Theory and Practice, *The British Journal of Sociology* 55, 237–257.

Kelek, Necla (2005) *Die fremde Braut. Ein Bericht aus dem Inneren des türkischen Lebens in Deutschland*, Köln: Kiepenhauer & Witsch.

Klinger, Cornelia (2003) "Ungleichheit in den Verhältnissen von Klasse, Rasse und Geschlecht", in Gudrun-Axeli Knapp and Angelika Wetterer (eds.) *Achsen der Differenz. Gesellschaftstheorie und feministische Kritik II*, Münster: Westfälisches Dampfboot, 14–48.

Kukathas, Chandran (2002) Exit, Freedom and Gender. Retrieved from *www.princeton.edu/values/whatsnew/Kukathas.pdf* (14 April, 2007).

Kymlicka, Will (1995) *Multicultural Citizenship: A Liberal Theory of Minority Rights*, Oxford: Oxford University Press.

Kymlicka, Will (1998) "Liberal Culturalism: An Emerging Consensus?", *Ethical Theory and Moral Practice* 1(2), 143–157, introduction to a special issue on "Nationalism, Multiculturalism and Liberal Democracy".

Kymlicka, Will and Wayne Norman (1994) "Return of the Citizen: A Survey of Recent Work on Citizenship Theory", *Ethics* 104(2), 352–381.

Lister, Ruth (1997) Citizenship and Gender, in K. Nash and Alan Scott (eds.) *The Blackwell Companion to Political Sociology*, Oxford: Blackwell, 323–332.

Markom, Christa and Ines Rössl (2008) Exit-Möglichkeiten in Theorie und Praxis: Bedingungen für Ausstiegsmöglichkeiten am Beispiel von Zwangsverheiratungen, in Birgit Sauer and Sabine Strasser (eds.) *Zwangsfreiheiten. Feminismus und Multikulturalismus*, Wien: Promedia (in press).

Modood, Tariq (2007) *Multiculturalism. A Civic Idea*, Cambridge: Polity Press.

Mohanty, Chandra T. (1988) Under Western Eyes: Feminist Scholarship and Colonial Discourses, *Feminist Review* 30, 61–88.

Moore, Henrietta (1994) *A Passion for Difference. Essays in Anthropology and Gender*, Cambridge: Polity Press.

Narayan, Uma (1997) *Dislocating Cultures: Identities, Traditions, and Third World Feminism*, New York, London: Routledge.

Okin, Susan M. (1997) Is Multiculturalism Bad for Women? Boston Review, A Political and Literary Forum. Retrieved from *www.bostonreview.net/BR22.5/okin.html* (May 25, 2008).

Okin, Susan (2005) Multiculturalism and feminism: no simple question, no simple answers, in Avigail Eisenberg and Jeff Spinner-Halev (eds.) *Minorities within Minorities. Minority, Rights and Equality*, Cambridge: Cambridge University Press, 67–89.

Ongan, Gamze (2008) Zuschreiben oder ernsthaftes Bekämpfen: Zwangsverheiratung aus der Perspektive der Bildungs-, Beratungs- und Therapieeinrichtung Peregrina, in Birgit Sauer and Sabine Strasser (eds.) *Zwangsfreiheiten. Feminismus und Multikulturalismus*, Wien: Promedia (in press).

Parekh, Bhikhu (2000) *Rethinking Multiculturalism: Cultural Diversity and Political Theory*, Cambridge, Massachusetts: Harvard University Press.

Phillips, Anne (2005) "Dilemmas of Gender and Culture: The Judge, the Democrat and the Political Activist", in Avigail Eisenberg and Jeff Spinner-Halev (eds.) *Minorities within Minorities. Minority, Rights and Equality*, Cambridge: Cambridge University Press, 113–134.

Phillips, Anne and Moira Dustin (2004) UK Initiatives on Forced Marriage: Regulation, Dialogue and Exit, *Political Studies* 52, 531–551.

Razack, Sherene (2004) Imperilled Muslim Women, Dangerous Muslim Men and Civilized Europeans: Legal and Social Responses to Forced Marriages, *Feminist Legal Studies* 12(2), 129–174.

Reitman, Oonagh (2005) "Multiculturalism and Feminism: Incompatibility, Compatibility, or Synonymity?" *Ethnicities* 5(2), 216–247.

Saharso, Sawitri (2003) Culture, Tolerance and Gender: A Contribution from the Netherlands, *European Journal of Women's Studies* 10(1), 7–27.

Saharso, Sawitri (2005) Sex-selective abortion. *Gender, culture and Dutch public policy Ethnicity* 5(2), 248–281.

Saharso, Sawitri (2008): Gibt es einen multikulturellen Feminismus? Ansätze zwischen Universalismus und Anti-Essentialismus, in Birgit Sauer and Sabine Strasser (eds.) *Zwangsfreiheiten. Feminismus und Multikulturalismus*, Wien: Promedia (in press).

Scheffer, Paul (2001): Das multikulturelle Drama, *Frankfurter Allgemeine Zeitung*, 21. 7. 2001, 1–2 [first published as 'Het multiculturele drama' in NRC *Handelsblad*, 29. 1. 2000].

Shachar, Ayelet (2000) On Citizenship and Multicultural Vulnerability, *Political Theory* 28, 64–89.

Shachar, Ayalet (2001) *Multicultural Jurisdictions. Cultural Differences and Women's Rights*, Cambridge: Cambridge University Press.

Strasser, Sabine (2008) „Ist doch Kultur an allem Schuld? Ehre und kulturelles Unbehagen in den Debatten um Gleichheit und Diversität", in Birgit Sauer and Sabine Strasser (eds.) *Zwangsfreiheiten. Feminismus und Multikulturalismus,* Wien: Promedia (in press).

Tibi, Bassam (1998) *Europa ohne Identität? Die Krise der multikulturellen Gesellschaft,* München: Bertelsmann.

Toubia, Nahid (1995) *Female Genital Mutilation: A Call for Global Action.* New York, NY: RAINBOW.

Volpp, Leti (2001) Feminism versus multiculturalism, *Columbia Law Review* 101(5), 1181–1218.

Wikan, Unni (2002) *Generous Betrayal: Politics of Culture in the New Europe,* Chicago: University of Chicago Press.

Young, Iris Marion (1990) *Justice and the Politics of Difference,* Princeton: Princeton University Press.

Yuval-Davis, Nira (1997) *Gender and Nation,* London: Sage.

Yuval-Davis, Nira (2002) "Intersectionality, Citizenship and Contemporary Politics of Belonging", CRISPP *(Contemporary Review of International Social and Political Philosophy),* special issue on "Contesting Citizenship".

Žižek, Slavoj (1997) Multiculturalism, or, the Cultural Logic of Multinational Capitalism, *New Left Review* I/225, September–October 1997, 37–41.

Stefan Krist und Margit Wolfsberger

10 Identität, Heimat, Zugehörigkeit, Remigration

> vom vom zum zum
> vom zum zum vom
>
> von vom zu vom
>
> vom vom zum zum
>
> von zum zu zum
>
> vom zum zum vom
> vom vom zum zum
>
> und zurück
>
> *Ernst Jandl „wanderung"* [1]

Einleitung

Die vier Begriffe und damit die vier Phänomene, die diese beschreiben und um die es in diesem Beitrag geht, sind in der Überschrift in einer auf den ersten Blick „logischen" Abfolge aufgezählt. Sie sind aber in der gleichen Weise, wie es Ernst Jandl in dem diesem Beitrag als Motto vorangestellten Gedicht so treffend auszudrücken gelingt, variabel und in praktisch jeder kombinatorisch möglichen Weise miteinander verknüpft. Es ist also eine nur scheinbar einfache, in Wahrheit aber sehr komplexe „Wanderung", zu der wir uns hier aufmachen. Sie wird durch Begriffs- und Rezeptionsgeschichten führen und dabei zum Teil unwegsames Gelände streifen, zuletzt aber einen klaren Blick auf die Bedeutungen und Möglichkeiten von Forschung in diesem Bereich eröffnen und Fragen zur weiteren Beschäftigung mit Identität, Heimat, Zugehörigkeit und Remigration aufwerfen.

Identität ist ein Krisenbegriff, der dann virulent wird, wenn „selbstverständliches Handeln und die vorhandenen Struktur- und Rahmenbedingungen dafür irritiert werden" (Riegler 2005: 15). Durch Migration können diese Irritationen verursacht werden und zu Fragen nach der persönlichen und kollektiven Identität führen. Im folgenden Beitrag werden nach einer kurzen Begriffsklärung von „Identität" theoretische Überlegungen zu Heimat und Zugehörigkeit vorgestellt und schließlich anhand der Thematik Remigration theoretische Forschungsstränge sowie methodische Überlegungen verdichtet und an einigen Fallbeispielen kurz illustriert. Besonderes Augenmerk wurde bei der Auswahl

---

1 —— Ernst Jandl, poetische Werke, hrsg. von Klaus Siblewski, © 1997 by Luchterhand Literaturverlag, München, in der Verlagsgruppe Random House GmbH.

aus den vielen theoretischen Konzepten zu „Identität" darauf gelegt, jene vorzustellen, die im deutschsprachigen Raum und hier vor allem in Wien gelehrt und
verwendet werden. Die hohe Dichte an Migrationsforschenden in Wien bedingt
aber, dass hier nur schlaglichtartig auf einzelne Forschungsansätze Bezug genommen werden kann.

Begriffsfindung Identität

> Places are no longer the clear supports of our identity.
> *Morley/Robins* 1993: 5

Gingrich konstatiert in seinem Überblicksartikel zu ‚Kulturellen Identitäten zu
Beginn des 21. Jahrhunderts', dass der Begriff „Identität" innerhalb der der Kul-
tur- und Sozialanthropologie vorangegangenen Ethnologie „keine besonders
ausgeprägte interdisziplinäre Begriffsgeschichte" aufwies (Gingrich 2005: 32). In
den 1950er-Jahren wurde der Begriff innerhalb der sozialwissenschaftlichen Forschung zwar verwendet, er wurde dabei aber aus der Psychologie und vor allem
von den Arbeiten Eriksons übernommen und führte zur Etablierung einer stark
kulturrelativistisch geprägten Sichtweise. Die Verknüpfung dieses „Identitäts-
ansatzes" in den 1970er-Jahren mit philosophischen Konzeptionen führte zu
einer Differenzierung des Begriffs. Nun wurde offenkundig, dass

> Identität erstens eine subjektzentrierte Dimension hat, die nicht nur
> persönliche [wie bei Erikson behauptet; die Verf.], sondern jedenfalls
> auch kollektive und kulturelle Identitäten impliziert, und dass Identi-
> tät zweitens in ihrer relationalen Dimension nicht dasselbe ausspricht
> wie die Einheit von Unterschiedlichem. (Gingrich 2005: 34)

Letzteres Merkmal von Identität erklärt Gingrich mit Bezug auf Godelier anhand
folgenden Beispiels: „Täter und Opfer bilden z. B. im Prozess der Tat und deren Umfeld sehr wohl eine widersprüchliche ‚Einheit'. Aber daraus ergibt sich nicht a
priori oder zwingend irgendeine gemeinsame Identität zwischen ihnen." (Gingrich
2005: 34)

Wichtige Forschungsrichtungen innerhalb und außerhalb der Kultur- und
Sozialanthropologie haben den Identitätsbegriff erweitert und geschärft. Gingrich
verweist hier auf Beiträge der feministischen Anthropologie, vor allem auf jene
von Strasser, die für einen Identitätsbegriff plädiert, der multiple wie auch kontradiktorische Subjektpositionen umfasst. Unter multiplen Positionen versteht
man, dass eine Person oder eine Gruppe mehrere relevante Identitäten aufweist,
von kontradiktorischen Positionen spricht man, wenn eine Person sowohl hegemoniale als auch minoritäre Positionen ausfüllt, wie beispielsweise eine weiße

Person mit gutem Einkommen, die lesbisch ist (vgl. Strasser 2001, zit. nach: Gingrich 2005: 36).

Grossberg spezifiziert mit seiner Kritik an den *Cultural Studies* den Identitätsbegriff in der Kultur- und Sozialanthropologie weiter, indem er „Differenz" nur als „eine von mehreren integralen Dimensionen von Identität" ansieht und betont, dass Identität neben Differenz auch eine „Dimension von Zugehörigkeit" umfasst (Grossberg 1996, zit. nach: Gingrich 2005: 38).

Besonders die Forschungsergebnisse von Strathern betonen schließlich den sozialen Aspekt der Konstruktion von persönlicher Identität. Sie sieht persönliche Identitäten in Interaktion mit „sozialen Praktiken, Kontexten und Verbindungen" und verortet all dies in einer Sphäre, wo ebenso „Dienstleistungen, Geschenke, Informationen, Waren usw." zirkulieren. Von Strathern stammt auch die Unterscheidung zwischen *individueller* und *persönlicher* Identität, wobei Erstere ein im westlichen Weltbild verankerter Begriff ist, während *Person* auch einen „andere[n] als den westlich-globalisierenden Begriff von Individuum" umfasst (Gingrich 2005: 39 f.).

Zusammenfassend kommt Gingrich daher zu folgender Definition von Identität, die wir als Ausgangspunkt für unsere Ausführungen nehmen möchten:

„Identität meint kollektive und persönliche, multiple und kontradiktorische Subjektivitäten und Subjektbewegungen, die sowohl ‚Unterschiede zu Anderen' wie ‚Dazugehören zu Ähnlichen' einschließt" (Gingrich 2005: 40). Unterschiedliche stets in Veränderung befindliche Teilidentitäten sind mehrfach in unterschiedlichen Dimensionen verwoben.

> Die Mehrdimensionalität umfasst dabei stets fluide Teilidentitäten. Diese konstituieren sich einerseits im Wechselspiel von Fremd- mit einem hohen Maß an Eigenzuschreibungen. Letztere umfassen sowohl kognitive wie affektive und emotionale Inhalte. Andererseits artikuliert sich dies stets in sozialen Kontexten und partiellen Verbindungen, die mit den Gesamtfeldern von sozialer Interaktion und Zirkulation verwoben sind. (Gingrich 2005: 40)

Diese Erkenntnisse zur (Aus-)Bildung von Identität sind keine migrationsspezifischen, sondern vielmehr allgemeingültige Elemente. Im Folgenden sollen daher Überlegungen zu Identität im Kontext der Migrationsforschung speziell berücksichtigt werden.

Identität und Migration

Durch Globalisierung werden territorial begrenzte kollektive Identitäten in Frage gestellt und es findet eine Verschiebung zu grenzüberschreitenden Selbstidentifikationen statt. „Migration verknüpft kulturelle Orientierungen zu transkulturellen Räumen" (Sting 2006: 45). Dadurch nehmen kollektive Identifikationsmuster neue Formen an. MigrationsforscherInnen betonen schon länger die Fluidität, Hybridität und Pluralität von kulturellen und kollektiven Identitäten. Essentialistische Konzepte von Identität wurden obsolet, konstruktivistische Konzepte konnten in Migrationskontexten eher Erklärungsmodelle anbieten. Die Sozial- und Kulturanthropologie geht heute davon aus, dass Kulturen in sich komplex und vielfältig sind und sich vormals weitgehend eindimensional gedachte und als kulturelle Selbstverständlichkeiten konzipierte Identitätskonzepte weitgehend aufgelöst haben. Alle Mitglieder einer Gesellschaft – nicht nur MigrantInnen – konstruieren sich ihre Identität(en). Diese Freiräume können auf verschiedene Art und Weise genutzt werden: zum einen für „eine freiere Gestaltung von Zugehörigkeitsmustern", aber es kann darauf auch mit einer „Hinwendung zu starken kollektiven Identitäten wie Ethnizität, Nation oder Religion" reagiert werden (Sting 2006: 46). Sting führt zu Recht an, dass Gegentendenzen zu dieser anfangs zu oft als konfliktfrei gedachten Konzeption von Transkulturalität, nämlich kollektive (regionale, nationale) Abgrenzung und Separierung sowie (religiöser) Fundamentalismus, mehr Aufmerksamkeit und genauer Analyse bedürfen.

Bei dieser nun weitgehend allgemein anerkannten konstruktivistischen Konzeption von Identitäten ist zu beachten, dass diese wiewohl konstruiert nichtsdestotrotz wirklich und vor allem wirksam sind. Bausinger bezeichnet dies als „Placeboeffekt". Er bezieht es auf Ethnizität, die er nach Weber auch als „geglaubte Gemeinsamkeit" beschreibt (Bausinger 1999: 36). Anderson geht in seinem Konzept der *Imagined Communities* ebenfalls davon aus, dass Nationen sozial konstruiert sind und von den Mitgliedern dieser Gruppe imaginiert werden (vgl. Anderson 1988). Bausinger hält fest, dass „eine ethnische Einheit auch dort gesehen werden kann, wo die objektiven Gemeinsamkeiten gering sind", und man anerkennen muss, dass „die für real gehaltenen irrealen Vorstellungen Realität sind und Wirkungen verursachen" (Bausinger 1999: 37 f.). Es kann beobachtet werden, dass je weniger objektive Identitätsmarker wie etwa gemeinsame Sprache, Religion, Geschichte, Kleider und Verhaltensnormen etc. innerhalb einer Gruppe vorhanden sind, umso mehr „Stereotypien" produziert und reproduziert werden, um eine eigenständige, sich von anderen abgrenzende Identität konstruieren und/oder aufrechterhalten zu können (vgl. Schippers 2000: 486). Die Formierung einer ethnischen oder auch nationalen Identität im Sinne einer kulturellen Einheitlichkeit ist nämlich häufig auch eine bewusste politische Strategie der Vereinheitlichung (vgl. Bausinger 1999: 35). Das Vereinheitlichende innerhalb einer (konstruierten) Gruppe und das Abgrenzende zu (dadurch definierten) Anderen wird ausgewählt und gefördert, während das Differenzierende innerhalb der Gruppe und das Gemeinsame oder Ähnliche mit Anderen marginalisiert wird, um bewusst Grenzen zu ziehen und diese in den Identitäten der Gruppe zu verfestigen (vgl. Tschernokosheva 1998: 111 f.).

Hier setzt auch Sting an, der für die Analyse dieser Prozesse die Theorie des kulturellen Gedächtnisses nach Halbwachs verwendet:

> Eine Möglichkeit, die Befangenheit in territorial begrenzten kulturellen Orientierungen in Situationen der Transkulturalität zu thematisieren, ohne dem kulturellen Essentialismus zu verfallen, stellt meiner Ansicht nach das Konzept des kollektiven und des kulturellen Gedächtnisses dar. (Sting 2006: 47)

Laut Halbwachs hinterlässt das soziale Milieu Spuren in unserem Bewusstsein, es prägt unsere Wahrnehmung, unser Denken, Fühlen und Erinnern und trägt dadurch zur kollektiven Identitätsbildung bei. Dies ist aber ein dynamischer Prozess und, wie jegliche Gedächtnisprozesse, zeitlich beschränkt. Längerfristig ist es das „kulturelle Gedächtnis", das durch Texte, Riten, Denkmäler, Institutionen, Kommunikationsformen etc. „Erinnerungsfiguren" festhält. Es ist dynamisch, aber stark von den herrschenden (Macht-)Strukturen abhängig. Durch Veränderungen des sozialen Milieus und der gesellschaftlichen (Macht-)Verhältnisse kommt es zu Gedächtnisverschiebungen. Für MigrantInnen bedeutet dies laut Sting, dass ihre Gedächtnisverschiebungen in Situationen der Transkulturalität stark durch Marginalisierung und Machtlosigkeit im Auswanderungsland geprägt werden (vgl. Sting 2006: 48).

Für eine tiefere Einsicht in Migrationsprozesse, in welcher Weise diese von Menschen gestaltet werden und wie sie wiederum Lebensweisen und Orientierungen formen, ist es notwendig, zugrunde liegende, in Bewegung und ständiger Aushandlung befindliche, Machtstrukturen zu lokalisieren und zu interpretieren. Eine Herangehensweise dazu wird im folgenden Abschnitt kurz dargestellt.

Grammars of Identity/Alterity

Um besser auf die spezifisch im Hinblick auf Migration relevanten Aspekte von Heimat und Zugehörigkeit eingehen zu können, möchten wir zuvor noch ein derzeit sehr häufig angewandtes Analysemodell für die Unterscheidung und Systematisierung von Identitätsprozessen unter Berücksichtigung von Machtstrukturen vorstellen. Es handelt sich dabei um die ‚Grammars of Identity/Alterity' nach Baumann und Gingrich, wobei wir die Bezeichnung *Grammars* im Sinne von Baumann als „classificatory structures or classificatory schemata" auch im deutschen Text verwenden (vgl. Baumann/Gingrich 2004: IX). *Identity* wird hier im Sinne von Gleichheit (Identisch-Sein) und als Gegensatz zu *Alterity* – Andersartigkeit – verwendet. Die Funktion der Grammars besteht in ihrem Potential „to distinguish and systematize three different ways of performing selfings and otherings" (Baumann 2004: 27) bis hin zum Vergleich dieser verschiedenen Strategien miteinander. Es handelt sich dabei um „the grammar of orientalization", „the grammar of segmentation" und „the grammar of encompassment" (Baumann 2004: 19; Baumann nimmt hier Anleihen bei Said 1978, Evans-Pritchard 1940 und Dumont 1980).

Die erste Grammar – *Orientalization* nach E. Said – konstruiert den Anderen als gegensätzliches Spiegelbild: „[...] the grammar of orientalizing the other is thus an operation of reverse mirror-imaging: selfing and othering condition each other in that both positive and negative characteristics are made to mirror each other in reverse" (Baumann 2004: 21). Dieser Prozess ist nicht nur eine simple einseitige Zuschreibung von negativen Aspekten an eine Gruppe von Anderen, sondern es werden vielmehr den Anderen nicht selten auch jene Anteile der Identität zugesprochen, die im Eigenen vermisst werden oder abgetrennt wurden. „Far from being a stupid reversal, the grammar of orientalism can implicate self-critique, albeit under the auspices of a selfinvented other" (Baumann 2004: 20 f.). Die Macht der Definition – auch eines Anderen mit attraktiven, begehrten Attributen – verbleibt dabei aber bei einer, nämlich der eigenen Gruppe.

Die zweite Grammar – *Segmentation* nach Evans-Pritchard – unterscheidet Gruppen *kontextabhängig* in Eigene und Andere. „The second grammar, segmentation, works by context-dependent and hence sliding scales of selfings and otherings among parties conceived as formally equal" (Baumann/Gingrich 2004: X). Unterschiede, die auf einem niedrigeren Level zwischen Wir- und Sie-Gruppen gezogen werden, sind auf höheren Levels unwesentlich und werden durch anlassbezogene Zusammenschlüsse temporär aufgehoben. Ein häufig zu beobachtendes Beispiel sind hier die Fans von Sportvereinen, die auf lokaler Ebene gegeneinander stehen, während sie sich bei einem nationalen Bewerb als eine gemeinsame Gruppe gegen eine andere Sie-Gruppe verstehen können. Baumann betont aber auch hier, dass es wiederum die Definitionsmacht einer Seite ist, die darüber entscheidet, auf welchem klassifikatorischen Level eine Gruppe von Anderen als GegnerInnen oder Verbündete gesehen wird (vgl. Baumann 2004: 22 f.).

Bei der dritten Grammar – *Encompassment* (Einschließung) nach Dumont – wird ein Teil einer potentiellen Gruppe von Anderen in die Gruppe der Eigenen aufgenommen, allerdings um den Preis, dass ein Teil der Anderen ausgeschlossen bleibt, die Einschließung auf einer einseitigen Machtausübung basiert und eine Assimilation von den „Hineingenommenen" gefordert wird. „The third, the grammar of encompassment, works by a hierarchized sub-inclusion of others who are thought, from a higher level of abstraction, to be really ,part of us'. It thus includes some others, but never all others, and it tends to minimize the otherness of those it includes" (Baumann/Gingrich 2004: Xf.). Hier zeigt sich, was auch für die beiden anderen Grammars gilt, es muss neben zwei Gruppen auch immer noch eine dritte geben – die immer als die „Anderen" verbleiben (vgl. Baumann 2005: 38 ff.).

Dieses Konzept der drei Grammars ist ein Analysemodell, um verschiedene Möglichkeiten der Identitätsformierung und der Inklusion bzw. Exklusion von Gruppen zu unterscheiden. Diese „[...] social grammars offer a set of rules which allow otherings to be articulated" (Baumann/Gingrich 2004: XI) – ein im Kontext der Migrationsforschung praktikables Untersuchungsinstrument. Nach dieser kurzen Einführung zu Identität und Migration möchten wir uns nun spezifischen Aspekten dieses Themenfeldes, nämlich Heimat und Zugehörigkeit aus sozial- und kulturanthropologischer Sicht, zuwenden.

Heimat/en – *Home*

> Every country is home to one man
> And exile to another.
> *T. S. Eliot*

Viele Studien belegen, dass MigrantInnen und Flüchtlinge selbst ausgesprochen häufig mit dem Begriff „Heimat" operieren. Heimat/*Home/land* und Fremde/ *foreignness* sind zwei Aspekte menschlichen Lebens, die durch Bewegung/en bewusst und sowohl positiv als auch negativ wahrgenommen werden. Unbestritten ist, dass die Begriffe mehrdeutig sind und auch Gegensätzliches vereinen, was ihre Analyse nicht erleichtert. „[...],home' brings together memory and longing, the ideational, the affective and the physical, the spatial and the temporal, the local and the global, the positively evaluated and the negatively", meinen Rapport und Dawson (1998: 8) und nehmen damit vorweg, was Blickle für den deutschen Gebrauch des Wortes „Heimat" ebenfalls konstatiert:

> The German idea of Heimat [...] lies in interstitial spaces between disciplines and concepts. It enfolds the public with the private, the individual with the social, the self with nature, dream with reality, utopia with landscape; it seeks the preverbal in the verbal, the premodern in the modern, the noble peasant in the burgher, the inside in the outside. (Blickle 2002: 12)

Die Definitionsgeschichte des Begriffes Heimat/*Home* zeigt auch seinen sich ändernden Gebrauch innerhalb der Migrationsforschung. Besonders im Deutschen, aber nicht nur dort, ist das Wort Heimat eine emotional hoch aufgeladene und in der Forschung häufig ambivalent angesehene Konstruktion, deren Wirksamkeit dennoch unbestritten ist. Um den Begriff in der kultur- und sozialanthropologischen Forschung verwenden zu können, ist die Kenntnis seiner historischen Entwicklung insbesondere für das Erkennen eventueller eigener Blockaden als ForscherIn wichtig und hilfreich.

Der Begriff der „Heimat"

> Heimat ist Utopie. Am intensivsten wird sie erlebt, wenn man weg ist
> und sie einem fehlt; das eigentliche Heimatgefühl ist das Heimweh.
>
> *Schlink* 2000: 32

Das Wort „Heimat" (aus dem Althochdeutschen: *heimuoti*) bedeutete „Stamm-
sitz", „Gut", „Anwesen" (Bastian 1995: 20 ff.), wurde aber ursprünglich als Bezeichnung für den Himmel, das Jenseits, verwendet, während das Diesseits, die
irdische Welt, als *ellende* (Elend) bezeichnet wurde. Das Wort *ellende* bedeutete
ebenso „fremdes Land" oder „Verbannung". Dieser christliche Bedeutungs-
zusammenhang ist eine der Erklärungen für die nach wie vor starke positive
emotionale Bedeutung des Wortes „Heimat".

Das im 16. Jahrhundert im deutschsprachigen Raum eingeführte Heimatrecht
regelte die Zugehörigkeit eines Menschen, wobei über In- bzw. Exklusion durch
Besitz und Herkunft entschieden wurde (vgl. Bastian 1995: 101 ff.). Die Gemeinden hatten ein Interesse daran, die Verleihung des Heimatrechtes zögerlich zu
handhaben, da sie die sozialen Verpflichtungen gegenüber Armen fürchteten.
Als im Zuge der Industrialisierung immer mehr Menschen aus dem ländlichen
Raum in Städte abwanderten, wo sie kein Heimatrecht besaßen und somit von
sozialen Leistungen in Krisensituationen ausgeschlossen waren, kam es gegen
Ende des 19. Jahrhunderts zur Änderung des Heimatrechts – nun konnte man
nach zehn Jahren Aufenthalt in einer Gemeinde die Aufnahme in den Heimat-
verband erlangen. Im Nationalsozialismus wurde die Verbindung von „Heimat"
und „Vaterland" zugunsten der Unterdrückung der autonomen lokalen Bezüge
vorangetrieben und 1939 wurde das Heimatrecht endgültig aufgehoben. Der
Nationalsozialismus verknüpfte die Identifikationskategorie „Heimat" mit der
auf „Rasse" begründeten „Nation"; dadurch war und ist der Begriff im deutschen Sprachraum nachhaltig diskreditiert (vgl. Heilingsetzer 2004: 35). Außer
im Deutschen gibt es das Wort Heimat auch in verschiedenen slawischen und
romanischen Sprachen (vgl. Blickle 2002: 2). Im Englischen gibt es hingegen
keine adäquate Übersetzung des deutschen Begriffs „Heimat"; er wird – kontextabhängig – mit einer Reihe von Begriffen gleichgesetzt: „home, homeland,
fatherland, nation, nation-state, hometown, paradise, [...] native region, native
landscape, native soil, birthplace and homestead" (Blickle 2002: 4).

Der Ort der „Heimat"

Im Zuge der Globalisierungs- und Migrationsforschung in der Kultur- und Sozialanthropologie wurden Konzepte von Heimat/*Home* relevant, aber gegenüber
jenen der traditionellen „Heimatforschung" erweitert. Ausgehend von den Erfahrungen von MigrantInnen der 2. Generation in Deutschland findet Mecheril

Mitte der 1990er-Jahre verschiedene Modifikationen des Heimatverständnisses und der Ortsbezogenheit und stellt vier mögliche Konstruktionsstrategien für Heimat/*Home* auf: Egozentrierung (Wo ich bin, ist meine Heimat), Personalisierung (Wo meine Familie/Freunde sind, ist meine Heimat), Hedonisierung (Wo ich mich wohlfühle, ist meine Heimat) und Rationalisierung (Wo ich mit den herrschenden Werten konform gehe, ist meine Heimat). Heimat/*Home* wird somit vom Geburtsort entkoppelt, zeigt sich in vielfältiger Form, ist veränderlich und nicht lokal gebunden (vgl. Mecheril 1994: 71).

Durch die Einsicht in den strategischen Umgang von MigrantInnen mit Heimat/*Home* und der zunehmenden Durchsetzung der Transnationalismusforschung kommt es innerhalb der Migrationsforschung Anfang des 21. Jahrhunderts zur Annahme, dass Heimat ein „Verwurzelt-Sein" und Migration ein „Entwurzelt-Sein" impliziert. Ahmed et al. konstatieren, dass: „Being grounded is not necessarily about being fixed; being mobile is not necessarily about being detached" (Ahmed et al. 2003: 1). Im letzten Jahrzehnt wurden diese Gegensätze „Statik versus Veränderung" und „Anwesenheit versus Abwesenheit" als Analysekriterien verworfen und es wird vielmehr versucht „to address variegated texture of habitation and migration in transnational circuits of exchange and power" (Ahmed et al. 2003: 3). In der Analyse von transnationalen Räumen werden somit auch Überschneidungen mit „Rasse", Klasse, Gender und Sexualität stärker beachtet. Feministische und postkoloniale Theorien zeigen dieses Ineinandergreifen und die dahinter liegenden historischen Machtprozesse der Umsiedelung oder des Festhaltens auf. Insgesamt sehen die ForscherInnen „Migrieren und Verbleiben" als einen Machtprozess, der den einen „erlaubt", zu gehen oder zu bleiben, andere aber zum Gehen oder Bleiben „zwingt". Die Entscheidungsfreiheiten einer Gruppe schränken eine andere ein. Real ausgedrückt wird das zum Beispiel durch den Besitz oder Nichtbesitz eines „richtigen" Reisepasses (vgl. Ahmed et al. 2003: 7). Die hier angesprochene politische Dimension der Migrationsforschung kann im 21. Jahrhundert nicht übersehen werden.

> Das vermeintliche Gegensatzpaar lokal/global ist keines, sondern beide Ebenen, die lokale wie die globale, bedingen sich gegenseitig. Keine von beiden ist *natürlicher* als die andere. Denn jede Art von Identität muss geschaffen werden. [...] Die Vorstellung, dass beispielsweise kleinere Einheiten (die Nachbarschaft, die Dorfgemeinschaft, die Region) *natürliche* Identifikationseinheiten sind, ist nur sehr eingeschränkt richtig." (Breidenbach 2004: 58f.; Hervorhebungen im Original)

Dieses neue konzeptionelle Verständnis von Heimat ist also ein dynamischer Prozess, der die Imagination, Schaffung, Zerstörung, Veränderung, den Verlust und die Bewegung von Heimaten umfasst. Die Transnationalismusforschung zeigt, dass sozial homogene, kommunale, friedvolle und sichere Heimaten, ob imaginiert oder real, der Vergangenheit angehören (vgl. Al-Ali/Koser 2002: 6 f.). Mit dieser „pessimistischen", aber realen Diagnose von Heimat und dem Verständnis von Heimat als einem Konstrukt erscheint es nun möglich, sich mit Zugehörigkeit, einer anderen Komponente von Identität und Migration, zu beschäftigen, die mit Heimat gleichwohl eng verwoben ist.

Zugehörigkeit/en – *Belonging*

Pater semper incertus est.

Ähnlich wie bei allen hier diskutierten Begriffen ist auch die Frage der Zugehörigkeit eine, die erst dann Relevanz bekommt, wenn ihr selbstverständliches Vorhandensein nicht mehr zutrifft, wenn die Zugehörigkeit zu einer Gruppe umstritten ist oder abgelehnt wird. Was vielleicht als rein akademischer Diskurs angesehen werden könnte, hat aber in der Realität konkrete Auswirkungen, denn „Zugehörigkeitskontexte [...] sind [...] entscheidend, um über sozial umstrittene und womöglich knappe Ressourcen zu verfügen, und Wirkungsmacht und Handlungsfähigkeiten zu entfalten" (Riegel/Geisen 2007: 7). Wie Fragen der Zugehörigkeit und des Ausschlusses gestellt und gelöst werden, darin war und ist auch die Kultur- und Sozialanthropologie involviert. Blickt man auf die Forschungsansätze der letzten Jahrzehnte zurück, so lässt sich auch hier ein Paradigmenwechsel konstatieren, der im Folgenden kurz dargestellt wird.

Von „Zwischen den Stühlen" zum „Spagat"

Zugehörigkeit/*Belonging* wurde in der Kultur- und Sozialanthropologie bis in die 1980er-Jahre vor allem in Forschungen zum Identitätsbegriff aufgegriffen. In der öffentlichen Diskussion und in zahlreichen praxisnahen Feldern wurde Zugehörigkeit im Sinne einer ausschließenden und defizitär bewerteten Kategorie verwendet – MigrantInnen und vor allem Angehörige der 2. Generation wurden als zwischen den Stühlen sitzend, nirgends ganz zugehörig und zwischen Herkunfts- und Aufenthaltskultur zerrissen, angesehen. Bis heute hält sich diese popularisierte „Kulturkonfliktthese" (siehe den Beitrag 11 von Tošić und Streissler in diesem Band) im Alltag und beeinflusst damit die Fremd- und Selbstwahrnehmung von Menschen als vorgeblich ethnisch homogene Gruppen von „eigenen" Staats- und/oder MitbürgerInnen und „Anderen". Diese „Fokussierung auf nationalstaatliche Zugehörigkeiten oder ethnisch-kulturelle Bezüge" lässt „unberücksichtigt, dass [...] auch andere als ethnisch oder national konnotierte Zugehörigkeitskontexte von Bedeutung sind" (Riegel/Geisen 2007: 8 f.). In der Forschung hat hier also ein Perspektivenwechsel stattgefunden, im Alltagsdiskurs zumeist noch nicht. MigrationsforscherInnen unterstützen mittlerweile die Dekonstruktion von Ethnisierungsprozessen. Sie verwenden entweder das von den *Cultural Studies* entwickelte Konzept der „hybriden Identitäten" (Riegel/Geisen 2007: 9), wie etwa Hannerz, der auch mit dem Begriff „Kreolisierung" operiert (vgl. Hannerz 1992), oder, nach der an diesen Begriffen geübten Kritik, dass diese die Existenz von in der Realität ja nirgendwo vorhandenen (und auch nicht vorhanden sein könnenden) „Reinheiten" implizieren, das Konzept der „multiplen" oder „fluiden" Identitäten. Der Begriff der „natio-ethno-kulturellen Mehrfachzugehörigkeit von Mecheril hat sich zwar als solcher noch nicht durchgesetzt, sehr wohl aber die ihm zugrunde liegenden Annahmen (vgl. Mecheril 2003: 10). Tschernokoshewa geht so weit zu sagen, dass Minderheiten- und Mehrheitenforschung konzeptionell gebündelt werden müssen, denn: „Dann wird es deutlich werden, dass das Spagatleben nicht nur die Minderheiten, und nicht nur die Migranten, sondern alle Menschen betrifft: Wir leben alle im Spagat" (Tschernokoshewa 1998: 124). Die spätmoderne Gesellschaft verweigert allen Menschen die exklusive Zugehörigkeit zu einem Subsystem, weil alle „sozial ortlos" geworden sind. Vielmehr muss heute jeder Mensch die gleichzeitige Zugehörigkeit zu verschiedenen Subsystemen, wie etwa Beruf, Familie, Politik, Geschlecht, Konfession etc., leben. Diese „funktionalen Subsysteme der Gesellschaft" werden erst „in der Einzelperson und ‚ihrer Welt' wieder gebündelt" (Beck 1986, zit. nach: Tschernokoshewa 1998: 117 f.).

Transnationalismus und Zugehörigkeit/en

Transnationalismusforschung ist seit dem Ende der 1990er-Jahre eine der dominierenden Stränge innerhalb der kultur- und sozialanthropologischen Migrationsforschung und hat die Einengung durch nationale Grenzen sowohl in der Forschungskonzeption als auch in der Wahrnehmung von Migrationswegen gesprengt: „AkteurInnen mit translokalen Beziehungen verhandeln Zugehörigkeiten entsprechend ihrer Erfahrungen und Zielsetzungen über nationale Grenzen hinweg an mehreren Orten [...]" (Strasser 2003: 305). So zeigen etwa die Forschungen von Kohl, dass für die selbst- und fremdzugeschriebene/n Zugehörigkeit/en der Tuareg, die aufgeteilt in drei afrikanischen Nationalstaaten leben, keineswegs nur die Abstammung entscheidend ist, sondern häufiger gemeinsame Traditionen, Rituale, die geographische Nähe und die jeweilige nationalstaatliche Sozialisation. Es kommt zur „kreativen Aneignung" von Zugehörigkeit über westliche Statussymbole (Auto) genauso wie zum bewussten Rückgriff auf traditionelle Kleidungsstücke (Gesichtsschleier für Männer). Für die Formierung einer überregionalen ethnischen Identität bleibt letztlich nur die gemeinsame Sprache als wichtigstes definierendes Identitätsmerkmal (vgl. Kohl 2005 a: 150 ff. und 2005 b: 194).

Innerhalb der Transnationalismusforschung wird versucht, auch die jeweils spezifischen politischen, sozialen und wirtschaftlichen Zusammenhänge zu berücksichtigen sowie auch die Unterschiede innerhalb einer MigrantInnengruppe, betreffend Alter, Geschlecht, Klasse/Schicht etc. Dies soll einer homogenisierenden Sichtweise von MigrantInnen entgegenwirken (vgl. Al-Ali/Koser 2002: 5). Aber obwohl die Transnationalismusforschung die Perspektiven der Migrationsforschung zweifelsohne erweitert hat, entstehen dabei auch neue Probleme:

> Durch die Betonung der entfernten Verbindungen wird die Komplexität
> der sozialen alltäglichen Erfahrungen [...] häufig vernachlässigt. [...] Un
> terschiede innerhalb der jeweiligen Aufenthaltsländer oder aufgrund
> sozialer Positioniertheiten geraten aus dem Blick. (Strasser 2003: 315)

Die durch die Globalisierung zunehmende Bewegung von Menschen, Gütern und Ideen sprengt traditionelle Konzepte der Zugehörigkeit zu statischen und abgeschlossenen Kulturen innerhalb nationaler Grenzen. Zur Aufrechterhaltung von Abgrenzung werden daher „Authentizität" und eben auch „Autochthonie" wichtiger und zunehmend auch konstruiert und gefördert. An diesen Konstruktionsprozessen sind politische AkteurInnen ebenso beteiligt wie Angehörige von Minderheiten und Mehrheitsgesellschaften und WissenschafterInnen (vgl. Schippers 2007: 110). Forschungen, die Strategien der „Ethnisierung", „Essentialisierung" und „Vereinheitlichungen" verwenden, beeinflussen selbst wiederum die öffentliche Meinung und somit auch Prozesse der Aushandlung von Zugehörigkeit. Ein Paradoxon ist, dass gerade jenen Gruppen, die am stärksten selbst aktiv angeeignete, selbst erworbene Identitäten haben, nämlich denen, die „im Spagat" leben, Angehörige von Minderheiten und MigrantInnen also, am stärksten statische und eindimensionale Zugehörigkeiten (nämlich „ethnische") zugeschrieben werden. Als Ausweg aus dem Dilemma der Ethnisierung von Minderheiten und MigrantInnen durch ForscherInnen schlägt Tschernokosheva vor, Ethnizität nicht als Zustand zu sehen, sondern als Handlung zu begreifen und in der Migrationsforschung vielmehr darauf zu achten, wann Ethnizitätskonstruktionen eingesetzt werden und zu welchem Zweck (vgl. Tschernokoshew 1998: 116, 121f.). Ein anderer Ausweg ist die Forderung von Strasser, ethnische Identität nur als einen Faktor der Zugehörigkeit zu sehen und den jeweiligen nationalstaatlichen Kontext ebenso zu beachten wie Geschlecht und Klasse (vgl. Strasser 2003: 171).

Zugehörigkeit/en sind also „ein dynamisches Zusammenspiel von unterschiedlichen Identifikationsmomenten" und indem MigrantInnen „[...] ihr Leben in und zwischen verschiedenen geografischen Orten" gestalten, verändern sie dadurch nicht nur ihre Biografie, sondern auch „die Räume und Orte, in denen sie sich aufhalten" (Riegel/Geisen 2007: 10f.), ein Faktum, das von der Mehrheitsgesellschaft nur zögerlich erkannt und akzeptiert wird. Diese „Zugehörigkeitsarbeit" findet daher oft in einem Kontext von Rassismus, Ausgrenzung und Zuschreibungsprozessen statt, in dem MigrantInnen Rassismus und Ausgrenzung erfahren, sich aber auch selbst häufig an Prozessen der Ausgrenzung von Anderen beteiligen (vgl. Riegel/Geisen 2007: 13 f.). Die Problematik ist, dass durch ein rassistisches Umfeld gerade ethnische und religiöse Zugehörigkeitsgefühle gestärkt werden, während andere Identifikationsbezüge (etwa Geschlecht, Beruf oder Interessen) an Bedeutung verlieren, was besonders für Menschen der 2. oder 3. Generation zu einer problematischen Lebenssituation führen kann (vgl. Breidenbach 2004: 62). Sie haben aber auch die Möglichkeit, sich kontextbezogen zu positionieren und die definitive Festlegung auf eine Kultur zu verweigern (vgl. Staudinger 2007: 183 f.) oder sich eine Identität als „WeltbürgerIn" oder „KosmopolitIn" zuzulegen, wie Malkki anhand von Forschungen zu Flüchtlingen aus Burundi in Tansania zeigt (vgl. Malkki 1992).

Remigration

> If you come back with money, they are jealous.
> If you come back with nothing, they ridicule you.
> *Afrikanischer Rückkehrer, zit. nach: Gmelch/Gmelch 1995*

Migration ist gegenwärtig ein intensiv beforschtes gesellschaftliches Phänomen[2], Remigration wird hingegen weniger beachtet, wiewohl Rückkehrbewegungen etwa im klassischen westlichen Auswanderungsland USA im 20. Jahrhundert eine durchaus beachtliche Zahl erreichten: Von den ca. 30 Millionen MigrantInnen, die von 1900 bis 1980 in die USA kamen, kehrten 10 Millionen wieder in ihre Herkunftsländer zurück (vgl. Oxfeld/Long 2004: 2). Seit den 1990er-Jahren sind zudem weltweit stark zunehmende Rückkehrbewegungen zu beobachten, wie in die Länder des ehemaligen Jugoslawiens, aber auch beispielsweise nach Guatemala, Osttimor oder Ruanda. Millionen kehrten und kehren zurück (vgl. Oxfeld/Long 2004: 1) und die Folgen der weltweiten Finanz- und Wirtschaftskrise seit dem Herbst 2008 verstärken diese Tendenz nochmals drastisch.

Was die Forschungsgeschichte zu diesem Bereich betrifft, kann konstatiert werden, dass bis in die 1990er-Jahre die meisten wissenschaftlichen Arbeiten zu Migration kaum berücksichtigten, dass Rückkehr ein von vornherein geplanter Teil eines Migrationsvorhabens sein kann (vgl. Meixner 2008: 5). Und auch die in diesem Kontext spezifischen Thematiken „unfreiwillige Rückkehr" und „Wieder-

2 —— Tamas stellt in einer Studie fest, dass es 2004 87 spezialisierte Forschungszentren und 32 internationale Organisationen gab, die sich mit Migration beschäftigen und damit auch einen beträchtlichen Forschungsaufwand betreiben und finanzieren (vgl. Tamas 2004, zit. nach: Kraler 2007: 28).

anpassung an eine posttotalitäre Gesellschaft" wurden noch zu wenig erforscht (vgl. Krcmar 2003: 496).

Erst die Transnationalismusansätze innerhalb der Migrationsforschung ermöglichten gedanklich die Remigrationsforschung – zuvor wurde Auswandern als einmaliger Akt gesehen (Meixner 2008: 50). Die Transnationalismusforschung zeigt auf, dass geographische von sozialen Räumen entkoppelt sind, dass „transnationale soziale Räume" entstehen und es ein Ziel ist, „die Dynamik von Migrationsprozessen erklären zu können, bei der Rückkehr nicht den Endpunkt einer Migrationsgeschichte darstellt" (Schönhuth 2008: 7).

Arten von Remigration

Grundsätzlich kann zwischen der realen und nicht-realen Remigration unterschieden werden. Bei der nicht-realen ist vor allem der Rückkehrmythos ein häufig zu beobachtendes Phänomen, wobei klar ist, dass die Remigration nicht mehr realisierbar ist und „nur mehr als Mythos zwecks Aufrechterhaltung der Identität" angestrebt wird (Six-Hohenbalken 2001: 72; vgl. auch Oxfeld/Long 2004: 7). Diese Form der Remigration fungiert als psychische Schutzfunktion, um Diskriminierung und Ausgrenzung zu ertragen (vgl. Meixner 2008: 60). Eine weitere Form der nicht-realen Remigration ist die „virtuelle", bei der der Kontakt zum Auswanderungsland nur über Internet und andere Medien fortbesteht. Obwohl viele Personen nur von einer Rückkehr träumen und sie nie durchführen, prägen diese Rückkehrvorstellungen dennoch ihre Beziehung zum Herkunftsland (vgl. Oxfeld/Long 2004: 4 ff.).

Die reale Rückkehr kennt ebenfalls verschiedene Varianten:

- temporäre (nur für eine bestimmte Zeit und einen bestimmten Zweck – Ökonomie, Religion, Familie)
- Rückkehr an den Ort/die Region der Geburt oder ins Heimatland an einen anderen Ort (Letzteres trifft häufig im Falle von Repatriierungen zu)
- freiwillige und unfreiwillige Rückkehr

Die Rückkehr kann erfolgen:

- nach relativ kurzer Zeit der Abwesenheit (nach ein paar Jahren)
- nach sehr langer Zeit der Abwesenheit (nach mehreren Jahrzehnten)
- als routinemäßige und periodische Bewegung
- unter Beibehaltung der wirtschaftlichen Verbindungen und „Heimaten" im ehemaligen Aufnahmeland

Als Sonderformen der Rückkehr führen Oxfeld und Long (2004: 4) die „eschatologische" Rückkehr der Juden/Jüdinnen nach Israel und die Rückkehr von AfroamerikanerInnen in das Land ihrer Ahnen an. Hier handelt es sich um eine „Rückkehr" an Orte, in denen die „RückkehrerInnen" selbst nie gelebt haben. Diese grundsätzlich anderen Rückkehrformen „raise concerns about continuity of ethnic identities and boundaries across generations that are worthy of attention in their own right" (Oxfeld/Long 2004: 5). In diesen Remigrationen wird die Konstruktion von „Zugehörigkeit" und „Heimat" besonders offensichtlich. „Even if the homeland exists only in memory, the idea of return is critical for many dispersed communities, and it extends beyond those who personally remember the home country" (Oxfeld/Long 2004: 5). Was Oxfeld und Long hier als Sonderfälle anführen, kann aber auch für verschiedene andere MigrantInnengruppen gesagt werden, so sind etwa auch die deutschen SpätaussiedlerInnen in einem anderen Land geboren als demjenigen, in das sie „heimkehren". Das gilt auch für die nach Serbien „heimkehrenden" Krajina-SerbInnen oder die Nachkommen jener BurjatInnen, die vor fast 90 Jahren vor den Sowjets nach China geflohen sind und die seit den 1990er-Jahren in ihre „Heimat" „zurückkehren". Und es könnten noch weitere Beispiele angeführt werden. Insofern ist zu fragen, wie weit man überhaupt von Sonderfällen sprechen kann, denn Heimat und Zugehörigkeit sind eben immer Konstrukte.

Gründe für Remigration

Moderne Migrationsforschung begreift

> die Emigrations-, Integrations- und Remigrationsprozesse nicht mehr als einmalige und endgültige Prozesse, sondern als Passagen innerhalb komplexer, transnationaler Migrationssysteme und weltweiter Austauschprozesse [...]. Dabei greifen Prozesse von der Mikroebene bis hinauf zu makrostrukturellen Rahmenbedingungen ineinander. (Schönhuth 2008: 6)

Schönhuth (2008: 11) verknüpft daher die Rückkehrstrategien und -entscheidungen mit fünf Einflussfeldern:
- strukturelle Rahmenbedingungen
- externe Einflussfaktoren (Anreize und Ermutigungen zur Rückkehr)
- situative Einflussfaktoren (persönliche Situation und das Umfeld)
- individuelle und soziale Ressourcen (ökonomisches, soziales und kulturelles Kapital)
- symbolische Ressourcen (symbolische Bindungen, Identitäts-/Ethnizitätskonstruktionen)

Letztere ist insofern wichtig, denn: „Neben [...] individuellen und sozialen Ressourcen [...] kommt auch symbolischen Ressourcen [...] eine in bisherigen Ansätzen nicht selten unterschätzte Rolle im Remigrationsprozess zu" (Schönhuth 2008: 9). Symbolische Bindungen sind „kontinuierliche Transaktionen, die direkt oder indirekt stattfinden können und an welche die Beteiligten gemeinsame Bedeutungszuschreibungen, Erinnerungen und Zukunftserwartungen knüpfen" (Faist 2006: 12). Im Gegensatz zu sozialen Beziehungen können sie über unmittelbare persönliche Kontakte hinausgehen und sich auf einen gemeinsamen Referenzrahmen oder gar eine vorgestellte Gemeinschaft (Ethnie, Nation) beziehen (vgl. Schönhuth 2008: 9). Schönhuth empfiehlt daher, folgenden Fragen bei der Analyse von Rückkehrprozessen nachzugehen: Wie verändern sich Ethnizitäts- und Identitätskonzepte bei mehrfach sich verändernden Ethnizitätszuschreibungen, Heimatangeboten, Migrationstoren etc.? Welche Identitätsmarker und Identitätssemantiken werden erhalten, welche aufgegriffen, welche abgestreift? „Welche symbolischen Bindungen, [...] Bedeutungszuschreibungen, Erinnerungen und gemeinsame Zukunftserwartungen tragen noch, welche werden brüchig?" (Schönhuth 2008: 14).

Um eine Rückkehr vornehmen zu können und zu wollen, müssen MigrantInnen auch ihre eigenen Erinnerungen an das frühere Leben neu konstruieren. So müssen etwa oft die Gründe für die Auswanderung umgedeutet und neue Narrationen erschaffen werden, wenn die Länder, aus denen migriert wurde, sich zum Positiven hin verändert haben (vgl. Oxfeld/Long 2004: 7ff.). Die Heimatgesellschaften verändern sich in der Zeit der Abwesenheit der RückkehrerInnen, daher schaffen sich die RemigrantInnen immer einen neuen Platz in dem Ort, den sie zurückgelassen haben. Oder, um es ein weiteres Mal mit Ernst Jandl – in diesem Fall mit einem gemeinsam mit Friederike Mayröcker geschaffenen Aphorismus – auszudrücken: „Im Zug von hier nach dort verändert sich der Ort."[3]

Remigration verläuft aber in vielen Fällen nicht ohne Probleme und Konflikte. So sind Frauen häufig nach einer Rückkehr viel weniger zufrieden als Männer. Einer der Gründe hierfür sind „die einschränkenden sozialen Bedingungen für Frauen in den Herkunftsländern" (Meixner 2008: 61). Oft werden Frauen in den Zielländern *empowered*, ihre Identität wandelt sich. Sie schätzen die Freiheiten und Selbstbestimmungsrechte und -möglichkeiten in den Aufnahmeländern und scheuen daher die Rückkehr zu den traditionellen Rollen. Aber die Aufrechterhaltung der Vorstellung einer möglichen Rückkehr macht ihre Entscheidung, dies nicht zu tun, sozial akzeptabel (vgl. Oxfeld/Long 2004: 8).

Auch die Daheimgebliebenen haben bestimmte Vorstellungen und Erwartungen von den und an die RückkehrerInnen. Zurückgekehrte fühlen sich oft nicht mehr „zuhause", sie sind AußenseiterInnen sowohl im Aufnahmeland als auch im „Heimatland". Die Reintegration von (Re-)MigrantInnen, die jahrelang im Ausland waren, ist daher oft schwierig. Wolbert (1995: 19) spricht von einer „zweiten Auswanderung" und Meixner (2008: 62) von einer „Rückkehr in die Fremde". Rückwanderungen haben daher vielfältige politische, soziale, ökonomische und kulturelle Auswirkungen auf die Heimatländer. Sie können Ressourcen verknappen und Beziehungen belasten. RückkehrerInnen können durch

---

3 — Jandl, Ernst/Mayröcker, Friederike (1968/1971): Fünf Mann Menschen. Hörspiel. Neuwied/Berlin: Luchterhand Literaturverlag, 33.

die Weitergabe von Wissen und Kontakten auch neue Migrationen in ihre ehemaligen Aufnahmeländer anregen. Netzwerke sind für alle MigrantInnen und für alle Migrationsentscheidungsprozesse von entscheidender Bedeutung (vgl. Treibel 2003: 171). Typisch für Transmigration ist, dass es sich oft nicht mehr um eine einmalige Migration, sondern um ein „temporäres Hin- und Herpendeln" und einen „Kreislauf von Menschen, Gütern und Informationen" handelt. Dadurch verändern sich sowohl die Aufnahme- als auch die Herkunftskulturen permanent (vgl. Sting 2006: 46). Aber nach wie vor sind es Staaten und deren Gesetzgebungen, die den rechtlichen Rahmen und die Bedingungen für eine Rückkehr festlegen und bestimmen. In den Rückkehrstrategien spiegeln sich diese oft parallel zu den transnationalen Identitäten der MigrantInnen wider. So kehren viele erst in ihr Herkunftsland zurück, nachdem sie die Staatsbürgerschaft des Aufnahmelandes erworben haben (vgl. Oxfeld/Long 2004: 9 ff.). Rückkehrbewegungen reflektieren also einerseits immer historische Kontexte, sie machen aber auch selbst Geschichte (vgl. Oxfeld/Long 2004: 9).

Conclusio

Differenz als Normalität
Nihal G. Ongan, zit. nach: Strasser 2009: 137 [4]

Obwohl das kollektive Gedächtnis der Heimatkultur auch bei MigrantInnen immer wirksam bleibt, muss stets personen- und fallbezogen differenziert und auch Transkulturalität an konkrete Orte gebunden gesehen werden (vgl. Sting 2006: 53). Schönhuths Forderung nach einem „akteurszentrierten und feldbezogenen Ansatz", der „die Akteure in ihrem Entscheidungsprozess vor und nach der Ausreise begleitet", den er für notwendig hält, „um den komplexen Prozess der Rückkehr [deutscher SpätaussiedlerInnen in die Bundesrepublik Deutschland] analysieren zu können", ist daher unserer Ansicht nach für die Migrationsforschung allgemein und insbesondere für kultur- und sozialanthropologische aufzustellen. Dasselbe gilt auch für seine Forderung, „externe Faktoren", wie zum Beispiel die Rolle von Medien, sowie „situative Fakten, wie die persönliche Lebenslage und den Informationsstand des Remigranten", zu berücksichtigen (Schönhuth 2008: 10). Nur mit

> einem multiperspektivischen, zwischen Migrationsethnologie und -soziologie verorteten Forschungsprogramm [...] lässt sich [u.a.] zeigen, dass „Beheimatungsstrategien" sich jenseits und diesseits nationalstaatlich definierter Systemgrenzen ansiedeln können – als transnatio-

---

4 — Nihal G. Ongan, geboren in Trabzon/Türkei, Leiterin einer NGO in Wien.

nale Projekte, aber auch als regionale und lokale, in denen sich Städte und Regionen als neue Player von Inklusion und Exklusion profilieren. (Schönhuth 2008: 15)

„Auch wenn [...] es [inzwischen] fruchtbare Konzepte zur Analyse pluriformer Lebenslagen und sozialer Positionierungen in heterogenen Zusammenhängen gibt, tendiert die öffentliche Wahrnehmung [...] nach wie vor zu einer eindimensionalen Sichtweise" (Riegel/Geisen 2007: 15). Dieser Einstellung muss sozialanthropologische Forschung entgegenwirken.

Biographie- und Netzwerkforschung gehören zu den besten methodischen Ansätzen, um multiple Zugehörigkeiten zu erforschen (vgl. Strasser 2003: 306 f.). Dabei sind bei der Analyse dieser Prozesse sowohl die „subjektiven Perspektiven" als auch die „gesellschaftlichen Macht- und Ungleichheitsverhältnisse" zu berücksichtigen (Riegel/Geisen 2007: 17). Die Bemühungen der Kultur- und Sozialanthropologie sollten darauf ausgerichtet sein, dass Identitäten, Heimaten und Zugehörigkeiten allgemein als Konstruktionen gesehen werden und MigrantInnen daher jene gesellschaftliche Position einnehmen dürfen, bei der die Forderungen einer türkischen Migrantin, die Strasser in ihrer biographisch-fallrekonstruktiven Studie zu Zugehörigkeiten von MigrantInnen in Wien anführt, erfüllt sind: Nihal G. Ongan fordert die Möglichkeit auf Selbstrepräsentation, also die Anerkennung der Überschneidungen und Zwischenräume unterschiedlicher Zugehörigkeiten und die Anerkennung bzw. die Akzeptanz von „Differenz als Normalität" (Strasser 2003: 168). Differenz als Normalität erscheint auch uns als Leitmotiv für Forschungsdesigns in der Kultur- und Sozialanthropologie, als Perspektive, die Forschungen erweitert, bereichert und ihre Ergebnisse politisch relevant macht. Dadurch kann von unserem Fach ein Beitrag zum besseren Funktionieren unserer pluralistischen Gesellschaften geleistet werden.

Fragen zur Erstellung eigenständiger wissenschaftlicher Arbeiten

1. Überlegen Sie anhand Ihrer eigenen Lebensgeschichte und Ihrer gegenwärtigen Zugehörigkeiten die Anwendbarkeit des Konzeptes multipler und fluider Identitäten!

2. Der österreichische Literat Alfred Polgar schrieb einst: „Ein Emigrant verliert seine Heimat und erhält dafür zwei Fremden." Geben Sie ihm recht? Diskutieren Sie seine Aussage im Lichte der in diesem Abschnitt skizzierten Theoriengeschichte der Migrationsforschung!

3. Beurteilen Sie im Lichte der hier präsentierten Erkenntnisse zur Remigration die Bedeutung derselben für den Migrationsprozess und mögliche Konsequenzen daraus für die Forschung.

Basisliteratur

Ahmed, Sara/Castañeda, Claudia/Fortier, Anne-Marie/Sheller, Mimi (2003): Introduction: Uprootings/Regroundings: Questions of Home and Migration. In: Ahmed, Sara/ Castañeda, Claudia/Fortier, Anne-Marie/Sheller, Mimi (eds.): Uprootings/Regroundings: Questions of Home and Migration. Oxford/New York, 1–19.

Baumann, Gerd (2004): Grammars of Identity/Alterity. A Structural Approach. In: Baumann, Gerd/Gingrich, Andre (eds.): Grammars of Identity/Alterity. A Structural Approach. Oxford: Berghahn Books, 18–50.

Gingrich, Andre (2005): Kulturelle Identitäten zu Beginn des 21. Jahrhunderts: Sozialanthropologische Begriffsbestimmungen und ihre Implikationen für Europa. In: Riegler, Johanna (Hg.): Kulturelle Dynamik der Globalisierung. Wien: Verlag der österreichischen Akademie der Wissenschaften, 23–49.

Oxfeld, Ellen/Long, Lynellyn D. (2004): Introduction: An Ethnography of Return. In: Oxfeld, Ellen/Long, Lynellyn D. (eds.): Coming Home? Refugees, Migrants, and Those Who Stayed Behind. Philadelphia: University of Pennsylvania Press, 1–15.

Schönhuth, Michael (2008): Rückkehrstrategien von Spätaussiedlern im Kontext sich wandelnder Migrationsregime – Ein Beitrag zur Modelltheorie. Bielefeld: Centre on Migration, Citizenship and Development (CONCAD). Working Papers Nr. 55.

Strasser, Sabine (2009): Bewegte Zugehörigkeiten – Nationale Spannungen, transnationale Praktiken und transversale Politik. Wien/Berlin: Turia & Kant.

Literatur

Al-Ali, Nadje/Koser, Khalid (2002): Transnationalism, international migration and home. In: Al-Ali, Nadje/Koser, Khalid (eds.): New approaches to migration? Transnational communities and the transformation of home. London: Routledge, 2–14.

Anderson, Benedict R. (1988): Die Erfindung der Nation – Zur Karriere eines erfolgreichen Konzepts. Dt. Erstausgabe, engl. Orig. 1983. Frankfurt am Main: Campus.

Bastian, Andrea (1995): Der Heimat-Begriff. Eine begriffsgeschichtliche Untersuchung in verschiedenen Funktionsbereichen der deutschen Sprache. Tübingen: Max Niemeyer.

Baumann, Gerd/Gingrich, Andre (2004): Foreword. In: Baumann, Gerd/Gingrich, Andre (eds.): Grammars of Identity/Alterity. A Structural Approach. Oxford: Berghahn Books, IX–IVX.

Bausinger, Hermann (1999): Ethnizität – Placebo mit Nebenwirkungen. In: Köstlin, Konrad/ Nikitsch, Herbert (Hg.): Ethnographisches Wissen: Zu einer Kulturtechnik der Moderne. Wien: Selbstverlag Institut für Volkskunde, 31–41.

Beck, Ulrich (1986): Risikogesellschaft: Auf dem Weg in eine andere Moderne. Frankfurt am Main: Suhrkamp.

Blickle, Peter (2002): Heimat. A Critical Theory of the German Idea of Homeland. Rochester: Camden House.

Breidenbach, Joana (2004): Global, regional, lokal – Neue Identitäten im globalen Zeitalter. In: Hanika, Karin/Wagner, Bernd (Hg.): Kulturelle Globalisierung und regionale Identität. Beiträge zum kulturpolitischen Diskurs. Essen: Klartext, 56–63.

Dumont, Louis (1980): Homo Hierarchicus: The Caste System and its Implications. Chicago: University of Chicago Press.

Evans-Pritchard, Edward (1940): The Nuer. Oxford: Clarendon Press.

Faist, Thomas (2006): Transnationale Migration als relative Immobilität in einer globalisierten Welt. Center on Migration, Citizenship and Development. Arbeitspapiere Nr. 11.

Gmelch, George/Gmelch, Sharon Bohn (1995): Gender and Migration: The Readjustment of Women Migrants in Barbados, Ireland, and Newfoundland. In: Human Organization 54/4, 470–473.

Grossberg, Lawrence (1996): Identity and Cultural Studies: Is that all there is? In: Hall, Stuart/ Du Gay, Paul (eds.): Questions of Cultural Identity. London: Sage, 87–107.

Hannerz, Ulf (1992): Cultural Complexity: Studies in the Social Organization of Meaning, New York: Columbia University Press.

Heilingsetzer, Georg Christoph (2004): Identität = Heimat? Interdisziplinäre Untersuchungen zu scheinbar einfachen Begriffen. Diplomarbeit, Universität Wien.

Kohl, Ines (2005a): Nationale Identität, tribale Zugehörigkeit und lokale Konzeptionen im Fezzān – Libyen. Eine Farbenlehre. In: Heiss, Johann (Hg.): Veränderung und Stabilität – Normen und Werte in islamischen Gesellschaften. Wien: Verlag der Österreichischen Akademie der Wissenschaften, 137–167.

Kohl, Ines (2005b): Identitäten zwischen Grenzen – Strategien der Zugehörigkeit von Tuareg (Imājeghen) in Lybien. Dissertation, Universität Wien.

Kraler, Albert (2007): Zur Einführung: Migration und Globalgeschichte. In: Kraler, Albert/Husa, Karl/Bilger, Veronika/Stacher, Irene (Hg.): Migrationen – Globale Entwicklungen seit 1850. Wien: Mandelbaum, 10–31.

Krcmar, Ruth (2003): „Emigration zurück nach Hause". Eine empirische Analyse der Rückkehr tschechischer EmigrantInnen nach dem Systemzusamenbruch 1989. In: sws Rundschau 4, 481–498.

Malkki, Liisa (1992): National Geographic: The Rooting of Peoples and the Territorialization of National Identity among Scholars and Refugees. In: Cultural Anthropology 7/1, Space, Identity, and the Politics of Difference, 24–44.

Mecheril, Paul (1994): Die Lebenssituation Anderer Deutscher. In: Mecheril, Paul/Teo, Thomas (Hg.): Andere Deutsche. Zur Lebenssituation von Menschen multiethnischer und multikultureller Herkunft. Berlin: Dietz, 57–94.

Mecheril, Paul (2003): Prekäre Verhältnisse. Über natio-ethno-kulturelle (Mehrfach-)Zugehörigkeit. Münster: Waxmann.

Meixner, Astrid (2008): Perspektive Freiwillige Rückkehr – eine kultur- und sozialanthropologische Untersuchung zur Remigration von AsylwerberInnen in Österreich. Diplomarbeit, Universität Wien.

Morley, David/Robins, Kevin (1993): No Place Like Heimat: Images of Home(land) in European Culture. In: Carter, Erica/Donald, James/Squires, Judith (eds.): Space and Place. Theories of Identity and Location. London: Lawrence & Wishart, 3–31.

Rapport, Nigel/Dawson, Andrew (1998): The Topic and the Book. In: Rapport, Nigel/Dawson, Andrew (eds.): Migrants of Identity. Perceptions of Home in a World of Movement. Oxford/New York: Berg Publishers, 3–17.

Riegel, Christine/Geisen, Thomas (2007): Zugehörigkeit(en) im Kontext von Jugend und Migration – eine Einführung. In: Riegel, Christine/Geisen, Thomas (Hg.): Jugend, Zugehörigkeit und Migration. Subjektpositionierungen im Kontext von Jugendkultur, Ethnizitäts- und Geschlechterkonstruktionen. Wiesbaden: Verlag für Sozialwissenschaften, 7–23.

Riegler, Johanna (2005): Einleitung. In: Riegler, Johanna (Hg.): Kulturelle Dynamik der Globalisierung. Wien: Verlag der österreichischen Akademie der Wissenschaften, 23–49.

Said, Edward (1978): Orientalism. New York: Pantheon.

Schippers, Thomas K. (2000): Ideen, Wörter und Leute. Einige Anmerkungen zur Bezeichnung kollektiver Zugehörigkeiten in einer multikulturellen Welt. In: Hirschfelder, Heinrich/Schell, Reiner/Schrutka-Rechtenstamm, Adelheid (Hg.): Kulturen – Sprachen – Übergänge. Festschrift für H. L. Cox zum 65. Geburtstag. Köln/Weimar/Wien: Böhlau 2000, 483–489.

Schippers, Thomas K. (2007): We Were Here First! Some Reflections on Time, Place and Identity-building Today. In: Muršič, Rajko/Repič, Jaka (eds.): Places of Encounter. In memoriam Borut Brumen. Ljubljana: Zupanjčeva knjižnica, 101–112.

Schlink, Bernhard (2000): Heimat als Utopie. Frankfurt am Main: Suhrkamp.

Six-Hohenbalken, Maria Anna (2001): Migrantenfamilien aus der Türkei in Österreich. Wien: Österreichisches Institut für Familienforschung.

Staudinger, Regina (2007): „Ich bin ich" – Konstruktionen von Identitäten und Zugehörigkeiten von Menschen mit einem österreichischen und einem türkischen Elternteil. Diplomarbeit, Universität Wien.

Sting, Stephen (2006): Migration, transkulturelle Räume und kollektive Identitäten. In: Göhlich, Michael/Leonhard, Hans-Walter/Liebau, Eckart/Zirfas, Jörg (Hg.): Transkulturalität und Pädagogik. Interdisziplinäre Annäherungen an ein kulturwissenschaftliches Konzept und seine pädagogische Relevanz. Weinheim/München: Juventa, 45–55.

Strasser, Sabine (2001): Dynamiken der Deterritorialisierung – oder wie Bewegung in die Sozialanthropologie kam. In: Schlehe, Judith (Hg.): Geschlechterforschung. Identitäten – Imaginationen – Repräsentationen. Frankfurt am Main: Campus, 29–51.

Strasser, Sabine (2003): Beyond belonging – kulturelle Dynamiken und transnationale Praktiken in der Migrationspolitik „von unten". Habilitationsschrift, Universität Wien.

Tamas, Kristof (2004): Mapping Study of International Migration. Stockholm: Institute for Futures Studies.

Treibel, Annette (2003): Migration in modernen Gesellschaften – Soziale Folgen von Einwanderung, Gastarbeit und Flucht (3. Aufl.). Weinheim/München: Juventa.

Tschernokoshewa, Elka (1998): Nachdenken über Zugehörigkeiten: Leben im Spagat. In: Müller, Eva (Hg.): Entweder-und-oder. Vom Umgang mit Mehrfachidentitäten und kultureller Vielfalt. Klagenfurt: Drava, 106–124.

Wolbert, Barbara (1995): Der getötete Pass: Rückkehr in die Türkei. Berlin: Akademischer Verlag.

Jelena Tošić und Anna Streissler

11 „Zwischen den Kulturen"?
Kinder und Jugendliche der 2. Generation

Einleitung

Dieser Beitrag behandelt die Situation der MigrantInnen der 2. Generation, da diese durch besondere Herausforderungen, Probleme, jedoch auch Potentiale und Kompetenzen gekennzeichnet ist. In diesem Artikel gehen wir besonders auf Arbeiten über Kinder und Jugendliche der 2. Generation ein. Studien über Migration, in denen Kinder und Jugendliche „mitberücksichtigt" werden, bzw. Studien zu Kindern und Jugendlichen mit multiethnischem Hintergrund (vgl. Wulff 1988; Weißköppel 2001; Gürses et al. 2001; Schiffauer 2004; Knörr 2005), die in der Regel einen stärkeren anthropologischen Bezug aufweisen, sind ebenfalls ein wichtiger Aspekt unserer Überlegungen. Für den Titel wählten wir bewusst die potentiell stereotype und essentialistische Metapher des „Lebens zwischen den Kulturen"[1] als Ausgangspunkt unserer Überlegungen, gerade um diese dann kritisch zu hinterfragen und eine auf gegenwärtigen anthropologischen Theorien beruhende differenziertere Sichtweise zu entwickeln.

Sowohl Kinder- und Jugendkulturen als auch Migration sind Forschungsgegenstand unterschiedlicher sozialwissenschaftlicher Disziplinen.[2] Obwohl unser Fokus auf beide Themen primär kultur- und sozialanthropologisch ist, ergeben sich durch eine erweiterte, multi- und interdisziplinäre Betrachtung wertvolle Synergien und Forschungsfragestellungen. So ist ein wichtiges Ergebnis dieser kombinierten Betrachtungsweise – um die Metapher des „kulturellen Zwischenlebens" von Kindern und Jugendlichen gleich wieder aufzugreifen – die Tatsache, dass Kinder und Jugendliche der 2. MigrantInnengeneration nicht nur „zwischen" der „Kultur" des Herkunftslandes und des „Migrationslandes" leben, sondern zwischen vielfältigen Jugend- und Erwachsenenkulturen[3] „pendeln" und in diesem Sinne genuin „multikulturell" sind (siehe weiter unten). Einer Darstellung von relevanten Forschungszugängen zu Kindern und Jugendlichen – mit einem besonderen Fokus auf die Beiträge der Kultur- und Sozialan-

---

1 —— Siehe zum Beispiel Hämmig (2000).
2 —— Sie beziehen sich beide in erster Linie auf urbane Kontexte.
3 —— Obwohl in diesem Lehrbuch ausschließlich Kinder und Jugendliche als separate, altersdefinierte Gruppen behandelt werden, wollen wir darauf hinweisen, dass es auch bei der „Normalkategorie" Erwachsene große Altersunterschiede gibt, die sich darüber hinaus mit anderen sozialen Kategorien wie Familienstatus, Arbeitsstatus, Geschlecht, Ethnizität und sozialer Schicht überschneiden.

thropologie – folgen nähere Ausführungen zu Populärkulturen, dem Kontext der Globalisierung und der besonderen Bedeutung von Alter als gesellschaftlich strukturierendem Faktor für Kinder und Jugendliche. Anschließend wird auf die sozialwissenschaftliche Beschäftigung mit MigrantInnen der 2. Generation eingegangen, wonach in Anlehnung an rezente Forschungsergebnisse die gegenwärtige Situation der MigrantInnen der 2. Generation sowohl in Europa als auch in Österreich skizziert wird. Den Abschluss unseres Artikels bildet eine Zusammenführung der Überlegungen zu Kinder- und Jugendkulturen und MigrantInnen der 2. Generation aus anthropologischer Perspektive und die Formulierung von drei Fragen, die zum selbständigen wissenschaftlichen Arbeiten anregen sollen.

Streiflichter Sozialwissenschaftlicher Theorien zu Kindern und Jugendlichen[4]

Entwicklungspsychologie

Entwicklungspsychologische Vorstellungen, besonders des Schweizer Psychologen Jean Piaget, beeinflussen bis heute die Vorstellungen von Kindern und Jugendlichen, besonders in westlichen Gesellschaften. Alle Kinder und Jugendlichen gingen Piagets Auffassung nach durch bestimmte, in einer starren Abfolge aneinandergereihte kognitive und emotionale Entwicklungsstadien, völlig unabhängig von kultureller oder sozialer Herkunft. Unterschiede zwischen Individuen und Gruppen werden heruntergespielt und der Fokus wird auf quantitativ und objektiv messbare Ergebnisse gelegt. Einige von Piagets Ergebnissen wurden mittlerweile durch methodisch anders durchgeführte und kinderfreundlichere Tests widerlegt (vgl. Kellett/Ding 2004: 162 ff.), seine Ideen wurden jedoch sowohl von anderen Wissenschaften als auch in populärwissenschaftliche Diskurse übernommen.

Kinder- und Jugendsoziologie

In der Soziologie galten Kinder und Jugendliche bis in die 1970er-Jahre als nicht vollwertige Mitglieder von Gesellschaften, die einerseits als defizitär angesehen wurden (da sie nicht über die sozialen Kompetenzen der Erwachsenen verfügten) oder aber als von der als homogen gedachten erwachsenen Mehrheitsgesellschaft abweichend, deviant und potentiell gefährlich (vgl. Wulff 1995; Dracklé 1996; Delgado 2006: 4; France 2004: 176; Skelton/Valentine 1998).

4 — Dieser Abriss ist gezwungenermaßen kurz, vereinfacht und höchst selektiv. Genauere Abhandlungen finden sich für anthropologische Studien zu Kindern zum Beispiel in van de Loo und Reinhart (1993), Schwartzman (2001), Hirschfeld (2008), Montgomery (2009) und zu Jugendlichen in Amit-Talai und Wulff (1995), Dracklé (1996).

Diesen Vorstellungen von Defizit und Devianz ist ein mechanistischer, deterministischer Sozialisationsbegriff gemeinsam. Kinder und Jugendliche würden die gesellschaftlichen und kulturellen Normen und Verhaltensweisen der Erwachsenen in einem passiven Prozess übernehmen, ihre soziale Entwicklung sei klar vorgezeichnet und das Endstadium der Reproduktion der Erwachsenengesellschaft klar. Diese Vorstellungen sind aufgrund der zunehmend als komplex erkannten kognitiven Prozesse beim Heranwachsen wie auch aufgrund der dynamischeren und komplexeren Auffassung gesellschaftlicher Prozesse sowie wegen der ihnen zugrunde liegenden Annahme eines Individuums in der Gesellschaft in den 1980er- und 1990er-Jahren als vereinfacht erkannt und kritisiert worden. Weder gibt es klar definierte gesellschaftliche Normen, welche Kinder und Jugendliche übernehmen könnten, noch sind Kinder und Jugendliche so passiv, wie sie aufgrund eines erwachsenenzentrierten Blickes der WissenschafterInnen lange Zeit dargestellt wurden (vgl. Toren 1996: 512; Baudler 1996).

Kinder und Jugendliche als soziale und kulturelle AkteurInnen

Besonders in rezenten kultur- und sozialanthropologischen Publikationen sowie der *„new sociology of childhood"* werden deshalb unter dem Einfluss von neueren theoretischen Entwicklungen (unter anderem der Praxistheorien von Pierre Bourdieu, Michel de Certeau und Bruno Latour sowie der Phänomenologie) einerseits und rechtlichen Entwicklungen wie der UNO ‚Deklaration der Rechte des Kindes' (1989) andererseits Kinder und Jugendliche als soziale AkteurInnen mit eigenen Lebenswelten aufgefasst (vgl. Amit-Talai/Wulff 1995; Dracklé 1996; Schwartzman 2001: 4; Streissler 2005). Sie produzieren und reproduzieren Gesellschaft und Kultur im Laufe des Heranwachsens zwar unterschiedlich, aber immer aktiv in einem dynamischen mikrohistorischen Prozess (vgl. Levinson/ Holland 1996; Schwartzman 2001: 6; Toren 1996: 514; Toren 1999). Der Forschungsfokus verschiebt sich von „klassischen" Themen der (psychologischen und soziologischen) Kinderforschung wie Persönlichkeitsentwicklung, Familie, Schule zu so unterschiedlichen Themen wie Freundschaft, Arbeit, Politik und Macht, Sprache und Konsum (Medien, Mode, Drogen...) (vgl. Schwartzman 2001: 8; Streissler 1999, 2003).

Im Zentrum stehen die Lebenswelten von Kindern und Jugendlichen, die sich mit denen von Erwachsenen teilweise überlappen, teilweise aber auch recht eigenständig sind. Erforscht werden also die geographischen und sozialen Räume, in denen sich Kinder und Jugendliche aufhalten (zum Beispiel im eigenen Schlafzimmer, in Institutionen wie Schulen, Arbeitsplätzen und Jugendclubs sowie öffentlichen Räumen), wie sie diese Räume gemeinsam im alltäglichen Umgang mit anderen erschaffen (vgl. *„siting culture"*, Fog Olwig/Hastrup 1997) und wie sie diese Räume subjektiv erleben (vgl. Skelton/Valentine 1998). Durch einen Fokus auf „Mikrokulturen" (vgl. Wulff 1988) treten die Kinder und

Jugendlichen als eigenständige und soziokulturell kompetent Handelnde in den Vordergrund,[5] ihre vielfältigen Stimmen und unterschiedlichen Wahrnehmungen der Welt werden hör- und sichtbar gemacht. Gleichzeitig thematisieren ForscherInnen dabei immer stärker die lange Zeit vorherrschende Erwachsenenzentriertheit (vgl. „*adult bias*", Baudler 1996: 146).

Dabei wird der strukturelle Aspekt jedoch nicht gänzlich außer Acht gelassen. Sowohl Kindheit wie Jugend sind kulturell, sozial und historisch konstruierte Lebensabschnitte (vgl. Wulff 1995; Dracklé 1996). Die damit einhergehenden normativen Vorstellungen, wer Kinder bzw. Jugendliche sind, in welchen geographischen und sozialen Räumen sie sich aufhalten dürfen und als wie mächtig oder ohnmächtig sie aufgefasst werden, definieren die Handlungsspielräume der Einzelnen mit (vgl. Fog Olwig/Gulløv 2003).

Produktion und Reproduktion von Populärkulturen

Ein in der Kultur- und Sozialanthropologie zunehmend wichtiger Fokus von Kinder- und Jugendkulturen liegt auf Produktion und Konsum populärkultureller Artefakte. Wir greifen diesen Bereich exemplarisch heraus, um die dynamische Auffassung von soziokultureller Produktion und Reproduktion genauer zu beleuchten. Wesentliche Bereiche der Lebensrealitäten von Kindern und Jugendlichen (und nicht nur dieser Altersgruppen!) werden von Populärkulturen bestimmt. Sie erfahren von globalen Trends aus Fernsehen, Internet, Kino, (Kinder- und Jugend-)Zeitschriften und passen diese in ihr Leben ein. Empirische Studien zeigen, dass es sich hierbei nicht um bloße unkritische Übernahme handelt, sondern um ein spielerisches und kreatives Einbauen in Lebensbereiche wie Mode, Freizeit (Musik, Sport, Hobbys) oder Kommunikationsverhalten. Umgekehrt werden gerade Populärkulturen durch Trends in regionalen Szenen bereichert. Kinder und Jugendliche tendieren also einerseits dazu, „*early users*" zu sein und Innovationen früh aufzugreifen, andererseits speisen sich gerade Populärkulturen durch jugendkulturelle Strömungen. Dieser Prozess ist aber nicht nur ein spielerischer und lustvoller, sondern kann sie vor große Probleme stellen, wie Amit-Talai feststellt:

> For the youths who are often on the front line of global economic and political restructuring, pervasive Western images of consumption can have painfully ironic resonances in the face of shortages of jobs, resources and competing cultural claims. (Amit-Talai 1995: 230)[6]

5 __ Gerade jüngere Kinder verfügen zwar über vielfältige soziokulturelle Expertise, sind jedoch oft nicht in der Lage, diese auf eine Art und Weise zu artikulieren, dass sie von den Erwachsenen und damit auch den erwachsenen ForscherInnen als solche wahrgenommen wird. Für ein Gegenbeispiel siehe Faulstich Orellanas Untersuchung von Kindern als ÜbersetzerInnen (2007, siehe unten).

Diese Aussage scheint besonders für Kinder und Jugendliche aus ökonomisch schwachen Familien in urbanen Kontexten (mit höherem Konsumdruck als am Land) zuzutreffen, ob diese nun Migrationshintergrund haben oder nicht.

Multikulturelle Kinder und Jugendliche in lokalen und globalen Kontexten

Die Tatsache, dass Kinder und Jugendliche lokalen und globalen Einflüssen ausgesetzt sind und diese wiederum beeinflussen, stellt ForscherInnen sowohl vor theoretische als auch vor methodische Probleme, wie Schwartzman anmerkt:

> Recognizing that children live, work, and play in multiple worlds that are simultaneously local and global requires that researchers adopt theoretical frameworks and methodological approaches that allow them to conceptualize and study these relationships. (Schwartzman 2001: 8)

Ein weiterer Fokus, der in diesem Zitat bereits anklingt, liegt auf Kindern und Jugendlichen als BewohnerInnen verschiedener Welten und als soziokulturellen VermittlerInnen. Amit-Talai konstatiert sogar, dass Jugendliche (wie alle Menschen) grundsätzlich „multikulturell" sind, da sie sich in den unterschiedlichen Kulturen von Kindern, Jugendlichen und Erwachsenen bewegen und kompetent zu handeln wissen (vgl. Amit-Talai 1995: 231). Diese Idee scheint uns gerade in Bezug auf Kinder und Jugendliche der 2. Generation und ihren AlterskollegInnen ohne Migrationserfahrung wesentlich. Es bedeutet nämlich, dass diese Jugendlichen mehr gemeinsam haben, als unter dem vereinfachend-kulturalistischen Blickwinkel von zwei separaten, unvereinbaren Kulturen, der ja der Idee von „zwischen den Kulturen" innewohnt, suggeriert wird. Dies betrifft gemeinsame kulturelle Erfahrungen, der gleichen Generation (mit zum Beispiel gleichen populärkulturellen Moden) anzugehören als auch ähnlichen strukturellen Bedingungen (zum Beispiel dem gleichen Schulsystem und den gleichen Problemen und Chancen am Arbeitsmarkt) zu unterliegen.

Der Blickwinkel auf Kinder und Jugendliche als soziale AkteurInnen bedeutet also nicht, dass gesamtgesellschaftliche strukturelle Bedingungen ignoriert werden. Kinder noch stärker als Jugendliche unterliegen der Kontrolle anderer, werden überwacht und in ihren Handlungsmöglichkeiten eingeschränkt. Trotzdem wäre es zu einfach, sie ausschließlich am unteren Ende einer Hierarchie zu sehen, in der die Erwachsenen dominieren (vgl. Howard et al. 2002: 12).

---

6 __ Hier ist jedoch anzumerken, dass es gerade in den letzen Jahren zu einer Globalisierung der Populärkulturen gekommen ist und dass sich Jugendliche heutzutage nicht mehr ausschließlich mit westlichen populärkulturellen Versatzstücken und Konsumgütern konfrontiert sehen. Dies verringert jedoch keineswegs den Konsumdruck auf sie.

Strukturierende Faktoren mit besonderer Berücksichtigung von Alter

Wir verstehen Gender, Alter, soziale Schicht und ethnische Herkunft als Faktoren, die das Leben von Kindern und Jugendlichen (so wie aller anderen sozialen AkteurInnen) wesentlich mitbestimmen und auf komplexe Art und Weise historisch und regional spezifisch miteinander interagieren. Baumann verwendet in diesem Zusammenhang den Begriff *„cross-cutting cleavages"* (vgl. Baumann 1999). Er betont jedoch, dass diese strukturierenden Faktoren nicht in jeder Situation gleich wirksam sind. In bestimmten Situationen spielt es in Österreich zum Beispiel eine Rolle, ob ein Kind männlich oder weiblich ist, ob sie/er fremdländisch aussieht, mit Akzent spricht oder als ÖsterreicherIn wahrgenommen wird, eher wie 9 oder wie 15 aussieht oder bestimmte, sozial codierte Umgangsformen an den Tag legt, die sie/ihn für andere einer bestimmten sozialen Schicht zuordenbar macht.

Alter als wesentliches Strukturierungsmerkmal von Kindern und Jugendlichen

In westlichen Gesellschaften spielt das biologische Alter eine große Rolle und es wird angenommen, dass Personen aufgrund des gleichen Alters in Anlehnung an Piaget gleiche kognitive und emotionale Entwicklungen durchmachen und daher gleichen Erfahrungen ausgesetzt werden können und sollen.[7] Die UNO ,Deklaration der Rechte des Kindes' definiert zum Beispiel „Kind" als Person zwischen 0 und 18 Jahren. Hier wird die Problematik des Festmachens sozialer Kategorien mithilfe des biologischen Alters besonders deutlich, denn in diese Altersgruppe fallen Säuglinge genauso wie Schulkinder, viele Lehrlinge sowie junge Mütter und Väter, SoldatInnen, junge ArbeiterInnen und Angestellte.

Kindern und Jugendlichen unterschiedlichen Alters werden in nationalstaatlichen Rechtssystemen unterschiedliche Rechte und Pflichten eingeräumt,[8] die ebenfalls von entwicklungspsychologischen Annahmen hergeleitet sind, die ihrerseits jedoch historischen Veränderungen unterworfen sind (zum Beispiel Herabsetzung des Wahlalters in Österreich von 19 auf 18 2003 und von 18 auf 16 Jahre 2007).

Anfang und Ende sowohl von Kindheit als auch von Jugend sind nicht klar definiert und hängen unter anderem von der Situation ab, in denen sich die jungen Menschen gerade befinden. Die sozialen Zuschreibungen an Kinder und

---

7 —— Beispiele dafür sind altershomogene Schulklassen oder Jugendschutzbestimmungen bezüglich Sexualität, Alkohol, Gewaltdarstellungen in Filmen etc.
8 —— In alltäglichen Interaktionen spielt oft nicht so sehr das tatsächliche biologische Alter eine Rolle, sondern vielmehr, wie alt Kinder und Jugendliche für andere soziale AkteurInnen erscheinen.

Jugendliche differieren jedoch in wesentlichen Punkten: Kinder werden in populären Diskursen zwar oft als HoffnungsträgerInnen einer besseren (weil ökologischeren, friedlicheren und gerechteren) Welt für ihr Zukunftspotential geschätzt, aber selten für ihre gegenwärtigen Perspektiven und Eigenschaften (vgl. Greene/ Hogan 2006: 3). Während sie oft als asexuell, unverdorben, phantasievoll etc. idealisiert werden und ihnen gewisse soziale Spielräume (im doppelten Sinn) zugeschrieben werden, werden Jugendliche häufig einzig durch physische, psychische und soziale Übergänge zwischen Kind und Erwachsenem definiert (vgl. Howard et al. 2002: 11). Ihre Lebensphase wird aufgrund der Pubertät als notwendigerweise eine des Sturm und Drang und großer Probleme aufgefasst und damit naturalisiert (vgl. France 2004: 176 f.; Weißköppel 2001: 220).

Neben der Untersuchung von Zuschreibungen aufgrund des biologischen Alters hat sich in der wissenschaftlichen Diskussion der letzten Jahre eine konstruktivistische Sichtweise etabliert. Ähnlich wie in der Diskussion um Gender ein performativer Ansatz populär geworden ist (Schlagwort *„doing gender"*) gibt es auch bezüglich Alter einen performativen, sowohl unbewusst als auch bewusst inszenierten Aspekt. Kinder und Jugendliche (genauso wie Erwachsene) spielen also mit normativen Vorstellungen bezüglich des Alters, wobei sie es entweder dramatisieren oder entdramatisieren (vgl. Faulstich-Wieland et al. 2004: 215 ff.).

Alter ist also in unserer Gesellschaft ein wesentliches, sozial wirksames Etikett (vgl. Greene/Hogan 2006: 9), das jedoch meist implizit mit normativen Vorstellungen von Kindheit und Jugend, wie sie höchstens in urbanen westlichen Mittelschichten zu finden sind, verknüpft ist.[9] In Forschungsarbeiten ist jedoch zu beachten, dass Ähnlichkeiten und Unterschiede innerhalb von Altersgruppen oder zwischen Altersgruppen nicht essentialisiert und verabsolutiert und die populärwissenschaftlichen Stereotypen nicht reproduziert werden (vgl. Greene/Hogan 2006: 9).

Obwohl in sozialwissenschaftlicher Theorienbildung den vier strukturierenden Faktoren Gender, Ethnizität, Alter und soziale Schicht wesentliche Bedeutung in der Formung der Lebenswelten Einzelner zukommt, sehen wir diese Faktoren nicht als komplett determinierend. Einzelne nehmen diese Faktoren teilweise bewusster, teilweise unbewusster wahr und messen ihnen außerdem unterschiedliche Bedeutungen bei. Sie gestalten teils bewusst, aktiv und dynamisch ihre eigene Identität, wie Stuart Hall (1997) dies beschreibt. Hall begreift Identität als historisch beeinflusst, in ständigem Fluss und aktiv produziert

9 __ Kinder und Jugendliche, welche diesem Bild nicht entsprechen, zum Beispiel weil sie mit weniger als 18 Jahren arbeiten oder sich aktiv an politischen Konflikten beteiligen, gelten als deviant und werden zum Beispiel als „arbeitende Kinder" oder „Kindersoldaten" abgestempelt. (Die Vorsilbe „Kinder-" wird verwendet, um die Abweichung noch zu betonen, auch wenn es sich meist um 15- bis 18-jährige Jugendliche handelt.)

(vgl. „Identitätsarbeit", Weißköppel 2001: 31). Statt auf ewig fixiert zu sein, unterliegt Identität dem Zusammenspiel von Geschichte, Kultur und Macht und ist nie abgeschlossen. (Kulturelle) Identität ist daher sowohl ein Prozess des Werdens als auch des Seins und verbindet Vergangenheit, Gegenwart und Zukunft (vgl. Hall 1997; Rassool 2006: 237).

MigrantInnen der 2. Generation

Die Erforschung der so genannten 2. Generation ist ein interdisziplinäres Forschungsfeld und beschäftigt sich mit Lebensbedingungen und Lebensperspektiven der Kinder von MigrantInnen, die im Migrationsland geboren wurden und/oder dort aufgewachsen sind.[10] Dieses sehr junge Forschungsfeld entstand parallel sowohl im us-amerikanischen als auch im europäischen Kontext.

Ein amerikanischer Zugang: „segmentierte Assimilation"

Der amerikanische Soziologe Portes und seine MitarbeiterInnen (Portes/Zhou 1993; Portes 1996; Portes/Rumbaut 2001) haben Anfang der 1990er die Theorie der „segmentierten Assimilation"[11] (engl. *segmented assimilation*) entwickelt, wonach „Assimilation" kein linearer Prozess der „Eingliederung" ist, da weder das Migrationsland noch die MigrantInnenpopulation homogen sind.[12] Der jeweilige Prozess der „Assimilation" hängt somit laut Portes und Rumbaut wesentlich vom jeweiligen „Bevölkerungssegment" ab, aus dem MigrantInnen kommen, und davon, in welches Segment der Aufnahmegesellschaft sie sich „assimilieren" (vgl. Portes/Rumbaut 2001; Crul/Vermeulen 2003). Die Theorie der „segmentierten Assimilation" unterscheidet zwischen drei Typen von Prozessen der „Assimilation" der 2. Generation, bei denen die Ethnizität jeweils einen anderen Stellenwert hat – die Assimilation in die Mittelschicht, die eigene (ethnische) Community oder schließlich die „underclass".[13]

10— Als „Generation 1,5" werden jene MigrantInnen bezeichnet, die nicht im Immigrationsland geboren wurden, aber als Minderjährige – in der Regel im Rahmen der Familienzusammenführung – in dieses migrierten (vgl. Bauböck 2001: 18).

11— Der Begriff der „Assimilation" hat im europäischen Kontext eine negative Konnotation, da er im Unterschied zur Integration als „wechselseitige Anpassung" eine „einseitige Form der Angleichung" (Bauböck 2001: 14) der MigrantInnen an die Mehrheitsbevölkerung bedeutet.

12— Portes und Rumbaut (2001) unterscheiden drei grundlegende Dimensionen, entlang welcher man die einzelnen MigrantInnenpopulationen analysieren und vergleichen kann: das „Humankapital" (Ausbildung, Sprachkenntnisse, Berufserfahrung etc.), die so genannten Inkorporationsmodi (engl. *modes of incorporation*) auf drei Ebenen (Migrationspolitik des Migrationslandes, die vorherrschende Einstellung zu „ZuwanderInnen" und im Migrationsland bereits lebende MigrantInnenkommunitäten) und der Kontext der Familie (Familienstruktur, Anzahl der Generationen etc.) (vgl. Portes/Rumbaut 2001: 46–49).

There are groups among today's second generation that are slated for a smooth transition into the mainstream and for whom ethnicity will soon be a matter of personal choice. They, like descendants of earlier Europeans, will identify with their ancestry on occasion and when convenient. There are others for whom their ethnicity will be a source of strength and who will muscle their way up, socially and economically, on the basis of their communities' networks and resources. There are still others whose ethnicity will be neither a matter of choice nor a source of progress but a mark of subordination. (Portes/Rumbaut 2001: 45)

Obwohl man nach diesem Zitat leicht an Ähnlichkeiten mit dem europäischen Kontext denkt[14] – etwa an hochqualifizierte Fachkräfte aus Osteuropa, *ethnic-business*-„AufsteigerInnen" oder die Problematik der Jugendlichen in den *Banlieus* –, ist die Theorie der segmentierten Assimilation wissenschaftsgeschichtlich nicht vom US-amerikanischen demographischen und migrationspolitischen Kontext zu trennen und kann nur zum Teil auf die (in sich wieder sehr heterogene) europäische Situation angewandt werden.[15] Das liegt unter anderem daran, dass sich die Strukturen der MigrantInnenpopulation bzw. die Migrationsgeschichte in Amerika und Europa sehr stark voneinander unterscheiden: Während in der US-amerikanischen Debatte über die 2. Generation vor allem Nachkommen von MigrantInnen aus Asien und Mittelamerika (vor allem Mexiko) zentral sind, kommen die europäischen MigrantInnen entweder aus ehemaligen Kolonien oder sind im Zuge der Arbeitskräfteanwerbung in den 1960er- und 1970er-Jahren eingewandert (vgl. Thomson/Crul 2007: 1026).[16]

Auch in den Forschungszugängen gibt es wesentliche Unterschiede: Während US-amerikanische ForscherInnen vor allem zwischen verschiedenen MigrantInnengruppen vergleichen, spielt in Europa darüber hinaus der Ländervergleich eine wesentliche Rolle (siehe weiter unten). Nichtsdestotrotz wurde die US-amerikanische Forschung zur 2. Generation – insbesondere die Theorie der „segmen-

13__ In Bezug auf diesen letzten Typus ist ein ausgeprägter Pessimismus der amerikanischen AutorInnen festzustellen – anderenorts spricht Portes in diesem Zusammenhang etwa von einer „downward assimilation into the urban underclass" (Portes/Zhou 1993, zit. nach: Crul 2007: 1028).
14__ Beispielsweise gibt es klare Parallelen zwischen dem zuletzt angeführten Typus einer „underclass" (vgl. Portes 1996) und der „Unterschichtung" (vgl. Häussermann 1998) im deutschsprachigen Forschungskontext.
15__ Für die Anwendung auf den österreichischen Kontext siehe etwa Herzog-Punzenberger (2005).
16__ Es gibt jedoch eine zunehmende Veränderung der Migrationsströme in Richtung EU, sodass es zu einer bedeutenden Diversifizierung der Zuwanderung kommt (engl. *superdiversity*). Mit der Vielfalt der Herkunft geht eine zunehmende Vielfalt der sozialen Lagen einher (vgl. Perchinig 2007).

tierten Assimilation" – in Europa stark rezipiert, sodass man heute von einem einheitlichen Forschungsfeld zur 2. Generation sprechen kann.[17]

Forschungen im deutschsprachigen Raum

Im deutschsprachigen Raum entstanden seit den 1970er-Jahren fächerübergreifend Arbeiten über die 2. Generation, sehr häufig mit einem Fokus auf die türkischen MigrantInnen als einer der größten Einwanderungsgruppen (insbesondere in Deutschland). Der deutsche Sozialwissenschafter und Sozialpädagoge Geisen identifiziert mehrere Phasen bzw. Paradigmen der interdisziplinären sozialwissenschaftlichen Auseinandersetzung mit dem Thema Jugendliche „mit Migrationshintergrund".[18] Die erste Phase (1970er- und 1980er-Jahre) ist durch das Paradigma „Andersheit als Defizit" gekennzeichnet und äußert sich in der so genannten „Kulturkonfliktthese".

Exkurs „Kulturkonfliktthese"

Jugendliche der 2. Generation seien dieser Sichtweise entsprechend wesentlich von einem Konflikt zwischen der „als traditionell vorgestellten Herkunftskultur der Eltern und andererseits der als modern vorgestellten Kultur des Aufnahmelandes" (Geisen 2007: 30) geprägt (siehe auch den Beitrag 10 von Krist und Wolfsberger in diesem Band). Dieser Konflikt wird in der Forschung als ein „Defizit" bzw. als „Aufholbedarf" und auch als ein starker psychischer Belastungsfaktor dargestellt.

Obwohl im Aufnahmeland geboren und aufgewachsen, müssen die Mitglieder der 2. Generation sowohl mit Wertvorstellungen und Erwartungshaltungen ihrer Familie (beispielsweise in Bezug auf Geschlechterrollen, Kleidung, Freizeitgestaltung oder die Wahl des/der EhepartnerIn) als auch mit der Diskriminierung und Fremdzuschreibung vonseiten der Aufnahmegesellschaft umgehen. Während ihre Eltern die Diskriminierung von der Aufnahmegesellschaft – wegen der (zumindest anfänglich) geplanten Rückkehr und der migrationsbedingten Statusaufwertung im Herkunftsland – potentiell leichter in Kauf nahmen, leidet die 2. Generation insbesondere unter struktureller Diskriminierung im Aufnahmeland (vor allem in der Schule und am Arbeitsmarkt, aber auch im Alltag).

Ohne die Relevanz eines Spannungsfeldes zwischen verschiedenen Wertsystemen, Sprachen, Lebensentwürfen etc. für MigrantInnen der 2. Generation zu leugnen, ist es aus der kultur- und sozialanthropologischen Sicht wesentlich,

---

17__ Vgl. http://www.tiesproject.eu/content/view/20/35/lang.de [15. 7. 2009].
18__ Für eine ausführliche Darstellung der Forschung im deutschsprachigen Raum vgl. Geisen (2007).

dem der Kulturkonfliktthese impliziten essentialistischen Kulturbegriff Einhalt zu gebieten. Obwohl stark kritisiert, ist das Bild der „unvereinbaren" Kulturen – aus dem die Unmöglichkeit eines Zusammenlebens der MigrantInnen und der Mehrheitsbevölkerung abgeleitet wird – ein fester Bestandteil rechtsextremer fremdenfeindlicher und (seit 9/11) insbesondere islamophober Diskurse. Diese identifizieren oft gerade die MigrantInnen der 2. Generation als TrägerInnen natio-nalistischer bzw. „fundamentalistischer" Tendenzen und „zementieren" durch den Vorwurf des Lebens in einer „Parallelgesellschaft" oder einer „gescheiterten Integration" die ohnehin gegebene Diskriminierung vonseiten der Mehrheits-gesellschaft (vgl. Weiss 2007).

Überwindungen der Kulturkonfliktthese

Die laut Geisen zweite Phase der Beschäftigung mit Jugendlichen der 2. Genera-tion (1980er-Jahre) stellt – statt dem negativ konnotierten und zu überwinden-den „Defizit" – die positiv konnotierte „Differenz" in den Vordergrund. Hier be-steht allerdings die Gefahr eines naiven Multikulturalismus bzw. eines „Mosaik-denkens" (vgl. Bauböck 2001: 31), demzufolge Jugendliche der 2. Generation (und MigrantInnen im Allgemeinen) quasi als „Bereicherung" der Kultur des Mi-grationslandes gesehen werden, ohne Machtdifferenzen zu berücksichtigen.

Ab den 1990er-Jahren wird, laut Geisen, der biographische Ansatz in der Er-forschung der Jugendlichen der 2. Generation bedeutend, der sich in seiner Kritik des Essentialismus auf poststrukturalistische, feministische und postkoloniale und *Cultural-Studies*-Ansätze stützt (siehe den Beitrag 6 von Davis-Sulikowski, Khittel und Slama, den Beitrag 10 von Krist und Wolfsberger und den Beitrag 15 von Steiner in diesem Band). Anstatt um Defizit oder Differenz geht es in dieser jüngsten Forschungsphase vielmehr um

> eine differenzierte Analyse von Lebenswelten und Sozialisationspro-zessen jugendlicher MigrantInnen. Dabei zeigt sich deutlich, dass diese sich nicht auf ein einheitliches Paradigma reduzieren lassen. Die For-schung sieht ihre Aufgabe daher vor allem darin die Pluralität der jugendlichen Lebenswelten und Sozialisationsprozesse aufzuzeigen und sie im Hinblick auf ihre soziale und kulturelle Produktivität hin zu untersuchen. (Geisen 2007: 38)

Hier zeigen sich deutliche Parallelen zu Forschungsschwerpunkten bei Kindern und Jugendlichen allgemein (Lebenswelten, Kinder und Jugendliche als soziale und kulturelle AkteurInnen; siehe oben).

Abgesehen von der Vielzahl soziologischer, pädagogischer und psychologi-scher Arbeiten (vgl. Geisen 2007: 35–38) in dieser Forschungsphase ist aus anthro-pologischer Perspektive besonders eine Arbeit der Anthropologin Jacqueline

Knörr (2005) interessant. Knörr und die AutorInnen ihres Sammelbandes beleuchten durch verschiedene anthropologische Fallstudien zum Thema ‚Kindheit und Migration', wie Kinder selbst Migration erleben bzw. wie sie ihre „Identität" eigenständig konstruieren, indem sie beide Bezugsorte – das Herkunftsland und das Migrationsland – mitberücksichtigen. Diese offene Perspektive
auf die Lebenswelt der MigrantInnenkinder impliziert auch die Frage, ob „Identität", wie sie Erwachsene verstehen, überhaupt eine Rolle im Leben der Kinder
spielt und inwiefern – besonders in der Anthropologie entwickelte und verwendete – Identitätsbegriffe wie „hybrid", „creole", „transnational", „glocal" etc.
brauchbar sind, um die Lebenswelt der Kinder von MigrantInnen zu erfassen.
„Do such concepts also fit the reality of migrating children or is their perception
of culture more dynamic and flexible than that of the researchers on the one
hand and of the adults they usually research on the other?" (Knörr 2005: 15)[19]
Auch hier wird die weiter oben erwähnte Erwachsenenzentriertheit thematisiert,
die möglicherweise eine dynamischere Sicht auf die jugendlichen AkteurInnen
unterbindet und ein möglicherweise unterschiedliches Kulturverständnis von
Kindern und Erwachsenen thematisiert.

Unter den neuesten Ansätzen im europäischen Kontext sind die Forschungen
des Soziologen Crul und des Antropologen Vermeulen wesentlich, die besonderen Wert auf den bisher stark vernachlässigten intraeuropäischen Vergleich
legen und auf die wir im folgenden Kapitel eingehen.

Europäischer Vergleich

Wie Crul und Vermeulen hervorheben, gab es lange Zeit wenige Vergleichsstudien
zur 2. Generation in Europa[20] (vgl. Crul/Vermeulen 2003: 967). Vor diesem Hintergrund entstand die breit angelegte vergleichende europäische Studie EFFNATIS[21]
(‚Effectiveness of National Integration Strategies towards Second Generation
Migrant Youth in Comparative European Perspective'), welche untersuchte, ob
es in Europa[22] unterschiedliche nationale Integrationsmuster[23] gibt und was

19__ Zum Thema Identitätskonstruktion unter Jugendlichen (mit Migrationshintergrund)
vgl. auch Gürses et al. (2001).
20__ Die ersten beiden europäischen Studien zur 2. Generation – das Projekt ‚International
Migration and the Cultural Sense of Belongingness of the Second Generation' und das Projekt ISCEY (‚International Comparative Study on Ethnocultural Youth') – inkludierten keine
systematischen Vergleiche (vgl. http://www.tiesproject.eu/content/view/20/35/lang.de
[15. 7. 2009]).
21__ Vgl. http://www.efms.uni-bamberg.de/prineffd.htm [15. 7. 2009].
22__ Frankreich, Deutschland und Großbritannien (und in weiterer Folge in der Schweiz,
Finnland, Spanien, Schweden und in den Niederlanden).
23__ Laut dem „Paradigma der nationalen Unterschiede" gibt es beispielsweise die „Inté-
gration à la Française" – welche eine homogene Nation anstrebt – oder den „britischen bzw.

deren Auswirkungen auf die tatsächliche Integration[24] der MigrantInnen der 2. Generation sind (vgl. Heckmann/Schnapper 2003: 10). Das Hauptergebnis von EFFNATIS ist, dass sowohl eine Konvergenz als auch nationale Unterschiede vorhanden sind. Grundlegende Unterschiede sind auf der Ebene des im Projekt entwickelten Konzepts der „gesellschaftlichen Definition der Immigrationssituation" (engl. *societal definition of immigration situation*) vorzufinden. So bezieht sich etwa der öffentliche Migrationsdiskurs in Europa je nach nationalem Kontext auf „AusländerInnen", „ImmigrantInnen", „ethnische Minderheiten" etc. (vgl. Heckmann/Schnapper 2003: 254). Die Ebene der „gesellschaftlichen Definition der Immigration" wird wesentlich von den historisch gewachsenen institutionellen Strukturen (zum Beispiel der Bildung oder des Arbeitsmarktes) beeinflusst. Gleichzeitig sind im europäischen Kontext – neben den Unterschieden – auch Prozesse der Konvergenz feststellbar – wie beispielsweise die Tatsache, dass alle europäischen Staaten auch in ihrer Migrations- und Integrationspolitik an demokratische und Menschenrechtsstandards gebunden sind.[25] Eines der Ergebnisse von EFFNATIS ist, dass europäische Staaten (mit der Ausnahme von Großbritannien) in der Regel kein Interesse an der Entstehung „neuer Minderheiten" aufgrund von Migration haben. Demnach wäre Multikulturalimus (siehe den Beitrag 9 von S. Strasser in diesem Band) nicht als ein politisches Integrationsmuster (etwa im Bildungsbereich) zu betrachten, sondern eher als eine allgemeine „Einstellung der Toleranz" (Heckmann/Schnapper 2003: 256).

Gewissermaßen das Nachfolgeprojekt von EFFNATIS – das Projekt ‚The Future of Second Generation in Europe', von dem Soziologen Crul und dem Anthropologen Vermeulen geleitet – verglich die 2. Generation der türkischen und marokkanischen MigrantInnen in sechs europäischen Ländern.[26] Dieses Projekt entstand – neben dem Ziel, den systematischen europäischen Vergleich zu erweitern – auch aus der Kritik an dem so gennanten *citizenship approach* zur 2. Generation. Dieser betrachtet Integration primär aus der Perspektive der Staatsbürgerschaftsgesetzgebung, durch welche die Integration als „von oben" wortwörtlich „verliehene" Zugehörigkeit zur Nation definiert wird (vgl. Crul/Vermeulen 2003: 967) und die vielen anderen und komplexen Aspekte von Integration sowohl vonseiten des Staates als auch der MigrantInnen selbst unberücksichtigt bleiben. Eines der Hauptergebnisse des Crul/Vermeulen-Projekts ist nämlich gerade die zentrale Bedeutung der Institutionen für die Integration bzw. den

holländischen Multikulturalismus" – die kulturelle Unterschiede bereit sind zu „integrieren" (vgl. http://www.efms.uni-bamberg.de/pdf/finalreportk.pdf [17. 7. 2009]).

24__ Die Studie unterscheidet zwischen vier Dimensionen der Integration: strukturelle, kulturelle, soziale und identifikatorische Integration (vgl. Heckmann/Schnapper 2003).

25__ Die rechtliche Gleichstellung von MigrantInnen und der Mehrheitsbevölkerung, abgesehen von jenen engeren politischen Rechten, die an die Staatszugehörigkeit gebunden sind (vgl. Heckmann/Schnapper 2003: 255).

26__ Schweden, Österreich, die Niederlande, Deutschland, Belgien und Frankreich.

sozialen Aufstieg/Abstieg der 2. Generation (vgl. Crul/Vermeulen 2003). Dieser *institutional approach* fokussiert in erster Linie die Institutionen der Schule und des Arbeitsmarktes als die Kernbestandteile der strukturellen Integration (bzw. Diskriminierung).

Aus kultur- und sozialanthropologischer Perspektive ist die Kritik am *citizenship approach* insofern zu modifizieren, als es sehr wohl möglich ist, die Frage der Zugehörigkeit durch einen ethnographischen Zugang sowohl auf der Makro- als auch auf der Mikroebene zu untersuchen. So verstehen Schiffauer et al. (2004) in ihrer vergleichenden Studie von türkischen SchülerInnen in vier europäischen Ländern (Großbritannien, Frankreich, Niederlande und Deutschland) *civil enculturation* als interaktiven Prozess der Konstruktion von Zugehörigkeit, der in staatlichen Schulsystemen stattfindet. Einerseits wird in Schulen MigrantInnenkindern die „nationalstaatliche Zivilkultur" (engl. *nation state's civil culture*)[27] vermittelt. Andererseits spielt sich im Klassenzimmer – vor allem im Rahmen der informellen interpersonellen Praktiken (vgl. Schiffauer et al. 2004: 14) – eine komplexe Aushandlung von Zugehörigkeiten ab, in der MigrantInnenjugendliche aktive Rollen spielen.

Das bisher umfassendste und seit 2005 laufende europäische Projekt zum Thema 2. Generation ist das Projekt TIES (,The Integration of the European Second Generation').[28] TIES untersucht die „Integration" der 2. Generation aus der Türkei, dem ehemaligen Jugoslawien und Marokko in acht europäischen Ländern[29] in den folgenden Domänen: Bildung, Arbeitsmarkt, soziale Beziehungen und Identitätsbildung. Der Anspruch des Projektes ist es, den ersten systematischen zwischenstaatlichen Vergleich der 2. Generation in Europa zu liefern.[30]

Österreichischer Kontext

Die Situation der 2. Generation in Österreich (wie der MigrantInnen im Allgemeinen) ist stark dadurch gekennzeichnet, dass sich Österreich nie als Migrationsland gesehen hat (vgl. Jandl/Kraler 2003). Folglich wurden keine explizit formulierten politischen Integrationskonzepte entwickelt und die 2. Generation war sozusagen eine „Konsequenz" des nicht realisierten „Rotationsprinzips", deren spezifische Situation von politischen EntscheidungsträgerInnen lange Zeit ausgeblendet wurde. In diesem Sinne überrascht es nicht, dass die Situation der 2. Generation in Österreich (ähnlich wie in Deutschland) stark durch

27__ Diese besteht aus dem Wissen über *civil society, civic culture* und *national imaginary* (vgl. Schiffauer et al. 2004).
28__ Vgl. http://www.tiesproject.eu/ [17. 7. 2009].
29__ Österreich, Belgien, Frankreich, Deutschland, Niederlande, Spanien, Schweden und Schweiz.
30__ Vgl. http://www.tiesproject.eu/content/view/20/35/lang,de/ [17. 7. 2009].

strukturelle Diskriminierung – im Bildungsbereich und folglich am Arbeitsmarkt – gekennzeichnet ist. Die Kultur- und Sozialanthropologin und Politikwissenschafterin Herzog-Punzenberger spricht in diesem Zusammenhang etwa von einer „ethnischen Segmentierung" der Schule und des Arbeitsmarktes in Österreich. In ihrer Forschung über die 2. Generation der türkischen MigrantInnen in Österreich im Rahmen des weiter oben erwähnten europäischen Vergleichsprojekts ‚The Future of Second Generation in Europe' kommt sie zum folgenden Schluss: In Österreich werden durch ein Ineinandergreifen eines stark selektiven Schulsystems und eines relativ geschützten Arbeitsmarktes zwei ethnisierte Gruppen (TürkInnen und Ex-JugoslawInnen) reproduziert, die in der Regel bildungsfern bleiben und die untersten Positionen am Arbeitsmarkt einnehmen. Dies macht es den Jugendlichen der 2. Generation sehr schwer, aus dieser strukturell benachteiligten Position auszubrechen bzw. durch das Erlangen von höherer Bildung sozial mobil zu werden oder alternative Lebensentwürfe zu entwickeln und zu leben (vgl. Herzog-Punzenberger 2005: 208). In diesem Sinne stellt auch der österreichische Migrationsforscher Perchinig fest, dass österreichische Schulen im Europäischen Vergleich soziale Ungleichheiten der gesamten Bevölkerung reproduzieren: „Das österreichische Bildungssystem gehört mit dem deutschen zu den Systemen, die es am wenigsten schaffen, die Potentiale der Kinder und Jugendlichen zu entwickeln und in denen Schulerfolg am meisten herkunftsbestimmt ist" (Perchinig 2007: 8). Dabei ist eine „Unterschichtung" zu beobachten, indem Kinder aus MigrantInnenfamilien schlechtere Schulchancen haben als Kinder österreichischer Herkunft. Das Schulsystem bildet MigrantInnenkinder primär in Richtung Industriegesellschaft aus, während es Kinder österreichischer Herkunft eher in Richtung Wissens- und Dienstleistungsgesellschaft ausbildet (vgl. Perchinig 2007: 9). Dies ist sowohl ein Problem für die betroffenen Jugendlichen als auch ein strukturell-gesellschaftliches Problem (vgl. Weiss 2007). Ein anthropologischer Zugang zu dieser Thematik ist die Beschäftigung mit „Interkulturalität" bzw. dem Unterrichtsprinzip des „Interkulturellen Lernens", welches gerade der Marginalisierung bzw. Diskriminierung der SchülerInnen mit Migrationshintergrund entgegenwirken soll (siehe den Beitrag 16 von Binder und Gröpel in diesem Band).

Conclusio

Wie wir sowohl in den Abhandlungen zu Kindern und Jugendlichen als auch zu MigrantInnen gezeigt haben, wurden und werden diese oft unter den Perspektiven von Devianz und Defizit wahrgenommen. Man könnte daher von MigrantInnen der 2. Generation als doppelt marginalisiert sprechen, nämlich zugleich als „Nicht-Erwachsene" und als „Nicht-Angehörige" der vermeintlichen Mehrheitsgesellschaft. Dem halten wir entgegen, dass sie, gerade weil sie sich in zwei (oder mehreren) soziokulturellen Bezugsrahmen bewegen, über ein wesentliches Integrationspotential verfügen. Sie sind nämlich diejenigen, die im Aufnahmeland aufgewachsen sind, die mehrsprachig sind und mit den Lebenskonzepten und Umgangsformen des (groß-)städtischen Milieus vertraut sind.

Als ein noch immer hoch aktueller Ansatz, der diese Potentiale hervorheben kann, erscheint uns das Konzept von *cultural brokers*, welches Eric Wolf bereits 1956 ursprünglich für den mexikanischen Kolonialkontext prägte (vgl. Wolf 1956).[31] So können Kinder und Jugendliche der 2. Generation, die sich in verschiedenen soziokulturellen Kontexten (Familie, Schule, Gesundheitsversorgung, peer-groups, Jugendsubkulturen, Sportvereine etc.) bewegen und über den jeweiligen Kontexten entsprechende soziokulturelle Kompetenzen verfügen, als „BrokerInnen" bzw. als VermittlerInnen in diesen Bereichen angesehen werden, die ihre Fähigkeiten sowohl für ihre eigenen Interessen als auch die anderer einsetzen.

Ein offensichtliches Beispiel dieser Vermittlungsrolle ist die als ÜbersetzerInnen zwischen Eltern, welche die Sprache des Aufnahmelandes nicht (ausreichend) beherrschen, und VertreterInnen staatlicher Institutionen, zum Beispiel LehrerInnen. Wie Faulstich Orellana anhand von Beispielen von drei in den USA aufgewachsenen Mädchen unter 10 Jahren zeigt, begnügen sich die Kinder nicht mit wörtlichen Übersetzungen, obwohl sie über die dafür notwendigen Sprachkompetenzen verfügen. Sie berücksichtigen vielmehr zum Beispiel auch das Verständnis für die unterschiedlichen Erwartungen von Eltern und Lehrperson bezüglich ihrer eigenen Schulleistungen, unterschiedliche Vorstellungen vom Verhalten von Kindern, LehrerInnen und Eltern der beteiligten GesprächspartnerInnen sowie unterschiedliche Vorstellungen und Äußerungsformen von Respekt in diesem hierarchisch geprägten Setting (vgl. Faulstich Orellana 2007).

Im Gegensatz zu einem naiven Multikulturalismusansatz, welcher Machtdifferenzen zwischen Gruppen negiert, können mithilfe dieses theoretischen Ansatzes und durch detaillierte ethnographische Untersuchungen die sich laufend verändernden und verschiebenden, teilweise paradox wirkenden Machtverhältnisse in der Vermittlungstätigkeit dieser Kinder und Jugendlichen untersucht werden. Diese Tätigkeit kann nicht nur als eine potentielle Belastungssituation, sondern gerade als eine aktive Mitgestaltung sozialer und kultureller Beziehungen durch Kinder und Jugendliche der 2. Generation gesehen werden. Somit werden diese nicht zu „Opfern" unvereinbarer kultureller Differenzen –

31—— Wolf bezeichnet damit eine kulturell in sich heterogene Gruppe von Personen, die bei Konflikten zwischen der mexikanischen Landbevölkerung und den Kolonialherren vermittelte. Sie zeichneten sich aus durch große Anpassungsfähigkeit und Flexibilität und erlangten während der Unabhängigkeit, der mexikanischen Revolution und in der postkolonialen Zeit relativ einflussreiche politische Positionen. Für diesen Literaturhinweis danken wir Thomas Fillitz.

also „zwischen den Stühlen" gefangen –, sondern durch ihre Vermittlungsposition zwischen anderen sozialen und kulturellen AkteurInnen vielmehr selbst als soziale und kulturelle Akteurinnen etabliert.

In einer Zeit, in der interkulturelle Kompetenzen als immer wesentlichere Eigenschaften in Bildung und Arbeitsmarkt erkannt werden, sind jedoch nicht nur die Vermittlungskompetenzen der Kinder und Jugendlichen der 2. Generation anzuerkennen, sondern die Tatsache, dass sie mit ihren multikulturellen Erfahrungen diese Bildungs- und Arbeitsmarktanforderungen in hohem Maße erfüllen. Ein Umdenken in heimischen Institutionen erscheint uns daher dringend angebracht, um die strukturellen Rahmenbedingungen zu schaffen, die es Kindern und Jugendlichen der 2. Generation ermöglicht, gesellschaftlich einflussreiche Positionen einzunehmen (wie es Wolf für die *cultural brokers* in Mexiko schildert) und die gleichen Lebenschancen zu haben wie ihre weniger multikulturellen AlterskollegInnen. Nur so könnten sie als vollwertige soziale und kulturelle AkteurInnen nicht nur in den Sozialwissenschaften, sondern gesamtgesellschaftlich anerkannt werden.

Fragen zur Erstellung eigenständiger wissenschaftlicher Arbeiten

1. Wie kann man in der anthropologischen Forschung theoretisch und methodisch der Tatsache Rechnung tragen, dass jugendliche MigrantInnen in Österreich aus immer heterogeneren soziokulturellen Kontexten kommen?
2. Welche Annahmen bzw. Vorurteile der Aufnahmegesellschaft (und auch der Sozialwissenschaft) spiegeln sich in welchen den Kindern und Jugendlichen der 2. Generation zugeschriebenen „Eigenschaften" oder „Problemen" wider? Wie können Sie in der eigenen Forschung derartige Zuschreibungen kritisch reflektieren?
3. Überlegen Sie sich konkrete soziale Situationen und Ereignisse, in welchen die „pluralen"/multikulturellen Lebenswelten der MigrantInnenkinder und -jugendlichen innovativ und ganzheitlich untersuchbar sind! Welche anthropologischen Theorien und welche empirischen Forschungsmethoden würden Sie in dieser Forschung anwenden? In welchen Situationen können Sie vermutlich Prozesse von *cultural brokerage* beobachten?

Basisliteratur

Amit-Talai, Vered/Wulff, Helena (eds.) (1995): Youth Cultures. A Cross-Cultural Perspective. London: Routledge.
Crul, Maurice/Vermeulen, Hans (2003): The Second Generation in Europe. In: International Migration Review 37/4, 965–986.
Geisen, Thomas (2007): Der Blick der Forschung auf Jugendliche mit Migrationshintergrund. In: Riegel, Christine/Geisen, Thomas (Hg.): Jugend, Zugehörigkeit und Migration. Subjektpositionierung im Kontext von Jugendkultur, Ethnizitäts- und Geschlechterkonstruktionen. Wiesbaden: Verlag für Sozialwissenschaften, 27–61.
Greene, Sheila/Hogan, Diane (eds.) (2006): Researching Children's Experience. Thousand Oaks/London/New Delhi: Sage.
Schiffauer, Werner/Baumann, Gerd/Kastoryano, Riva/Vertovec, Steven (eds.) (2004): Civil Enculturation. Nation-State, School and Ethnic Difference in the Netherlands, Britain, Germany and France. New York/Oxford: Berghahn Books.
Weißköppel, Cordula (2001): Ausländer und Kartoffeldeutsche. Identitätsperformanz im Alltag einer ethnisch gemischten Realschulklasse. Weinheim/München: Juventa.

Literatur

Amit-Talai, Vered (1995): Conclusion. The ,multi' cultural of youth. In: Amit-Talai, Vered/Wulff, Helena (eds.): Youth Cultures. A Cross-Cultural Perspective. London: Routledge, 223–233.
Bauböck, Rainer (2001): Gleichheit, Vielfalt und Zusammenhalt. Grundsätze für die Integration von Einwanderern. In: Volf, Patrik-Paul/Bauböck, Rainer: Wege zur Integration. Was man gegen Diskriminierung und Fremdenfeindlichkeit tun kann. Klagenfurt: Drava, 11–45.
Baudler, Bernhard A. (1996): "Nobody will ever know what takes place in initiation ceremonies". Das Schweigen der Jüngeren und die Macht der Älteren. Beispiele zur Erwachsenenzentriertheit in der Ethnologie. In: Dracklé, Dorle (Hg.): Jung und wild. Zur kulturellen Konstruktion von Kindheit und Jugend. Berlin/Hamburg: Reimer, 118–151.
Baumann, Gerd (1999): The Multicultural Riddle: Rethinking National, Ethnic and Religious Identities. London: Routledge.
Delgado, Melvin (2006): Designs and Methods for Youth-Led Research. Thousand Oaks/London/New Delhi: Sage.
Dracklé, Dorle (Hg.) (1996): Jung und wild. Zur kulturellen Konstruktion von Kindheit und Jugend. Berlin/Hamburg: Reimer.
Fassmann, Heinz (2007): Zweiter Österreichischer Migrations- und Integrationsbericht. Klagenfurt: Drava.
Faulstich Orellana, Marjorie (2007): Immigrant Youth as Linguistic and Cultural Brokers in Parent-School Interactions. EMIGRA Working Papers 42 (www.emigra.org.es [15.6.2009]).
Faulstich-Wieland, Hannelore/Weber, Martina/Willems, Katharina (2004): Doing Gender im heutigen Schulalltag. Empirische Studien zur sozialen Konstruktion von Geschlecht in schulischen Interaktionen. Weinheim/München: Juventa.
Fog Olwig, Karen/Gulløv, Eva (2003): Children's Places. Cross-cultural perspectives. London: Routledge.
Fog Olwig, Karen/Hastrup, Kirsten (1997): Siting culture. The shifting anthropological object. London: Routledge.

France, Alan (2004): Young People. In: Fraser, Sandy/Lewis, Vicky/Ding, Sharon/Kellett, Mary/ Robinson, Chris (eds.): Doing research with children and young people. Thousand Oaks/London/New Delhi: Sage, 175–190.

Gürses, Hakan/Herzog-Punzenberger, Barbara/Reiser, Karl/Strasser, Sabine/Çinar, Dilek (2001): The Necessary Impossibility: Dynamics of Identity among Young People of Different Backgrounds in Vienna. In: Journal of International Migration and Integration 2/1, 27–54.

Hall, Stuart (1997): Cultural identity and diaspora. In: Woodward, Kathryn (ed.): Identity and Difference. Thousand Oaks/London/New Delhi: Sage, 51–59.

Hämmig, Oliver (2000): Zwischen zwei Kulturen. Spannungen, Konflikte und ihre Bewältigung bei der 2. Ausländergeneration. Opladen: Leske + Budrich.

Häußermann, Hartmut (1998): Zuwanderung und die Zukunft der Stadt. Neue ethnisch-kulturelle Konflikte durch die Entstehung einer neuen sozialen „underclass"? In: Heitmeyer, Wilhelm/Dollase, Rainer/Backes, Otto (Hg.): Die Krise der Städte. Frankfurt am Main: Suhrkamp, 145–175.

Heckmann, Friedrich/Schnapper, Dominique (2003): The Integration of Immigrants in European Societies. National Differences and Trends of Convergence. Stuttgart: Lucius & Lucius.

Herzog-Punzenberger, Barbara (2005): Schule und Arbeitsmarkt ethnisch segmentiert? Einige Bemerkungen zur „2. Generation" im österreichischen Bildungssystem. In: Binder, Susanne et al. (Hg.): Herausforderung Migration. Abhandlungen zur Geographie und Regionalforschung. Band 7. Institut für Geographie, Universität Wien, 191–211.

Hirschfeld, Lawrence A. (2008): Why Don't Anthropologists Like Children? In: American Anthropologist 104/2, 611–627.

Howard, Sue/Newman, Linda/Harris, Vivian/Harcourt, Julie (2002): "Talking about youth participation – where, when and why?" Paper 1 in Panel "Moving from research 'on' or 'about' to research 'with' or 'by'…: Exploring the roles of young people in educational research". Australian Association for Research in Education Conference, University of Queensland (http://www.aare.edu.au/02pap/how02535.htm [17. 7. 2009]).

Jandl, Albert/Kraler, Michael (2003): Austria: A Country of Immigration? ICMPD (http://www.migrationinformation.org/Profiles/display.cfm?ID=105 [17. 7. 2009]).

Kellett, Mary/Ding, Sharon (2004): Middle Childhood. In: Fraser, Sandy/Lewis, Vicky/Ding, Sharon/Kellett, Mary/Robinson, Chris (eds.): Doing research with children and young people. Thousand Oaks/London/New Delhi: Sage, 161–174.

Knörr, Jacqueline (ed.) (2005): Childhood and Migration. From Experience to Agency. Bielefeld: Transcript.

Levinson, Bradley/Holland, Dorothy (1996): The Cultural Production of the Educated Person. Albany: University of New York Press.

Montgomery, Heather (2009): An introduction to Childhood. Anthropological Perspectives on Children's Lives. Chichester: Wiley-Blackwell.

Öztürk, Halit (2007): Wege zur Integration. Lebenswelten muslimischer Jugendlicher in Deutschland. Bielefeld: Transcript.

Perchinig, Bernhard (2007): Integrationsland Österreich? Migration als Herausforderung für das Bildungssystem. Vortrag für die Tagung „Miteinander Kindergarten", 21. 11. 2007 (http://www.wien.gv.at/integration/mkg/pdf/perchinig.pdf [17. 7. 2009]).

Portes, Alejandro (1996): The New Second Generation. New York: Russel Sage Foundation.

Portes Alejandro/Rumbaut, Ruben G. (2001): Legacies. The Story of the Immigrant Second Generation. Berkeley: University of California Press.

Portes, Alejandro/Zhou, Min (1993): The New Second Generation: Segmented Assimilation and Its Variants. In: Annals of the American Academy of Political and Social Sciences 530, 74–96.

Rassool, Naz (2004): Flexible Identities: Exploring Race and Gender Issues amongst a Group of Immigrant Pupils in an Inner-city Comprehensive School. In: Fraser, Sandy/Lewis, Vicky/Ding, Sharon/Kellett, Mary/Robinson, Chris (eds.): Doing research with children and young people. Thousand Oaks/London/New Delhi: Sage, 233–253.

Riegel, Christine/Geisen, Thomas (Hg.) (2007): Jugend, Zugehörigkeit und Migration. Subjektpositionierung im Kontext von Jugendkultur, Ethnizitäts- und Geschlechter-konstruktionen. Wiesbaden: Verlag für Sozialwissenschaften.

Schwartzman, Helen B. (2001): Introduction: Questions and Challenges for a 21st-Century Anthropology of Children. In: Schwartzman, Helen B. (ed.): Children and Anthropology. Perspectives for the 21st Century. Westport/London: Bergin & Garvey.

Skelton, Tracey/Valentine, Gill (eds.) (1998): Cool Places, Geographies of Youth Cultures. London: Routledge.

Streissler, Anna Isabella (1999): Jugendliche in Bogotá: Eine ethnologische Untersuchung zu Lebenswelt und Zukunftsangst. Frankfurt am Main: Brandes & Apsel.

Streissler, Anna Isabella (2003): Being young – becoming citizens. Everyday life and political culture in two preparatory schools in Guadalajara, Mexico. Unpublizierte Dissertation, Universität Wien.

Streissler, Anna Isabella (2005): Kinder als soziale Akteure – Lebenswelten von Kindern in Lateinamerika aus ethnologischer Perspektive. In: Overwien, Bernd (Hg.): Von sozialen Subjekten. Kinder und Jugendliche in verschiedenen Welten. Für Manfred Liebel zum 65. Geburtstag. Frankfurt am Main/London: IKO, 133–149.

Thomson, Mark/Crul, Maurice (2007): The Second Generation in Europe and the United States. How is the Transatlantic Debate Relevant for Further Research on the European Second Generation? In: Journal of Ethnic and Migration Studies 33/7, 1025–1041.

Toren, Christina (1996): Socialization. In: Barnard, Alan/Spencer, Jonathan (eds.): Encyclopedia of Social and Cultural Anthropology. London: Routledge, 512–514.

Toren, Christina (1999): Making History. The Significance of Childhood Cognition for a Comparative Anthropology of Mind. In: Toren, Christina: Mind, Materiality, and History. Explorations in Fijian Ethnography. London: Routledge, 101–115.

Unger, Nicola (2000): Alltagswelten und Alltagsbewältigung türkischer Jugendlicher. Opladen: Leske + Budrich.

Van de Loo, Marie-José/Reinhart, Margarete (Hg.) (1993): Kinder, Ethnologische Forschungen in fünf Kontinenten. München: Trickster Verlag.

Weiss, Hilde (2007): Leben in zwei Welten. Zur sozialen Integration ausländischer Jugendlicher der zweiten Generation. Wien: vs Verlag.

Wulff, Helena (1988): Twenty girls. Growing up, Ethnicity and Excitement in a South London Microculture. Stockholm: Almqvist & Wiksell International.

Wulff, Helena (1995): Introducing youth culture in its own right. The state of the art and new possibilities. In: Amit-Talai, Vered/Wulff, Helena (eds.): Youth cultures. A cross-cultural perspective. London: Routledge, 1–18.

Wolf, Eric R. (1956): Aspects of Group Relations in a Complex Society: Mexico. In: American Anthropologist 58/6, 1065–1078.

Sarah J. Mahler (Florida Int. University) and Patricia R. Pessar (Yale University)

12 Gender Matters: Ethnographers Bring Gender from the Periphery toward the Core of Migration Studies

Vorbemerkung der Herausgeberinnen

Dieser Beitrag ist eine gekürzte Version des gleichnamigen Artikels, der in der Zeitschrift ‚International Migration Review', Volume 40 Number 1 (Spring 2006): 27–63, publiziert wurde. © 2006 by the Center for Migration Studies of New York. All rights reserved. Die gekürzten Unterkapitel sind mit […] markiert.

Introduction

Ethnographers from anthropology, sociology, and other disciplines have been at the forefront of efforts to bring gender into scholarship on international and transnational migration. This article traces the long and often arduous history of these scholars' efforts, arguing that though gender is now less rarely treated merely as a variable in social science writing on migration, it is still not viewed by most researchers in the field as a key constitutive element of migrations. The article highlights critical advances in the labor to engender migration studies, identifies under-researched topics, and argues that there have been opportunities when, had gender been construed as a critical force shaping migrations, the course of research likely would have shifted. The main example developed is the inattention paid to how gendered recruitment practices structure migrations – the fact that gender sways recruiters' conceptions of appropriate employment niches for men versus women.

Gender Matters

In the last several decades, ethnographers from different disciplines have employed a variety of qualitative methods to identify, explore, and explain how gender shapes human life in all its phases. Bringing gender into migration studies is one of our objectives, attempting to remedy many decades during which migration scholarship paid little attention to gender. The field had eschewed female migrants[1] owing to the widely shared assumption that women

1 __ As always, terminology is not value-neutral. In this article we interchange "migrant" and "immigrant" frequently, unlike in previous publications on transnational migration

(and children) migrate to accompany or to reunite with their breadwinner migrant husbands. Beginning in the 1970s, the dearth of research on women was replaced by a flurry of historical and contemporary studies that took women migrants as the primary subject of inquiry; many other studies incorporated "gender" by inserting the variable of sex into their quantitative data collection. More recently, poststructuralist scholars have argued against comparing males versus females and their corresponding gender "roles" for a more dynamic and fluid conceptualization of gender as relational and situational. This perspective is reflected in an abundance of new publications on migration.

Yet despite these efforts, "the vast majority of immigration studies are still conducted as though gender relations are largely irrelevant to the way the world is organized" (Hondagneu-Sotelo 1999a: 566), and gender "has encountered resistance and indifference in immigration scholarship" (Hondagneu-Sotelo and Cranford 1999: 106). Indeed, in our own experiences as female scholars of migration promoting the importance of gender we have personally experienced its marginalization. It occurs in a variety of ways such as the delegation of gender issues to a single panel at a conference (usually on the last day), the paucity of male attendees at these panels, the practice of researching and writing only about women migrants while characterizing such work as "gender," and the undervaluation of the qualitative data that largely inform gender analyses.

This article highlights contributions that ethnographic scholarship[2] has made toward bringing gender centrally into the field of migration studies, and it identifies promising directions that can be pursued to continue this process. The literature generated in recent decades is so vast that we cannot discuss it all with any depth, and certain meritorious and emerging subfields such as the study of gender and migration from medical, religious, and entrepreneurial perspectives will regrettably be omitted. Fortunately, numerous reviews of the literature on gender and migration have already been published. Particularly for

wherein we are extremely attentive to "immigrant" given its association with unidirectional migration paradigms. Since we refer to many scholars' work that typically employs "immigrant" without regard to those issues, we do not want to impose this critique on their work. 2 — We intentionally cite ethnographers, regardless of disciplinary background, more often than other scholars as our task is to highlight their contributions. We have tried to provide examples of where gender contributes to understanding experiences and issues. We refer to both those which commonly occur across migrant groups and those shaped by historically particular forces as well. We apologize in advance for excluding many scholars' work that has contributed to bringing gender into migration studies given our task to feature ethnographic accounts and our page limits. However, we know that we are far from alone in this project and are grateful for the company. We would like to thank those many scholars, too numerable to name individually, whom we contacted prior to writing this article who offered their ideas about ways we can enhance and expand gender work in migration studies. This article has also benefited enormously from the reviews of four anonymous readers who gave us detailed feedback and suggestions.

those readers unfamiliar with this terrain, we highly recommend reading these important reviews as companion pieces to this article (e.g., Brettell and deBerjeois 1992; Hondagneu-Sotelo 1999a; Pessar 2003). The existing reviews make our task simpler, for they enable us to avoid summarizing all the preceding work and instead to focus on how ethnographic research that brings gender into discussions of various aspects of the migration experience enriches the analysis immeasurably. In some cases the contributions have been identified beforehand yet merit repeating particularly with an eye toward future research; in other cases we expect to uncover new contributions or view them from a different perspective. For example, though not frequently credited with making contributions to theory building, analyses using gender have and can make a difference to understanding how people decide to migrate, why they migrate at all, and why they occupy varying occupational niches.

Why privilege genders? We have been asked this piercing question before, so we pose it at the outset. The answer is simple and complex. First of all, the term "privilege" implies attention above that deserved. We feel adamantly that gender is still undervalued, and our efforts are oriented toward rectifying that assessment. Gender is the meaning people give to the biological reality that there are two sexes. It is a human invention that organizes our behavior and thought, not as a set of static structures or roles but as an ongoing process (e.g., Lorber 1994; Ortner 1996; Hondagneu-Sotelo 1999b). People do "gender work"; through practices and discourses they negotiate relationships and conflicting interests. Conceptualizing gender as a process yields a more praxis-oriented perspective wherein gender identities, relations, and ideologies are fluid, not fixed.

Gender, thus, should not be equated with the dichotomous variable sex, though this is a common practice. Gender is a principal factor that organizes social life, and it has been operative since the dawn of human existence: a fact that cannot be stated for most other socially stratifying forces such as social class and race. Yet gender cannot be viewed and analyzed in isolation. Rather, gender is dynamic and it articulates with other axes of differentiation in complex ways that many scholars have been exploring. Their work has gone far in arguing that these forces are social constructions and therefore are not natural, innate categories or characteristics. Yet in everyday discourse and even in many scholarly circles gender operates so "naturally" that it may easily escape our awareness. To measure its effects we must first see gender operating. Thus, in the sections that follow we will practice a formula of first marking how ethnographic scholarship has revealed gender operating in different aspects of migration and then suggest ways to enhance and/or expand this analysis. Finally, we make a concerted attempt to include insights gleaned from studies conducted around the globe. We recognize that researchers do not enjoy equal access to the literature, particularly that published beyond our normal academic circles, and that reading across the continents takes more effort, but we feel it is well worth the investment.

Bringing Gender in: Contributions by Ethnographers

Valuing Qualitative, as Well as Quantitative, Methods

As employed and exemplified by the Chicago School, the program first to study migration systematically, ethnographic research has enjoyed a long and valued place within immigration studies (Wirth 1956; Nelli 1970; Thomas and Znaniecki 1984), and a wide range of social scientists around the world have fruitfully adopted it. In the hands of most anthropologists and those who consider themselves to be ethnographers in other disciplines such as sociology and geography, ethnography primarily involves participant observation and in-depth interviewing over the course of many months or years, solely or principally by an individual ethnographer. Although this intensive approach places constraints on the numbers of people any given ethnographer can effectively investigate, it has the virtue of capturing, in some depth, the lived experiences, beliefs, and identities of those studied (Foner 2003). Ethnography thus stresses a holistic and contextual approach that is particularly useful for examining complex concepts and practices such as the relations between males and females.

In this paper we often use the term "feminist ethnographers", instead of the more generic term "anthropologists", to refer to that group of scholars who, irrespective of discipline, share certain epistemological assumptions and research strategies associated with the traditions of feminist scholarship and anthropological fieldwork. These include the conviction that quantitative, positivist approaches to social science research often fail to contextualize the data collected or redress gender-linked biases in research design. Feminist ethnographic enquiry tends to focus not only on trained researchers' observations but also on the perspectives and understandings of subjects' actions and beliefs, thus facilitating the definition of potential interventions that reflect and respect local knowledge (Benmayor, Torruellas, and Juarbe 1997).

Despite the long contribution of ethnography to migration studies, theory building has often been attributed, obviously or subtly, to quantitative researchers who make claims deemed valid for large populations. Yet, as Nina Glick Schiller (2003) notes, the strength of ethnographic methods is their ability to not only build upon previous observations and generate hypotheses from them, but also to produce new research materials, questions, and hypotheses from within ongoing observations. Ethnography is thus especially useful for exploratory research – the kind that generates questions which later can be examined systematically – and in this way promotes new theorization. A case in point is gendered motivations for emigration such as fleeing a husband's abuse (Hart 1984; Gamburd 2000; Phizacklea 2002) or community gossip that disproportionately circumscribes women's lives over men's (Brettell 1995; Mills 1999). Ethnography is also reflexive and flexible, adaptable to changing research conditions and to evolving research questions. Its empirical orientation encourages incorporation of newly discovered relevant variables, a suppleness much more difficult to accomplish in quantitative data collection.

Arguably, the adoption of qualitative research methods by migration scholars focusing on gender – though appropriate to the nature of this multifarious concept – contributes to gender's marginalization in the field. Put bluntly, to some scholars "soft" methods yield "soft" data that are incompatible with theory building. Additionally, ethnographic research is often challenged by scholars who employ more quantitatively oriented methods on the grounds of their data's greater generalizability and reliability. In contrast, ethnographers tend to eschew grand narratives, seeking instead more local, small-scale or mid-range theories or analytical frameworks suited to specific problems and particular locales (Denzin and Lincoln 2000). The hierarchy of methods yields differentially valued research results. Yet we reiterate that gender is not the dichotomous variable sex – the most frequent measure of gender in quantitative studies; it is saturated with meanings and evident in relations that are not static nor by any means universal. A sizeable challenge faces us then as developments within the social sciences pull for more objective, verifiable methods in one camp and dialectical and deconstructionist approaches in the other. What we argue, however, is that bringing gender truly into migration studies is best accomplished by employing multiple research methods. Indeed, although hierarchies in disciplinary hegemony have characterized migration studies, there has also been a sustained and healthy respect for interdisciplinarity and methodological pluralism. Truly, migration is one of the *most* cross-disciplinary fields in academia today. Gazing toward the future, we realize that we ethnographers do not wish to continually be on the defensive regarding our methods. Rather, we look to promising existing strategies that take advantage of the strengths of both qualitative and quantitative methods and to the invention of additional such methodological hybrids. One existing approach that shows much wider potential for scholarship examining gender and migration is Douglas Massey's "ethnosurvey" (1987), which employs multiple methods over the course of several phases of research. Usually, ethnographers begin the work and their data inform the refinement of more quantitative techniques and later the interpretation of data.[3]

3 __ Ethnography characterizes most of the initial work of the ethnosurvey, taking advantage of ethnographers' ability to comprehend issues holistically and contextually. This information then informs the development of quantitative instruments that can help test reliable findings from small samples to larger populations. Ethnographic work continues as these quantitative data are collected and serves to help interpret the resulting data. Interpretation of quantitative data is often the Achilles' heel of quantitative research, particularly when results do not conform to expectations. This is precisely what Grasmuck and Pessar (1991) encountered in their research on Dominican migration, and the fieldwork proved invaluable to explaining the survey data collected.

Advancing our understanding of gender and migration will progress more rapidly if we conduct more comparative research. The single case study is the ethnographic staple, and it generates rich, valid data, yet, as stated above, it suffers from the presumption that it is too idiosyncratic to contribute to theory building. Comparative ethnographic case studies conducted in multiple sites simultaneously could ameliorate these concerns about data generalizability. Multi-sited ethnography (Marcus 1998; Burawoy et al. 2000) is already indispensable for studying transnational migration where people's lives are conducted across borders. The need now is for incorporating comparisons in multi-sited research that, optimally, employs various methods. Such research will be expensive, and agencies must be convinced that these expenditures are worth the additional cost.

Finally, we call for more longitudinal research in the future. As Mahler (1999a) lamented a few years ago as she tried to measure change in gender relations in El Salvador – a country that was almost ignored by researchers until its civil war – there was no historical baseline against which she could compare her contemporary observations. This is not a unique case. And even when there is a great deal of historical, background information on gender relations, this does not mean that it is methodologically compatible with current concepts (a classic example is "sex roles" versus "gender relations") to serve as a baseline.

Longitudinal research has much more potential; however, as we fully recognize, it is not easy to do longitudinal research on migration when funding sources tend to be episodic. We should work hard to transform this fact, to convince funding agencies that migration – just as most medical research – needs to be longitudinal and that the added cost is justified.

Gender Shapes Migrant Households, Kinship, and Social Networks

While ethnographers of migration have studied diverse and interlinked units of analysis, households, families, and larger social networks have arguably received the greatest attention. In part this focus reflects anthropologists' traditional disciplinary training in kinship and social organization. However, it also incorporates two key critiques: First, ethnographers argue that migration is not merely a process best understood in economic and/or political terms; it is also a sociocultural process mediated by gendered and kinship ideologies, institutions, and practices (Grasmuck and Pessar 1991; Hondagneu-Sotelo 1994; Matsuoka and Sorenson 1999). Second, beginning in the early 1980s, ethnographers started arguing that while macrostructural transformations unleash pressures and incentives for international migration, it is frequently households and families who determine which members of the domestic unit will migrate, how their contributions will fit into the household's economy, etc. That is, individuals are inexorably tied to larger social units (Pessar 1982; Wood 1982; Boyd 1989).

While household/family level decisions might be guided by principles of consensus and altruism – the prevailing "pre-feminist" view early on – they might just as equally be informed by hierarchies of power along gender and generational lines, for instance. Ethnographers have successfully documented how the tensions, dissentions, and coalition building these gendered and generational hierarchies produce go on to impact key processes of decision making, recruitment, settlement, and return (Grasmuck and Pessar 1991; Buijs 1993; Hondagneu-Sotelo 1994; Goss and Lindquist 1995; Westwood and Phizacklea 2000; Phizacklea 2002).

While there was a growing recognition in the 1980s that social networks assumed an important role in key migratory processes, these social networks were seen as organized largely upon norms of social solidarity, and gender was often ignored. Revisionist research has contradicted such claims and has countered that migrant social networks can be highly contested social resources, not always shared even in the same family or between spouses (Hondagneu-Sotelo 1994; Kyle 1995; Ellis, Conway, and Bailey 1996; Kyle 2000; Menjívar 2000). At a minimum, there is abundant historical and contemporary evidence that in many cases male networks differ from females' (Diner 1983; Wiltshire 1992; Curran and Rivero-Fuentes 2003). Sometimes these networks evolve when women are specifically recruited to do gendered work abroad (Repak 1995) or when several women form a cooperative network to cover both paid work as foreign laborers and their own domestic, reproductive work at home (Morokvasic 2002). As we discuss more fully below, work remains to be done on how the gendered nature of migrant recruitment into certain occupations affects the gendered composition and functioning of social networks.

Ethnographers using households, families, and networks as units of analysis have revealed a pattern wherein immigrant women introduced to wage-earning employment often experience gains in personal autonomy, independence, and greater gender parity, whereas men lose ground (e.g., Pessar 1986; Ui 1991; Eastmond 1993; Kibria 1993; Hirsch 1999; Matsuoka and Sorenson 1999; Gamburd 2000). This is particularly true when women's wages and/or remittances are sufficiently high relative to those of male household members to be used as leverage to negotiate greater parity in household decision making (including budgeting), in physical mobility, and in housekeeping and childcare. Some studies document how migration fosters more companionate spousal relations (Hirsch 2003; Pribilsky 2004). There are, however, sufficient countervailing ethnographic accounts that describe the intensification of men's control over women as well as instances of emotional and physical abuse to merit caution and comparative research (Peña 1991; Abdulrahim 1993). We thus need to probe further how changes in females' status as a result of migration affect masculine privilege and how this interrelates with other challenges to males' self-esteem that are caused by racism, classism, religion, and legal status.

A growing body of literature documents that many women of distinct nationalities and in varied host countries seek to maintain and deepen personal gains achieved through migration by prolonging their households' stays abroad (Pessar 1986; Chavez 1992). There are also indications that men may be more committed to and involved in maintaining transnational ties both to facilitate a more speedy return and to situate themselves in arenas of male privilege, such as male-headed transnational community associations (Jones-Correa 1998; Goldring 2001). Clearly, these are examples where attentiveness to gender difference enhances our understanding of key features of settlement and the creation and maintenance of transnational identities, practices, and institutions. There is, nonetheless, need for continuing research. One topic deserving greater attention is how long-term migrants negotiate the terms of their retirements and the importance of gender therein. Research typically focuses on how migrants, particularly females employed in the domestic sector, provide care to the young and, increasingly, the aging populations in host countries (Escrivá 2005). Ignored, however, is the growing specter of millions of aging immigrants themselves and if, where, and under what conditions they will retire (Singer and Gilbertson 2000). We expect gender will influence this highly understudied phenomenon.

As noted above, anthropologists have specialized in studying kinship and this perspective has greatly enriched migration studies in the past (Mayer 1961; Lomnitz 1977; Uzzell 1979). Studying descent, marriage, and fictive kin has receded in significance in the discipline of anthropology, and the same is even truer within ethnographic studies of migration. In our readings of contemporary scholarship we see many instances in which gendered kinship ideologies, relations, and practices appear to assume a role in migration processes, although these often go unexamined. There is a small, often historical, literature that questions what impact post-marital residence practices, such as patrilocality versus matrilocality or neolocality (living with the husband's or wife's family or in a new household), and diverse forms of inheritance (passed down male or female lines exclusively or bilaterally) exert on the range of incentives for and constraints on labor mobility placed on male and female household members, respectively (Diner 1983; Grasmuck and Pessar 1991; Mills 1997; Mahler 1999a; De Clementi 2002). Does it not matter whether polygyny is permitted and practiced or which household spouses join following marriage in places where migration is commonplace? The work of Stephen Lubkemann (2000) on the transnational polygyny practiced by migrant men from Mozambique to South Africa and by Mahler (2001) on Salvadoran migrants who worry little about their wives as they are carefully watched in patrilocal households are cases in point that kinship does matter. Undoubtedly, if we look we will find that other kinship rules and relations structure migrations and their effects, but we need to pay more attention to this overlooked topic.

Children Are Gendered Too [...]

The Social Construction of Immigrant and Majority Subjects [...]

Gender Matters to Nation-States and Supranational Institutions

As gender has been brought more centrally and broadly into migration studies, feminist ethnographers have turned their attention to nation-states, borders, and supranational institutions. In doing so, they have refused essentialized notions of the nation. Instead they ask, Whose nation? and How are gendered technologies employed to constitute the nation and police inclusion and exclusion? (Yeoh and Huang 1999; Walton-Roberts 2004; Yuval-Davis, Anthias, and Kofman 2005).

States are, of course, the prime institutions charged with border control, and gender influences states' border policies and practices. On the one hand, women and girls are much more often targets of gender-based violence, particularly rape, and of suspicions of border crossing for purposes of prostitution than are males (Kempadoo 1998; Wright 2001; Brennan 2004). On the other hand, border concerns characterized in national security terms disproportionately affect males. In the Middle East (and increasingly elsewhere) it is they who are more likely to be singled out for mistreatment owing to gendered assumptions about who is a terrorist. These border matters are an important site for more ethnographic research. In another example of gendered state policies, Caroline Brettell (1995) studied how the Portuguese government issued passports only to men until 1989. Their dependents were expected to travel on the men's passports. When the policy shifted, women could obtain passports but could not travel abroad without their husband's permission – a clear collusion of state policy and patriarchal authority.

States also regulate who may become incorporated into the body politic and how this is accomplished. In many European countries, for example, immigration laws act to reproduce traditional notions of women's dependency on men by assuming that the latter are the breadwinners and thus the heads of households (Boyd 1997; Phizacklea 1998; Kofman 2000). A consequence of these persistent gendered practices is that a British Asian woman experiences far greater difficulty in successfully petitioning her non-British Asian husband (who is viewed as a competitor on the national job market) than is a British Asian or White man who petitions for his spouse (Bhabha 1996). In contrast, u.s. immigration law regularly discriminates against divorced men who petition for their children, holding them to higher standards of documenting their relationship to their children than mothers receive.

Feminist ethnographers have contributed to the important examination of national and supranational laws and policies regarding asylum seekers and refugees. They find that gender is consistently operative in public discourses, laws, and the practices associated with asylees' and refugees' control and assistance (McSpadden and Moussa 1993; Camino and Krulfeld 1994; Giles, Moussa, and Van Esterik 1996; Indra 1999; Silvey 1999; Holtzman 2000; Pessar 2001). Long-entrenched gendered notions of the male "public" sphere and the female "private" sphere also serve to impede states and international organizations from defending women's human rights against assaults experienced routinely in the more "intimate" spaces of families and ethnic communities (Bhabha 1996; Crawley 1997). That is, the ways in which most human rights law and practice are constituted favor forms of public dissent and persecution more typically associated with men than with women. Recently, however, a few countries, like Canada and the United States, have amended their laws to recognize certain forms of gendered persecution, such as female genital circumcision (Macklin 1999). Yet here, too, gendered notions of women's agency continue to operate. In a pioneering ethnographic study, Connie Oxford (2005) documents how u.s. lawyers and immigration officials have routinely convinced female asylum seekers from certain African nations to seek asylum on the gendered grounds of forced circumcision rather than through claims based on political resistance and persecution – the actions which truly motivated their flight. Featuring quite a different set of conventional understandings about gender (and race), Kristin Koptiuch (1996) presents the case of a Hmong refugee charged with the kidnapping and rape of a co-ethnic college student. Referring to the lawyer's claim that his client was merely adhering to the Hmong ritual practice of marriage by capture, the anthropologist states: "From a spectacular collapse of space, time, and subjectivity, the law takes license to retrieve a non-historical, primitivized, feminized image of Asia that facilitates ... the denial of coevalness between Asia and the United States" (p. 229).

A growing literature on states' roles in migration has examined their efforts to reach outside their borders to interact with their emigrant populations and with states where their citizenry has resettled. Most of this transnational literature does not engage gender explicitly or centrally. However, when scholars incorporate gender analyses they are beginning to find that hometown associations and other transnational organizations and activities are spaces where patriarchy is often reproduced (Jones-Correa 1998; Goldring 2001). For instance, Luin Goldring (2001) found that despite the fact that Mexican immigrant women's work produced funds to support community projects in their hometowns, the women were excluded from leadership positions in the hometown association owing, in large part, to the fact that the Mexican state would only work with male representatives. And in her research on Guatemalan refugees in Mexico and their return home, Patricia Pessar (2001) found that women's citizenship was encouraged and facilitated by transnational agents and in supra-national venues. Workshops in refugee camps organized by the United Nations High Commissioner for Refugees and attendance at international meetings on women and human rights promoted women's empowerment and the expansion of their notions of and claims to citizenship. Refugee women's rights as citizens and their political agency diminished greatly, however, once they returned home and into the fold of a highly patriarchal Guatemalan state. Such research invites further scrutiny into those local, national, and transnational contexts and conditions that promote or constrain immigrant, asylumseeker and refugee-gendered citizenship and political empowerment (see Yeoh and Huang 1999; Hyndman 2000; Kofman 2000; Silvey 2004).

Engendering Transnational Migration

The transnational perspective on migration arose in the late 1980s largely as a way to comprehend international migration that paid attention not only to migrants' incorporation into new societies as they resettled, but also to homeland ties they sustain or build even as they settle abroad. Generations of scholars prior to this time had overwhelmingly ignored transnational ties and their effects, favoring instead an approach that began with the earliest school addressing migration, the Chicago School of Sociology, which focused on immigrants' adaptation and assimilation over enduring transnational linkages and identities. The scholars who pioneered the transnational approach are ethnographers, anthropologists in particular (Glick Schiller, Basch, and Blanc-Szanton 1992; Basch, Glick Schiller, and Blanc-Szanton 1994), and it is important to note that their qualitative empirical data provoked a paradigm shift.

Unfortunately, in the early years of the transnational perspective, gender was featured much less prominently than other socially stratifying forces such as race, ethnicity, and nation. Concerned that gender again be marginalized, albeit unintentionally, we began to organize panels and conferences during which the added value of a gendered perspective was brought into the debates around transnational migration and transnationalism in general. What we still lacked was a theoretical approach for how to conceptualize and study gendered identities and relations when conducted and negotiated across international borders, as they relate to multiple axes of difference, and as they operate along and across many sociospatial scales – from the body to the globe. To that end, we developed a framework called "gendered geographies of power", which we summarize here from previous publications (Mahler and Pessar 2001; Pessar and Mahler 2003).

Gendered geographies of power (GGP) is composed of four fundamental building blocks, of which the first is called "geographical scales". This spatial term captures our understanding that gender operates, usually simultaneously, on multiple *spatial*, *social*, and *cultural* scales (for example, the body, the family, the state, gender hegemonies, and counterhegemonies). A gender regime's disciplining force and seeming immutability are reinforced through repetition in the ways in which gender is embedded and reenacted between and among these multiple scales. A critical question we ask in our own model is: When the geographical spaces we study extend across international borders, does this multiplication and dispersal produce even greater opportunities for the reinforcement of prevailing gender ideologies and norms, or, conversely, do transnational spaces provide openings for men and women, girls and boys to question hegemonic notions of gender, to entertain competing understandings of gendered lives, and to communicate these new understandings across transnational spaces? That is, do international migration and other crossborder activities that bring people into new gendered contexts change gender relations, and, if so, in what direction(s)? The existing transnational evidence is mixed; preliminary work indicates that gains for women or men may be uneven and contradictory (Hirsch 1999; Silvey 1999; Goldring 2001; Pessar 2001; Hirsch 2003).

The analytical construct of "social location" is the second component of our model; it provides a reference term for how individuals and groups are situated in multiple, intersecting, and mutually constituting hierarchies of gender, class, race, sexuality, ethnicity, nationality, and so on. "Social location" is conceptually akin to sociologists' notion of "embeddedness" (Granovetter 1985; Portes and Sensenbrenner 1993). However, social location 1) specifically conceives of social locations as scalar and fluid; and 2) plots individual and group identities and agencies along *multiple* social hierarchies or continuums at the same time. For example, a Moroccan immigrant in Spain may occupy low social locations with regard to race, class, and nationality while simultaneously occupying high social locations in his or her home country.

Agency comprises the model's third component. We examine the types and degrees of agency people exert, given their social locations. Quite apposite here is feminist geographer Doreen Massey's observation that the particular conditions of modernity have produced time-space compressions that place people in very distinct positions regarding access to and power over flows and interconnections between places. Moreover, she concludes, some individuals

> initiate flows and movement, others don't. Some are more on the receiving end of it than others; some are effectively imprisoned by it… [There are] groups who are really in a sense in charge of time-space compression, who can really use it and turn it to advantage, whose power and influence it very definitely increases [such as media moguls and the business elite] … but there are also groups who are also doing a lot of physical moving, but who are not "in charge" of the process in the same way at all. (Massey 1994: 149)

We add that there are also those who do not move at all yet feel the effects of time-space compression, and those who both contribute to this condition and are imprisoned by it. For example, Denise Brennan (2004) studies how poor, dark-skinned sex workers in a popular sex tourism location in the Dominican Republic contribute to a German and even international sexual aesthetic of "hot" and compliant females, yet almost never get to see Germany for themselves. Our model also acknowledges the role of the *imagination* or *mind work*, an element frequently sidelined in those transnational studies that privilege social relations and social institutions. Pioneering scholarship has been conducted on those images, meanings, and values associated with gender, consumption, modernity, place, and "the family" that circulate within the global cultural economy (Featherstone 1990; Lipsitz 1994; Appadurai 1996). What is in far shorter supply are studies that examine how these "ideoscapes" and "mediascapes" (Appadurai 1990) are gendered, interpreted, and appropriated by women and men, girls and boys in varied sites in ways that promote or constrain mobility (Mills 1997; Brennan 2001; Pessar 2001; Constable 2003). We are pleased to see the GGP model taken up by other scholars (e.g., Constable 2005) and hope that it will continue to inspire research on gender, transnationalism, and migration.

Engendering Remittances

There are innumerable transnational sites where gender matters. One of the most exciting literatures is that on transnational families (Rouse 1986; Georges 1992; Wiltshire 1992; Ong 1993; Pe-Pua et al. 1996; Alicea 1997; Mills 1997; Menjivar 2000; Westwood and Phizacklea 2000; Yeoh and Willis 2000; Fouron and Glick Schiller 2001; Levitt 2001; Bryceson and Vuorela 2002; Sorensen and Olwig 2002; Espiritu 2003; Parreñas 2003; Escrivá 2005). A transnational space where gender matters but which has not been so thoroughly explored to date is remittances. Although not always conceptualized in monetary terms (Levitt 1998), remittances are generally understood to be those moneys sent by overseas workers to their homelands. These sums are not insignificant; globally they are estimated at over US $70 billion while in many countries they equal or exceed income from exports (Orozco 2002). Not surprisingly, remittances have garnered the attention of states, banks, migrant organizations, and large international financial institutions such as the World Bank, Inter-American Development Bank (IDB), and International Monetary Fund. Indeed, the IDB sponsored several years of nation-by nation studies of the importance of remittances and innovations to lower transaction costs and to improve the productivity of remittances in the Americas.

Does gender shape remittances and remittance policies and, if so, what would a gendered approach to remittances look like? It is quite early to answer these important questions given that to date there have been very few studies that even disaggregate remittances by the sex of remitters and senders, let alone work toward a comprehensive gendered analysis. Thus, while remittances have captured the fancy of many international lending institutions from small remittance agencies to the World Bank – including a panel at the 2005 IDB conference – a true gendered study is still lacking. The United Nations International Research and Training Institute for the Advancement of Women (INSTRW) has been charged with developing a ˙gender-based approach to remittances (Ramírez, García Domínguez, and Míguez Morais 2005). Yet there is gendered cause for concern in these developments as well. The IDB gender panel, for example, was scheduled last in the program and though labeled "gender" was truly about women. The same is largely true for INSTRW's work.

Like wealth in general, remittances reflect and transmit power. Thus we need a detailed analysis of who earns these funds, what they are *not* spent on in order that they be sent abroad and who is affected by this lack of spending, who transmits the money, and who benefits from the profits generated by these transactions. This set of issues begs some questions: Why do migrants send remittances, ostensibly depriving themselves and their families of this income? Why do they send to some individuals over others? Does gender influence these decisions and, if so, how? Unfortunately, these questions remain to be studied systematically. However, there are some tantalizing clues in the literature that merit mention. For example, Mary Beth Mills (1999) examines how gender shapes rural Thai family obligations and how female migrants to Bangkok must eke remittances out of their low wages and send them home to win the women the family honor that their brothers can earn locally. Georges Fouron and Nina Glick Schiller (2001) show that poor Haitian immigrant women's remittances and gifts elevate their social status back home to an extent previously unimaginable. Yet, paradoxically, their material contributions signify such a high percentage of hard currency flowing into Haiti that they really buttress the very Haitian state that systematically discriminates against women. And Mahler (1999b) found that gender cuts both ways with regard to who becomes informal remittance couriers in El Salvador. Women are favored because they are deemed more trustworthy (less likely to drink heavily upon arrival, for instance), but the danger involved in transporting large sums of money and goods on roads notorious for armed assaults predisposes men for the courier work.

Finally, many policy makers have stressed the "productive" uses of remittances and how to promote them. In their view the vast majority of remittances are spent by recipients on "unproductive" purchases such as food, shelter, clothing, and education. The development project is to increase the percentage of these moneys that are saved, not spent, so that the capital can be invested.[4]

Gender seeps subtly into a seemingly neutral notion of "productive" versus "unproductive" uses of remittances. We understand the value of capital investments for socioeconomic development. However, we are also very familiar with

4 __ We thank Manuel Orozco for sharing his experience in these arenas and insights with us.

remittance recipients – families who are frequently but not always headed by women. We wonder why they should be singled out for disciplining when what they receive rarely or barely meets the needs of their dependents, particularly given that remittance streams are often irregular. Is it appropriate to not characterize as "productive" expenditures on children's education and welfare? Is there a less gendered rhetoric that might be substituted? And should recipients of remittances be disproportionately burdened with the responsibility for the development of home country economies? Are there not more apropos guilty parties – such as the large lending institutions?

Gendered Employment: The Importance of Induced Migration

We end our discussion where many others begin, namely, in the examination of labor markets. This has long been a major area of migration scholarship. For some time, scholars have observed that an important feature of globalization has been the increasing incorporation of women into the paid labor force. These incorporation processes frequently if not always involve migrations; indeed, the penetration of capitalism into previously unincorporated areas of the global economy has unleashed rural-to-urban migrations around the world, migrations that often produce international migrations when economic and/or social and political changes occur. Due to globalization, demand for female workers is particularly strong, inducing girls and women to migrate into cities to work in domestic jobs and factories, later migrating abroad when dislocated by any number of hiccups in the global economy. Ethnographers have been at the forefront of chronicling their experiences at work in exportoriented manufacturing (Ong and Nonini 1987; Wright 1997), domestic service (Constable 1997; Hondagneu-Sotelo 2001), sex work (Kempadoo 1998; Law 2000; Brennan 2004), escort and entertainment work (Truong 1990; Tyner 2004), and as domestics and other care workers (Ong 1987; Wolf 1992; Momsen 1999; Andall 2000; Anderson 2000; Escrivá 2005).

In most cases, female migrant workers occupy different employment niches than their male counterparts. We argue that employer demand for labor is a powerful tool for understanding gendered employment patterns; it also explains more generally the genesis of international migrations and their geographic and demographic patterning. Historical and contemporary studies from around the world document the role of employers and their intermediaries (including states and religious organizations as well as private employment agencies) in stimulating – even coercing – people into motion who otherwise were uninclined to migrate (Eelens and Speckmann 1992; Basch, Glick Schiller, and Blanc-Szanton 1994; Anderson 1999; Cox 1999; Andall 2000; Basok 2002; inter alia Sassen 1988; Satzewich 1991; Feldman-Bianco 1992; Goss and Lindquist 1995; Portes 1995; Repak 1995; Grimes 1998; Rosenbloom 2002; Espiritu 2003; Tyner

2004). As far back as 1983, Anne Phizacklea wrote that "Nearly all labour migration is characterized by compulsion" (p. 7), yet recruitment and other forms of employer stimulated labor flows have usually been marginalized in theoretical discussions. We do not know why but argue that they bring real added value to theorizing migration – and gender's role as well.

Demand-driven or induced migration turns commonplace assumptions about migration and migrants' motives on their head. It questions the assumption that people migrate merely because they envision a better life. Quite conversely, most migrations do not *begin* with individuals' cost-benefit calculations but with enticements made to people with no intention of migrating. These enticements alter the very basis for cost-benefit calculations that potential migrants use, introducing a foreign element that is rarely if ever acknowledged in neoclassical theoretical accounts. Once begun, kinship- and friendship-based networks supplant the need for employer inducements to sustain migration streams (Massey, Duran, and Malone 2002; Rosenbloom 2002).

Recruitment geographies present a little-explored place to examine gender in operation, frequently interacting with other socially stratifying forces, state policies, and colonial and neocolonial relations to sculpt people into workers and channel them into gendered employment niches. A place to start is the fact that agencies specializing in recruiting for companies in the late nineteenth and early twentieth centuries more often than not catered only to men or women and fit applicants into gendered occupations (Rosenbloom 2002). A simple example yet one rarely recognized case is the agricultural worker programs orchestrated by the Mexican, Canadian, and u.s. governments to recruit and deploy *male* farm labor in areas with shortages beginning in the World War II era. Known as the Bracero Program in the u.s., these programs set in motion patterned migrations from certain recruiter-targeted towns in Mexico with towns where employers needed labor (Hondagneu-Sotelo 1994; Hondagneu-Sotelo and Cranford 1999; Basok 2002). These induced, gendered (male-only) migrations retraced North-South neocolonial relations, established gendered migration networks that have endured for decades, and crafted the stereotypical "wetback" image of the Mexican migrant as rural, male, and poor. Unfortunately, we do not know why the governments involved saw fit to only offer these opportunities to men; we can imagine that if they had been open to women the course of Mexican migration northward might look very different. We do know, however, that gendered ideologies regarding the appropriate roles for men and women were radically reconfigured in the postwar environment. During the war labor was in demand and women were recruited into the war industries and agriculture in unsurpassed numbers, but when the soldiers returned, "Rosie the Riveter" was told to go home, have babies, and stay (Honey 1984). We expect that if researchers begin looking systematically, we will find that gendered ideologies shape employer decisions and consequently migration streams because gender is so deeply implicated in people's notions of male versus female work. Given that to date such gendered recruitment studies are rare, we have chosen to feature one case that illustrates how much this analysis contributes.

Case Study: Filipinalo Migration [...]

Conclusions

Our goal for this article was to illustrate how gender not only matters to migration but also contributes substantial added value to the analysis and comprehension of this complex phenomenon. We have cited ethnographic research which reveals how gender shapes migrations, migration policies, and ideas about appropriate forms of employment and political citizenship – just to name a few examples. Yet, if gender is so central, why was it possible to focus research exclusively on males in the past and why has gender not been commonly drawn on for theorizing migrations? There are multiple sources of marginalization, some disciplinary, some methodological, and others ideological. In terms of ideological marginalization, we refer to how many scholars write that they are studying "gender" yet examine only women, including a few feminist ethnographers who do so intentionally (Parreñas 2001; Erel, Morokvasic, and Shinozaki 2002).[5] There was a time when the exclusive male-only focus needed this corrective but we feel that this time has passed. Indeed, another imbalance has occurred and is only partially being corrected by studies that examine men's experiences and gender relations (Rouse 1995; Schafer 2000; Yeoh and Willis 2000). Our point is that the scholarship on gender has moved much beyond male versus female analyses as we have shown here. There is still much room for additional research and we invite more of our male colleagues, in particular, to take up this call. Lastly, we hope that this article and the volume of which it is a part will lay to rest forever past practices of viewing gender-based analyses as, at best, optional and, at worst, unnecessary. Gender matters. To incorporate gender in migration research is not to "privilege" it but to accord it the explanatory power it merits.

5 __ For an excellent rebuttal of the women-only is alright argument, we recommend Pierrette Hondagneu-Sotelo's (1999b: 566): "The 'immigrant women only' approach has also retarded our understanding of how gender as a social system contextualizes migration processes for all immigrants ... this preoccupation with writing women into migration research and theory has stifled theorizing about the ways in which constructions of masculinities and femininities organize migration and migration outcomes. Finally, the preoccupation with writing women into migration research has also prompted methodological strategies that add gender as a variable. Consequently, differences between female and male migrants are often simply compared rather than interrogated or understood as interrelated parts of a system."

References

Abdulrahim, D. 1993 "Defining Gender in a Second Exile: Palestinian Women in West Berlin." In *Migrant Women: Crossing Boundaries and Changing Identities*. Ed. G. Buijs. Oxford: Berg Publishers. 55–82.

Alicea, M. 1997 " 'A Chambered Nautilus': The Contradictory Nature of Puerto Rican Women's Role in the Social Construction of a Transnational Community." *Gender & Society* 11(5): 597–626.

Andall, J. 2000 *Gender, Migration and Domestic Service: The Politics of Black Women in Italy*. Sydney: Ashgate.

Anderson, B. 2000 *Doing the Dirty Work? The Global Politics of Domestic Labour*. London and New York: Zed Books.

Anderson, B. 1999 "Overseas Domestic Workers in the European Union: Invisible Women." In *Gender, Migration and Domestic Service*. Ed. J. H. Momsen. New York: Routledge. 117–133.

Appadurai, A. 1996 *Modernity at Large: Cultural Dimensions of Globalization*. Minneapolis: University of Minnesota Press.

Appadurai, A. 1990 "Disjuncture and Difference in the Global Cultural Economy." *Theory, Culture & Society* 7: 295–310.

Basch, L., N. Glick Schiller, and C. S. Blanc-Szanton. 1994 *Nations Unbound: Transnational Projects, Postcolonial Predicaments and Deterritorialized Nation-States*. Amsterdam: Gordon and Breach Publishers.

Basok, T. 2002 *Tortillas and Tomatoes: Transmigrant Mexican Harvesters in Canada*. Montreal: McGill-Queen's University Press.

Benmayor, R. R., M. Torruellas, and A. L. Juarbe. 1997 "Claiming Cultural Citizenship in East Harlem: Si Esto Puedo Ayudar a la Comunidad Mia." In *Latino Cultural Citizenship*. Ed. W. W. Flores. Boston: Beacon Press. 154–209.

Bhabha, J. 1996 "Embodied Rights: Gender Persecution, State Sovereignty, and Refugees." *Public Culture* 9: 3–32.

Boyd, M. 1997 "Migration Policy, Female Dependency and Family Membership: Canada and Germany." In *Women and the Canadian Welfare State*. Ed. P. Evans and G. Werkele. Toronto: University of Toronto Press.

Boyd, M. 1989 "Family and Personal Networks in International Migration: Recent Developments and New Agendas." *International Migration Review* 23(3): 638–670.

Brennan, D. 2004 *What's Love Got to Do With It?: Transnational Desires and Sex Tourism in the Dominican Republic*. Durham: Duke University Press.

Brennan, D. 2001 "Tourism in Transnational Places: Dominican Sex Workers and the German Sex Tourists Imagine One Another." *Identities: Global Studies in Culture and Power* 7(4): 621–663.

Brettell, C. B. 1995 *We Have Already Cried Many Tears: The Stories of Three Portuguese Migrant Women*. Prospect Heights IL: Waveland Press.

Brettell, C. B., and P. A. deBerjeois. 1992 "Anthropology and the Study of Immigrant Women." In *Seeking Common Ground*. Ed. D. Gabaccia. Westport CT: Greenwood Press. 41–63.

Bryceson, D., and U. Vuorela. 2002 *The Transnational Family: New European Frontiers and Global Networks*. Oxford: Berg Publishers.

Buijs, G., ed. 1993 *Migrant Women: Crossing Boundaries and Changing Identities*. Providence RI: Berg Publishers.

Burawoy, M. et al. 2000 *Global Ethnography: Forces, Connections, and Imaginations in a Postmodern World*. Berkeley: University of California Press.

Camino, L. A., and R. M. Krulfeld. 1994 *Reconstructing Lives, Recapturing Meaning*. Basel: Gordon and Breach Science Publishers.

Chavez, L. 1992 *Shadowed Lives: Undocumented Immigrants in American Society.* San Diego CA: Harcourt Brace Jovanovich.

Constable, N. 2005 *Cross-Border Marriages: Gender and Mobility in Transnational Asia.* Philadelphia: University of Pennsylvania Press.

Constable, N. 2003 *Romancing on a Global Stage: Pen Pals, Virtual Ethnography, and "Mail Order" Marriages.* Berkeley: University of California Press.

Constable, N. 1997 *Maid to Order in Hong Kong.* Ithaca NY: Cornell University Press.

Cox, R. 1999 "The Role of Ethnicity in Shaping the Domestic Employment Sector in Britain." In *Gender, Migration and Domestic Service.* Ed. J. H. Momsen. New York: Routledge. 134–147.

Crawley, H. 1997 *Women as Asylum Seekers: A Legal Handbook.* London: Immigration Law Practitioners Association.

Curran, S. R., and E. Rivero-Fuentes. 2003 "Engendering Migrant Networks: The Case of Mexican Migration." *Demography* 40(2): 289–307.

De Clementi, A. 2002 "Gender Relations and Migration Strategies in the Rural Italian South: Land, Inheritance, and the Marriage Market." In *Women, Gender, and Transnational Lives: Italian Workers of the World.* Ed. D. Gabaccia and F. Iacovetta. Toronto: University of Toronto Press. 76–105.

Denzin, N. K., and Y. S. Lincoln. 2000 "Introduction: The Discipline and Practice of Quality Research." In *Handbook of Qualitative Research.* Ed. N. K. Denzin and Y. S. Lincoln. Thousand Oaks CA: Sage Publications.

Diner, H. R. 1983 *Erin's Daughters in America: Irish Immigrant Women in the Nineteenth Century.* Baltimore: Johns Hopkins University Press.

Eastmond, M. 1993 "Reconstructing Life: Chilean Refugee Women and the Dilemmas of Exile." In *Migrant Women: Crossing Boundaries and Changing Identities.* Ed. G. Buijs. Oxford: Berg Publishers. 35–53.

Eelens, F., and J. D. Speckmann. 1992 "Recruitment of Labour Migrants for the Middle East." In *Labour Migration to the Middle East.* Ed. F. Eelens, T. Schampers, and J. D. Speckmann. London and New York: Kegan Paul International. 41–61.

Ellis, M., D. Conway, and A. Bailey. 1996 "The Circular Migration of Puerto Rican Women: Towards a Gendered Explanation." *International Migration Review* 34: 31–64.

Erel, U., M. Morokvasic, and K. Shinozaki. 2002 "Introduction." In *Crossing Borders and Shifting Boundaries. Vol. 1. Gender on the Move.* Ed. M. Morokvasic, U. Erel, and K. Shinozaki. Opladen, Germany: Leske & Budrich. 9–22.

Escrivá, A. 2005 "Securing Care and Welfare of Dependants Transnationally: Peruvians and Spaniards in Spain." Paper presented at the Migration and Domestic Work in Global Perspective conference, The Hague.

Espiritu, Y. L. 2003 *Home Bound: Filipino American Lives across Cultures, Communities and Countries.* Berkeley: University of California Press.

Espiritu, Y. L. 2001 "'We Don't Sleep Around Like White Girls Do': Family, Culture, and Gender in Filipina American Lives." *Signs* 26(2): 415–440.

Espiritu, Y. L. 1997 *Asian American Women and Men: Labor, Laws, and Love.* Thousand Oaks CA: Sage Publications.

Faustich Orellana, M., B. Thorne, A. Chee, and W. S. E. Lam. 2001 "Transnational Childhoods: The Participation of Children in Processes of Family Migration." *Social Problems* 48(4): 572–591.

Featherstone, M. 1990 *Global Culture: Nationalism, Globalization, and Modernity.* Newbury Park CA: Sage Publications.

Feldman-Bianco, B. 1992 "Multiple Layers of Time and Space: The Construction of Class, Race, Ethnicity, and Nationalism among Portuguese Immigrants." *Annals of the New York Academy of Sciences* 645: 145–174.

Foner, N. 2003 "Introduction: Anthropology and Contemporary Immigration to the United States—Where We Have Been and Where We Are Going." In *American Arrivals: Anthropology Engages the New Immigration*. Ed. N. Foner. Santa Fe: School of American Research Press. 3–43.

Fouron, G., and N. Glick Schiller. 2001 "All in the Family: Gender, Transnational Migration, and the Nation-State." *Identities: Global Studies in Culture and Power* 7(4): 539–582.

Gamburd, M. R. 2000 *The Kitchen Spoon's Handle: Transnationalism and Sri Lanka's Migrant Housemaids*. Ithaca NY and London: Cornell University Press.

Georges, E. 1992 "Gender, Class, and Migration in the Dominican Republic: Women's Experiences in a Transnational Community." In *Towards a Transnational Perspective on Migration: Race, Class, Ethnicity, and Nationalism Reconsidered*. Vol. 645. Ed. N. Glick Schiller, L. Basch, and C. Blanc-Szanton. New York: New York Academy of Sciences. 81–99.

Giles, W., H. Moussa, and P. Van Esterik. 1996 "Introduction." In *Development and Diaspora: Gender and the Refuge Experience*. Ed. W. Giles, H. Moussa, and P. Van Esterik. Dundas, ON: Artemis. 11–29.

Glick Schiller, N. 2003 "The Centrality of Ethnography in the Study of Transnational Migration: Seeing the Wetlands Instead of the Swamp." In *American Arrivals: Anthropology Engages the New Immigration*. Ed. N. Foner. Santa Fe NM: School of American Research Press. 99–128.

Glick Schiller, N., L. Basch, and C. Blanc-Szanton, eds. 1992 *Towards a Transnational Perspective on Migration: Race, Class, Ethnicity, and Nationalism Reconsidered*. Vol. 4–5. New York: New York Academy of Sciences.

Goldring, L. 2001 "The Gender and Geography of Citizenship in Mexico-U.S. Transnational Spaces." *Identities: Global Studies in Culture and Power* 7(4): 501–537.

Goss, J., and B. Lindquist. 1995 "Conceptualising International Labor Migration: A Structuration Perspective." *International Migration Review* 29(2): 317–351.

Granovetter, M. 1985 "Economic Action and Social Structure: The Problem of Embeddedness." *American Journal of Sociology* 91: 481–510.

Grasmuck, S., and P. Pessar. 1991 *Between Two Islands: Dominican International Migration*. Berkeley: University of California Press.

Grimes, K.M. 1998 *Crossing Borders: Changing Social Identities in Southern Mexico*. Tucscon: University of Arizona Press.

Hart, D.W. 1984 "Leticia: A Nicaraguan Woman's Struggle." In *The Human Tradition in Latin America*. Ed. W. H. Beezley and J. Ewell. Wilmington DE: Scholarly Resources Inc. 259–273.

Hirsch, J. 2003 *A Courtship after Marriage: Sexuality and Love in Mexican Transnational Families*. Berkeley: University of California Press.

Hirsch, J. 1999 "En el Norte la Mujer Manda: Gender, Generation, and Geography in a Mexican Transnational Community." *American Behavioral Scientist* 42(9): 1332–1349.

Holtzman, J. 2000 "Dialing 911 in Nuer: Gender Transformations and Domestic Violence in a Midwestern Sudanese Refugee Community." In *Immigration Research for a New Century: Multidisciplinary Perspectives*. Ed. N. Foner, R. Rumbaut, and S. Gold. New York: Russell Sage Foundation. 390–408.

Hondagneu-Sotelo, P. 2001 *Domestica: Immigrant Workers Cleaning and Caring in the Shadows of Affluence*. Berkeley: University of California Press.

Hondagneu-Sotelo, P. 1999a "Gender and Contemporary U.S. Immigration." *American Behavioral Scientist* 42(4): 565–576.

Hondagneu-Sotelo, P. 1999b "Introduction: Gender and Contemporary U.S. Immigration." *American Behavioral Scientist* 42(4): 565–576.

Hondagneu-Sotelo, P. 1994 *Gendered Transitions: Mexican Experiences of Immigration*. Berkeley: University of California Press.

Hondagneu-Sotelo, P., and C. Cranford. 1999 "Gender and Migration." In *Handbook of the Sociology of Gender*. Ed. J.S. Chafetz. New York: Kluwer Academic/Plenum Publishers. 105–126.

Honey, M. 1984 *Creating Rosie the Riveter: Class, Gender, and Propaganda During World War II.* Amherst: University of Massachusetts Press.

Hyndman, J. 2000 *Managing Displacement: Refugees and the Politics of Humanitarianism.* Minneapolis: University of Minnesota Press.

Indra, D., ed. 1999 *Engendering Forced Migration: Theory and Practice.* New York and Oxford: Berghahn Books.

Jones-Correa, M. 1998 *Between Two Nations: The Political Predicament of Latinos in New York City.* Ithaca NY: Cornell University Press.

Kempadoo, K. 1998 "The Migrant Tightrope: Experiences from the Caribbean." In *Global Sex Workers: Rights, Resistance, and Redefinition.* Ed. K. Kempadoo and J. Doezema. New York and London: Routledge. 124–138.

Kibria, N. 1993 *Family Tightrope: The Changing Lives of Vietnamese Americans.* Princeton NJ: Princeton University Press.

Kofman, E. 2000 *Gender and International Migration in Europe.* London: Routledge.

Koptiuch, K. 1996 "'Cultural Defense' and Criminological Displacements: Gender, Race, and (Trans.) Nation in the Legal Surveillance of u.s. Diaspora Asians." In *Displacement, Diaspora, and Geographies of Identity.* Ed. S. Lavie and T. Swedenburg. Durham NC: Duke University Press. 215–233.

Kyle, D. 2000 *Transnational Peasants: Migrations, Networks, and Ethnicity in Andean Ecuador.* Baltimore: Johns Hopkins University Press.

Kyle, D. 1995 "The Transnational Peasant: The Social Structures of Economic Migration from the Ecuadorian Andes." Unpublished Ph.D. Dissertation. Johns Hopkins University.

Law, L. 2000 *Sex Work in Southeast Asia: The Place of Desire in a Time of AIDS.* London and New York: Routledge.

Levitt, P. 2001 *The Transnational Villagers.* Berkeley: University of California Press.

Levitt, P. 1998 "Social Remittances: Migration Driven, Local-Level Forms of Cultural Diffusion." *International Migration Review* 32(4): 926–948.

Lipsitz, G. 1994 *Dangerous Crossroads.* New York: Verso.

Lomnitz, L. 1977 *Networks of Marginality: Life in a Mexican Shantytown.* New York: Academic Press.

Lorber, J. 1994 *Paradoxes of Gender.* New Haven CT: Yale University Press.

Lubkemann, S. C. 2000 "The Transformation of Transnationality among Mozambican Migrants in South Africa." *Canadian Journal of African Studies* 34: 41–63.

Macklin, A. 1999 "A Comparative Analysis of the Canadian, u.s., and Australian Directives on Gender Persecution and Refugee Status." In *Engendering Forced Migration: Theory and Practice.* Ed. D. Indra. New York and Oxford: Berghahn Books. 272–307.

Mahler, S. J. 2001 "Transnational Relationships: The Struggle To Communicate Across Borders." *Identities: Global Studies in Culture and Power* 7(4): 583–619.

Mahler, S. J. 1999a "Engendering Transnational Migration: A Case Study of Salvadorans." *American Behavioral Scientist* 42(4): 690–719.

Mahler, S. J. 1999b "La Industria de Remesas Salvadoreña." In *Fronteras Fragmentadas.* Ed. G. Mummert. Zamora, Mexico: Colegio de Michoacán, Mexico/ Centro de Investigación y Desarrollo de Michoacán (CIDEM). 519–544.

Mahler, S. J., and P. Pessar. 2001 "Gendered Geographies of Power: Analyzing Gender Across Transnational Spaces." *Identities: Global Studies in Culture and Power* 7(4): 441–459.

Marcus, G. E. 1998 *Ethnography through Thick and Thin.* Princeton NJ: Princeton University Press.

Massey, D. 1994 *Space, Place and Gender.* Minneapolis: University of Minnesota Press.

Massey, D. 1987 "The Ethnosurvey in Theory and Practice." *International Migration Review* 21(4): 1498–1522.

Massey, D., J. Duran, and N. Malone. 2002 *Beyond Smoke and Mirrors: Mexican Immigration in an Age of Economic Integration.* New York: Russell Sage Foundation.

Matsuoka, A., and J. Sorenson 1999 "Eritrean Canadian Refugee Households as Sites of Gender Renegotiation." In *Engendering Forced Migration: Theory and Practice.* Ed. D. Indra. New York and Oxford: Berghahn Books. 218–259.

Mayer, P. 1961 *Townsmen or Tribesmen: Conservation and the Process of Urbanization in a South African City.* Oxford: Oxford University Press.

McSpadden, L. A., and H. Moussa. 1993 "I Have a Name: The Gender Dynamics in Asylum and in Resettlement of Ethiopian and Eritrean Refugees in North America." *Journal of Refugee Studies* 6(3): 203–225.

Menjivar, C. 2000 *Fragmented Ties: Salvadoran Immigrant Networks in America.* Berkeley and Los Angeles: University of California Press.

Mills, M. B. 1999 *Thai Women in the Global Labor Force: Consuming Desires, Contested Selves.* New Brunswick NJ: Rutgers University Press.

Mills, M. B. 1997 "Contesting the Margins of Modernity: Women, Migration, and Consumption in Thailand." *American Ethnologist* 24: 37–61.

Momsen, J. H. 1999 *Gender, Migration and Domestic Service.* London: Routledge.

Morokvasic, M. 2002 "Transnational Mobility and Gender: A View from Post-Wall Europe." In *Crossing Borders and Shifting Boundaries. Vol. 1. Gender on the Move.* Opladen, Germany: Leske & Budrich. 101–136.

Nelli, H. S. 1970 *The Italians in Chicago, 1880–1930.* Oxford and New York: Oxford University Press.

Ong, A. 1993 "On the Edge of Empires: Flexible Citizenship among Chinese in Diaspora." *Positions* 1(3): 745–778.

Ong, A. 1987 *Spirits of Resistance and Capitalist Discipline: Factory Women in Malaysia.* Albany: State University of New York Press.

Ong, A., and D. M. Nonini. 1987 *Ungrounded Empires: The Cultural Politics of Modern Chinese Transnationalism.* New York: Routledge.

Orozco, M. 2002 *Attracting Remittances: Practices to Reduce Costs and Enable a Money Transfer Environment.* Washington DC: Multilateral Investment Fund of the Inter-American Development Bank.

Ortner, S. B. 1996 *Making Gender: The Politics and Erotics of Culture.* Boston: Beacon Press.

Oxford, C. 2005 "Protection and Victims in the Gender Regime of Asylum." *National Women's Studies Association Journal* 17(3): 18–38.

Parreñas, R. S. 2005 *Children of Global Migration: Transnational Families and Gendered Woes.* Stanford CA: Stanford University Press.

Parreñas, R. S. 2003 "The Care Crisis in the Philippines: Children and Transnational Families in the New Global Economy." In *Global Woman: Nannies, Maids, and Sex Workers in the New Economy.* Ed. B. Ehrenreich and A. R. Hochschild. New York: Metropolitan Books. 39–55.

Parreñas, R. S. 2001 *Servants of Globalization: Women, Migration, and Domestic Work.* Stanford CA: Stanford University Press.

Peña, M. 1991 "Class, Gender and Machismo: The 'Treacherous Woman' Folklore of Mexican Male Workers." *Gender & Society* 5: 30–46.

Pe-Pua, R., C. Mitchell, R. Iredale, and S. Castles. 1996 *Astronaut Families and Parachute Children: The Cycle of Migration Between Hong Kong and Australia.* Canberra: Australian Government Publishing Services.

Pessar, P. R. 2003 "Anthropology and the Engendering of Migration Studies." In *American Arrivals: Anthropology Engages the New Immigrants.* Ed. N. Foner. Santa Fe NM: School of American Research Press. 75–98.

Pessar, P. R. 2001 "Women's Political Consciousness and Empowerment in Local, National, and Transnational Contexts: Guatemalan Refugees and Returnees." *Identities: Global Studies in Culture and Power* 7(4): 461–500.

Pessar, P. R. 1986 "The Role of Gender in Dominican Settlement in the United States." In *Women and Change in Latin America.* Ed. J. Nash and H. Safa. South Hadley MA: Bergin and Garvey. 173–194.

Pessar, P. R. 1982 "Kinship Relations of Production in the Migration Process: The Case of Dominican Emigration to the United States." Working paper. New York: New York University.

Pessar, P. R., and S. J. Mahler. 2003 "Transnational Migration: Bringing Gender." *International Migration Review* 37(3): 812–846.

Phizacklea, A. 2002 "Transnationalism, Gender and Global Workers." In *Crossing Borders and Shifting Boundaries. Vol 1. Gender on the Move.* Ed. M. Morokvasic, U. Erel, and K. Shinozaki. Opladen Germany: Leske & Budrich. 79–100.

Phizacklea, A. 1998 "Migration and Globalization: A Feminist Perspective." In *The New Migration in Europe.* Ed. K. Koser and H. Lutz. London: Macmillan. Pp. 21–38.

Phizacklea, A. 1983 *One Way Ticket: Migration and Female Labour.* London: Routledge & Kegan Paul.

Portes, A. 1995 "Economic Sociology and the Sociology of Immigration: A Conceptual Overview." In *The Economic Sociology of Immigration.* Ed. A. Portes. New York: Russell Sage Foundation. 1–41.

Portes, A., and J. Sensenbrenner. 1993 "Embeddedness and Immigration: Notes on the Social Determinants of Economic Action." *American Journal of Sociology* 98: 1320–1350.

Pribilsky, J. 2004 "'Aprendemos a Convivir': Conjugal Relations, Co-Parenting, and Family Life among Ecuadorian Transnational Migrants in New York and the Ecuadoran Andes." *Global Networks* 4(3): 313–334.

Ramírez, C., M. G. Domínguez, and J. M. Morais. 2005 *Crossing Borders: Remittances, Gender and Development.* Santo Domingo, Dominican Republic: INSTRAW.

Repak, T. 1995 *Waiting on Washington: Central American Workers in the Nation's Capital.* Philadelphia: Temple University Press.

Rosenbloom, J. L. 2002 *Looking for Work: Searching for Workers.* Cambridge and New York: Cambridge University Press.

Rouse, R. 1995 "Questions of Identity: Personhood and Collectivity in Transnational Migration to the United States." *Critique of Anthropology* 14(4): 351–380.

Rouse, R. 1986 *Migration and Family Politics in Family Life: Divergent Projects and Rhetorical Strategies in a Mexican Migrant Community.* Philadelphia: American Anthropology Association.

Rumbaut, R. G., and A. Portes. 2001 *Ethnicities: Children of Immigrants in America.* Berkeley: University of California Press.

Sassen, S. 1988 *The Mobility of Labor and Capital.* Cambridge: Cambridge University Press.

Satzewich, V. 1991 *Racism and the Incorporation of Foreign Labour: Farm Labour Migration to Canada Since 1945.* London and New York: Routledge.

Schafer, R. 2000 "Men's Migrant Labor and Its Effects on Gender Relations in Rural Zimbabwe." In *Women and Migration: Anthropological Perspectives.* Ed. J. Knorr and B. Meier. New York: St. Martin's Press. 151–163.

Silvey, R. 2004 "Transnational Domestication: Indonesian Domestic Workers in Saudi Arabia." *Political Geography* 23(3): 245–264.

Silvey, R. 1999 "Sexual Geographies: Gender Norms, Moral Codes, and Political Identities among Indonesian-U.S. Transmigrants: Engendering Theories of Transnational Migration" Working paper. New Haven CT: Center for International and Area Studies, Yale University.

Singer, A., and G. Gilbertson. 2000 "Naturalization in the Wake of Anti-Immigration Legislation: Dominicans in New York City." Working papers (10). Washington DC: Carnegie Endowment for International Peace.

Sorensen, N. N., and K. F. Olwig. 2002 *Work and Migration: Life and Livelihoods in a Globalizing World.* London: Routledge.

Thomas, W. I., and F. Znaniecki. 1984 *The Polish Peasant in Europe and America.* Urbana: University of Illinois Press.

Truong, T. 1990 *Sex, Money, and Morality: Prostitution and Tourism in Southeast Asia*. London: Zed Books.

Tyner, J. A. 2004 *Made in the Philippines: Gendered Discourses and the Making of Migrants*. London and New York: Routledge Curzon.

Ui, S. 1991 "'Unlikely Heroes': The Evolution of Female Leadership in a Cambodian Ethnic Enclave." In *Ethnography Unbound: Power and Resistance in the Modern Metropolis*. Ed. M. Burawoy. Berkeley: University of California Press. 161–177.

Uzzell, D. 1979 "Conceptual Fallacies in the Rural-Urban Dichotomy." *Urban Anthropology* 8: 333–350.

Walton-Roberts, M. 2004 "Rescaling Citizenship: Gendering Canadian Immigration Policy." *Political Geography* 23(3): 265–281.

Warner, W. L., and L. Srole. 1945 *The Social Systems of American Ethnic Groups*. New Haven CT: Yale University Press.

Westwood, S., and A. Phizacklea. 2000 *Trans-Nationalism and the Politics of Belonging*. London and New York: Routledge.

Wiltshire, R. 1992 "Implications of Transnational Migration for Nationalism: The Caribbean Example." In *Towards a Transnational Perspective on Migration: Race, Class, Ethnicity, and Nationalism Reconsidered. Vol. 645*. Ed. N. Glick Schiller, L. Basch, and C. Blanc-Szanton. New York: Annals of the New York Academy of Sciences. 175–200.

Wirth, L. 1956 *The Ghetto*. Chicago: University of Chicago Press.

Wolf, Diane. 1992 *Factory Daughters: Gender, Household Dynamics, and Rural Industrialization in Java*. Berkeley: University of California Press.

Wood, C. H. 1982 "Equilibrium and Historical Structural Perspectives on Migration." *International Migration Review* 16(2): 298–319.

Wright, M. 2001 "A Manifesto Against Femicide." *Antipode* 33(3): 550–566.

Wright, M. 1997 "Crossing the Factory Frontier: Gender, Place and Power in the Mexican Maquiladoras." *Antipode* 29(3): 278–302.

Yeoh, B., and S. Huang. 1999 "Spaces at the Margins: Migrant Domestic Workers and the Development of Civil Society in Singapore." *Environment and Planning* A 31(7): 1149–1167.

Yeoh, B., and K. Willis. 2000 "On the 'Regional Beat': Singapore Men, Gender Politics and Transnational Spaces." Paper presented at the Annual Meeting of the Association of American Geographers, March, Pittsburgh, Pennsylvania.

Yuval-Davis, N., F. Anthias, and E. Kofman. 2005 "Secure Borders and Safe Haven and the Gendered Politics of Belonging: Beyond Social Cohesion." *Ethnic and Racial Studies* 28(3): 513–535.

Maria Six-Hohenbalken

13 Transformationen von Familienstrukturen durch Migration

Einleitung

Der Einfluss von Migration auf Veränderung von Familien- und Verwandtschafts-strukturen ist in den letzten beiden Jahrzehnten von ForscherInnen der Sozial-anthropologie, Sozialwissenschaften und historischen Anthropologie in unter-schiedlichen Dimensionen erforscht worden. Immer wieder wurde auf die Not-wendigkeit hingewiesen, Strategien und Entscheidungsfindungsprozesse in Familien zu untersuchen, um Migrationsprozesse besser verstehen zu können.[1] Hierbei kommt der Kultur- und Sozialanthropologie besondere Bedeutung zu. Studien und theoretische Ansätze zu Verwandtschaft und Familie als klassi-sches Feld unserer Disziplin sind hier oft richtungweisend. Um dieses sehr um-fassende Feld zu untersuchen, müssen folgende Bereiche miteinbezogen werden.

Entscheidungen, zu migrieren, sowie Zeitpunkt, Ziel und Ort werden selten auf individueller Basis getroffen, sondern sind oft abhängig von Strategien in den Familien. Verwandtschaftliche Netzwerke ermöglichen nicht alleine eine Auswanderung, sondern sind oft Auslöser wie auch Garant für eine erfolgreiche Migration. Familiäre Beziehungen werden über nationale Grenzen hinweg ge-lebt und erfordern von MigrantInnen oft doppelte Lebensführungsstrategien zu verfolgen, die sowohl die Existenzsicherung der Familie im Herkunfts- wie auch im Aufnahmeland betreffen. Transnationale verwandtschaftliche Beziehungen werden so über Jahrzehnte hinweg gepflegt und erneuert, wie beispielsweise durch die Wahl von HeiratspartnerInnen aus der Herkunftsregion.

Die Immigrationspolitik der klassischen Zielländer basiert auf bestimmten (nationalen) Konzepten von Familie, auf Basis derer gesetzliche Vorschriften für Familienzusammenführung festgelegt und dadurch auch Transformationen von Familienstrukturen mitbedingt werden.

Eingangs soll auch auf die Debatte zur Verwandtschaftsforschung in unse-rer Disziplin in den letzten Jahrzehnten hingewiesen werden (vgl. Stone 2004). In den Arbeiten von Schneider (1985) und Needham (1971) wurden jene sozialan-thropologischen Ansätze, denen ein eurozentrisches Verständnis von biologi-scher Verwandtschaft zugrunde liegt, kritisiert und damit die Basis für neue

---

1 — Vgl. beispielsweise die Tagung in Leuven 2008: ‚Families, construction of foreignness and migration in 20th century western Europe' (http://hsozkult.geschichte.huberlin.de/ tagungsberichte [1. 3. 2009]).

Konzepte gelegt. Zeitgleich haben Vertreterinnen der feministischen Anthropologie, wie Collier und Yanagisako (1987), das Verständnis von Gender kritisch beleuchtet, die Verflechtungen mit *Kinship Studies* aufgezeigt und in den späten 1980er-Jahren einen Paradigmenwechsel für die Erforschung von Verwandtschaft und Gender eingeleitet. Segalen stellte in den 1980er-Jahren weiters die Annäherung der historischen und Sozialwissenschaften an die Methoden der Ethnologie fest (vgl. Segalen 1986) und plädierte für neue Ansätze, da der Fokus nicht länger auf traditionellen Gesellschaftsformen, in denen Verwandtschaft die Basis für Produktions-, Konsum- und Machtbeziehungen festlegte, gerichtet sein konnte. Familien- und Verwandtschaftsforschung muss ausreichend auf soziale Institutionen in den jeweiligen Nationalstaaten Bezug nehmen, da diese in einem „Konkurrenzverhältnis" stehen (vgl. Segalen 1990: 6). Weiters kritisierte Segalen, dass der wissenschaftliche Fokus nicht länger allein auf den Kernfamilien liegen soll – was einer politischen Idealvorstellung entspricht –, sondern real existierenden Verwandtschaftsbeziehungen in modernen Gesellschaften mehr Aufmerksamkeit zuteil werden muss (vgl. Segalen 1990: 135). Die in den 1980er-Jahren postulierten Entwicklungen, dass sich ein einziges europäisches Familienmodell durchsetzen werde, haben sich nicht bewahrheitet – Segalen und Gullestad haben Ende der 1990er-Jahre unterschiedliche Modelle auch innerhalb europäischer Nationen festgestellt und vor allem Veränderungen in den Generationsbeziehungen aufgezeigt (vgl. Segalen/Gullestad 1997).

Aufgrund unterschiedlicher Familien- und Verwandtschaftsstrukturen, enormen sozioökonomischen Transformationsprozessen in den klassischen Entsendeländern und unterschiedlichen Ideologien und Familienpolitiken in den Zielländern der Migration sowie unterschiedlichen Quellenlagen sind komparative Studien kaum durchführbar. Gerade deshalb kommt qualitativen Studien, die auf lokaler wie transnationaler Mikroebene angesiedelt sind, eine besondere Bedeutung zu. Die Vielfalt von unterschiedlichen Vorstellungen von Familienformen und Verwandtschaftsbeziehungen stellt in den Zielländern beispielsweise JuristInnen, SozialarbeiterInnen und LehrerInnen oft vor große Herausforderungen, wenn sie beruflich mit MigrantInnenfamilien beschäftigt sind. So kommen bei Familienzusammenführung, Sorgerecht, Adoption oder der Notwendigkeit von adäquaten Ansprechpersonen in sozialen Härtefällen immer wieder divergierende Vorstellungen zum Vorschein. Wenn wir fallspezifisch als SozialanthropologInnen zu Rate gezogen werden, um „die Familienform" des jeweiligen Herkunftslandes zu erklären, und keine prägnanten, allseits gültigen Entscheidungsrichtlinien vermitteln können, ernten wir oft Missfallen.

Anfänge

Britische SozialanthropologInnen haben in der Mitte des 20. Jahrhunderts eine sehr kritische Position gegenüber Wanderungsbewegungen vertreten, da die Vorannahme herrschte, Migration würde unweigerlich zu einem Rückgang von Traditionen und einer Auflösung von sozialen Strukturen führen. Erst durch die Forschungsarbeiten der *Manchester School* in Zentralafrika erkannte man die Bedeutung von familiären und freundschaftlichen Netzwerken in der Migration. Modernisierung wurde nun „realistischer" analysiert und soziale und ökonomische Kontexte wurden genauer erforscht (vgl. Watkins 2005: 370f.). Die Arbeiten in den Zielländern der Migration, wie zahlreiche Studien über Familien türkischer MigrantInnen in Deutschland oder Skandinavien, über MigrantInnen in Großbritannien (vgl. Watsons 1977) wie auch Forschungen über Migration aus Asien in die Arabischen Golfstaaten (vgl. Eades 1987), haben zur Etablierung der sozialanthropologischen Migrationsforschung beigetragen.

Aufgrund der praktischen Relevanz in den jeweiligen Einwanderungsgesellschaften lag in den 1970er- bis in die 1990er-Jahre der regionale Schwerpunkt der Studien im deutschen, österreichischen und skandinavischen Raum auf Familienstrukturen aus den klassischen Herkunftsländern, wie der Türkei, dem ehemaligen Jugoslawien und in geringerem Ausmaß Italien und Griechenland. In Frankreich wurde ein Fokus auf den nordafrikanischen Raum wie auch auf Portugal gelegt und in den USA wurden Forschungen über Migration aus Mittelamerika und der Karibik durchgeführt (vgl. auch Kearney 2005: 324). Erst im letzten Jahrzehnt wurde diese „nationale" Orientierung durch globale Migrationsbewegungen, vermehrte transnationale Beziehungen wie auch durch neue theoretische Ansätze aufgelöst (siehe auch den Beitrag 5 von S. Strasser in diesem Band).

In diesem Forschungsbereich sind disziplinäre Überschneidungen vor allem mit der Soziologie und den angewandten Sozialwissenschaften vorhanden. Die Charakteristika sozialanthropologischer Beiträge finden sich vor allem in der Methodik, also in der Durchführung von lang andauernden Feldforschungen, die in den letzten Jahren vermehrt *multi-sited* durchgeführt werden, und vor allem in der Analyse, der ein emisches Verständnis[2] von Familie und Verwandtschaft zugrunde liegt. Weitere sozialwissenschaftliche Forschungen sind vorwiegend quantitativ, haben ihren Fokus allgemein auf der Untersuchung von „MigrantInnenfamilien", die oft als eine Kategorie in den nationalen Statistiken ausgewiesen werden, oder es werden vergleichende quantitative Untersuchungen von zahlenmäßig bedeutenden EinwanderInnengruppen durchgeführt. In sozialanthropologischen Untersuchungen werden eher verwandtschaftliche

---

2 ___ Ein Phänomen wird in der Sichtweise der AkteurInnen bzw. dem Konzept einer jeweiligen „Kultur" oder Gesellschaft dargestellt.

Netzwerke berücksichtigt und es wird die Auswirkung auf sozioökonomische Strukturen im Herkunftsland, so etwa die Transformation von Haushaltsökonomien durch regelmäßige Geldtransfers (Remittenzen), untersucht wie auch Orientierungen und Strategien in (transnationalen) Familien, Absichten der Remigration, die Transformation von Geschlechterrollen und Haushaltsstrukturen sowie die Veränderung existierender und die Entstehung neuer (pseudo-)verwandtschaftlicher Netzwerke. Hier sollen nun einige dieser Themen kurz skizziert werden.

Untersuchungen mit Fokus auf das Aufnahmeland

Eine Vielzahl von Studien unterschiedlicher sozialwissenschaftlicher Disziplinen hat die Veränderungen von Familienstrukturen in den Residenzländern untersucht, beispielhaft dafür sollen einige Untersuchungen, die Überlappungsbereiche mit der Sozialanthropologie aufweisen, präsentiert werden.

Das Team von Herwartz-Ehmden (2003) hat eine umfassende Forschung über EinwanderInnenfamilien in Deutschland erstellt, dabei Familienstrukturen von AussiedlerInnen aus der ehemaligen Sowjetunion, türkischen ZuwanderInnen und westdeutschen Familien vergleichend untersucht und festgestellt: „Veränderungen von Einwandererfamilien sind nicht universal. Sie sind gruppenspezifisch und variieren je nach Herkunftsbedingungen, wobei zu sehen ist, dass Einwandererfamilien in der Aufnahmegesellschaft auch gemeinsame Einflüsse und Restriktionen erfahren" (Herwartz-Ehmden 2003: 13). Äußere Bedingungen, die auf alle ZuwanderInnenfamilien einwirken, wie das Rechtssystem, beeinflussen unter anderem die Familienzusammenführung oder die Übernahme der Staatsbürgerschaft. Ökonomische Bedingungen wie auch gesellschaftliche Idealvorstellungen über die Familie zählen zu den externen Einflüssen. Neben der Berücksichtigung weiterer allgemeiner Faktoren wie normative Verhaltensanforderungen werden in dieser Studie auch differenzierte Orientierungen und sozialpsychologische Prozesse berücksichtigt. Herwartz-Ehmden plädiert für empirische Untersuchungen mit komplexen Mehr-Ebenen-Modellannahmen (vgl. Herwartz-Ehmden 2003: 10). Hierbei sollen zumindest vier Ebenen, nämlich individuelle Orientierung, kulturelle Beziehungsstrukturen, sozialräumliche Kontexte und institutionelle Strukturen in der Gesellschaft genauer beleuchtet und deren Wechselwirkungen untersucht werden. Dadurch können Veränderungen in den Familienstrukturen in Bezug auf „Interaktionen zwischen strukturellen Faktoren, soziokulturellen Symbolisierungen und Institutionalisierungen" (Herwartz-Ehmden 2003: 10) analysiert werden.

Baros diskutierte unterschiedliche Forschungsansätze, wie beispielsweise sozialisationstheoretische, wobei beispielsweise auf das Einreisealter fokussiert wird, modernisierungstheoretische, wobei Untersuchungen zu veränderter kultureller Praxis oder doppelgleisiger Strategie unternommen wurden, weiters handlungstheoretische und individualistische Erklärungsansätze (vgl. Baros 2009).

Der Soziologe Nauck hat in einer Reihe von Studien soziale Beziehungen und migrantische Netzwerke in Deutschland erforscht (vgl. Nauck et al. 1997). In einer Untersuchung wurden mehr als 400 Familien nach Unterstützungsleistung, gegenseitiger Hilfe und Kontakten befragt und die Größenunterschiede der Netzwerke generationsspezifisch beleuchtet. Bei der Multiplexität[3] der untersuchten Netzwerke zeigt sich ein starker Zusammenhang zwischen der 1. und 2. Generation, allerdings misst die 2. Generation diesen Netzwerken geringere Bedeutung zu, da sie im Residenzland anders sozialisiert ist als ihre Eltern. Netzwerke sind nicht notwendigerweise an gemeinsame Haushalte gebunden. Vor allem werden die Netzwerke geschlechtshomogen (von den Müttern an die Töchter) an die nächste Generation weitergegeben (vgl. Nauck et al. 1997: 489 f.).

Rückkehrmythos und Remittenzen

Viele MigrantInnen planten anfangs einen temporären Aufenthalt, um nach dem Erreichen des Migrationszieles (Existenzaufbau, Modernisierung der Landwirtschaft) in ihr Herkunftsland zurückzukehren. Die Absicht der Rückkehr war eine Orientierungshilfe für die eigene Unternehmung in dem fremden Land. An dem Rückkehrgedanken wird auch dann noch festgehalten, wenn eine definitive Rückkehr zu einer Illusion geworden ist – man spricht in diesem Fall von einem „Rückkehrmythos" (vgl. Wolbert 1995).

Durch unvorhersehbare ökonomische Entwicklungen in den Residenz- wie auch Aufnahmeländern konnten ursprüngliche Migrationsziele oft nicht in der geplanten Zeit umgesetzt werden, wie es Schiffauer in seiner Studie über TürkInnen in Deutschland darstellt.

> MigrantInnen machten damit eine Zeiterfahrung, die derjenigen in der ersten Phase der Migration direkt entgegengesetzt war. Anstatt in den Jahren des Aufenthaltes dem Ziel der Rückkehr immer näher zu kommen, schien es immer gleich weit entfernt zu bleiben. (Schiffauer 1991: 169)

Die Vorstellung einer Rückkehr war wesentlich für die Selbstidentifikation und weiters bedingt durch gesellschaftliche Benachteiligung als „GastarbeiterIn", die

3 __ Multiplexität ist ein Begriff, der in der sozialen Netzwerkforschung verwendet wird. Darunter versteht Thomas Schweitzer, dass inhaltlich unterschiedliche soziale Beziehungen gleichzeitig vorkommen und verschiedentlich miteinander vernetzt sind. Diese Beziehungen werden nach Dichte, Wechselspiel, Kohäsion und auch nach Art der Einflussnahme und Kontrolle darüber untersucht (vgl. Schweizer 1996).

Verweigerung einer adäquaten Anerkennung ihrer Leistungen für die National-
ökonomie wie auch die Unmöglichkeit von sozialem Aufstieg in den Residenzländern. Durch die Investitionen im Herkunftsland bestand zumindest die Aus-
sicht auf soziale Anerkennung – mit zunehmender Migrationsdauer verbunden
war aber auch die Schwierigkeit der familiären Reintegration in die Herkunftsgesellschaft und die zunehmend eigenen Lebensplanungen der Nachfolgegeneration. Für viele Angehörige der 2. Generation sind Pläne einer Remigration aus
mehreren Gründen unrealistisch geworden, auch wenn diese nach wie vor als
sinnstiftendes Element gilt. Da die 1. Generation den Kontakt mit den Kindern und
Enkelkindern nicht missen möchte und im Alter auf die bessere medizinische
Versorgung in den Zielländern angewiesen ist, wird daher auch von der 1. Generation eine permanente Remigration nicht mehr in Erwägung gezogen. Ein Pendeln im Alter ist somit für viele die Möglichkeit, weiterhin in Kontakt mit der
transnationalen Familie zu bleiben. Krumme (2004) hat eine Studie über fortwährend Remigration und zirkuläre Mobilität unter Einzelpersonen und Ehe-
paaren in Deutschland durchgeführt. Dabei konnte sie mehrere Kategorien von
Verhaltensmustern eruieren, abhängig davon, welche Prioritäten in der Pendelmigration bestehen. Krummes InformantInnen meinten, dass Heimat dort sei, wo
sie ihr Geld investiert haben. In ihren Analysen stellte sie fest, dass anfangs eine
Rückkehrorientierung, danach eine Deutschlandorientierung und schließlich
in der Pension eine fortwährende Migration zu verzeichnen ist. Innerhalb dieser
Pendelmigration sind verschiedene Formen von zirkulärer Mobilität festzustellen. Entweder ist der weitere Lebensmittelpunkt der Befragten in der Türkei und
wird durch kurzfristige Aufenthalte in Deutschland unterbrochen, um die Kinder
zu besuchen, oder der Lebensmittelpunkt ist in Deutschland und es gibt regelmäßige, meist mehrere, wochenlange Türkeiaufenthalte. Als dritte Form konnte
Krumme (2004) eine Bilokalität feststellen, bei der die befragten Personen ein
halbes Jahr in Deutschland und ein halbes Jahr in der Türkei, oft auch an unterschiedlichen Orten, verbringen.

Eine sehr aufschlussreiche Studie über Remigrationsabsichten in die Türkei
wurde von Wolbert (1995) unternommen. Die Entscheidung zur Rückkehr wird
vor allem durch finanzielle Überlegungen bestimmt. Ziel der Migration war und
ist das Geldverdienen, das oft auch zum Zeitmaß wird, man richtet sich etwa
nach der Laufzeit von Krediten. Bei den Remigrationsabsichten ist die Rückkehr
selbst das Schlüsselszenarium, die erst dann perfekt ist, wenn man „erfolgreich"
– am besten mit der Familie – in die Türkei zurückkehrt. Dieser Erfolgsdruck,
unter dem die MigrantInnenfamilien stehen, erschwert dann natürlich die
Rückkehr selbst.

Wie eingangs erwähnt, werden Entscheidungen wer, wann und wohin migriert, oft auf familiärer oder Haushaltsebene getroffen. MigrantInnen sehen sich
verpflichtet, regelmäßig Geld in die Heimat zu senden, um zur Haushaltsöko-
nomie beizutragen, zurückgebliebene Familienmitglieder zu unterstützen, die

Ausbildung von Kindern zu finanzieren oder auch Haushaltsgründungen von Geschwistern mitzufinanzieren. Mit zunehmender Migrationsdauer ist eine Veränderung bei den Geldüberweisungen festzustellen. Brown (2005) hat ein Modell entwickelt, um das Remittenzverhalten genauer analysieren zu können. Darin werden Ausbildungsgrad, Alter zum Zeitpunkt der Remittenzen und beispielsweise Status (ob verheiratet oder nicht) berücksichtigt. Höhe und Dauer der Geldüberweisungen sind davon abhängig, ob es im Herkunftsland noch Kinder und EhepartnerInnen gibt, die versorgt werden müssen. Generell gilt, je jünger MigrantInnen sind, desto höher sind die Rückzahlungen an die Eltern; je älter sie sind, desto mehr Geldtransfer ist an die Kinder, für deren Ausbildung oder Haushaltsgründung, zu verzeichnen. Der Zeitpunkt, ab wann die nächste Generation sich dazu verpflichtet fühlt, Remittenzen an die Eltern zu bezahlen, ist unter anderem abhängig vom Ausbildungsgrad und Status der Eltern und Kinder. Diese Geldsendungen sind für manche Entsendeländer zu einem wichtigen Wirtschaftsfaktor geworden, sie werden oft im Bruttoinlandsprodukt als eigener Faktor ausgewiesen (siehe Fallbeispiel Türkei).

Reproduktion von Familie

Genauso wenig, wie man die „typische" österreichische oder deutsche Familie ausmachen kann, genauso wenig kann man von einer „typischen" türkischen, serbischen oder kurdischen Familie sprechen. Es gibt einen Pluralismus an Interpretationen und subjektiven Perzeptionen. Yalçin-Heckmann (1996) erklärt, dass unterschiedliche Bewertungen für soziale Interaktionen existieren, diese sind jedoch offene Systeme, die sich ständig verändern und keine abgeschlossenen Prozesse darstellen. Unterschiedliche Einstellungen zu „traditionellen" Werten sind situationsspezifisch, können in einer Familie durchaus sehr divers ausgebildet sein und führen nicht notwendigerweise zu Konflikten. Die Auseinandersetzung mit „traditionellen" und „modernen" Entwicklungen, die Bewertung ist situationsabhängig und kann auch von Einzelnen situativ unterschiedlich interpretiert werden. Hierbei spiegeln sich auch die individuellen Strategien wie die eigene Migrationsgeschichte wider.

Aussagen über das Heiratsverhalten, über die Veränderung der Geburtenraten, die Ausformung der Familienstrukturen sind für die politischen Entscheidungsträger in den Residenzländern zwar besonders interessant, da davon Indikatoren für die Integration abgeleitet werden. Damit verbunden ist die Frage nach der Bevölkerungsstatistik, dem eventuellen Vorhandensein eines *ethnic-monitoring* (Erfassung des Migrationshintergrundes der Wohnbevölkerung) und der jeweiligen nationalen Politik der Einbürgerung.[4] Die Problematik dabei ist

4 __ Vgl. Familienberichte des Ministeriums für Arbeit und Sozialordnung in Deutschland.

jedoch auch, dass erhobene Zahlen und Trends leicht politisch missbraucht werden können.

Aus verschiedenen Untersuchungen geht hervor, dass es in manchen MigrantInnenpopulationen eine Tendenz zu intraethnischen Heiraten gibt. Jedoch geben statistische Darstellungen noch keine Auskünfte über die Gründe. Hierbei müssen soziale und finanzielle Beweggründe, familiäre Verpflichtungen, ethnopolitische und religiöse Orientierungen, Migrationsgründe, die Sozialisation der nachfolgenden Generationen, geschlechtsspezifische wie auch individuelle Orientierungen berücksichtigt werden. Zorica (2006) untersuchte interethnische Beziehungen von jungen KroatInnen und SerbInnen in Österreich und stellte fest, dass für die meisten InterviewpartnerInnen eine interethnische Heirat ihrer Familien wegen des Krieges im ehemaligen Jugoslawien (noch) nicht in Frage käme. Bezugnehmend auf Bornemann (2002) meint die Autorin: „Ethnische Säuberungen haben aufgrund der daraus resultierenden Endogamie den Opfern eine weitere Art der ‚Säuberung' beschert: das Verbot von interethnischen Ehen" (Borneman 2002: 285, zit. nach: Zorica 2006: 108).

Abhängig von der ethnischen, nationalen oder religiösen Zugehörigkeit und deren demographischer Größe im Herkunfts- wie auch im Zielland gibt es unterschiedliche Strategien, um intraethnische Heiraten auch im transnationalen Kontext zu forcieren. Djordjević (2007) zeigte in ihrer Studie über die Migration von VlachInnen (rumänischsprachige Ethnie) aus Serbien nach Österreich, welche Anstrengungen unternommen werden, um den jungen Leuten Möglichkeiten für die Auswahl geeigneter HeiratspartnerInnen zu bieten. Die Organisation von Dorffesten für die junge Generation während der Sommerferien oder große Feste zum 18. Geburtstag sollen intraethnische Beziehungen forcieren (vgl. Djordjević 2007: 94 ff.).

Im letzten Jahrzehnt sind interethnische Heiraten ins Forschungsinteresse gerückt. In Österreich hat sich der Anteil von Eheschließungen zwischen einem/einer österreichischen und einem/einer nicht-österreichischen Partner/Partnerin im letzten Jahrzehnt verdoppelt – hierbei muss sicherlich die Möglichkeit der Einbürgerung eines der Heiratspartner berücksichtigt werden (vgl. Staudinger 2007: 9 f.). Dies hat in der letzten Dekade auch zu einem Anstieg von Forschungsarbeiten zu bikulturellen Partnerschaften geführt (vgl. Froese 2005; Hamm 2004; Mecheril/Teo 1994; Pusitz/Reif 1996). SozialwissenschafterInnen lenken den Blick auf die Herausforderung des „doppelten Andersseins" in Bezug auf Auseinandersetzung mit nationalem (Selbst-)Verständnis und Konfrontation mit Rassismen. Studien beschäftigen sich mit Orientierungsmustern in Familien, in denen Kinder mit zwei oder mehr Sprachen und Religionen aufwachsen. Staudinger (2007) hat in ihrer Diplomarbeit Identitätskonstruktionen von Kindern aus bikulturellen Partnerschaften untersucht und gezeigt, wie Menschen die doppelten Zugehörigkeiten positiv und kreativ nutzen und, meist abhängig vom Lebensalter, die eine oder andere Zugehörigkeit mehr betonen und auch leben.

Transnationale Familien

Studien zu transnationalen Beziehungen haben im letzten Jahrzehnt vor allem in der Kultur- und Sozialanthropologie eine besondere Entwicklung erfahren. So werden Untersuchungen über verwandtschaftliche Beziehungen, die mehrere nationale Grenzen umspannen, in *multi-sited approaches* durchgeführt (vgl. Marcus 1998). Neben nahezu schon klassischen Themenbereichen, wie der Wahl von HeiratspartnerInnen oder der Orientierung der Nachfolgegeneration in diesen verschiedenen Aufenthaltsländern, werden zunehmend neue Themenfelder untersucht, wie beispielsweise die Schaffung verwandtschaftsähnlicher Beziehungen oder die Nutzung neuer Medien, um familiäre Kontakte aufrechterhalten zu können.

Rothenberg (1999) studierte transnationale Beziehungen palästinensischer Communitys in der Westbank, in Kuweit und Jordanien. In den Dörfern der Westbank, wo eine enorme Emigration stattgefunden hat, stellte sie fest, dass zwischen den benachbarten DorfbewohnerInnen eine „Nähe" hergestellt wird, die einer verwandtschaftlichen Beziehung gleichkommt. Diese „Gebrauchsverwandtschaft" ist für die Frauen im alltäglichen Leben essentiell geworden. Tatsächliche verwandtschaftliche Beziehungen mit EmigrantInnen während der regelmäßigen Heimatbesuche wurden als distanzierter angesehen, die Verwandten nahmen eher den Rang von Fremden ein, während die besondere Nähe zu den „Gebrauchsverwandten" betont wurde (vgl. Rothenberg 1999: 30). In Wien wurde eine ähnliche Entwicklung unter kurdischen Flüchtlingsfamilien erforscht (vgl. Six-Hohenbalken 2002), die bewusst verwandtschaftsähnliche Netzwerke aufbauen, um den Herausforderungen in der Migration gemeinsam gerecht werden zu können. Diese Familien unterstützen sich in der Kindererziehung, bei der Job- und Wohnungssuche, bei Problemen in der Familie und treten manchmal auch gemeinsam einen Urlaub in der Heimat an.

Bryceson und Vuorela (2002) haben in einem zukunftsweisenden Reader die Komplexität familiärer Beziehungen in transnationalen Netzwerken aufgezeigt und dabei Fragen der kulturellen Identität, der ökonomischen Strategien, der Staatsbürgerschaft, Geschlechtsbeziehungen und religiösen Orientierung diskutiert. Beispiele von Familien, deren Mitglieder über vier Kontinente verstreut leben, veranlassten die Autorinnen, jene kulturanthropologischen Ansätze aufzugreifen, die Nationen und Ethnien analysieren, sie auf die Untersuchung von Familien anzuwenden und diese als *imagined communities* aufzufassen (vgl. Bryceson/Vuorela 2002: 10f.). Fallbeispiele von bosnischen Familien in den Niederlanden und UK, Familien aus Ghana, die der Pfingstkirche angehören und in verschiedenen westeuropäischen Ländern leben, religiöse und politische Praktiken westafrikanischer muslimischer Familien in Frankreich geben Einblick in die Multiplexität verwandtschaftlicher Netzwerke. Charakteristisch für transnationale Familien ist, dass sie, obwohl die meiste Zeit räumlich separiert, jedoch enge

Kontakte halten und ein Zusammengehörigkeitsgefühl wie auch Verantwortung für die materielle Versorgung der einzelnen Familienmitglieder zeigen und so *familyhood* über nationale Grenzen hinweg praktizieren. Neue Kommunikationstechnologien ermöglichen die Aufrechterhaltung von permanenten Kontakten wie auch regelmäßige Besuche und Familienfeiern.

> Transnational Families have multiple community identities related to all the places, where their members are resident or have been resident in the past. There is thus a complex locational spread, with some nodes more important than others given the number and depth of contacts found in that location. (Bryceson/Vuorela 2002: 19)

Die Aufrechterhaltung dieser Netzwerke in den nachfolgenden Generationen ist jedoch nicht allein aufgrund möglicher Sprachbarrieren schwierig. Charakteristisch für transnationale Familien sind „elastische Beziehungen" und Fragen von „Relativierung" dieser Verwandtschaftsverhältnisse. Abhängig unter anderem von ökonomischer Absicherung, Lebenszyklus oder individuellen Einstellungen werden diese Kontakte (re-)imaginiert oder aber man distanziert sich bewusst davon.

Migrationsforschung in und über die Türkei

Ein rapides Bevölkerungswachstum, Mechanisierungs- und Modernisierungswellen in der Landwirtschaft, der Mangel an Land und die damit verbundene Freisetzung von Arbeitskräften waren die Gründe, weshalb bereits in den 1950er-Jahren eine Migration in die urbanen Zentren der Türkei einsetzte. Ende der 1990er-Jahre lebten schon mehr als 65 % der Bevölkerung in Städten (vgl. Şen/Goldberg 1994: 212). Aufgrund der Arbeitskräfteabkommen seit Ende der 1960er-Jahre und nachfolgender Kettenmigration aus der Türkei nach Mitteleuropa sind seit den 1980er-Jahren im deutschsprachigen Raum vermehrt Studien über Familienstrukturen türkischer MigrantInnen unternommen worden. Diese Studien konnten an eine gewisse Tradition anknüpfen.

Da die türkische Gesellschaft eine sehr heterogene, multiethnische und -religiöse ist, haben türkische SozialwissenschafterInnen seit den 1960er-Jahren bereits umfassende Studien zur Veränderung von *peasant economies* durch Urbanisierung und Industrialisierung und deren Auswirkung auf Familienformen und die Veränderung von Geschlechterrollen unternommen. Debatten wurden über Charakteristika, Ideologie und Transformationsprozesse türkischer Familienstrukturen geführt (vgl. Erder 1985), über Geschlechterrollen (vgl. Kağıtçibasi 1982) und deren Veränderung durch internationale Arbeitsmigration (vgl. Abadan Unat 1976) wie auch über die Veränderung von Familienbeziehungen durch Urbanisierung (vgl. Kiray 1991). Von besonderem Interesse waren die Entstehung von und soziale Prozesse in den *gecekondus*[5] (vgl. Karpat 1976), die Bedeutung von Familie und Verwandtschaft in den türkischen Städten (vgl. Duben 1982) und die Schaffung von verwandtschaftsähnlichen Netzwerken bei Migrantinnen (vgl. White 1994). Richtungweisend waren Dorfstudien (wie von Stirling 1965, 1993; Schiffauer 1987), Forschungen zu Religiosität (vgl. Tapper 1994) und zu Gender (vgl. Delaney 1991; Strasser 1995), um nur einige zu nennen.

Eine umfassende Darstellung der Forschungslandschaft wie auch Einblick in Veränderungsprozesse von Familienstrukturen bietet der Reader ‚Turkish Families in Transition' von Rasuly-Paleczek (1996), in dem diese Transformationsprozesse aufgezeigt und neue Forschungsfelder umrissen werden.

Haushaltsstrukturen

Bei der Untersuchung der Familienstrukturen in der Türkei gingen ForscherInnen meist vom Ideal der patriarchalen Großfamilie (Eltern mit unverheirateten und verheirateten Söhnen im Familienverband) aus. Diese Familienform verkörpert den Typus der reichen Familie, der seine Familienmitglieder zusammenhalten kann, der Schutz bietet und Ansehen verschafft. Durch die „Auflösung" dieses Familientypus infolge von Migration sind Kernfamilien entstanden, die nicht mit westlichen Kernfamilien vergleichbar sind. Die Einbindung in das verwandtschaftliche Netzwerk, wie etwa wirtschaftliche und soziale Verflechtungen mit den väterlichen oder brüderlichen Haushalten, war weiterhin von großer Bedeutung (vgl. Rasuly-Paleczek 1996). Diese Kooperation zwischen einzelnen Haushalten, wobei Brüder eigene Familien gründen, separat wohnen, aber gemeinsam wirtschaften, wurde auch als „funktionale Großfamilie" bezeichnet. Die Möglichkeit der dauerhaften Emigration führte bald zu einem Wandel des Ideals des Großfamilienzyklus, so Schiffauer (1991: 86f.). Es schien nun nicht mehr sinnvoll, die Söhne im dörflichen Umfeld zu haben, die Abwanderung mehrerer Söhne und die zeitgleiche Aufrechterhaltung des dörflichen Haushaltes mit meist dem jüngsten Sohn war ökonomisch gewinnbringender. Die Abwanderung wurde nicht als Auflösung des Haushaltes betrachtet, sondern die Stadthaushalte galten bis zum Tod des Haushaltsvorstandes als Dependancen des Hofes. Damit konnte das Problem von Landknappheit, der schwankende Bedarf von Arbeitskraft im landwirtschaftlichen Zyklus bewältigt und Geldknapp-

---

5 — *Gecekondu* (türk.) bedeutet „in einer Nacht erbaut" und bezieht sich auf die rasanten und meist informell errichteten Siedlungen von ländlichen ZuwanderInnen in den türkischen Großstädten. Bezogen auf gewohnheitsrechtliche Vorgaben in Osmanischer Zeit, durften Siedlungen, die in einer Nacht auf öffentlichem Grund errichtet wurden, nicht abgerissen werden. Mittlerweile sind viele *gecekondu*-Siedlungen „legalisiert" und mit Infrastruktur ausgestattet worden. Eine Reihe von sozialwissenschaftlichen Untersuchungen zu Migration sind in *gecekondus* durchgeführt worden.

heit überwunden werden. Für MigrantInnen bot der Dorfhaushalt Sicherheit im Fall von Arbeitslosigkeit etwa. Mit zunehmender Migrationsdauer wird das Verhältnis gegenseitiger Abhängigkeit sukzessive aufgelöst, da durch den Zugang zum sozialen Netz in den Zielländern sozioökonomischer Rückhalt der dörflichen Gemeinschaft nicht mehr in dem Maße benötigt wird (vgl. Schiffauer 1991).

Reziproke Beistandsleistungen und *remittences*

Schiffauers Untersuchungen einer bäuerlichen Gemeinschaft in Zentralanatolien (1987) und der Migration der BewohnerInnen (1991) nach Istanbul und Westeuropa geben einen außerordentlichen Einblick in das Funktionieren reziproker Beistandsleistungen und deren Transformationen. *Görev*, das Prinzip der gegenseitigen Beistandsleistungen gegenüber den Haushaltsmitgliedern, ist ein Lebensphasenkonzept, in dem die Eltern nicht allein für die Versorgung ihrer Kinder verantwortlich sind, sondern welches gleichzeitig eine Investition in die eigene Altersversorgung impliziert – die Kinder sind verpflichtet, für die Versorgung der Eltern im Alter aufzukommen. Durch den Zugang zu Pensions- und Sozialversicherungsleistungen in der Migration wurde dieses Konzept obsolet. In einer Studie in Wien konnte erhoben werden, dass diese Verpflichtungen zu reziproken Beistandsleistungen gleichzeitig mit dem Heranwachsen einer neuen Generation transformiert wurden, da deren Ausbildung, Existenzsicherung und vor allem Sozialisation einen Orientierungswechsel veranlasste. Anfangs eingehaltene traditionelle Verpflichtungen gegenüber der Herkunftsfamilie nehmen ab, ein verstärkter Individualisierungsprozess ist erkennbar (vgl. Six-Hohenbalken 2006).

Bezugnehmend auf die nationalen Statistiken (vor allem BIP) wurde festgestellt, dass in den späten 1990er-Jahren die Geldtransfers in die Türkei stark reduziert wurden (vgl. Martin 2001) und auf den Stand der frühen 1980er-Jahre zurückfielen. Neben ökonomischen Entwicklungen im Residenz- und Entsendeland und dem Abschluss des Familiennachzugs ist weiters ausschlaggebend, dass das Haushaltseinkommen pensionierter MigrantInnen nicht mehr so hoch ist, wodurch eher die nachfolgende Generation gefordert ist, die Eltern finanziell zu unterstützen. Die Orientierung der 2. Generation ist größtenteils auf das Residenzland ausgerichtet, Bindungen und Verpflichtungen für reziproke Beistandsleistungen in der Heimat werden nicht mehr in dem Ausmaß gepflegt. Investitionen sind weiterhin vorhanden, jedoch vermehrt in unproduktive, aber prestigeträchtige Sektoren, wie in Immobilien in Metropolen oder in den touristischen Regionen.

Verwandtschaftsnetzwerke

In einer Vergleichsstudie von türkischen „Kolonien" in Bamberg und Colmar wurden soziale Beziehungen untersucht und dabei auf verwandtschaftliche, informelle, nachbarschaftliche und Freundschaftsnetzwerke sowie auch auf das rege Vereinsleben und interethnische Kontakte fokussiert. Verwandtschaft als ideologisches und moralisches System wie auch als Katalysator für Kettenmigration spielte eine gewisse Rolle (vgl. Kreiser 1997: 103). Rechte und Pflichten, die eine Verwandtschaftsgruppe teilt, waren Transformationen unterworfen, wie auch bereits Schiffauer feststellte: „Burasi Almanya" („Hier ist Deutschland") ist eine oft verwendete Redewendung, um die Praxis in Deutschland von der in der Türkei zu unterscheiden (Schiffauer 1991: 232 f.). Idealvorstellungen von verwandtschaftlichem Zusammenhalt werden in der praktischen Umsetzung ständig ausverhandelt, einzelne Bereiche akzeptiert, andere wiederum abgelehnt (vgl. Kreiser 1997: 105). In der Studie von Bamberg und Colmar wurde auch die Rolle von rituellen Verwandtschaften untersucht. Patenschaften, unter anderem in Form von Beschneidungspatenschaften, und daraus resultierende reziproke Beistandsleistungen wurden ebenso transformiert (vgl. Kreiser 1997: 111 f.). In der Multiplexität der untersuchten Netzwerke ist Verwandtschaft ein wesentlicher Faktor, jedoch müssen unterschiedlicher Lebensstil und unterschiedliche Lebensphilosophie, Neigungen und Einstellungen wie auch räumliche Nähe und Distanz mitbeachtet werden (vgl. Kreiser 1997: 103). „Traditionelle" Werte wie die Versorgungspflicht für die Eltern im Alter wurden beispielsweise als Symbol und Marker für ethnische Identität angesehen.

Wie Pfluger-Schindlbeck (1989) und Schiffauer (1991) zeigten, sind besonders familiäre Autoritätsverhältnisse einem Wandel unterworfen. In türkischen Gesellschaften wird älteren Personen, dem Vater wie älteren Geschwistern, mit besonderem Respekt begegnet. Die 2. Generation, die im Zielland sozialisiert und meist bilingual aufgewachsen ist, übernimmt im Kontakt mit Behörden oft für ältere Familienmitglieder die Position eines/einer DolmetscherIn oder einer Ansprechperson. Dies trägt neben der Integration in das Sozialsystem dazu bei, dass Autoritätsverhältnisse zugunsten der Nachfolgegeneration aufgelöst werden. Die Beachtung dieses Respektsverhältnisses im Alltag – durch besondere Formen der Begrüßung, wie dem Küssen der Hände von älteren Personen, die Vermeidung von einer gewissen „Lässigkeit" im Verhalten (wie etwa dem Rauchen vor einer Respektsperson) – wird zwar nach wie vor sehr geschätzt und als „gutes Benehmen" bewertet, kann jedoch nicht mehr in diesem Maße eingefordert werden (vgl. Rasuly-Palezcek 2007). Schiffauer bemerkt, dass diese Werte nicht einfach „verloren" gehen, sondern in einem anderen Kontext angewendet werden. „Was gefordert wird, ist eher eine generative Regel, auch Empathie und situationsspezifische Rücksicht – und nicht mehr demonstratives Verhalten" (Schiffauer 1987: 252).

Heiratsverhalten

Wolbert (1984) untersuchte Formen von Heiratsmigration und anhand dreier Bio-graphien türkischer Migrantinnen unterschiedliche Orientierungen und Strate-gien arrangierter Ehen und die veränderte soziale Praxis im Migrationskontext.

Timmermann (o. J.) hat Ende der 1990er-Jahre die Migrationsmuster von tür-kischen MigrantInnen in Belgien analysiert. Die Suche nach einem/einer Heirats-partnerIn im Herkunftsland war zu dieser Zeit noch relativ hoch, da etwa 60 % der Eheschließungen intraethnische Heiraten waren. Man nahm an, dass jene Jugendlichen, die in der Türkei aufgewachsen sind, weniger verdorben und tradi-tioneller eingestellt seien und sich besser benehmen würden. Die in der Türkei gewählten HeiratspartnerInnen waren allerdings schockiert über den Konserva-tivismus in bestimmten Familien in der Migration und meinten, MigrantInnen-familien hätten ein verzerrtes Bild vom Leben in der Türkei, da sie aufgrund der kurzen Heimaturlaube den sozialen Wandel nicht nachvollziehen könnten. Timmermann diskutiert die Problematik der Heiratsmigrationen, da ungeklär-ter Aufenthaltsstatus und Zeitpunkt des Nachzugs, Zugang zum Arbeitsmarkt, Notwendigkeit des Spracherwerbs und ungleiche Zugänge zur Mehrheitsgesell-schaft neben unterschiedlicher Sozialisation die Beziehungen belasten.

Straßburger (2003) hat die unterschiedlichen Strategien der Partnerwahl in der 2. Generation von MigrantInnen türkischer Herkunft in Deutschland unter-sucht und festgestellt, dass von den drei Heiratsoptionen, nämlich interethnisch, innerhalb der 2. Generation und mit jemandem aus dem Herkunftsland, noch in den 1990er-Jahren die letzte Option präferiert wurde, wobei neben finanziellen Transaktionen soziales und kulturelles Kapital von in der Türkei aufgewachsenen HeiratspartnerInnen eine Rolle spielte.

In Straßburgers Studie wie auch bei Untersuchungen in Wien (vgl. Six-Hohenbalken 2006) stellte sich heraus, dass Heiratsmigration in den letzten Jahren an Attraktivität verlor, unter anderem weil aufgrund veränderter rechtli-cher Voraussetzungen ein Familiennachzug oft Jahre dauern kann. Vor allem Frauen äußerten sich skeptisch gegenüber dieser Möglichkeit der PartnerInnen-wahl. Spracherwerb, Einstieg in den Arbeitsmarkt und soziale Integration wür-den für einen Existenzaufbau der neuen Familie zu lange dauern. Präferenzen wurden aber für Heiratspartner ausgesprochen, die ebenfalls aus der nachfol-genden Generation stammen und mit denen sie Sozialisationserfahrungen teilen und von denen sie Verständnis für spezifische Schwierigkeiten im Bereich der (Aus-)Bildung oder Fragen der sozialen Mobilität erwarten können.

In demographisch kleineren ethnischen oder religiösen Gruppen ist die Suche nach geeigneten HeiratspartnerInnen schwieriger, wenn Wert auf eine intrareligiöse oder intraethnische Heirat gelegt wird. Vermehrt werden neue Medien genutzt, um HeiratspartnerInnen innerhalb der transnationalen Netz-werke zu finden. Dabei gilt es neue Hürden zu bewältigen, beispielsweise die notwendigen Sprachkenntnisse zu erwerben, um in einem neuen Zielland eine Existenz aufbauen zu können.

In den letzten Jahren sind Veränderungen in Bezug auf Scheidungen und damit korrelierend eine Verlängerung der Verlobungszeit feststellbar. Eine längere Zeit des Kennenlernens soll zur Stabilität einer Beziehung beitragen. Ehescheidungen, die in den letzten Jahren vermehrt auf Initiative der Frauen erfolgten, werden dadurch ermöglicht, dass Frauen zunehmend aufenthaltsrechtlich und finanziell abgesicherter sind und sich als Alleinerhalterin und -erzieherin behaupten können (vgl. Six-Hohenbalken 2006).

Conclusio

Studien und Fallbeispiele sind Momentaufnahmen im Migrationsverlauf, die nicht als Paradebeispiele „kultureller Ausformung" gesehen werden dürfen. Da Strukturen und Orientierungen ständig in Veränderung begriffen sind, können vorsichtig Trends formuliert werden, die jedoch keine allgemeine Gültigkeit haben, sondern von individuellen Einstellungen und spezifischen Konstellationen im familiären Gefüge geprägt sind. MigrantInnen der 1. Generation sind bereits mit sehr unterschiedlichen Vorstellungen von familiären Strukturen und Verpflichtungen in die Aufnahmeländer gekommen. Das Heranwachsen nachfolgender Generationen, Veränderungen der eigenen Lebensplanung im Lauf der Migration, Individualisierungsprozesse und die rapiden Veränderungen im Herkunftsland haben zu verschiedenen neuen Interpretationen „traditioneller" Vorstellungen beigetragen. Weiters müssen Faktoren wie Herkunftsregion, Binnenmigration, Religiosität, Bildung, sozialer Kontext, politische Orientierungen und individuelle Lebensplanung ausreichend berücksichtigt werden.

Die Notwendigkeit der kritischen Auseinandersetzung mit den eigenen wissenschaftlichen Paradigmen und Methoden, die Beachtung des jeweiligen nationalen Familienrechts, die Migrationspolitiken wie auch die öffentliche Meinung in den Aufnahmeländern, die Bezugnahme auf Transformationsprozesse in den Herkunftsländern und natürlich die individuellen Orientierungen der MigrantInnen machen die Herausforderungen dieses Untersuchungsfeldes aus.

Fragen zur Erstellung eigenständiger wissenschaftlicher Arbeiten

1. Welche disziplinären und gesellschaftspolitischen Vor- und Nachteile kann ein *ethnic monitoring* für die Erforschung von Familienstrukturen haben?
2. Wenn Sie transnationale verwandtschaftliche Verbindungen einer Familie erforschen wollen, welche konzeptuellen und methodischen Grundlagen müssen Sie mitbedenken?

3. Schreiben Sie einen Essay über Heiratsformen von MigrantInnen aus der Türkei. Welche Veränderungen hat es seit Beginn der großen Migrationswellen gegeben?

Basisliteratur

Brown, Richard P. C. (2005): A Model of Migrants' Remittances with Human Capital Investment and Intra familial Transfers'. In: International Migration Review 39/2, 407–438.
Bryceson, Deborah/Vourela, Ulla (eds.) (2002): The transnational family: new European frontiers and global network. Oxford et al.: Berg.
Rasuly-Paleczek, Gabriele (ed.) (1996): Turkish Families in Transition. Frankfurt am Main/ Wien: Peter Lang.
Segalen, Martine (1990): Die Familie. Geschichte, Soziologie, Anthropologie. Frankfurt am Main/New York: Campus.
Schiffauer, Werner (1991): Die Migranten aus Subay. Stuttgart: Klett-Cotta.

Literatur

Abadan-Unat, Nermin/Keleş, Ruşen/Penninx, Rinus/Van Renselaar, Herman/Van Velzen, Leo/ Yenisey, Leyla (1976): Migration and development: a study of the effects of international labor migration on Bogazliyan District. Ankara: Ajans-Turk Press.
Aktaş, Erkan/Aka, Asiye/Aka, Demir/Murat, Cem (2006): Kinship (Hemşehri). Associations and Rural Transformation in Turkey Canakkale Onsekiz Mart University. MPRA Munich Personal RePEc Archive (http://mpra.ub.uni-muenchen.de/8646/ [2.12.2008]).
Baros, Wassilios (2009): Migrantenfamilien als Untersuchungsgegenstand: Theoretische Ansätze und methodische Perspektiven (http://www.empirische-migrationsforschung. de/ Ad.Migrat-Bildung.pdf [3. 3. 2009]).
Borneman, John (2002): Reconciliation after Ethnic Cleansing: Listening, Retribution, Affiliation. Public Culture. Durham: Duke University Press, 281–304.
Collier, Janet/Yanagisako, Sylvia (eds.) (1987): Gender and Kinship: Essays towards a Unified Analysis. Stanford: Stanford University Press.
Delaney, Carol (1991): The seed and the soil: gender and cosmology in Turkish village society. Comparative studies on Muslim societies 11. Berkeley: University of California Press.
Djordjević, Ana (2007): „Vlasi – Rumâni – Srbi": eine durch Migration geprägte ethnische Gemeinschaft im Nordosten Serbiens; kulturanthropologische Untersuchungen im „transnationalen Dorf". Diplomarbeit, Universität Wien.
Duben, Alan (1982): The significance of family and kinship in urban Turkey. In: Kağıtçibasi, Çiğdem (ed.): Sex Roles, Family and Community in Turkey. Turkish Studies 3. Bloomington: Indiana University, 73–99.
Eades, Jeremy (ed.) (1987): Migrants, workers, and the social order. London: Travistock.
Erder, Türköz (ed.)(1985): Family in Turkish society. Ankara: Turkish Social Science Association.
Froese, Regine (2005): Zwei Religionen – eine Familie. Das Gottesverständnis und die religiöse Praxis von Kindern in christlich-muslimischen Familien. Gütersloh: Kaiser.
Gullestad, Marianne/Segalen, Martine (eds.) (1997): Family and Kinship in Europe. Social Change in Western Europe. London/Washington: Pinter.
Hamm, Rüdiger Jose (2004): Das doppelte Anderssein. Die Lebenssituation von Menschen binationaler Herkunft in der Bundesrepublik Deutschland. Berlin: Anti-Diskriminierungsbüro (www.adb-berlin.org [10. 3. 2009]).

Herwartz-Emden, Leonie (Hg.) (2003 [2000]): Einwandererfamilien. Geschlechterverhältnisse, Erziehung und Akkulturation (2. Aufl.). Band 9. Göttingen: IMIS-Schriften.

Kağıtçibasi, Çiğdem (ed.) (1982): Sex Roles, Family and Community in Turkey. Turkish Studies 3. Bloomington: Indiana University.

Karpat, Kemal (1973): Social Change and Politics in Turkey. A Structural-Historical Analysis. Social, Economic and Political Studies on the Middle East, Vol. VII. Leiden: Brill.

Karpat, Kemal (1976): The „gecekondu": rural migration and urbanization. Cambridge: Cambridge University Press.

Kearney, Michael (2005): Migration. In: Barfield, Thomas (ed.): The Dictionary of Anthropology. Oxford: Malden, 322–324.

Kiray, Mübeccel (1991): Structural Change in turkish society. Turkish Studies 10. Bloomington: Indiana University.

Koc, Ismet/Onan, Isil (200): International Migrant's Remittances and Welfare Status of the Left-Behind Families in Turkey. In: International Migration Review 38/1, 78–112.

Kreiser, K. (wissenschaftliche Leitung) (1997): Die türkischen Kolonien in Bamberg und Colmar – ein deutsch-französischer Vergleich sozialer Netzwerke von Migranten im interkulturellen Kontext. Forschungsprojekt von 1994–1996 unter der Mitarbeit von Gaby Straßburger, Horst Unbehaun, Lale Yalçin-Heckmann. Projektbericht. Bamberg.

Krumme, Helen (2004): Fortwährende Remigration: Das transnationale Pendeln türkischer Arbeitsmigrantinnen und Arbeitsmigranten im Ruhestand. In: Zeitschrift für Soziologie 33/2, 138–153.

Marcus, George E. (1998): Ethnography through thick and thin. Princeton, NJ: Princeton University Press.

Martin, Philip (2001): Migration and Development. Focus on Turkey Conference Report. In: International Migration Review 35/2, 596–605.

Mecheril, Paul/Teo, Thomas (Hg.) (1994): Andere Deutsche. Zur Lebenssituation von Menschen multiethnischer und multikultureller Herkunft. Berlin: Dietz.

Ministerium für Arbeit und Sozialordnung (1995): Situation der ausländischen Arbeiter und ihrer Familienangehörigen in der Bundesrepublik. Repräsentativuntersuchung 95, Sozialforschung 263. Berlin/Bonn/Mannheim.

Nauck, Bernhard/Kohlmann, Annette/Diefenbach, Heike (1997): Familiäre Netzwerke, intergenerative Transmission und Assimilationsprozesse bei türkischen Migrantenfamilien. In: Kölner Zeitschrift für Soziologie und Sozialpsychologie 49, 477–499.

Needham, Rodney (ed.) (1971): Rethinking kinship and marriage. London: Tavistock.

Paleczek, Gabriele (1984): Der Wandel der traditionellen Wirtschaft (Subsistenz- und marktanteilige Produktion) in einem westanatolischen Muhacirdorf. Dissertation, Wien.

Pfluger-Schindlbeck, Ingrid (1989): Achte die Älteren, liebe die Jüngeren: Sozialisation türkisch-alevitischer Kinder im Heimatland und in der Migration. Frankfurt am Main: Athenäum.

Pusitz, Heinz/Reif, Elisabeth (Hg.) (1996): Interkulturelle Partnerschaften. Begegnungen der Lebensformen und Geschlechter. Frankfurt am Main: IKO Verlag für Interkulturelle Kommunikation.

Rasuly-Paleczek, Gabriele (1995): Turkish Migrants in Austria. Les Annales de l'autre Islam. In: Turcs d'Europe et d'ailleurs 3, 177–203.

Rasuly-Paleczek, Gabriele (2008): „Den Jüngeren küsse ich die Augen, den Älteren küsse ich die Hände": Zum guten Benehmen in der türkischen Gesellschaft. In: Wernhart, Karl/Wagner, Helmut (Hg.): Kulturen des Benehmens. Aufsatzsammlung. Wien: Feldmann, 119–136.

Rothenberg, Celia (1999): Proximity and Distance: Palestinian Women's Social Lives in Diaspora. In: Diaspora 8/1, 23–50.

Schiffauer, Werner (1987): Die Bauern von Subay. Stuttgart: Klett-Cotta.

Schneider, David Murray (1985): A critique of the study of kinship. Ann Arvor, Michigan: University of Michigan Press.

Schoen, Ulrich (2002): Mensch sein in zwei Welten. Bi-Identität in Sprache, Religion und Recht. Münster: LIT.

Schweizer, Thomas (1996): Muster sozialer Ordnung. Netzwerkanalyse als Fundament der Sozialethnologie. Berlin: Reimer.

Segalen, Martine (1986): Historical anthropology of the family. Cambridge: Cambridge University Press.

Şen, Faruk/Goldberg, Andreas (1994): Türken in Deutschland. München: Beck.

Six-Hohenbalken, Maria (2001): Migrantenfamilien aus der Türkei in Österreich. Wohnen, Verortung und Heimat. Österreichisches Institut für Familienforschung. Materialien-sammlung. Heft 9.

Six-Hohenbalken, Maria (2006): MigrantInnen aus der Türkei in Wien. Veränderung von Erwerbstätigkeit, Haushaltsformen, Familienstrukturen und Geschlechterrollen (restudy). Projektbericht für den Hochschuljubiläumsfonds. Wien.

Staudinger, Regina (2007): „Ich bin ich". Konstruktionen von Identitäten und Zugehörig-keiten von Menschen mit einem österreichischen und einem türkischen Elternteil. Diplomarbeit, Universität Wien.

Stirling, Paul (1965): Turkish Village. London: Weidenfeld & Nicolson.

Stirling, Paul (ed.) (1993): Culture and Economy. Changes in Turkish village. Huntingdon: The Eothon Press.

Stone, Linda (ed.) (2000): New directions in anthropological kinship Lanham, Md. et al.: Rowman&Littlefield.

Stone, Linda (2004): Contemporary Directions in Kinship, Introduction. In: Parkin, Robert/Stone, Linda (eds.): Kinship and Family. An Anthropological Reader. Malden: Blackwell, 241–256.

Straßburger, Gaby (2003): Einflussfaktoren transnationaler Ehen der zweiten Migrantenge-neration türkischer Herkunft. In: Dorbritz, Jürgen/Otto, Johannes (Hg.): Familienpolitik und Familienstrukturen. Materialien zur Bevölkerungswissenschaft 108, 195–200.

Strasser, Sabine (1995): Die Unreinheit ist fruchtbar: Grenzüberschreitungen in einem türki-schen Dorf am Schwarzen Meer. Wien: Wiener Frauenverlag (Reihe Frauenforschung 25).

Tapper, Richard (ed.) (1994): Islam in modern Turkey: religion, politics and literature in a secular state. London: Tauris.

Timmermann, Christiane (o .J): Who to Marry? Marriage and Migration in the Turkish Migrant Communities in Flanders/Belgium. Research on Turkish newcomers in Belgium – Draft Version.

Watkins, Francis (2005 [1996]): Migration. In: Barnard, Alan/Spencer, Jonathan: Encyclopedia of Social and Cultural Anthropology, 370–371.

Watson, James (ed.) (1977): Between two cultures: Migrants and minorities in Britain. Third impression. Oxford: Blackwell.

White, Jenny (1994): Money makes us relatives: Women's labour in urban Turkey. Texas: University of Texas Press.

Wolbert, Barbara (1984): Migrationsbewältigung. Orientierungen und Strategien. Biographisch-interpretative Fallstudien über die Heirats-Migration dreier Türkinnen, Göttingen: Ed. Herodot.

Wolbert, Barbara (1995): Der getötete Paß. Rückkehr in die Türkei. Eine ethnologische Migrationsstudie. Berlin: Akademie-Verlag.

Yalçin-Heckmann, Lale (1996): Socialization among the Turkish Migrants. In: Rasuly-Paleckek, Gabriele (ed.): Turkish Families in Tradition, F/M, 164–185.

Zentrum für Türkeistudien (Hg.) (1993): Migration Movements from Turkey to the European Community. Bonn: Zentrum für Türkeistudien.

Zorica, Ljubica (2006): Identitätskonstruktionen von KroatInnen: ein Fokus auf inter-ethnische Kontakte, bikulturelle Ehen und multikulturelle Freundschaften in Linz. Diplomarbeit, Universität Wien.

Maria Six-Hohenbalken

14 Religionen in Bewegung

Einleitung

SozialanthropologInnen wie auch ReligionswissenschafterInnen haben festgestellt, dass in Studien zu Migrationsbewegungen, Diasporen und transnationalen Gemeinschaften Religion zu lange vernachlässigt wurde.

Verbesserte Verkehrs- und Informationstechnologien haben es auch religiösen Gemeinschaften ermöglicht, vermehrt transnational zu handeln. Religiöse Funktionäre und Würdenträger sind zunehmend transnationale Akteure, sie zirkulieren zwischen den Herkunfts- und den verschiedenen Aufnahmeländern, um Kommunitäten zu betreuen. Das Internet und Satelliten-TV spielen eine wichtige Rolle, um Dienstleistungen anzubieten oder Diskussionen über religiöse Themen zu ermöglichen.

Diese globalen religiösen Netzwerke und Bewegungen haben Rückwirkungen auf die Religion selbst. MigrantInnen sind gezwungen auf die Gegebenheiten in den Aufnahmeländern Bezug zu nehmen und bestimmte religiöse Inhalte und Vorschriften neu zu interpretieren und den jeweiligen nationalen Vorgaben anzupassen. Vertovec spricht diesbezüglich von einem „globalen religiösen Wandel" (2001: 25 ff.). Die Herausbildung globaler religiöser Identitäten, die Reinterpretation und Vereinheitlichung religiöser Praxen, die Vernetzung religiöser und politischer Aktivitäten sind einige der möglichen Auswirkungen in einer globalisierten Welt. Religion ist daher ein wesentlicher Faktor für die Inklusion in bzw. Exklusion von der Aufnahmegesellschaft, für die Herausbildung von Gemeinschaften wie auch ein wichtiges Bindeglied zur Herkunftsgesellschaft. Religiöse Zugehörigkeit kann ein wesentliches Element in der Identitätskonstruktion von (Trans-)MigrantInnen (siehe den Beitrag 5 von S. Strasser in diesem Band) der 1. und Nachfolgegenerationen sein, da Religion als Konnex über ethnische Grenzziehungen hinaus fungiert, aber auch eine Konkurrenzkategorie zu den politisch motivierten Akteuren und Einrichtungen darstellen kann (vgl. Vertovec 2001: 26 ff.).

Levitt (2001) bezeichnet die Vernachlässigung religiöser Themenbereiche in den Forschungen zu Globalisierung als paradox, da viele religiöse Bewegungen (beispielsweise der Katholizismus, diverse Sufi-Orden) immer über Staatsgrenzen hinweg agierten, universelle Identitäten geschaffen haben und zu globalen Bewegungen mit lokalen Ausformungen angewachsen sind.

Das Forschungsfeld

Nach Geertz sollen religionsanthropologische Studien zwei Ebenen beleuchten: „first, an analysis of the system of meanings embodied in the symbols which make up the religion proper, and, second, the relating of these systems to social-structural and psychological processes" (Geertz 1966: 81). Geertz kritisierte, dass bereits in klassischen Studien zu viel Augenmerk auf soziostrukturelle und psychologische Prozesse gelegt und dabei die Ebene der Bedeutungssysteme vernachlässigt wurde. Geertz zeigte eine neue paradigmatische Richtung auf und definierte Religion folgendermaßen

> (1) A system of symbols which acts to (2) establish powerful, pervasive, and long-lasting moods and motivations in men by (3) formulating conceptions of a general order of existence and (4) clothing these conceptions with such an aura of factuality that (5) the moods and motivations seem uniquely realistic. (Geertz 1966: 63)

Dies trifft nun auch in den Studien zu religiösen transnationalen Bewegungen zu, da aufgrund von Fragen der Methodologie, des Forschungsdesigns[1] und den Herausforderungen eines *multi-sited fieldwork* (vgl. Marcus 1998) soziostrukturelle Entwicklungen in transnationalen Bewegungen mehr im Vordergrund stehen, vielleicht „einfacher" zu erforschen sind als die Bedeutungssysteme und deren Veränderungen.

Ansätze zur Transnationalismus- und zur Diasporaforschung sprechen von einem tripolaren Beziehungsgeflecht, das zwischen dem Herkunftsland, dem Entsendeland und den (Trans-)MigrantInnen besteht (vgl. Shuval 2000), und davon, dass gesellschaftliche Entwicklungen und kulturelle Phänomene in diesem Triangel erforscht werden müssen. Unterschiedliche Bedingungen in den Residenzländern und Interessen transnationaler Akteure evozieren gegensätzliche, oft schon widersprüchlich scheinende Entwicklungen religiöser transnationaler Bewegungen. So können religiöse Netzwerke in den nationalen/lokalen Ausformungen von Reformations- und Säkulierungsbestrebungen geprägt sein, wie auch orthodoxe Orientierungen bis hin zu fundamentalistischem Engagement zeigen (vgl. Lambek 2002, Introduction).

In diesem interdisziplinären Forschungsbereich sind neben sozialanthropologischen, sozialwissenschaftlichen und religionswissenschaftlichen Studien Forschungen in der Religionssoziologie und in den diversen Geisteswissenschaften (vor allem Orientalistik/Islamwissenschaft, Tibetologie, Indologie, Buddhismuskunde) unternommen worden. Es werden nun rezente sozialanthropologische Arbeiten, die zur theoretischen Konzeptualisierung beigetragen

---

1 —— Untersuchungsplan, Konzeptualisierung, Formulierung der Forschungsfrage.

haben, nach unterschiedlichen globalisierungstheoretischen Ansätzen vorgestellt. Anhand eines Fallbeispiels soll schließlich Einblick in dieses umfassende Forschungsfeld gegeben werden.

In der Sozialanthropologie richtungweisend sind vor allem die Studien von van der Veer (1995, 2001) und Vertovec (1999, 2000, 2001) über west- und südasiatische Religionsgemeinschaften sowie Levitt (2001, 2003, 2004, 2006) über katholische, freikirchliche und Sufi-Organisationen in den USA, Gerd Baumanns Untersuchung (1996) über die Bedeutung von Religion im Rahmen von Identitätsprozessen in London, Kastoryano (2005) über Muslime in Europa oder etwa Werbner (2002) über die Bedeutung von Religion und Staatsbürgerschaft in der Migration.

Die nachfolgenden Ausführungen beziehen sich vor allem auf die konzeptuellen und theoretischen Arbeiten von Levitt (2001, 2006), van der Veer (2001) und Vertovec (1999, 2001).

Migrationsstudien und Berücksichtigung von Religion

Migrationstheoretische Ansätze beziehen sich nicht nur auf Entstehungsprozesse, Orientierungen und Transformationen von Migrationsbewegungen, sondern analysieren Strategien der Adaptierung im Residenzland in rechtlicher, sozialer, politischer Hinsicht, sowohl auf individueller wie auch auf kollektiver Ebene.

Forschungen bezüglich der Politik der Aufnahmeländer fokussieren auf rechtsanthropologische Fragestellungen (vgl. Benda-Beckmann 2005), auf Multikulturalismus oder Diversitätspolitik (vgl. NODE-Projekt ‚Contesting multiculturalism‘). Interdisziplinäre Forschungen wurden zu nationalen Strategien, zur offiziellen Anerkennung von Religionsgemeinschaften oder bestimmten Praxisfeldern unternommen, wie beispielsweise die Umsetzung religiöser Vorschriften (Speisegesetze, Schlachtvorschriften), die Anwendung von Rechtssystemen (Familienrecht) oder die Vermittlung religiöser Bildung.

Eine Vielzahl dieser Forschungen hat ihren Schwerpunkt auf der makropolitischen Ebene und fokussiert auf die Beziehungen zwischen Nationalstaaten und deren nationale Ideologien sowie die Stellung der „migrant religious communities" (van der Veer 2001: 3 f.). Da die politische Loyalität der MigrantInnen im Interesse der Entsende- wie auch der Empfängerländer liegt, sind Diskussionen um duale Staatsbürgerschaft, um Integration der neuen StaatsbürgerInnen und um die Aufrechterhaltung der Beziehungen zum Herkunftsland (der Eltern) aufgekommen. Religion stellt nach wie vor ein Bindeglied dar, auch wenn bereits eine neue Staatsbürgerschaft angenommen und keine Rückkehrabsichten mehr geäußert werden. Die Einflussnahme der Herkunftsländer kann über den Bereich „Religion" erfolgen, indem auf die Ausbildung der ReligionspädagogInnen eingewirkt oder die Herausbildung religiöser Organisationen oder Andachtsstätten finanziell unterstützt wird. Van der Veer skizziert die Auswirkungen der nationalen Politiken auf religiöse Gemeinschaften:

> These states make concerted efforts to control the appointment of religious officials, such as imams, in the migrant communities, because it is religion that ties these migrants to the nation. Moreover, these states have a vested interest in the education of such officials. One could speak of transnational state policies not only in economic and political matters, but also in religious ones. (Van der Veer 2001: 4)

In den Aufnahmeländern herrscht oft eine Politik des *othering*[2] gegenüber ethnischen, sprachlich oder religiös diversen EinwanderInnen. Eine Reaktion der MigrantInnen auf diese Exklusionsmechanismen kann eine Konzentration auf Normen, Werte und Traditionen der Herkunftsgesellschaft sein. Neue Formen von religiösem oder ethnischem Selbstbewusstsein sind oft erst durch die Migration entstanden.[3] Diese Besinnung auf Wertvorstellungen, die in der Heimat (der Eltern) oft nicht in dem Ausmaß praktiziert oder bewusst erfahren wurden, ermöglichen es, selbst einen aktiven Part in der Politik des *othering* einzunehmen. Dabei nimmt Religion einen besonderen Stellenwert als sinnstiftendes Element ein.

Oftmals wurde von multiplen Identitäten von (Trans-)MigrantInnen gesprochen. Diese konterkarieren die Politik der Nationalstaaten, die auf dem Loyalitätsprinzip ihrer StaatsbürgerInnen aufbauen. Van der Veer stellt fest, dass im allgemein vorherrschenden Diskurs über Modernität und Nationalstaat die Ideologie des Nationalismus und die Kategorie Religion mannigfaltig miteinander verbunden sind. Die Annahme, dass moderne Nationalstaaten säkulär seien, wäre eine Fehleinschätzung gewesen, da es weder zum propagierten Verschwinden der Religion aus dem öffentlichen Leben gekommen sei noch zu einer Marginalisierung von Religion (vgl. van der Veer 2001: 1f.). Der Durkheim'sche Ansatz, dass religiöse Ideologien gänzlich durch Ideologien moderner Nationalstaaten ersetzt werden würden, habe sich auch nicht bewahrheitet. Nationalstaaten haben direkt und indirekt die Bedeutung von Religion unterstrichen, religiöse Themenbereiche in den Prozess der Nationswerdung eingeschlossen und erkannt, dass Religion ein Faktor ist, um eine emotionale Verbundenheit zu kreieren. Religion ist daher im Migrationsprozess ein Bindeglied zum Herkunftsland und Einflussfaktor in (nationaler) Identitätsbildung, so van der Veer (2001). Religiöse

---

2 __ Darunter versteht man Mechanismen der Differenzierung und Distanzierung von Mitgliedern einer Gesellschaft. Oft ist damit eine Ausgrenzung bestimmter Bevölkerungsgruppen verbunden, um sie vom Zugang zu Ressourcen oder Machtdiskursen auszuschließen.
3 __ Siehe zum Beispiel Logans Studie über Inder in Großbritannien (Logan 1988, zit. nach: Vertovec 2000).

Orientierungen von MigrantInnen sind jedoch nicht einfach Reproduktionen religiöser Praxen aus dem Heimatland.

> However, this might not be interpreted as the "freezing" of an otherwise fluid tradition. In fact, "traditionalism" requires immense ideological work that transforms previous discursive practices substantially. [...] More broadly, migrant groups are often required to translate their discursive traditions into the dominant language of the nation of immigration in order to educate. (Van der Veer 2001: 19)

Meist kann in den ersten Phasen des Migrationsprozesses die Entwicklung von Organisationen festgestellt werden, die sich eng an Vorbilder in der Heimat orientiert, wobei hier die Einflussnahme seitens der Herkunftsgesellschaft, um Autorität zu zentralisieren oder Loyalität einzufordern, noch sehr groß sein kann. Spätestens wenn es um die Orientierung der 2. Generation geht, werden Diskussionen um die „wahre Religion" geführt, vermehrt kann die Hinwendung zu religiöser Doktrin wie auch das Interesse an Erneuerungsbewegungen (vgl. beispielsweise Riesebrodt 2001; Schiffauer 1999; Vertovec 1999) festgestellt werden. Die Auseinandersetzungen mit eigenen Wurzeln wird der 2. Generation jüngst auch zum Vorwurf gemacht und ihr wird oft ein Radikalismus unterstellt (siehe auch den Beitrag 11 von Tošić und Streissler in diesem Band), mehrfach wurde auf die Bedeutung der Frauen im Prozess des (religiösen) *community building* verwiesen. Erst durch den Familiennachzug ist die Notwendigkeit von Religionsunterricht, von religiösen Institutionen oder die Anwendung von familienrechtlichen Vorgaben entstanden. Frauen nehmen in der religiösen Alltagspraxis vermehrt Schlüsselrollen ein (vgl. etwa Vertovec 1999). Forschungsdesiderata sind weiterhin die Veränderung der Frauenbilder in religiösen Vorstellungen, die Neudefinition von religiösen Ämtern oder neue Tätigkeitsbereiche von Frauen in den religiösen Kommunitäten.

In den 1970er-Jahren wurde die Errichtung von religiösen Versammlungsstätten, Bethäusern, Tempeln und Moscheen in mitteleuropäischen Städten als ein Zeichen für deren kosmopolitischen Charakter hochgehalten. Im letzten Jahrzehnt kann man eine Provinzialisierung im öffentlichen Diskurs feststellen – religiösen Einrichtungen im öffentlichen Raum wird mit Skepsis, Ablehnung und oft mit xenophoben Einstellungen begegnet. Vor allem SoziologInnen und EthnologInnen haben diese Spannungsfelder untersucht und Felder, in denen neue Religionsgemeinschaften im öffentlichen Raum sichtbar werden, diskutiert (vgl. Allevi/Nielsen 2003; Göle/Ammann 2004).

Religiöse Organisationen und diasporische Gemeinschaften

In den theoretischen Ansätzen werden Organisationsbildungsprozesse als ein wesentliches Element für die Entstehung von Diasporen herausgestrichen, wobei der Bezug zu einem realen oder imaginierten Heimatland oder ein gemeinsames religiöses Bekenntnis als Bindeglieder fungieren (siehe den Beitrag 6 von Davis-Sulikowsky, Khittel und Slama in diesem Band).[4] Allerdings sind es nur wenige Kommunitäten, in denen religiöse Zugehörigkeit das bestimmende Element in der Herausbildung der Diaspora darstellt. Bis in die 1970er-Jahre wurde die Bezeichnung Diaspora fast ausschließlich für die jüdische, armenische und griechische Bevölkerung verwendet, die außerhalb ihrer realen und intendierten Heimatländer lebten (vgl. Heiss/Six-Hohenbalken [in Druck]). Die Diaspora der Sikhs ist eine der wenigen jüngeren Diasporen, in denen Religion das wichtigste verbindende Element darstellt.

Generell können im theoretischen Diskurs zwei unterschiedliche Herangehensweisen festgestellt werden (vgl. Levy/Weingrod 2005: 7 ff.), nämlich jene, die einer bestimmten Typologie von historischen und rezenten Merkmalen folgen (vgl. zum Beispiel Safran 1991; Cohen 1997; Tölölyan 1991), und jene, die historische Momente, soziale Kontexte, politische wie auch kulturelle Prozesse untersuchen (vgl. zum Beispiel Clifford 1997; Appadurai 1996; Bhabha 1990, 1994) und eine Kategorisierung von Diasporen vermeiden. Im ersteren Ansatz werden vermehrt Entstehungsprozesse, Interaktion in und zwischen den Diasporen und die Funktion von „leadership elites" (Tölölyan 1996: 19) untersucht, im zweiten Ansatz werden vorwiegend ideologische Komponenten und Interaktionen im nationalstaatlichen Gefüge sowie Diskontinuitäten und Widersprüche berücksichtigt.

Martin Baumann (2002) wird teilweise beiden Herangehensweisen gerecht. Er geht von einer funktionalistischen Betrachtungsweise aus und stellte aufgrund seiner Untersuchung der Hindu-Diaspora in Großbritannien ein Modell auf, wonach es fünf Phasen im Prozess des *community building* gibt und wobei fallspezifisch Religion ein determinierender Faktor ist. Die erste Phase ist durch die Auseinandersetzung mit den neuen soziokulturellen Gegebenheiten bestimmt. In der nächsten Phase werden soziale, religiöse und/oder Bildungseinrichtungen geschaffen. Der Fokus in der dritten Phase liegt auf rechtlicher Anerkennung und soziopolitischer Partizipation im Aufnahmeland. Diese Phase ist durch gegensätzliche Interessen gekennzeichnet, die die Bewahrung von (religiösen) Traditionen wie auch der soziopolitischen Integration widerspiegeln. Baumann spricht vom „Dilemma der Diaspora" (2002: 106 f.). In der vierten Phase ist ein Prozess der strukturellen Adaption zu verzeichnen. „In this context the

---

4 — Safrans Konzept (1991) bildete die Grundlage für eine Ausweitung des Begriffs, weiters für die Typologisierung von Cohen (1997) und für eine Abgrenzung und kritische Reflexion von Clifford (1994).

notion of diaspora can acquire a politized meaning as it points to the diaspora groups's difference of religious-cultural identification" (Baumann 2002: 108). In der fünften Phase wird dieser Prozess fortgeführt, der „life-style" der Mehrheits- gesellschaft großteils übernommen, das Residenzland ist nun das Zentrum der Identifikation. Allein die religiöse Zugehörigkeit gilt als „Marker" für die Diffe- renz. Diese Phase, so Baumann, sei in den jüngeren Diasporen in Europa noch nicht erreicht (vgl. Baumann 2002: 109).

In Diasporastudien stellen ForscherInnen die Marginalisierung des Faktors Re- ligion zugunsten von Ethnizitäts- und Nationalismusfragen fest (vgl. Vertovec 2001: 8). Untersuchungen der Adaptionsmodi von Diasporen können Einblick in Muster religiöser Transformationen geben, die nicht alleine durch die finanzielle und politische Einflussnahme der Herkunftsländer bestimmt sind (vgl. Vertovec 2001: 8). Religionen bringen nicht zwingenderweise Diasporen hervor, jedoch kann Religion ein verbindendes Element im Entstehen von Diasporen sein. Moderne Diasporen können auch mulitethnisch sein, Religion und Diaspora würden so ein „verwandtschaftliches" Verhältnis aufweisen (vgl. Cohen 1997, zit. nach: Ver- tovec 2001: 10). Manche ForscherInnen sprechen sogar von einer „Diasporareli- gion" (Smart 1999, zit. nach: Vertovec 2001: 10 f.). Dies mag vielleicht bei demo- graphisch kleinen Religions-/Diasporagemeinschaften legitim sein, wenn aber beispielsweise von einer „muslimischen Diaspora" in den europäischen Ziellän- dern gesprochen wird, so ist dies irreführend, weil darin die Heterogenität igno- riert und von der Wissenschaft einer Homogenisierung Vorschub geleistet wird.

Weingrod und Levy kritisieren das oft hervorgestrichene Merkmal des „myth- ical homeland", das sowohl real wie auch imaginiert sein kann, und meinen, dass das Verhältnis von Diaspora und Herkunftsland eingehender untersucht wer- den muss, da Diaspora auch Ort der Zugehörigkeit wie auch Geburtsland bedeu- ten kann und die Entwicklungen nicht nur historisch determiniert, sondern fluid und mehrdimensional sind (vgl. Weingrod/Levy 2005: 12 f.). Einige religiöse Bewegungen sind nicht notwendigerweise auf ein Zentrum ausgerichtet. Ein Paradebeispiel seien die Sufi-Orden, so Werbner, die durch Ordensgründungen oder Grabmäler von Heiligen zwar einzelne Bezugspunkte in der Heimat hätten, aber nicht auf ein Zentrum fokussiert sind.

In der Untersuchung von Diasporen wird neben dem Fokus auf Transforma- tion von sozialen Organisationen, dem Entstehen bestimmter Formen von Be- wusstsein, Identität und Zugehörigkeit auf die Art und Weise der kulturellen (Re-)Produktion Bezug genommen. Am Beispiel seiner Untersuchung von Reli- gionen aus Südasien spricht Vertovec von einem „religiösen diasporischen Be- wusstsein" (Vertovec 1999: 11).

Gerd Baumann stellte in einer Forschung im multiethnischen Londoner Stadtteil Southall fest, dass Religion als ein Marker für die Abgrenzung der local community und im weitesten Sinn als ein Marker für „Kultur" in einem Set von Strategien sein kann, wo situativ die religiöse oder die ethnische Komponente hervorgehoben wird. Dabei können religiöse Sphären säkularisiert und als Teil einer übergreifenden kulturellen Identität oder als eine Strategie für die Ethnisierung religiöser Gemeinschaften dienen. In mulitreligiösen Aufnahmegesellschaften entsteht ein geschärftes Identitätsbewusstsein und eine Notwendigkeit für Abgrenzungsmechanismen, damit einher geht ein Trend zu einer Homogenisierung religiöser Traditionen (vgl. Baumann 1996). Diesbezüglich wurden nicht alleine Formen von Retraditionalisierung und Homogenisierung festgestellt (vgl. Vertovec 1999: 21), sondern auch die Entstehung „neuer" religiöser Formen durch veränderte Bedingungen in den Residenzländern. Beispielsweise haben AlevitInnen aus der Türkei, die über Jahrzehnte ihre Religion stets im Geheimen praktizierten, in der Migration neue Gegebenheiten vorgefunden, die eine Entwicklung eines neuen Selbstbewusstseins, neue Tätigkeitsfelder und somit auch eine neue Öffentlichkeit ermöglichten, die ihrerseits Transformationen im Herkunftsland bewirkten. Sökefeld erforschte in seinen Studien zu AlevitInnen in Deutschland neue religiöse Praxen in der Öffentlichkeit, die zur Gruppenbildung beitrugen. Sökefeld meint: „(what) we have to grasp is a diasporic duality of continuity and change [...] that [sic!] actors constantly re-constitute and re-invent (or refuse to re-constitute) in diverse manners what is imagined as simply continuing" (Sökefeld 2000: 23, zit. nach: Vertovec 2001: 17).

Levitt geht der Frage nach, wie Religion diasporische Gemeinschaften kreiert und perpetuiert. Religion ist kein fixes, sondern ein dynamisches Netz von „shared meanings" (Levitt 2001: 4), die in unterschiedlichen Formen und Kontexten verwendet werden. Sie streicht die Bedeutung der individualisierten, informellen Praktiken gegenüber kollektiven, formalen Manifestationen hervor.

In den Aufnahmegesellschaften werden religiösen Bewegungen manchmal eine reaktionäre und provinzielle Einstellung vorgeworfen (vgl. Kopftuchdebatte im deutschsprachigen Raum). Van der Veer spricht aber von einem alternativen Kosmopolitismus, da die Beteiligten nach den Bedingungen in der Migration ein neues religiöses Verständnis entwickeln, sich mit vielen anderen Religionen auseinandersetzen und in neuen Umfeldern etablieren müssen. Van der Veer meint: „They carry cosmopolitan projects, but emerge from very different histories than that of the European Enlightenment" (van der Veer 2001: 12).

Aufgrund unterschiedlicher nationaler Kontexte und verschiedener Organisationsstrukturen religiöser Gemeinschaften ist eine Reihe von Strategien festzustellen, um die religiösen Vorgaben im Alltag umzusetzen. Diese Möglichkeiten reichen von einer Retraditionalisierung bis zur Ausverhandlung neuer Praktiken (vgl. Vertovec 2001: 19). So entstehen neue soziale und kulturelle spaces, weshalb Werbner und Metcalf von einer „global sacred geography"[5] sprechen (Vertovec 2001: 19).

---

5 __ Nach Werbner (1996) bedeutet dies einen Prozess, in dem verschiedene Orte durch religiöse Handlungen miteinander verbunden werden (vgl. Vertovec 2001: 19).

Ausreichend beachtet werden müssen dabei die transnationalen Netzwerke zwischen den einzelnen diasporischen Gruppen, die „third spaces" wie auch „spaces in between" (vgl. Bbhabha 1994), die durch transnationale Familien oder durch ökonomische und intellektuelle Netzwerke entstehen. Hierbei ist ein Überlappungsbereich in den theoretischen Ansätzen zu den Transnationalismusstudien festzustellen. Levitt (2001) unterscheidet zwischen diasporischer und transnationaler Religion, wobei die Organisationsentstehung ein Charakteristikum der Zuordnung ist.

Transnationale religiöse Bewegungen

Es ist mehrfach festgestellt worden, dass die Verbindung von Transnationalismus und Religion nicht neu ist, sondern dass eine Reihe von Religionen seit Jahrhunderten transnational agieren und nicht notwendigerweise an einen Nationalstaat gebunden sind.[6] Die Dynamiken einer globalisierten Welt, neue Kommunikationsmöglichkeiten und die Verbindung zu ethnonationalen Politiken haben neue Dimensionen und eine strukturelle Vielfalt innerhalb von religiösen Bewegungen geschaffen. Je nach den nationalen Bedingungen können transnationale Strömungen unterschiedlich territorial verankert sein.[7]

Ähnlich wie in den Untersuchungen zu Diaspora sind hier auch die soziale Morphologie, der Typus des Bewusstseins und der Modus der kulturellen Reproduktionen zu untersuchen, so Vertovec und Cohen (1999, Introduction). Allerdings sind paradigmatisch andere Themen zu fokussieren bzw. kritisch zu hinterleuchten:

> Something like a transnational public sphere has certainly rendered any strictly bounded sense of community or locality obsolete. At the same time, it has enabled the creation of forms of solidarity and identity that do not rest on an appropriation of space where contiguity and face-to-face contact are paramount. (Gupta/Ferguson 1997, zit. nach: Vertovec 1999: 446)

Hier zeigt sich, dass ein multitheoretischer Ansatz sinnvoll ist, da religiöse Kommunitäten und deren transnationale Verflechtungen in Wechselwirkung

---

6 __ "Susanne Hoeber Rudolph (1997: 1) reminds us 'Religious communities are among the oldest of the transnationals: Sufi orders, Catholic missionaries, and Buddhist monks carried work and praxis across vast spaces before those places became nationstates or even states'" (van der Veer 2001: 7).

7 __ So stellte Castell fest, dass die nationalistische Hindubewegung in Indien eine nationale Bewegung ist, in den USA jedoch als eine globale religiöse Bewegung in Erscheinung tritt (vgl. Castell 1997: 66, zit. nach: van der Veer 2001: 6f.).

stehen. Ebenso sind religiöse Identitäten ein Teil multipler Identitätskonstruktionen, die in steter Veränderung sind (vgl. Hall 1993, zit. nach: Vertovec 1999: 451). Levitt betont daher, dass auf alle Aspekte des religiösen Lebens ausreichend Bezug genommen werden muss, um transnationale Entwicklungen verstehen zu können:

> [...] including individual and collective manifestations and formal and popular religious practices in both institutionalized and non-institutionalized settings. Finally, this work should take theology seriously. It should explore the ways in which migrants use religious ideas and symbols to construct the multiple identities and allegiances that characterize the diasporic experiences. (Levitt 2001: 9)

Berücksichtigt werden muss, dass Religionsgemeinschaften in Phasen von Unsicherheit nicht nur soziale und finanzielle Hilfe bieten, sondern auch moralische Unterstützung in Orientierungsfragen. Religion kann als *guide-line* fungieren, als „living embodiment of universal and timeless truths" (Chen 2001, zit. nach: Levitt 2001: 22). Levitt stellte fest, dass Religion eine Alternative in den ethno-nationalen und politischen Identitätsprozessen und Zugehörigkeiten spielen kann.

> Religious icons and sacred shrines, rather than national flags, proclaim these religious spaces. The moral and physical geographies that result may fall within national boundaries, transcend but coexist with them, or create an additional place that supercedes national borders. (Levitt 2001: 20)

In einem umfassenden Forschungsprojekt über Migration und Religion[8] zeigte Levitt, wie transnationale religiöse Praktiken die Identitätsbildung wie auch die Transformation von Gemeinschaften und religiösen Praktiken transformieren (vgl. Levitt 2001: 6). Guarnizo (2000) unterscheidet zwischen einem „core transnationalism", in dem transnationale Aktivitäten auf regulärer Basis bestimmten Mustern und Strukturen folgen, und einem „expanded transnationalism", wo MigrantInnen nur gelegentlich in transnationale Praktiken involviert sind (Guarnizo 2000, zit. nach: Levitt 2001: 7).[9] Da diese Schematisierung nichts über die Intensität von Beziehungen aussagt, vertritt Levitt den Ansatz, dass *transnationalism from below* erforscht und Studien das Alltagsleben und die -praktiken in zumindest zwei *locations* untersuchen müssen, um Transformationen von

8 — Mit 240 Interviews in Boston und Massachusetts (vgl. Levitt: 2001: 5 ff.).
9 — Vgl. weiters die Unterteilung von Itzigsohn et al. (1999) in *„broad and narrow transnational practices"*, d. h. jene, die sporadisch sind, und jene, die gut institutionalisiert sind.

Organisationen und religiösen Praktiken wie auch soziale und politische Macht-hierarchien erkennen zu können.

Eine sehr aufschlussreiche komparative Untersuchung wurde von Sökefeld und Schwalgin (2000)[10] durchgeführt, in der armenische Kommunitäten in Athen und alevitische Organisationen in Deutschland verglichen wurden. Ausgehend von der Analyse der alevitischen Bewegung, die sich in den letzten zwei Jahr-zehnten in der Türkei und in Deutschland in wechselseitiger Beeinflussung ent-wickelte, und den lange etablierten armenischen Communitys in Griechenland, stellten sie fest, dass in jeder Community nur jeweils einige wenige Personen transnational agieren, wie MusikerInnen, Intellektuelle und SchriftstellerIn-nen. Daneben ist eine gewisse Schicht von AktivistInnen translokal aktiv und eine große Anzahl von „KonsumentInnen", die an unterschiedlichen Aktivitäten teilnehmen, aber selbst keine transnationalen Aktionen setzen (vgl. Sökefeld/ Schwalgin 2000: 22 f.).

Basierend auf dem Vorhandensein religiöser Zentren, eines festgeschriebe-nen Kanons und eventuellen Homogenisierungstendenzen spricht Levitt von drei Formen transnationaler religiöser Organisationen (vgl. Levitt 2001: 15 ff.). *„Extended transnational religious organizations"* sind zentralistisch, auf Ausweitung bedacht aber (re-)homogenisierend in der Doktrin und den Praktiken, wie bei-spielsweise die katholische Kirche. *„Negotiated transnational religious organizations"* sind weniger hierarchisch und zentralistisch organisiert, haben flexiblere Ver-bindungen und keine vorgegebene Struktur, die das Verhältnis zwischen Indivi-duen und Funktionären bestimmt, wie beispielsweise die Pentecostal churches und andere Freikirchen. Grundlegend ist, dass diese Beziehungen immer wieder neu verhandelt und aufgebaut werden müssen. „Several recent studies support the claim that smaller, less bureacratized, less hierarchical churches are better suited to serve transnationally-oriented members" (Levitt 2001: 17). *„Recreated transnational religious organizations"* haben keine Vorgaben und keine vorhande-nen Netzwerke, sondern müssen ihre Bewegung vollkommen neu aufbauen, wie beispielsweise Sufi-Bewegungen.

Transnationale religiöse *„spaces"* haben im Vergleich zu fragilen, ständig in Veränderung begriffenen sozialen oder kulturellen Räumen eine vorhandene gemeinsame ideologische Basis (vgl. Levitt 2001: 22). Mehrere Studien haben ge-zeigt (vgl. Baumann 1996; Levitt 2001), dass für die nächste Generation die reli-giöse Orientierung der Eltern eine wichtigere Quelle für Identifikationen und Beziehungen sein kann als deren ethnische oder nationale Zugehörigkeiten. Transnationale religiöse Netzwerke existieren aber nicht isoliert und solitär, sondern sind eines von vielen möglichen Netzwerken, die unterschiedlich ver-knüpft sind und interagieren (wie beispielsweise mit politischen Orientierungen,

10 __ Tölölyan hat auch diesbezüglich eine Forschung in der armenischen Diaspora durch-geführt (vgl. Tölölyan 2000).

mit verwandtschaftlichen oder familiären Netzwerken, mit ethno-politischen Bewegungen).

Islam in Österreich

Vertovec hat die verschiedenen Orientierungsoptionen für Muslime in Europa aufgezeigt: MigrantInnen haben neben der Möglichkeit, sekulär zu leben, die Option sich in ethno-religiösen oder soziokulturellen Organisationen zu engagieren. Das religiöse Selbstverständnis kann sich auf moralisches und/oder rituelles Verhalten konzentrieren oder aber die Auseinandersetzung mit dem religiösen Dogma steht im Mittelpunkt (vgl. Vertovec 2001: 34).

Studien über den Islam in Österreich, wie auch anderen europäischen Residenzländern, beziehen sich auf Organisationen, fokussieren auf Identitäten, untersuchen islamische Rechtsvorschriften und deren Anwendung im jeweiligen nationalen Kontext oder analysieren soziopolitische Netzwerke.[11] Verglichen mit anderen Ländern der *Europäischen Union* hat der Islam in Österreich eine Sonderstellung. Im Zuge der Annexion von Bosnien-Herzegowina durch die österreichisch-ungarische Monarchie wurde den bosnischen Muslimen 1912 der Status einer Religionsgemeinschaft zuerkannt.[12] 1979 wurde der Islam als Körperschaft vollständig anerkannt (alle vier sunnitischen Rechtsschulen und der schiitische Islam). Derzeit leben rund 350.000 Muslime in Österreich – einen großen Prozentsatz machen die ZuwanderInnen aus der Türkei aus (vgl. Kroißenbrunner 2002: 145). Moscheenvereine, religiöse Initiativen und Organisationen gehören meist einem türkischen Dachverband an (siehe den Beitrag 19 von Reiser in diesem Band).[13]

Wenig Aufmerksamkeit wurde bis dato den Differenzierungen innerhalb der islamischen Religionsgemeinschaft gewidmet wie auch den mystischen Strömungen. Für demographisch kleinere Religionsgemeinschaften haben transnationale Verflechtungen eine besondere Relevanz, deshalb soll hier kurz auf die Herausbildung eines europaweiten Netzwerkes von türkischen und kurdischen AlevitInnen eingegangen werden, das nicht allein zu einer Veränderung des Selbstverständnisses in der Migration beitrug, sondern auf die alevitische

---

11 — Vgl. Aydin et.al. (2003); Bauböck et al. (2004); Bischof et al. (2005); Frese (2002); Hunter (2002); Kroißenbrunner (2000); Schmied (1999); Strasser (2009).

12 — Anfangs bezog sich dieses Gesetz auf die Ausführung des Islam nach hanefitischem Ritus.

13 — Zu den bedeutendsten türkisch-islamischen Organisationen zählen *Milli Görüş* (MG), die *Union Islamischer Kulturzentren* (IKZ – *İslam Kültür Merkezleri Birliği*) und die *Türkisch-Islamische Union für kulturelle und soziale Zusammenarbeit in Österreich* (*Avusturya'da Türk-İslam Birliği* – ATİB), die vom *Direktorium für religiöse Angelegenheiten* (*Diyanet İşleri Başkanlığı* – DİB) in der Türkei getragen wird (vgl. Kroißenbrunner 2000: 263).

Bewegung in der Heimat rückwirkte (vgl. Sökefeld/Schwalgin 2000). AlevitInnen in Österreich sind in mehreren Vereinen und in dem 1991 bestehenden Dachverband (*Föderation der Aleviten Gemeinden in Österreich, Avusturya Alevi Birlikleri federasyonu* – AABF) organisiert. Das Alevitentum – türkisch- wie kurdischsprachig – wird als die anatolische Variante des Schiismus gesehen, in die Elemente der islamischen Mystik und die Philosophie des Neuplatonismus eingeflossen sind. Aufgrund der jahrhundertelangen Verfolgungen im Herkunftsland war es lange eine in sich sehr heterogene Geheimreligion. Älteste und charismatische religiöse Meister (türk. *dede, hoca*) haben einen großen Einfluss. Es gibt in Mitteleuropa mittlerweile ein Netz von *dedes*, die ihre Gemeinden betreuen und zwischen den einzelnen Städten zirkulieren. Dies ist jedoch eine ambivalente Entwicklung, da die in der Migration gegründeten Vereine die Zirkulation der religiösen Meister ermöglichen, aber gleichzeitig ein Konkurrenzverhältnis zur Autorität religiöser Würdenträger darstellen (vgl. Sökefeld/Schwalgin 2000). Im Alevismus hat religiöse Musik, die mit der *saz* (Langhalslaute) gespielt und vor allem in religiösen Zeremonien *(cem)* eingesetzt wird, große Bedeutung. Heute wird die *saz* in folkloristischen Darbietungen gespielt, in den Vereinen gelehrt und der ursprünglich nur in religiösen Zeremonien erlaubte *semah* (Reihentanz) öffentlich aufgeführt. Dies ist ein Beispiel dafür, wie religiöse Grundsätze durch veränderte nationalstaatliche Bedingungen transformiert werden und dass mit der Möglichkeit, religiöse und sekuläre Organisationen zu etablieren, auch eine vermehrte Präsenz in der Öffentlichkeit verbunden ist.

Conclusio

Das Entstehen neuer multiethnischer und multireligiöser Gesellschaften verlangt bezüglich der Religionsausübung ein Überdenken nationaler Ideologien und Rechtssysteme; dies reicht von der Möglichkeit der staatlichen Anerkennung von „neuen" Religionsgemeinschaften über die Voraussetzungen zur Ausübung religiöser Vorschriften bis zur Adaption nationaler Rechtssysteme bezüglich religionspraxeologischer Vorstellungen.

Die Herausforderung in der Wissenschaft besteht unter anderem darin, dass die Transformation von religiösen Vorstellungen sowohl in unterschiedlichen nationalen Kontexten erforscht als auch ausreichend Bezug auf transnationale Entwicklungen genommen werden muss. Die Einbeziehung der unterschiedlichen gesellschaftlichen Ebenen, Organisationsbildungsprozesse, individuellen Orientierungen und die Einbettung in multiple Identitätsprozesse, intergenerationale Beziehungen oder politische Verflechtungen müssen ausreichend berücksichtigt werden. Da religionsanthropologische Studien in der Migrationsforschung ein relativ junger Forschungsbereich sind, gibt es bis dato wenig vergleichende Studien, die eine Voraussetzung für weitere theoretische und konzeptionelle Arbeiten sind. Die Notwendigkeit dieses Forschungsbereiches bezieht sich nicht alleine auf den möglichen Erkenntnisgewinn über Transformationsprozesse innerhalb religiöser Gemeinschaft und Doktrin. In praxisrelevanten Feldern können diese Forschungen zur Umsetzung von Rechten des Individuums in mulitkulturellen Staaten beitragen.

Fragen zur Erstellung eigenständiger wissenschaftlicher Arbeiten

1. Welche unterschiedlichen Zugangsweisen und Forschungsfelder in der Untersuchung religiöser transnationaler Gemeinschaften gibt es? Weshalb ist es wichtig alle diese Bereiche zu untersuchen, um Aussagen über die Transformationen geben zu können?
2. Welches Verhältnis besteht zwischen Diasporen und religiöser Zugehörigkeit?
3. In Untersuchungen von religiöser Zugehörigkeit und Praxis in nationalen Migrationskontexten wurde auf welche Bereiche besonders fokussiert? Welche Herausforderung und gesellschaftliche Relevanz hat die Anerkennung von Religionsgemeinschaften in den jeweiligen Aufnahmeländern der Migration?

Basisliteratur

Hinnels, John (ed.) (2005): The Routledge Companion to the Study of Religion. London: Routledge.
Levitt, Peggy (2001): Between God, Ethnicity, and Country: An Approach to the Study of Transnational Religion. WPTC-01-13 [1.9.2008].
McLoughlin, Seán (2005): Migration, diaspora and transnationalism: Transformations of religion and culture in a globalizing age. In: Hinnells, John R. (ed.): The Routledge Companion to the Study of Religion. London: Routledge, 526–549.
Van der Veer, Peter (2001): Transnational Religion. WPTC-01-18 [1.9.2008].
Vertovec, Steven (2001): Religion and Diaspora. WPTC-01-01 [1.9.2008].

Literatur

Ahmed, Akbar S./Hastings, Donnan (eds.) (1994): Islam, globalisation and postmodernity. London: Routledge.
Allievi, Stefano/Nielsen, Jorgen S. (eds.) (2003): Muslim Networks and Transnational Communities in and across Europe. Leiden: Brill.
Appadurai, Arjun. (1996): Modernity at Large: Dimensions of Globalization. Minneapolis: University of Minneapolis Press.
Aydin, Hayrettin/Halm, Dirk/Şen, Faruk (2003): „Euro-Islam". Das neue Islamverständnis der Muslime in der Migration. Stiftung Zentrum für Türkeistudien. Essen: Renner-Institut Essen.

Bauböck, Rainer/Fischer, Wladimir/Herzog-Punzenberger, Barbara/Waldrauch, Harald (2004): Migrants, Minorities, Belongings and Citizenship. The Case of Austria. Bergen: IMER, University of Bergen.

Baumann, Gerd (1996): Contesting culture: discourses of identity in multi-ethnic London. Cambridge: Cambridge University Press.

Baumann, Gerd/Gingrich, Andre (eds.) (2004): Grammars of Identity. A structural approach. London: Berghahn.

Baumann, Martin (2002): Migrant Settlement, Religion and Phases of Diaspora. In: Migration 33/34/35, 93–117.

Benda-Beckmann, Franz von (ed.) (2005): Mobile People, Mobile Law. Expanding Legal Relations in a Contracting World. Aldershot: Ashgate.

Beyer, Peter (ed.) (2001): Religion in The Process of Globalization. Würzburg: Ergon Bischof.

Bhabha, Homi (ed.) (1990): Nation and narration. London: Routledge.

Bhabha, Homi (1994): The location of culture. London: Routledge.

Bischof, Günther/Denz, Hermann/Pelinka, Anton (eds.) (2005): Religion in Austria. Contemporary Austrian Studies 13. New Brunswick: Transaction Publishers.

Castells, Manuel (1997): The Power of Identity. Oxford: Blackwell.

Chen, Carolyn (2001): "The Religious Varieties of Ethnic Presence: A Comparison Between a Taiwanese Immigrant Buddhist Temple and an Evangelical Christian Church." Paper Presented at Fellows Conference, Institute for the Advanced Study of Religion, Yale University, May 2001.

Clifford, James (1994): Diasporas. In: Cultural Anthropology 9/3, 302–338.

Clifford, James (1997): Routes: Travel and Translation in the Late Twentieth Century. Cambridge: Harvard University Press.

Cohen, Robin (1997): Global Diasporas. London: Routledge.

Eickelman, Dale F./Piscatori, James (eds.) (1990): Muslim Travellers: Pilgrimage: Migration and the Religious Imagination. London: Routledge.

Frese, Hans-Ludwig (2002): „Den Islam ausleben." Konzepte authentischer Lebensführung junger türkischer Muslime in der Diaspora. Bielefeld: Transcript.

Geertz, Clifford (1966): Religion as a Cultural System. In: The Interpretation of Cultures (NY 1966). Reprint in: Michael Lambek (ed.): A Reader in the Anthropology of Religion. Malden: Blackwell, 61–82.

Göle, Nilüfer/Ammann, Ludwig (Hg.) (2004): Islam in Sicht. Der Auftritt von Muslimen im öffentlichen Raum. Bielefeld: Transcript.

Guarnizo, Luis (2000): "Notes on Transnational." Paper presented at Transnational Migration: Comparative Theory and Research Perspectives Conference. Oxford, England, June 2000.

Gupta, Akhil/Ferguson, James (eds.) (1997): Anthropological Locations. Boundaries and Grounds of a Field Science. Berkeley: University of California Press.

Hall, Stuart (1993): Modernity and its futures. Cambridge: Polity Press.

Hannerz, Ulf (1996): Transnational connections: culture, people, places. London: Routledge.

Heiss, Johann/Six-Hohenbalken, Maria (2009): Diaspora. In: Handbuch der Globalisierung Suhrkamp (in press).

Hunter, Shireen (ed.) (2002): Islam, Europe's Second Religion. The New Social, Cultural and Political Landscape. Westport: Preager.

Itzigsohn, José/Cabral, Carlos/Medina, Esther/Vazquez, Obed (1999): Mapping Dominican Transnationalism: Narrow and Broad Transnational Practices. In: Ethnic and Racial Studies 22, 316–340.

Kastoryano, Riva (2005): Muslims in the West. From Sojourners to Citizens. In: American Anthropologist 107/2, 287–288.

Kroißenbrunner, Sabine (2000): Soziopolitische Netzwerke türkischer MigrantInnen in Wien – eine (fast) ungeschriebene Geschichte. In: Zeitschrift für Türkeistudien 13/2, 259–272.

Kroißenbrunner, Sabine (2002): "Islam in Austria". In: Hunter, Shireen (ed.): Islam, Europe's Second Religion. The New Social, Cultural and Political Landscape. Westport: Preager, 141–155.

Lambek, Michael (ed.) (2002): A Reader in the Anthropology of Religion. Malden: Blackwell.

Levitt, Peggy (2003): You Know, Abraham Really Was the First Immigrant: Religion and Transnational Migration. In: International Migration Review 37, 847–873.

Levitt, Peggy (2004): Redefining the Boundaries of Belonging: The Institutional Character of Transnational Religious Life. In: Sociology of Religion 65, 1–18.

Levitt, Peggy (2006): Following the Migrants: Religious Pluralism in Transnational Per- spective. In: Ammerman, Nancy Tatom (ed.): Religion in Modern Lives. Oxford/New York: Oxford University Press, 103–121.

Levitt, Peggy/Glick Schiller, Nina (2004): Transnational Perspectives on Migration: Concep- tualizing Simultaneity. In: International Migration Review 38, 1002–1040.

Levy, André/Weingrod, Alex (eds.) (2005): Homelands and Diasporas. Holy Lands and other Places. Stanford: Stanford University Press.

Logan, Penny (1988): Practising Hinduism: The Experience of Gujarati Adults and Children in Britain. Unpublished report of the Thomas Coram Research Unit at the Institute of Education, University of London.

Lohlker, Rüdiger (2004): Islamismus und Globalisierung. In: Six, Clemens/Riesebrodt, Martin/ Haas, Siegfried (Hg.): Religiöser Fundamentalismus. Vom Kolonialismus zur Globali- sierung. Innsbruck et al.: Studienverlag, 117–133.

Marcus, George E. (1998): Ethnography through thick and thin. Princeton/NJ: Princeton University Press.

Nielsen, Jorgen (1999): Towards a European Islam. London: Macmillan.

NODE-Projekt ‚Contesting multiculturalism: Gender Equality Cultural Diversity and Sexual Autonomy in the EU'. Projektleitung Sabine Strasser (http://www.univie.ac.at/NODE- CMC/).

Portes, Alejandro/Landolt, Patricia (1999): The study of transnationalism: pitfalls and pro- mise of an emergent research field. In: Ethnic and Racial Studies 22/2, 215–237.

Riesebrodt, Martin (2001): Die Rückkehr der Religionen: Fundamentalismus und der ‚Kampf der Kulturen'. München: Beck.

Safran, William (1991): Diasporas in Modern Societies. Myths of Homeland and Return. In: Diaspora 1/1, 93–99.

Schiffauer, Werner (1999): Islamism in the diaspora. The fascination of political Islam among second generation German Turks. ESRC Transnational Communities Pro- gramme. WPTC-99-06.

Schmied, Martina (1999): Familienkonflikte zwischen Scharia und bürgerlichem Recht. Konfliktlösungsmodell im Vorfeld der Justiz am Beispiel Österreichs. Frankfurt am Main: Peter Lang.

Shuval, Judith (2000): Diaspora Migration: Definitional Ambiguities and a Theoretical Paradigma. In: International Migration 38/5, 41–57.

Smart, Ninian (1999): The importance of diasporas. In: Vertovec, Steven/Cohen, Robin (eds.): Migration, Diasporas and Transnationalism. Aldershot: Edward Elgar, 420–429.

Sökefeld, Martin (2000): Religion or culture? Concepts of identity in the Alevi diaspora. Paper presented at Conference on "Locality, Identity, Diaspora". University of Hamburg.

Sökefeld, Martin/Schwalgin, Susanne (2000): Institutions and their Agents in Diaspora. Transnational Communities Working Papers Series. WPTC-2K-11 [1. 9. 2008].

Strasser, Sabine (2009): Bewegte Zugehörigkeiten. Nationale Spannungen, transnationale Praktiken und transversale Politik. Wien: Turia + Kant.

Tambiah, Stanley (2000): Transnational Movements, Diaspora, and Multiple Modernities. In: Daedalus – Journal of the American Academy of Arts and Sciences 129/1, 162–194.

Tölölyan, Khachig (1996): Rethinking Diaspora(s): Stateless Power in the Transnational Mo-Ment. In: Diaspora – A Journal of transnational Studies 5/1, 3–36.

Tölölyan, Khachig (2000): Elites and Institutions in the Armenian Transnation. In: Diaspora – A Journal of Transnational Studies 9/1. WPTC-01-21 [1. 9. 2008].

Van der Veer, Peter (1995): Nation and Migration. The Politics of Space in the South Asian Diaspora. Philadelphia: University of Pennsylvania Press.

Vertovec, Steven (1999): Three meanings of 'diaspora', exemplified among South Asian religions. In: Diaspora – A Journal of transnational Studies 7/2 (http://www.transcomm. ox.ac.uk/working%20papers/diaspora.pdf [1. 7. 2005]).

Vertovec, Steven (2000): The Hindu Diaspora: Comparative Patterns. London: Routledge.

Vertovec, Steven/Cohen, Robin (eds.) (1999): Migration, Diasporas and Transnationalism. Cheltenham: Edward Elgar.

Waardenburg, Jacques (2000): Islam in Europe. Some Muslim Initiatives and European Responses. In: IMIS 15, 111–125.

Weingrod, Alex/Levy, André: On Homelands and Diasporas. An Introduction. In: Levy, André/Weingrod, Alex (eds.) (2005): Homelands and Diasporas. Holy Lands and other Places. Stanford: Stanford University Press, 1–26.

Werbner, Pnina (2002): The Place which is Diaspora: Citizenship, Religion and Gender the Making of Chaordic Transnationalism. In: Journal of Ethnic and Migration Studies 28, 119–136.

Abkürzungen

WPTC – *Working Paper of Transnational Communities. Research program at the University of Oxford* (http://www.transcomm.ox.ac.uk/working_papers.htm)

IMIS – *Institut für Migrationsforschung und interkulturelle Studien*

Ausgewählte Anwendungsfelder__

Da uns in dem vorliegenden Lehrbuch die Verknüpfung von Theorie und Praxis aus bereits dargelegten Gründen ein besonderes Anliegen ist, stellen in diesem Abschnitt AutorInnen, die einerseits AnthropologInnen sind und andererseits durch ihre weiteren Ausbildungen als ExpertInnen in bestimmten migrationsrelevanten Feldern in der Forschung wie auch in Anwendungsfeldern tätig sind, ihre Arbeitsbereiche vor. Nahezu alle Sachthemen weisen einen Österreichbezug auf und sollen nicht alleine Studierende auf mögliche Arbeitsfelder und Spezialisierungen hinweisen, sondern auch aufzeigen, welche Kooperationsmöglichkeiten es mit Disziplinen außerhalb der Sozialwissenschaften gibt.

Eingeleitet wird dieser Abschnitt von der Anthropologin und Mediatorin Martina Steiner, die in ihrem Beitrag das nötige Basiswissen um Ansätze und Diskurse rund um den Begriff „Kultur" gibt. Somit werden Studierende nicht nur mit einem theoretischen Grundverständnis ausgestattet, sondern ihnen wird auch die politische Bedeutung der Operation damit vor allem in anwendungsbezogenen Bereichen vermittelt.

Susanne Binder und Wolfgang Gröpel sind beide als SozialanthropologInnen in der Bildungsforschung tätig und fokussieren in ihrem Beitrag auf die Institution „Schule" als komplexen institutionellen und sozialen Raum sprachlicher, religiöser und kultureller Diversität.

Ruth Kutalek, Anthropologin und Ethnomedizinerin, diskutiert basierend auf rezenten Forschungen das komplexe Zusammenspiel von Migration und Gesundheit. Ausgehend von Studien zum österreichischen Gesundheitssystem diskutiert sie internationale Trends und fokussiert auf jene Schwachstellen im System, die erst vor dem Hintergrund des Migrationskontexts sichtbar werden.

Ruth Kronsteiner, Anthropologin und Psychotherapeutin, widmet sich in ihrem Beitrag aufgrund eigener Forschung und psychotherapeutischer Praxis der psychosozialen Dimension der Gesundheit im Kontext von Migration. Besonderes Augenmerk legt sie auf die Problematik von Trauma, auf individueller wie auch auf kollektiver Ebene, welches einen häufigen Bestandteil von Migrations- und Fluchterfahrungen darstellt.

Karl Reiser, Anthropologe, Trainer und Organisationsentwickler, geht in seinem Beitrag ausgehend von seinen Forschungen über MigrantInnenvereine in Wien auf die Bedeutung der Selbstorganisation von MigrantInnen ein. Basierend auf der spezifisch österreichischen Situation des „Vereinswesens" diskutiert er die Errungenschaften und Nachteile sowie die zunehmenden transnationalen Verflechtungen.

Martina I. Steiner[1]

15 Interkulturelle Kompetenz aus anthropologischer Perspektive

Einleitung

Die Arbeit von Kultur- und SozialanthropologInnen fordert unabdingbar die Auseinandersetzung mit der Bedeutung des Begriffs Kultur und deren Wirksamkeit im Lauf der (Sozial-)Geschichte, um die Benutzung des Begriffs en- und decodieren zu können und um ihn im sozialwissenschaftlichen Diskurs zu positionieren.

Einerseits erfordert dieser Anspruch Abstraktionsfähigkeit, um Kultur als Metaebene der Interaktion erkennen zu können. Andererseits geht es darum, sich selbst nicht nur im (inter-)kulturellen Diskurs zu positionieren, sondern auch politisch und sozial bewusst damit umzugehen. Damit sei die Aufgabe der AnthropologInnen definiert, Kultur als Agent zwischen Theorie und Praxis zu erkennen, um nicht nur als „VermittlerInnen im Dialog der Kulturen [...] mit etwas mehr Gefühl für das sensible Feld kulturrelevanter (journalistischer) Erhebung" (Haunschmid 1992, zit. nach: Knoll/Binder 2009: 3) zu agieren, sondern auch, um „gerade die Fähigkeit, Mechanismen essentialistischer Konstruktionen zu durchschauen – bei gleichzeitiger kritischer Distanz zu eurozentrischen, sich als universalistisch postulierenden Welterklärungsmodellen [...]" (Langthaler 2002, zit. nach: Knoll/Binder 2009: 9) zu entwickeln. Anthropologisches Wissen und die daraus entwickelten *tools* implizieren die grundlegenden Anforderungen professioneller und sozialer Kompetenz, welche beide unter den Rubriken kultur- und sozialanthropologisches Wissen, Bewusstsein und (Selbst-)Reflexion entwickelt werden (vgl. Fabietti 1993; Gupta/Fergusson 1997; Ribeiro/Escobar 2006).

Diese Auseinandersetzung mit dem Thema der (inter-)kulturellen Kompetenz von AnthropologInnen hat ihren Ansatz in der Aufschlüsselung von Kultur als theoretische Reflexionsebene und Kommunikation als Werkzeug.

Vor diesem Zugang zum Thema stellt sich außerdem eine grundlegende Frage: Wie konstituieren sich Weltbilder und die respektiven Interaktionsszenarien?

Dem ersten Teil der Frage können/müssen wir uns (als AnthropologInnen) in einem ersten Schritt zunächst über die Literatur und den medialen Wissens-

---

1 — Unter Mitarbeit von Martina Fahrnberger, der an dieser Stelle Dank gebührt. Für Inhalt und Form ist ausschließlich die Autorin verantwortlich.

transfer nähern, um historische Grundlagen und Entwicklungsverläufe nachvollziehen zu können. Ein zweiter Schritt besteht in der bewussten Wahrnehmung sozialer und reflexiv politischer Mobilitäten im Partikulären und in deren
Zusammenhängen aus möglichst vielen authentischen Quellen der Repräsentation. Weltbilder ergeben sich aus den (kulturell) unterschiedlichen Zugängen
zur subjektiv interpretierten Wirklichkeit, in der Kausalzusammenhänge nach
eigener kognitiver Erfahrung und soziopolitischer Positionierung konstruiert
werden. Kollektive Sozialisierungskontexte bilden den Ausgangspunkt für Kommunikation bzw. Interaktion.

Der zweite Teil der Frage lenkt das Augenmerk auf zwei grundlegende Bereiche: Zum einen geht es darum, die Auslöser für soziale Mobilität wahrzunehmen und zu verstehen, zum anderen geht es darum, Kommunikation in ihrem
strukturellen Kontext zu erfassen und dabei die eigene Positionierung zu hinterfragen. Was heißt das in weiterer Konsequenz? Das heißt, Hierarchien, Hegemonie und Ungleichgewicht in der Machtverteilung erkennen zu können, um
diese aufzuzeigen und sich einzubringen.

Diese Herausforderung stellt sich gegenwärtig vermehrt durch potenzierte
Mobilität und damit einhergehenden Migrationen und diasporischen Realitäten (vgl. Brah 1996; Gresh 2006).

Die Gründe für Migration sind vielfältig und meist ist es ein Bündel an Faktoren, das Menschen dazu veranlasst ihr Herkunftsland zu verlassen. *Push*- und
pull-Faktoren wie politische Umstände, Wirtschaftskrisen, Krieg, religiöse und
ethnische Verfolgungen oder einfach die Hoffnung auf eine bessere Zukunft
spielen hier ebenso eine Rolle wie die individuellen, sozialen und kulturellen
Normen, Werte und Einstellungen der MigrantInnen sowie die Ausländerquoten
und Asylbestimmungen der Aufnahmeländer. Die mit der Globalisierung einhergehende Verdichtung und Beschleunigung von Raum und Zeit (vgl. Harvey
1989: „*time-space-compression*") führte zu Suche und Neudefinition von lokalen,
regionalen und sozialen Identitäten, was sich oft durch massive Abgrenzungs-
erscheinungen zeigte. Die letzten 20 Jahre waren gekennzeichnet von zunehmender Fremdenfeindlichkeit, Ausgrenzung und Xenophobie. Der Kultur- und
Sozialanthropologie kommt hier die soziopolitisch relevante Aufgabe zu, das
Miteinander in Differenz und Gleichheit zu unterstützen und zur Entwicklung
einer tragfähigen Basis einer inter- bzw. transkulturellen Kommunikation beizutragen.

Ein Schritt in diese Richtung sollte das von der *Europäischen Union* prokla-
mierte „Europäische Jahr des interkulturellen Dialoges 2008" sein. Ziel der Veranstaltungen und Projekte war die positive Sensibilisierung der BürgerInnen
für die alltäglichen interkulturellen Kontaktsituationen und Dialoge am Arbeitsplatz sowie im öffentlichen und privaten Raum.[2] Inwieweit Veranstaltungen,

---

2 —— Vgl. http://www.bmukk.gv.at/europa/eijd/index.xml [2. 5. 2009].

Projektdesign, Reichweite, Medienpräsenz etc. geeignet waren, eine reale Annäherung an das Ziel zu bringen, wird sich, vielleicht, in nächster Zeit zeigen. Tatsache ist, dass die Globalisierung, potenziert durch Technik und Mobilität, zu einer Neuauflage gesellschaftspolitischer Wirklichkeiten führt, die einen modifizierten Anspruch an *Governance*[3] fordert. Wirksamkeiten, durch diese Entwicklung hervorgebracht, fordern ein verstärktes Augenmerk auf neu entstandene Settings der Reziprozität, des Demokratieverständnisses und der Machtverhältnisse, des Ungleichgewichts, die sich nicht mehr auf Dualismen zwischen Nord/ Süd, West/Ost, Zentrum/Peripherie, Reich/Arm, Inklusion/Exklusion sowie des *Genderbias* reduzieren lassen, sondern in neuen gesellschaftlichen Mustern erkennbar werden. Damit ist auch die demographische Mobilität[4] im Zuge der Migration angesprochen. Aus dieser Dynamik hat sich im Rahmen der Postkolonialismusdebatte eine neue Begrifflichkeit zum Reflektieren von Kultur entwickelt, mit welcher der Paradigmen- oder Perspektivenwechsel theoretisiert worden ist. Hier soll auf die Kulturdebatte, die zugrunde liegenden Konzepte beispielsweise des Kulturrelativismus (vgl. Malinowski 1975) und die daraus entstandenen Ansätze beispielsweise des Multikulturalismus (vgl. Kymlicka 1999) hingewiesen werden. In dieser Debatte bedeutsam waren die in Frage gestellten Theoretisierungen von Kultur einerseits und die Begrifflichkeit von Kultur andererseits als „semantisches, politisches und medientheoretisches Phänomen (und) als wissenschaftliche Ansätze des Differenz-Managements" (Pichler 2004: 23). Damit soll das differenzbewusste, monokulturell-hierarchische, idealtypische und meist pejorative Menschenbild reflektiert werden, welches sich oft in der Haltung des/der WissenschafterIn verbirgt (vgl. Pichler 2004: 23, zit. nach: Schulte 1997: 245).

Die anthropologische Perspektive und Forschung zu diesen Themen soll zu einem vertieften Bewusstsein bezüglich des Umgangs mit Menschenrechten im neu konstituierten gesellschaftspolitischen Zusammenhang wie zum Beispiel in diasporischen Realitäten bzw. Communitys führen.

Auf strukturell übergeordneter Ebene bedeutet dies die Auseinandersetzung oder die Neudefinition von Minderheitenrechten, Asylgesetzgebung und Integrationsstrategien – Fragen, die vor allem im postkolonialen Diskurs und in der Debatte um *Governance* (vgl. Maffettone 2006) behandelt werden. Folgendes Zitat bezieht sich auf die Verantwortlichkeit, die wir auch als AnthropologInnen im Prozess der gesellschaftlichen Sensibilisierung mittragen: Türkmen prägt in

3 — Unter *Governance* werden in diesem Zusammenhang die neuen Regierungsformen mit partizipativer Integration der BürgerInnen angesprochen, durch welche sich hierarchische Formen nivellieren und soziale Netzwerke mobilisiert werden (vgl. Steiner 2008).
4 — Unter demographischer Mobilität ist die Veränderung der gesellschaftlichen Zusammensetzung angesprochen, die sich zum Beispiel durch diasporische Gruppen ergibt. Damit einher geht eventuell auch eine Verschiebung des Durchschnittsalters.

ihrer Auseinandersetzung mit dem Asylgegenstand und den damit einhergehenden sozialen Praxen den Begriff Post-Migration. Sie bezieht sich dabei auf
die staatlichen und hegemonial umkämpften Fixierungen von ethnisch und
rassistisch diskriminierten AkteurInnen der 2., im „Ankunftsland" sozialisier-
ten und lebenden, Generation:

> Auf diese Weise kann die (funktionable) Widersprüchlichkeit transparent
> gemacht werden, die in der gesellschaftlichen Produktion ihrer „kultu-
> rellen Identität" liegt: einerseits kulturell wie auch staatsrechtlich als
> MigrantInnen behandelt zu werden und rassistische Diskriminierung
> zu erfahren, und sich (nicht notwendig) als solche zu fühlen und zu
> leben. (Türkmen 2008: 13)

Damit sei die starke Politisierung kultureller Praxen angesprochen, die das
Spannungsfeld zwischen kultureller Identität und Identifikation ausmacht und
die sich in der Diskrepanz zwischen Eigendefinition und Zuschreibung manifestiert. Wenig wohlwollende kulturelle Differenzierungen sind diskriminierende
Interpretationen im Sinne von „Integrationsunwilligkeit" oder „Rückständigkeit"
von MigrantInnen oder anderen gesellschaftlichen Randgruppen. Hall (2000: 101)
sprach diesbezüglich von einer „Kulturpolitik der Differenz".

Die Kultur- und Sozialanthropologie setzt sich einerseits mit der „Wirksamkeit von Kultur" in Beziehungen und sozialen Netzwerken auseinander und andererseits mit der daraus resultierenden sozialen Praxis und Kommunikation.
Dadurch produziert und transportiert sie anthropologisches Wissen, das als
Grundlage für soziale und politische Kompetenz notwendig ist. Jedoch ist die
Legitimierung von anthropologischem Wissen nicht konfliktfrei. Nach Magala
ist zuverlässiges Wissen professionell produziert, das heißt, dass es legitimer-
weise verwendet werden kann, weil es von Fachkräften produziert wurde, die
gesellschaftlich anerkannt sind. Es kann nach formalen Kriterien zur Planung,
Motivierung und Anleitung anderer benutzt werden.

> The problem is that what passes for reliable and legitimate knowledge
> is often presented as "objective", "impartial", "non-ideological", and
> "value-free". [...] A hint, a suggestion, an assumption, a stereotype –
> these are easily born. Most social scientists would agree that knowl-
> edge generated within social sciences is not, cannot be value-free and
> "objective". (Magala 2005: 10)

In dieser Tatsache liegt eine professionelle und auto-reflexive Herausforderung
in der kultur- und sozialanthropologischen Arbeit, wobei der unausweichlichen
Subjektivität der anthropologischen Interpretation durch eine argumentativ
transparente Positionierung Rechnung getragen werden könnte. Zusätzlich kann

der eigenen Partialität durch kritische Hinterfragung der eigenen Involvierung in (Diskurs-)Systeme näher gekommen werden.

Die Begriffe „intrakulturell, interkulturell und transkulturell"

Benutzung und zugrunde liegende gesellschaftspolitische Diskurse und Konzepte

Nach dem bisher Gesagten wird evident, dass der Kultur als Matrix der Interaktion besondere Relevanz zuteil wird. Dementsprechend ist es bedeutsam, dass die Begrifflichkeit zu Kultur mit differenziertem Bewusstsein eingesetzt wird, um einerseits dem Anspruch nach wissenschaftlicher Genauigkeit und andererseits der politischen Korrektheit nachzukommen. Dazu sei angemerkt, dass wir nicht nur in der wissenschaftlichen Arbeit, sondern auch in der kommunikativen Performance zu und innerhalb des Themas Kultur beispielsweise den Begriff „Zivilisation" in seiner Bedeutung klar abgrenzen müssen, da derselbe sich viel mehr mit Entwicklungsgeschichte als mit Kommunikation/Interaktion auseinandersetzt (vgl. Barth et al. 2005). Ein weiterer Fauxpas in der Auseinandersetzung mit Kultur ist der Begriff „Kulturkreis", wenn wir an die willkürlichen Zuschreibungen denken, mit denen schon P. W. Schmidt (1937) in der Wiener Kulturkreislehre oder rezenterweise auch Huntington (1996) argumentiert haben. Die Benutzung des Begriffes verweist unwillkürlich auf seine ideologische Entstehungsgeschichte und politischen Verflechtungen.[5]

WissenschafterInnen, die sich mit Kultur implizit oder explizit auseinandersetzen, sind gefordert, eine Positionierung gegenüber dem Begriff Kultur und dem zugrunde liegenden Konzept einzunehmen. Entsprechend dieser Auflage haben entlang der Entwicklung gesellschaftlicher Verhältnisse und des korrelierten Kulturkonzeptes AnthropologInnen und KulturwissenschafterInnen, je nach der geopolitischen Dimension und Ausrichtung der Thematik, ihren subjektiv kontextualisierten und formulierten Kulturbegriff geprägt (vgl. Hofmann et al. 2004).

Die geopolitischen Dimensionen der Wirksamkeit von Kultur zum Beispiel als Mechanismus von Inklusion und Exklusion können innerhalb verschiedener Grenzen konzipiert werden: von umfassenden Dimensionen wie Weltkultur, Westliche Kultur, Europäische, Afrikanische, US-Kultur über Makroebenen wie

---

5 —— Gemäß unterschiedlicher historischer und gesellschaftlicher Verläufe und den damit zusammenhängenden politischen Strategien und Interessen ist das Konzept von Kultur instrumentalisiert worden und hat somit auf nationaler und soziopolitischer Ebene unterschiedliche Ansatzpunkte. In der französischen Sozialanthropologie ist durch Durkheim (1984) und Mauss (1978) ein Konzept von „Kultur" im Zusammenhang mit Interaktion und gesellschaftlicher Struktur entwickelt worden.

Nationalkultur, Regionalkultur, Lokalkultur, Minderheitenkultur bis hin zu diasporischen Kulturen im Zusammenhang mit Gruppen auf gesellschaftlichen Meso- und Mikroebenen. Maßgeblich für wissenschaftliches Arbeiten ist die dezidierte Bezüglichkeit des Begriffs und die Kriterien der Kulturkonzeptkonstruktion, wie beispielsweise die Sprache, die gemeinsame geopolitische Herkunft oder geteilte soziale Bedürfnisse und politische oder wirtschaftliche Interessen. In diesem Zusammenhang wird von „Kulturstandards" gesprochen, die ein implizites System von Symbolen, Codes, Systemen, Normen und Regeln darstellen, nach der innerhalb der kulturellen *in-groups* kommuniziert wird. Diese verändern sich ihrerseits durch demographische Mobilität und Kommunikation/ Interaktion.

Mit dem Begriff „intrakulturell" wird der Kommunikationszusammenhang innerhalb der kulturellen Integrationsebenen angesprochen. Dieser Begriff ist insofern komplex, als die kulturellen Ebenen in sich verschachtelt sind, weil Kulturen in sich heterogen und keineswegs durchgängig von gleichartigem Interesse gekennzeichnet sind (vgl. Bourdieu 1982; Sen 2007); dennoch gibt es ein geteiltes kulturelles (symbolisches) Wissen. Die Heterogenität kultureller Gruppen leistet ihrerseits der Dekonstruktion der kulturellen Konzepte Vorschub, wird jedoch in der Praxis durch die Differenzierung zwischen „Leitkultur" und „Subkulturen" sozial und politisch strategisch gelöst. Diese Auseinandersetzung war in den letzten Jahren eine der grundlegenden Diskussionen, sei es in den Kulturwissenschaften wie auch in der Politik, vor allem in Deutschland.[6] Intrakulturelle Perspektiven sind von einem differenzierenden Blick geleitet und bergen insofern subversive oder polarisierende politische Haltungen in sich.

Wird eine „interkulturelle" Perspektive eingenommen, so wird davon ausgegangen, dass zwischen Individuen oder Gruppen unterschiedlicher, differenzierbarer Kulturen kommuniziert bzw. interagiert wird. Dieser Auffassung liegt ein latent essentialistischer Gedanke zugrunde. Derselbe ist aber nach wie vor ein gesellschaftspolitisches Leitmotiv in der Praxis der kulturellen *Alienation* (als Gegenteil von Anerkennung) oder des *othering* (vgl. Said 1979). Dadurch grenzen sich kulturelle *in-groups* voneinander ab bzw. polarisieren sich diese. Ausschlaggebend ist dabei die Sozialisierung der Individuen oder Gruppen in unterschiedlichen kulturellen Zusammenhängen, nach unterschiedlichen Kulturstandards, die durch verschiedene Codesysteme funktionieren und welche in ihrer Erscheinungsform für Außenstehende nicht unmittelbar interpretierbar sind. Die Mittelbarkeit würde in sprachlicher Kommunikation bestehen, ist diese nicht möglich, entsteht Fremdheit und Unsicherheit und daraus resultierende reziproke Abgrenzung in Konfliktsituationen. Kontroverse Bedürfnisse

6 — Feststellung aufgrund eigener Recherchen in der Auseinandersetzung mit Medien (Dokumentation), teilnehmender Beobachtung, also Empirie, und wissenschaftlicher anthropologischer, politischer, kommunikationswissenschaftlicher Fachliteratur.

und Interessen werden unter der Rubrik „kulturelle Inkompatibilität" verzeichnet, wodurch Parallelkulturen (vgl. Schiffauer 2008) definiert werden, die um gesellschaftliche und politische Anerkennung und Macht konkurrieren. In diesem Spannungsfeld der interkulturellen Kommunikation werden Grenzen als strategische Erhaltung von Differenzen verteidigt, wodurch die gesellschaftliche Marginalisierung diasporischer Gruppen oder Minderheiten festgeschrieben wird. Sie werden weitgehend nicht in gesellschaftliche Netzwerke integriert und erfahren entsprechend wenig Solidarität und Anerkennung.

Durch die „transkulturelle" Perspektive werden die Gemeinsamkeiten der unterschiedlichen Individuen und Gruppen hervorgehoben, wodurch Differenzen vielmehr als positive Herausforderungen der kulturellen Kompetenz wahrgenommen werden denn als divergierende kulturelle Dynamik. Die Globalisierung, die damit einhergehenden Vernetzungen und umfassenden Interaktionen und daraus entstehenden Organisationen, wie etwa Menschenrechtsorganisationen oder andere transnationale Interessenverbände, zeigen, dass die gesellschaftspolitischen Entwicklungen der letzten 20 Jahre den Fokus vielmehr auf Interaktion als auf Interkulturalität zentrieren. Diesem Gedanken ist das Potential der Hybridität inhärent – gemeint ist damit die gesellschaftspolitische Erneuerung im Sinn der kommunikativen Kreativität und Empathie. In diesem Prozess reduziert sich die Relevanz von kultureller oder ethnischer Homogenität. Gegenseitig anerkennende Intersubjektivität und Interkollektivität bilden eine neue Basis für bedürfnisadäquate Formen von „Habitus" oder Lebenspraxis, um das Konzept von Bourdieu (1982) einzubringen. Somit löst das Konzept von Transkulturalität die (kulturell) polarisierenden Positionen auf, ohne die subjektiv und kollektiv gewählten Identitäten zu negieren.

Die Kultur- und Sozialanthropologie ist in dieser Differenzierung der Kulturkonzepte gefordert, die soziale, kommunikative und politische Praxis in ihrer strukturellen und systemischen Performance zu differenzieren und aufzuschlüsseln, um sowohl kulturelle als auch kommunikative Kompetenz im Sinn der sozialen und politischen Kompetenz bewusst zu machen.

Vom Umgang mit „Kultur"

Die Frage nach interkultureller Kompetenz fordert die redundante Auseinandersetzung mit Kultur. Dieselbe manifestiert sich als „variable Konstante" mit sozialpolitischer Wirksamkeit. Kultur bildet einen gesellschaftspolitischen Handlungsrahmen, verändert sich in Zeit und Raum und kann somit als ein gesellschaftliches Konstrukt oder auch Produkt (vgl. Du Gay 1997) verstanden werden. Entsprechend verlaufen die Diskussionen zu Kultur zwischen essentialistischer Zuweisung und konstruktivistischer Realisierungsstrategie (vgl. Türkmen 2008: 9). Situativ kollektive Standardisierungen im Empfinden, Denken, in der Haltung und im

Verhalten, die wir im Sinne eines „minimalen gesellschaftlichen Konsens" nach Weber (1964) verstehen – oder wie es Geertz fragt: „What is culture if not consensus?" (Geertz 1994, zit. nach: Magala 2005: 6) –, könnten auch als kognitive Raster der gesellschaftlichen Wahrnehmung und des kollektiven Selbstverständnisses gesehen werden.

Konkret bedeutet dies, dass Kultur auf unterschiedlichen gesellschaftlichen Ebenen temporäre Muster oder *scapes* (vgl. Appadurai 1996) der Inklusion und Exklusion bildet. Kohäsion und Differenz sind die gesellschaftsdynamischen „Pendants" dazu. Diese realisieren sich in unterschiedlichen geopolitischen Zusammenhängen wie in nationalen oder regionalen Kontexten, aber auch in gesellschaftlichen *clustern* wie in ethnischen Gruppen, Stammesgesellschaften, Klanen oder diasporischen Realitäten.

Kultur realisiert sich einerseits durch kulturelles Gedächtnis und Wissen (vgl. Assmann 2008), das systemisch und punktuell wirksam ist, andererseits manifestiert sich Kultur durch ihre permanenten (Re-)Produktionen.

Damit kommen wir auf die eventuell primäre Funktion von Kultur zurück: Sie soll im autopoietischen[7] Sinn die Reproduktion von gesellschaftlichen *ingroups* und die Befriedigung der menschlichen Grundbedürfnisse auf materieller und emotionaler Ebene absichern. Dazu gehört das Bedürfnis nach Zugehörigkeit und Anerkennung, das Honneth (1994) aus philosophischer Perspektive aufgeschlüsselt hat, während Benhabib (2000) sich über einen politischen Zugang der Frage näherte. Integration ist das Schlüsselwort für diesen Prozess, welcher letztlich individuelle und kulturelle Identität hervorbringt. Demgegenüber steht die postkoloniale Realität, die sich heute in den diasporischen Wirklichkeiten in ihrer hybriden und synkretistischen Form manifestiert. Diese werden durch die „wissenschaftliche Intelligenz" der postkolonialen Länder, von der Bhabha (1994) gesprochen hat, oder die „Ethno-Avantgarde" nach Zeimoğlu (2007) oder die „migrantische Elite", von der Novy und Stemmler (2006) sprachen, repräsentiert. MigrantInnen, die diese Zugänge nicht aufweisen können, fallen aus den Netzwerken von Selbstrepräsentation heraus und erfahren kaum soziokulturelle Anerkennung.

Kultur kann als Konstitutiv für Beziehungen gesehen werden, sie ist aber genauso fluid wie Identitäten, die sich kontextuell ändern. Multiple Identitäten sind die individuelle oder/und kollektive Antwort auf Interaktionen je nach Zeit, Raum und gesellschaftlichem Rahmen und auf Kontexte, die sich verändern und letztlich eine Verschiebung von Positionierungen und Interessen zur

---

7 __ Autopoiesis ist ein Begriff, den Luhmann (1998) von Maturana (Biologe/Philosoph) für die Sozialwissenschaft adaptierte. Damit sind Operationen im sozialen System angesprochen, die nur in den jeweiligen Systemen auf bestimmte Art und Weise angelegt sind und funktionieren – zum Beispiel Kommunikation. Damit erlangen Systeme Autonomie, setzen sich fort und von anderen Systemen ab. Kein System kann also außerhalb seiner Grenzen operieren.

Folge haben. Ich beziehe mich damit auf den Ansatz von Baumann und Gingrich (2004) in ihrer Definition von Identität:

> Our working definition of identity designates social subjectivities as persons and groups of persons. These subjectivities are multidimensional and fluid; they include power-related ascriptions by selves as well as by others; they simultaneously combine sameness, or belonging, with alterity, or otherness. (Baumann/Gingrich 2004: X)

Weder Identitäten noch Kultur können festgeschrieben werden, sondern sind ad hoc individuelle und/oder kollektive Interpretationen von subjektiven Vernetzungen und Netzwerkkonstruktionen, durch die Interessen oder Bedürfnisse befriedigt werden können.

Magala (2005) hinterfragt Kultur, diverse Interpretationsansätze resümierend:

> What is a culture? The way we are doing things around here? Core values plus norms plus behaviour (about which there is some consensus?) and artefacts? Subjective mental software copied from an objective tradition? Rituals that train us into socially approved habits? The web of meanings spun around us so that we can go on understanding and interpreting the world and ourselves? Practices, representations, languages and customs? (Magala 2005: 6)

Nach Magala gibt es viele, oft unvereinbare Definitionen, aber diese Diskrepanzen scheinen uns in unserem Alltagsleben nicht zu stören. Letztlich gibt er eine pragmatische Antwort auf die Frage nach Kultur: „Culture is tacitly assumed to be a survival kit carried as a backpack by members of our species going about their business" (Magala 2005: 7). Die Frage, die sich aus der Auseinandersetzung mit Kultur und ihrer Wirkung oder Bedeutung ergibt, ist: Wie konstituieren sich Beziehungen? Dieser Auseinandersetzung sind zwei grundlegende Problematiken inhärent:

1. In welchem Rahmen wirkt Kultur, wo verlaufen gesellschaftliche Grenzen?[8]
   Kultur ist die Größe, die das So-Sein der sozialen, wirtschaftlichen und politischen Praktiken ausmacht, es:

---

8 — In diesem Kontext gibt es durch den Auslöser der potenzierten Mobilität der letzten Dekaden zwei grundlegende Paradigmen, die individuelle und kollektive Realitäten prägen. In unserer materiell opulenten „westlichen Leistungsgesellschaft" – mir ist klar, dass diese Begrifflichkeit eine interpretativ reduzierte Kategorisierung ist – zum Beispiel angesichts der Arbeiten von Wallerstein (1989) und Barth (1996).

sind kulturelle Aktivitäten gesellschaftliche Aktivitäten, somit Bestandteil von Macht-, Herrschafts-, und Aneignungsverhältnissen, zumal diese selbst immer kulturell überformt sind. (Hauck 2006: 188)

Kulturellen Praktiken liegt immer auch ein ökonomischer Text zu Grunde. (Türkmen 2008: 10)

Wirtschaftliche Hintergründe sind also ein grundlegender Bestandteil von identitätsstiftender Kultur (vgl. Fraser/Honneth 2003) und implizieren somit Aspekte von Macht, Herrschaft und Hegemonie. Schon Gramsci hat bereits in den 1920er-Jahren Kultur als Austragungsplatz für gesellschaftliche Machtkämpfe gesehen (vgl. Gramsci 1980).

Damit sei der Diskurs um soziale Schichtung und kulturelle Hegemonie angesprochen, der im Zusammenhang mit den wirtschaftlich strategisierten Migrationsbewegungen immer wieder neu reartikuliert werden muss. Das heißt für uns Kultur- und SozialanthropologInnen, konkret im Sinne der postkolonialen Auseinandersetzung, Kultur und Machtdiskurse in ihrer komplexen Verschränkung zu reflektieren und gleichzeitig nach Prozessen und Politiken der Repräsentation, Wissensproduktion und Subjektivierung zu fragen (vgl. Rodríguez/Steyerl 2003: 9). Diese Frage wirft uns unweigerlich als AnthropologInnen auf unser Berufsethos und die damit verbundene Verantwortlichkeit im postkolonialen Diskurs bzw. in der Repräsentation unserer Forschungssubjekte oder den inhärenten Identitätszuschreibungen zurück.

2. Wie integrieren sich Individuen als kulturelle AkteurInnen in die Gesellschaft?

AnthropologInnen nehmen eine doppelte Rolle ein: einerseits als Involvierte in die unterschiedlichen Systeme und Diskurse wirtschaftlicher, politischer, sozialer, geschlechtlicher, wissenschaftlicher, nationaler, regionaler oder ethnischer Art; andererseits als BeobachterInnen der zunächst intrakulturellen oder *cross cultural*-Szenarien mit dem Anspruch, Entwicklungen und immanente Paradigmenwechsel zu erkennen, um diese in ihrer Bedeutung zu verstehen. Dies ist eine hermeneutische oder kultursemiotische Aufgabe (vgl. Eco 1977; Barthes 1981; Pálsson 1993; Habermas 1999; Maffettone 2006). Der kritisch analytische Blick in die eigene Realität ist Voraussetzung, um soziale Mobilität und politische *response* zu erkennen. Dabei geht es um den bewussten und politisch korrekten Umgang mit Repräsentationspraktiken, die nach Rodríguez-Gutierrez (2006) und in der Folge Türkmen (2008) „mit weiteren Komplexen verstrickt sind, die besonders mit Wissensproduktion zusammenhängen, über die ein spezifisches Wissen über den *Anderen* produziert wird. Repräsentationen, die an der Produktion von Wahrheiten beteiligt sind [...]" (Türkmen 2008: 33).

Die Hegemonisierung von Leitkulturen dient zum Beispiel zur Immunisierung von wirtschaftlichen und politischen Übergriffen.

Wie schon Malkki (1995) angesprochen hat, geht es darum, die Menschen bzw. „Anderen" für sich selbst sprechen zu lassen und ihnen nicht Meinungen, Befindlichkeiten, Haltungen oder Identitäten zuzuschreiben. Das Wort zu haben, das heißt sich selbst zu repräsentieren, ist eine Frage der Macht und der Möglichkeit, die individuell oder kollektiv gewünschten Identitäten zu leben und anerkannt zu werden.[9] Shoat und Stam (1994) weisen schließlich auf die Wechselwirksamkeit von Repräsentationspraxen und Ideologien hin, durch welche in weiterer Konsequenz Realitäten konstruiert und zugeschrieben werden (vgl. Said 1979).

Diese Fragen haben kulturell geprägten gesellschaftspolitischen Charakter und definieren sich in Zeit und Raum unterschiedlich; dementsprechend hat die anthropologische Auseinandersetzung mit Kultur (geopolitisch teils synchron, teils diachron im Verlauf) unterschiedliche Konzepte und Theorien hervorgebracht. Das sind unter anderem holistische Kulturkonzepte, der evolutionistische Zugang zu Kultur, das Konzept der Diffusion von Kultur, der Kulturrelativismus, die strukturalistischen/funktionalistischen Kulturkonzepte, die interaktionistischen Ansätze von Kultur, interpretative und phänomenologische Ansätze, die Kontroverse zwischen Essentialisten (Primordialisten) und Konstruktivisten (Situationalisten), der postmoderne Kulturbegriff und schließlich die Neuauflage des Kulturbegriffes im Zusammenhang mit der Globalisierungsdebatte. Kultur wird in Kategorien sozialer Praxis zerlegt oder im interaktionistischen/ kommunikativen Zusammenhang gesehen, wie beispielsweise in der *Actor Network Theory* (ANT) (vgl. Belliger/Krieger 2006).

Ohne in diesem Zusammenhang detailliert auf die unterschiedlichen Kulturkonzepte einzugehen, geht es vielmehr um die Erkenntnis, dass die Anerkennung dessen, was Kultur ist, oftmals eine politische Strategie der Inklusion und Exklusion darstellt. Mit diesem Leseschlüssel von Kultur als Text und der oben erwähnten Rollen von AnthropologInnen kann die Auseinandersetzung mit Kultur verfolgt werden. Dazu sagt Hannerz: „The current era of large-scale intercontinental migration, organized institutional diffusion, and spread of mass media technologies [...] to require even more fundamental rethinking of social and cultural thought" (Hannerz 1996, zit. nach: Kreff 2003: 15).

Cultural turn

Nach dem *cultural turn* oder der kulturellen Wende in den Sozialwissenschaften in der zweiten Hälfte des 20. Jahrhunderts erweiterte sich das Kulturverständnis vom Bild einer festgeschriebenen Kultur hin zu einer strukturalistischen Konzeption (vgl. Gingrich 1999). Der *output* dieses Reflexionsprozesses schlug sich in den *Cultural Studies* nieder, die entsprechend der (regionalen bzw. lokalen) demographischen Mobilität ihre spezifischen Schwerpunkte setzte. Die ersten anglo-

---

9 ___ Bhabha (1994) spricht diesbezüglich von sprachlosen TürkInnen in Europa.

phonen (us und gb) Arbeiten erschienen dazu um 1960. Vielfach wurde dennoch ein essentialistischer Kulturansatz verwendet, der Kultur als ein in sich funktionierendes System behandelte. Der nächste *cultural turn* vollzog sich vor etwa 20 Jahren mit der postmodernen und poststrukturalistischen Kulturkritik, die teilweise selbst die Legitimität der wissenschaftlichen oder politisch korrekten Verwendung des Begriffs „Kultur" in Abrede stellt. Beispielsweise durch den Artikel ‚Writing against Culture' (1991) von Abu-Lughod wurde das Konzept von Kultur schlichtweg dekonstruiert.

Seit den 1990er-Jahren wird in den Kultur- und Sozialwissenschaften ein konstruktivistisches Kulturkonzept verwendet, wodurch sich das Augenmerk von Strukturen auf Prozesse und Handlungen verlagerte. Nennen wir es situative Interaktionen als Resultat von Aktionen und Reaktionen auf individueller und kollektiver Ebene.[10]

Die unter der Rubrik Hybridität laufende Argumentation Bhabhas (1994) hatte die Absicht, herkömmliche dichotome Perspektiven zu Identität/Alterität, Kolonisator/Kolonisierte, Ost/West, Süd/Nord und dergleichen Polarisierungen im Hinblick auf die Vielfalt interner Beziehungen aufzulösen und sich gegen das hegemoniale Prinzip zu richten, ohne dass der Gegensatz völlig untergeht und die Spannung zwischen den Polen sich verflüchtigt (vgl. Pichler 2004: 28).

Die kultur- und sozialanthropologische Perspektive auf Kultur verweist auf unterschiedliche soziopolitische Konzepte von Demokratie, geopolitischen Realitäten und soziopolitischen Zuschreibungen. Die Kulturdebatte trägt den kaleidoskopisch sich verändernden (demographischen wie gesellschaftlichen) Settings Rechnung und tritt prozesshaft damit in Wechselwirkung. Damit ist gemeint, dass die Kulturdebatte politische Reaktionen produziert, wie sich das zum Beispiel in Auseinandersetzung mit Integration- und Asylrecht zeigt. Verfolgen wir den Verlauf der Kulturstudien im Rahmen der Kultur- und Sozialanthropologie, so zeigt sich, dass im Erkennen der kulturellen Paradigmenwechsel das Potential entstanden ist, um demokratische Ziele zu fördern, die kulturpolitische Ansprüche haben: „We have to arrive at a ‚parliament' of subcultures, where differences can be negotiated and options made transparent to the governments of passion and executive organizations shaped by power interests" (Magala 2005: 210).

Intra-, inter- und transkulturelle Prozesse verlaufen ihrerseits durch die Übertragung von Information, sprich Kommunikation. Um Netzwerke zu verstehen, ist es von kultursemiotischer Bedeutung, Kommunikationsverläufe nach Form und Inhalt wahrzunehmen.[11]

---

10 __ Frühe Studien zu diesem konstruktivistischen Ansatz können wir schon in den frühen Arbeiten Watzlawicks (1982) nachvollziehen.
11 __ Die Kultursemiotik setzt sich mit der Aufschlüsselung kultureller Zeichen oder Codes auseinander. Es geht darum, (kulturelle) Zeichen als solche zu erkennen und im Beziehungsgefüge zu identifizieren.

Kultur ist Kommunikation und Kommunikation ist Kultur

Intra-kulturelle Kompetenz oder *Cross Cultural Competence* als Teil der *Cross Cultural Studies*, um die anglophone Diktion des Forschungsbereiches zu nennen, ist die Voraussetzung für die Auseinandersetzung mit Interaktionen auf mikro-, meso- und makrogesellschaftlicher Ebene. Kommunikation ist durch Sprache und „nonverbale" Kommunikation das explizite Medium zur Konstruktion von einerseits Identität, andererseits Kollektivität. Die Beschleunigung und Virtualisierung der Kommunikation zog die Entstehung von *mediascapes* (vgl. Appadurai 1996) nach sich, die eine neue gesellschaftliche Wirklichkeit darstellen. Integration und Partizipation realisiert sich weitgehend über Medien – wer also wegen Nichtbeherrschen von Sprache oder technischer Ausstattung keinen Zugang zu Information hat, bewegt sich im gesellschaftlichen *out* oder oftmals am Rand der Gesellschaft. Durch die neuen Medien werden Kommunikationsräume geschaffen, die soziopolitische Konsequenzen haben. Diese unterteilen, wer eine „Stimme" hat und wer nicht.

In der Sozial- und Kulturanthropologie geht es zunächst um zwei Aspekte der Auseinandersetzung mit Kommunikation, nämlich nach Form und Inhalt. Dazu haben sich zwei unterschiedliche Schulen entwickelt. Eine, die sich mit Medien und deren technologischem Potential und qualitativen und quantitativen Wirksamkeiten beschäftigt, und eine, die auf Zeichenlehre oder Semiotik (ECO) basiert und sich den Inhalten widmet. Die Auseinandersetzung mit beiden Aspekten ist für anthropologische Kulturforschung und Kompetenzentwicklung notwendig, um gesellschaftliche Prozesse, sei es mit einem *zoom*- wie auch Weitwinkel-Blick, wahrnehmen und erkennen zu können. „In order to develop cross-cultural competence we must study language and media, the global networking and exchanges, the processes of organizing and managing, that involve power and ideology" (Magala 2005: 208).

Wir beschränken uns in unserer Auseinandersetzung mit Kommunikation nicht auf die Sprache, wie es etwa Habermas (1999) oder auch Luhmann (1998) taten, sondern wir beziehen uns auf ein umfassendes Konzept von Kommunikation, in dem gerade auch dieser Raum zwischen Sprache und Performance und Bild von maßgeblicher Bedeutung ist. In diesem Zusammenhang ist, um intra-, inter- oder transkulturelle Kompetenz zu entwickeln, die Auseinandersetzung mit dem Bereich der *Visual Culture* (vgl. Mirzoeff 1998; Evans/Hall 1999; Heywood/Sandywell 1999) von Wichtigkeit, um Erscheinung, Wahrnehmung, Interpretation und Bedeutung in Zusammenhang stellen zu können.

Kommunikation schafft Realität und impliziert damit einerseits Kohäsionen, andererseits Divergenzen und Differenzen, welche sich letztlich in Konflikten und deren Eskalation wie Homophobie und Xenophobie manifestieren.

Conclusio

Die Globalisierung von Kommunikation und die Öffnung neuer Kommunikationsräume bergen für die (anthropologische) Kommunikationsforschung neue Potentiale und Herausforderungen. Die Komplexität des Themas Kultur und dessen soziopolitische Interpretation in jeder Art der Kommunikation weist auf die Notwendigkeit von wissenschaftlich interdisziplinärer Zusammenarbeit hin, um die Prozesshaftigkeit, Dynamik und Wirkung von Kultur und Kommunikation zu erfassen und zu verstehen. Der Bereich der Forschung versteht sich, durch die beschleunigte Dynamik von Mobilität und damit Migration und Kommunikation als permanente wissenschaftliche Baustelle, an der alle im Bereich der Kultur kompetenten ForscherInnen und PerformerInnen angehalten sind zu partizipieren.

Magala (2005) hat das Arbeitsfeld umrissen und damit die Verwobenheit der Forschungsansätze dargestellt:

> Cross-cultural competence – of the kind we are trying to construct in our research, teaching and consulting activities, the kind of increasing numbers of individuals are accumulating in countless interactions, the kind we are tracing trough new conceptual frameworks and theoretical models, is an emergent discipline among the managerial sciences. (Magala 2005: 209)

Magala lokalisiert interkulturelle Kompetenz zwischen den Bereichen der Organisationstheorie, Organisationsentwicklung, Humanressourcen Management, Kommunikationsstudien, welche wiederum enge Verbindungen zu anderen Disziplinen wie der Soziologie, Kulturanthropologie, Sozialpsychologie, Kulturökonomie und zu anderen Materien der Human- und Sozialwissenschaften (vgl. Magala 2005: 209) aufweisen.

Das Produkt des oben genannten Zugangs könnte Offenheit für neues, revisioniertes Wissen sein, um neue Erkenntnisse und Anwendungsstrategien im Sinne der gesellschaftlichen Demokratisierung zu schaffen. Interdisziplinäres Arbeiten ist dazu angetan Ideologien aufzubrechen, um Kultur nicht als Machtmittel zu benutzen, sondern integrierende Kommunikation als Konfliktprävention oder Konfliktlösungsstrategie nutzbar zu machen. Kommunikationskompetenz wird somit zum Vehikel des Umgangs einerseits mit dem allzu Nahen oder andererseits mit dem Fremden. Was ist mit Kompetenz also gemeint? Es ist das Wissen um die Entwicklung des Konzeptes von Kultur und dessen Anwendung in zwischenmenschlicher und politischer Hinsicht in Form von respektvoller Kommunikation und den menschlichen Bedürfnissen adäquater Entwicklung.

Fragen zu Erstellung eigenständiger wissenschaftlicher Arbeiten:

1. Wie kann mit kultur- und sozialanthropologischen Ansätzen die Entwicklung von interkultureller zur transkulturellen Kommunikation und die Auflösung gesellschaftlicher Polarisierung unterstützt werden?
2. Wie wurde im Laufe der Kulturdebatte und dem daraus resultierenden Handlungsansatz Kultur als Struktur, als System, als Funktionsmuster, als Kommunikationsmatrix, als Interaktionsansatz und als politisches Strategieelement definiert?
3. Welche Bedeutung hat die Erkenntnistheorie, die Hermeneutik, die Kultursemiotik, die Semantik, der Konstruktivismus und die *Actor Network Theory* für die kultur- und sozialanthropologische Auseinandersetzung mit Kultur und Kommunikation?

Basisliteratur

Gingrich, Andre (1999): Wege zur transkulturellen Analyse. Über die Paradigmenwechsel euro-amerikanischer Sozial- und Kulturanthropologie im 20 Jh. In: Gingrich, Andre: Erkundungen. Themen der ethnologischen Forschung. Wien: Böhlau, 176–203.
Kreff, Fernand (2003): Grundkonzepte der Sozial- und Kulturanthropologie in der Globalisierungsdebatte. Berlin: Reimer.
Magala, Slawomir (2005): Cross-Cultural Competence. London/New York: Routledge.
Türkmen, Ceren (2008): Migration und Regulierung. Münster: Westfälisches Dampfboot.
Wiseman, Richard L. (2002): Intercultural Communication Competence. In: Gudykunst, William B./Moody, Bella (eds.) (2002): Handbook of International and Intercultural Communication. Thousand Oaks/London/New Dehli: Sage, 207–224.

Literatur

Abu-Lughod, Lila (1991): Writing against Culture. In: Fox, Richard G. (ed.): Recapturing Anthropology. Working in the Present. Santa Fe: School of American Research Press, 137–162.
Appadurai, Ajrun (1996): Modernity at Large. Cultural Dimensions of Globalization. Minneapolis/London: University of Minnesota Press.
Assmann, Aleida (2008): Einführung in die Kulturwissenschaft. Grundbegriffe, Themen, Fragestellungen. Berlin: Erich Schmidt.
Auwärter, Manfred/Kirsch, Edit/Schröter, Klaus (Hg.) (1976): Seminar: Kommunikation Interaktion Identität. Frankfurt am Main: Suhrkamp.
Baecker, Dirk (2005): Kommunikation. Leipzig: Reclam.
Barth, Frederik (1996): Global Cultural Diversity in a 'Full World Economy'. In: Arzipe, Lourdes (ed.) (1996): The Cultural Dimensions of Global Change. An Anthropological Approach. (Culture and Development Series). Paris: United Nations Educational Scientific and Cultural Organisation, 19–30.
Barth, Frederik/Gingrich, Andre/Parkin, Robert/Silverman, Sydel (2005): One Discipline Four Ways: British, German, French, and American Anthropology. Chicago: University Of Chicago Press.
Barthes, Roland (1981): Das Reich der Zeichen. Frankfurt am Main: Suhrkamp.

Baumann, Gerd/Gingrich, Andre (eds.) (2004): Grammars of Identity/Alterity. A Structural Approach. New York/Oxford: Berghahn Books.

Beck, Andrew/Bennett, Peter/Wall, Peter (2004): Communication Studies: The Essential Resource. London: Routledge.

Belliger, Andréa/Krieger, David J. (Hg.) (2006): ANThology. Ein einführendes Handbuch zur Acteur-Netzwerk-Theorie. Bielefeld: Transcript.

Benhabib, Seyla (2000): Kulturelle Vielfalt und demokratische Gleichheit. Politische Partizipation im Zeitalter der Globalisierung. Frankfurt am Main: Fischer.

Bhabha, Homi K. (1994): The Location of Culture. London/New York: Routledge.

BMUKK (2008): Europäisches Jahr des Interkulturellen Dialoges 2008 (http://www.bmukk.gv.at/europa/eijd/index.xml [12. 2. 2009]).

Bourdieu, Pierre (1982): Die feinen Unterschiede. Frankfurt am Main: Suhrkamp.

Brah, Avtar (1996): Cartographies of Diaspora. Contesting Identities. London/New York: Routledge.

Dibie, Pascal/Wulf, Christoph (Hg.) (1999): Vom Verstehen des Nichtverstehen. Ethnosoziologie interkulturellen Begegnungen. Frankfurt am Main: Campus.

Du Gay, Paul (1997): Production of Culture/Culture of Production. Culture Media and Identities. London/Thousand Oaks/New Dehli: Sage.

Durkheim, Emile (1984): Erziehung, Moral und Gesellschaft. Frankfurt am Main: Suhrkamp.

Eco, Umberto (1977): Zeichen. Einführung in einen Begriff und seine Geschichte. Frankfurt am Main: Suhrkamp.

Eco, Umberto (1988): Einführung in die Semiotik. München: W. Fink.

Evans, Jessica/Hall, Stuart (eds.) (1999): Visual Culture: The reader. London/Thousand Oaks/New Dehli: Sage.

Fabietti, Ugo (ed.) (1993): Il sapere dell'antropologia. Penare, comprendere, descrivere l'Altro. Milano: Mursia.

Fraser, Nancy/Honneth, Axel (2003): Umverteilung oder Anerkennung? Eine politisch-philosophische Kontroverse. Frankfurt am Main: Suhrkamp.

Geertz, Clifford (1994): Dichte Beschreibung. Beiträge zum Verstehen kultureller Systeme. Frankfurt am Main: Suhrkamp.

Gramsci, Antonio (1980): Zu Politik, Geschichte und Kultur. Frankfurt am Main: Röderberg.

Gresh, Alain (Hg.) (2006): Atlas der Globalisierung: die neuen Daten und Fakten zur Lage der Welt. Berlin: Le Monde Diplomatique, taz.

Gudykunst, William B./Moody, Bella (eds.) (2002): Handbook of International and Intercultural Communication. Thousand Oaks/London/New Dehli: Sage.

Gupta, Akil/Ferguson, James (eds.) (1997): Anthropological Locations. Boundaries and Grounds of a Field Science. Berkeley/Los Angeles/London: University of California Press.

Habermas, Jürgen (1999): Moralbewusstsein und kommunikatives Handeln. Frankfurt am Main: Suhrkamp.

Hall, Stuart (1989): Ideologie Kultur Rassismus. Ausgewählte Schriften 1. Hamburg/Berlin: Argument.

Hall, Stuart (1994): Rassismus und kulturelle Identität. Ausgewählte Schriften 2. Hamburg/Berlin: Argument.

Hall, Stuart (2000): Cultural Studies. Ein politisches Theorieprojekt. Hamburg: Argument.

Hannerz, Ulf (1996): Transnational Connections. Culture People Places. London/New York: Routledge.

Harvey, David (1989): The Condition of Postmodernity. Oxford: Blackwell.

Hauck, Gerhard (2006): Kultur. Zur Karriere eines sozialwissenschaftlichen Begriffs. Münster: Westfälisches Dampfboot.

Haunschmid, Thomas (1992): Die Rama. Kulturgeschichte einer Ethnie der Atlantikküste Nicaraguas erstellt anhand von Quellen aus der Zeit von 1684–1991. Diplomarbeit, Universität Wien.

Heywood, Ian/Sandywell, Barry (eds.) (1999): Interpreting Visual Culture. Explorations in the Hermeneutics of the Visual. London/New York: Routledge.

Hofmann, Martin L./Korta, Tobias/Niekisch, Sybille (2004): Culture Club. Frankfurt am Main: Suhrkamp.

Honneth, Axel (1994): Kampf um Anerkennung. Zur moralischen Grammatik sozialer Konflikte. Frankfurt am Main: Suhrkamp.

Huntington, Samuel P. (1996): The Clash of Civilisations and the Remaking of the World Order. New York: Simon and Schuster.

Knoll, Eva Maria/Binder, Susanne (2009): Workshop: Spurensuche: Kultur und sozialanthropologisches Know-how in unterschiedlichen Berufsfeldern. Austrian Studies in Social Anthropology, Sondernummer KSA-Tage 2008, 1–14 (http://www.univie.ac.at/alumni.ethnologie/journal/volltxt/Artikel%201_Knoll_Binder.pdf [5. 7. 2009]).

Kymlicka Will (1999): Multikulturalismus und Demokratie. Über Minderheiten in Staaten und Nationen. Hamburg: Rotbuch Verlag.

Langthaler, Herbert (2002): Die Auswirkungen des Sklavenhandels auf die Bevölkerung im Einzugsbereich des Sultanats Zanzibar im Verlaufe des 19. Jahrhunderts. Ein Beitrag zur Ethnohistorie Ostafrikas. Dissertation, Universität Wien.

Luhmann, Niklas (1998): Die Gesellschaft der Gesellschaft. Frankfurt am Main: Suhrkamp.

Maffettone, Sebastiano (2006): La pensabilità del mondo. Milano: Mursia.

Malinowski, Bronislaw (1975): Eine wissenschaftliche Theorie der Kultur. Frankfurt am Main: Suhrkamp.

Malkki, Lisa H. (1995): Purity and Exile. Chicago/London: University of Chicago Press.

Mauss, Marcel (1978): Soziologie und Anthropologie. Band II. Frankfurt am Main/Berlin/Wien: Ullstein.

Mirzoeff, Nicholas (ed.) (1998): The Visual Culture Reader. London/New York: Routledge.

Moosmüller, Alois (Hg.) (2002): Interkulturelle Kommunikation in der Diaspora. Die kulturelle Gestaltung von Lebens- und Arbeitswelten in der Fremde. München: Waxmann.

Novy, Johannes/Stemmler, Susanne (2006): Quote für Ausländer. In: Die Zeit 4, 36.

Pálsson, Gísli (ed.) (1993): Beyond Boundaries. Understanding Translation and Anthropological Discourse. Oxford/Providence: Berg.

Pichler, Adelheid (2004): Das Monster Hybridität. Ein Basilisk in den Kulturwissenschaften? In: Kreff, Fernand (Hg.): Konzeptionen der Globalisierung an den Schnittstellen Theorie/Empirie, Kultur/Ökonomie, Lokal/Global, Differenz/Identität, Neu/Alt. 2000 Working Papers Band 9, Wien: Kommission für Sozialanthropologie der Österreichischen Akademie der Wissenschaften, 23–32.

Ribeiro, Lins Gustavo/Escobar, Arturo (2006): World Anthropologies. Disciplinary Transformations within Systems of Power. Oxford/New York: Berg.

Rodríguez-Gutiérrez, Encarnación (2006): Positionalität übersetzen. Über postkoloniale Verschränkungen und transversales Verstehen. In: Kulturrisse. Zeitschrift für radikaldemokratische Kulturpolitik 2/Mai (http://igkultur.at/igkultur/kulturrisse/1150793894/1150803413 [14. 9. 2009]).

Rodríguez-Guitérrez, Encarnación/Steyerl, Hito (Hg.) (2003): Spricht die Subalterne deutsch? Migration und postkoloniale Kritik. Münster: Unrast, 17–38.

Said, Edward W. (1979): Orientalism. New York: Vintage.

Schiffauer, Werner (2008): Parallelgesellschaften. Wieviel Wertekonsens braucht unsere Gesellschaft? Für eine kluge Politik der Differenz. Bielefeld: Transcript.

Schmidt, P. Wilhelm (1937): Handbuch der Methode der kulturhistorischen Ethnologie. Münster: Verlag der Aschendorffschen Verlagsbuchhandlung.

Schulte, Bernd (1997): Kulturelle Hybridität. Kulturanthropologische Anmerkungen zu einem „Normalzustand". In: Schneider, Irmela/Thomsen, Christian: Hybridkultur. Medien. Netze. Künste. Köln: Wienand, 245–263.

Scollon, Ron/Wong Scollon, Suzanne (2007): Intercultural Communication. Oxford: Blackwell.

Sen, Amartya (2007): Identitätsfalle. Warum es keinen Krieg der Kulturen gibt. München: C. H. Beck.

Shoat, Ella/Stam, Robert (1994): Unthinking Eurocentrism. Multiculturalism and Media. London/New York: Routledge.

Steiner, Martina I. (2008): I paradigmi di sicurezza e libertà fondamentali nell'era della democrazia liberale globalizzata e i limiti di tolleranza sociale e politica. In: Pföstl, Eva (ed.): Sicurezza e libertà fondamentali. Istituto di Studi Politici „S. Pio V" Roma (Editrice Apes), 19–78.

Tylor, Charles (1993): Multikulturalismus und die Politik der Anerkennung. Frankfurt am Main: Fischer.

Ulin, Robert C. (2001): Understanding Cultures. Perspectives in Anthropology and Social Theory. Oxford/Malden: Blackwell.

Wallerstein, Immanuel (1989): The modern World-System. Vol. 3. The second Era of Great Expansion of the Capitalist World Economy, 1730–1840. New York: Academic Press.

Watzlawick, Paul (1982): Menschliche Kommunikation. Formen, Störungen, Paradoxien. Wien: Hans Huber.

Weber, Max (1964): Wirtschaft und Gesellschaft. Grundriss einer verstehenden Soziologie. Köln: Kiepenheuer & Witsch.

Welsch, Wolfgang (1997): Transkulturalität. Die veränderte Verfassung von Kulturen (http://www.perspektivenmanagement.com/tzw/www/home/print.php?p_id=409 [7. 2. 2009]).

Zaimoğlu, Feridun (2007): „Es gibt eine Ethno-Avantgarde". In: Frankfurter Rundschau 101/2. 5. 2007, 2.

Susanne Binder und Wolfgang Gröpel

16 Interkulturalität: Migration – Schule – Sprache

Einleitung

In österreichischen Schulklassen sitzen zunehmend SchülerInnen mit Migrationserfahrung. Durch diese migrationsbedingten Veränderungen wurde das Klassenzimmer zum Themenbereich für Migrationsforschung – im Besonderen auch zu einem Feld für die Kultur- und Sozialanthropologie. „Das Bildungswesen ist zu einer Komponente des Globalisierungsprozesses geworden", stellten Anweiler und Mitter bereits 2002 fest (2002: 357). In globalen und interkulturellen Settings ist es für Kultur- und SozialanthropologInnen interessant, die Vermittlungsformen von Kultur und pluralen Identitäten zu erfassen und zu analysieren (vgl. Hannerz 1996: 24). Schule ist eine jener staatlich kontrollierten Institutionen, wo Reproduktion von Erinnerung, Wissen und Kultur stattfindet. War es aufgrund der Herausbildung von Nationalstaaten im 19. Jahrhundert zunächst Aufgabe von Bildungsinstitutionen, nationalstaatlich bestimmte Bildungsinhalte zu vermitteln, kristallisieren sich in Zeiten zunehmender Mobilität neue Anforderungen heraus (vgl. Gellner 1995: 58). Kultur- und SozialanthropologInnen setzen sich mit gesellschaftlichen Transformationsprozessen, mit Fragen des Umgangs mit Neuem und mit Fragen der Aneignung von fremden Dingen und Ideen auseinander. Kultur- und sozialanthropologische Theorien bieten hier Ansätze, um die Auswirkungen von Migration in unterschiedlichen gesellschaftlichen Bereichen – also auch im Bereich von Schule und anderen Bildungsinstitutionen (vgl. Hauser-Schäublin/Braukämper 2002: 10 f.) – zu erforschen.

Österreichische Schulen versuchen seit Jahrzehnten den Anforderungen gerecht zu werden, die sich in einem durch Migration veränderten Schulalltag ergeben. Es ist unbestritten, dass der Umgang mit einer heterogenen Klassensituation (kulturell, sozial, ökonomisch, sprachlich etc.) für viele LehrerInnen eine Herausforderung darstellt. Seitens der Schulpolitik gibt es einige Angebote, die das Lehrpersonal bei ihrer Arbeit unterstützen sollen. Migrationsbewegungen bringen kulturelle Heterogenität in den alltäglichen Unterricht. Das Erlernen von interkulturellen Kompetenzen gewinnt an Bedeutung – das Unterrichtsprinzip „Interkulturelles Lernen" (siehe weiter unten) kann als Beitrag dazu betrachtet werden. Davon ausgehend, dass Kultur dynamisch und veränderlich ist, wird deutlich, dass auch „Interkulturelles Lernen" an die jeweilige Situation angepasst, prozesshaft und dynamisch bleiben muss und einer jeweiligen Anpassung an die Gegebenheiten bedarf (vgl. Baumann 2000: 164).

Für die kultur- und sozialanthropologische Forschung stellt sich die Frage, wie in diesen interkulturellen Begegnungsräumen agiert wird – wie wird „Kultur" bzw. „Ethnizität" im Klassenzimmer wahrgenommen, vermittelt und ausgehandelt? Gibt es überhaupt einen definierten Raum dafür – oder geschieht dies unterschwellig? Eine Studie von Schiffauer, Baumann, Kastoryano und Vertovec in vier europäischen Ländern (Deutschland, Frankreich, Großbritannien und Niederlande) zeigt, dass jeder Staat „seine nationalstaatlich geprägten" MigrantInnen herausbildet – und dass eben jener Herausbildungs- und Identitätsfindungsprozess auch im Schulalltag stattfindet:

> Was den Heranwachsenden heute vor allem vermittelt wird, ist eine je nationalspezifisch eingefärbte *Kultur der Zivilgesellschaft*. Im Zentrum der impliziten und expliziten Lehrpläne stehen heute in allen hier diskutierten Ländern die Vermittlung (angeblich) universaler Werte, die Betonung nationalitätsübergreifender Gemeinsamkeiten, Bekenntnisse zur demokratischen Partizipation und zur friedlichen Lösung interner wie auch zwischenstaatlicher Konflikte. (Schiffauer et al. 2002: 2 f.)

Wenn SchülerInnen mit Migrationshintergrund nicht als (erschwerende) Randerscheinung im Schulalltag betrachtet werden, sondern als wesentlicher Bestandteil der Gesellschaft, die sie beeinflussen und mitgestalten (vgl. Appadurai 1989: 464; Gupta/Ferguson 1997: 46), wird „Interkulturelles Lernen" zur Notwendigkeit. Die Schwerpunktsetzung kann unterschiedlich gelagert sein, von fördernd, um ungleiche Voraussetzungen zu nivellieren, über informativ bis hin zur antirassistischen Erziehung, die Diskriminierung, Rassismus und Vorurteile aufzeigt, hinterfragt und dekonstruiert (vgl. Leeman 1994: 46 f.).

SchülerInnen mit Migrationserfahrung bringen auch eine Vielfalt an Sprachen mit. Im österreichischen Schulsystem wird diesem Thema die meiste Aufmerksamkeit geschenkt. Die Angebote im Bereich „Interkulturelles Lernen" zielen auf die sprachliche Situation ab, nämlich die Förderung des Deutschspracherwerbs und das Angebot von Muttersprachenunterricht, dem wir uns im ersten Teil dieses Artikels widmen. Nach einem Überblick über die Bedeutung von Sprache und Mehrsprachigkeit, über den muttersprachlichen Unterricht für Kinder mit anderer Erstsprache als Deutsch geben wir Einblick in jüngere Entwicklungen, wie beispielsweise die seit dem Schuljahr 2006/07 in den österreichischen Volksschulen eingeführten Sprachförderkurse.

Der zweite Teil widmet sich einem konkreten Beispiel, nämlich der Wiener Schulsituation. Zuerst soll eine Analyse der Wiener SchülerInnenpopulation eine Vorstellung von der quantitativen Dimension vermitteln. Des Weiteren konzentrieren wir uns auf die bisherige Entwicklung der diversen Fördermaßnahmen und deren Intentionen sowie auf die Umsetzung der jüngsten Angebote, wie Frühförderung und zweckgebundene Sprachförderung. Dabei bieten

Einsichten in Fördermöglichkeiten, Förderstrategien und intendierte weitere Förderszenarien den Abschluss.

Der dritte Teil dieses Artikels beschreibt Umsetzungsstrategien und Zukunftsaussichten für den Unterricht in kulturell und sprachlich pluralen Schulsettings.

Zur Bedeutung von Sprache

In der Auseinandersetzung mit kultureller Pluralität in den Klassenzimmern spielen verschiedene Aspekte von Sprache eine wesentliche Rolle, auf die im Folgenden näher eingegangen wird (siehe auch Binder 2003).

Mehrsprachigkeit

SchülerInnen mit Migrationserfahrung sind meistens mehrsprachig sozialisiert. Auf diese Tatsache wird im schulischen Setting oft nicht Rücksicht genommen, vielmehr wird das Augenmerk lediglich auf die Deutsch-Sprachkenntnisse gelegt. Erscheinen diese als „mangelhaft", wird dies als Defizit der SchülerInnen wahrgenommen. In einem interkulturellen Lernumfeld ist es notwendig, Mehrsprachigkeit als Ressource zu entdecken und anzuerkennen. Kenntnisse in den diversen Sprachen der Herkunftsländer sind eine Bereicherung, sei es im schulischen Umfeld (Einbeziehung der unterschiedlichen Sprachkenntnisse in den Unterricht) oder im späteren Beruf (zum Beispiel Gesundheitswesen, Bankenbereich, Fremdenverkehr etc.). Dem Sprachunterricht wird eine vermehrte Bedeutung beigemessen. Die derzeitige Reduktion und Konzentration auf einige wenige Fremdsprachen im regulären Unterricht, wie Englisch und Französisch, ist jedoch nicht ausreichend. Das Sprachangebot zu erweitern – und hier in erster Linie die „MigrantInnensprachen" zu berücksichtigen – wäre ein richtungweisender Ansatz, der vielen SchülerInnen mit Migrationserfahrung entgegenkommt. Eine Anerkennung der Erstsprachenkenntnisse kann das Selbstbewusstsein jener SchülerInnen steigern, das Erlernen weiterer Sprachen ermöglichen und ihnen zum Schulerfolg verhelfen.

Bedeutung der Erstsprache

Schule hat unter anderem die Aufgabe, den SchülerInnen für die positive Bewältigung von Lebenssituationen in und außerhalb der Schule entsprechende Kompetenzen zu vermitteln (vgl. Gröpel 1997: 109). Ansätze, die auf eine positive Identitätsentwicklung abzielen, stehen damit in Zusammenhang. Genau an diesem Punkt kommt die Bedeutung der Erstsprache zum Tragen.

In einer anderssprachigen Umgebung (wie etwa im Residenzland) wird der Gebrauch der Erstsprache meist auf den familiären Bereich reduziert. In der Familie werden sprachliche Kompetenzen jedoch nur in einem gewissen Ausmaß erworben. Diese sind auf ein bestimmtes Vokabular reduziert und weiters findet meist keine Alphabetisierung statt. Die Erstsprache wird somit zur „Privatangelegenheit".

Die Erhaltung und Weiterentwicklung der Erst- oder Herkunftssprache ist nicht nur für die Identitätsentwicklung von Bedeutung, sie spielt ebenfalls im Hinblick auf den gesamten Bildungsweg und für den Erfolg im Berufsleben eine bedeutende Rolle. Es ist nicht möglich, die Entwicklung, die in der Erstsprache begonnen hat, in der Zweitsprache fortzusetzen. Sprachwissenschaftliche Erkenntnisse haben gezeigt, dass ein Bruch im Spracherwerb (Wechsel von Erstsprache zu einer Zweitsprache) zu einer ungenügenden (Zweit-)Spracherwerbsfähigkeit führen und negative Auswirkungen auf die Entwicklung allgemeiner kognitiver Fähigkeiten haben kann, vor allem, wenn die Erstsprache im sozialen Umfeld nicht ausreichend vertreten ist (vgl. de Cillia 1994: 15).

Dieser theoretische Ansatz findet jedoch in den Schulalltag im Bezug auf Minderheiten- und MigrantInnensprachen keinen Eingang. An vielen österreichischen Schulen ist es SchülerInnen aus Migrationsverhältnissen untersagt, sich in ihren Erstsprachen zu unterhalten – sie werden zum Deutschsprechen angehalten (vgl. Binder 2003). Die nicht ausreichende Förderung von Minderheiten- oder MigrantInnensprachen kann als institutionelle Diskriminierung im Schulsystem bezeichnet werden, die zur Festigung bzw. Herausbildung einer unterprivilegierten Schicht (siehe den Beitrag 11 von Tošić und Streissler in diesem Band) führen kann.

Muttersprachenunterricht

Muttersprachlicher Unterricht bietet SchülerInnen mit einer anderen Erstsprache als Deutsch eine einzigartige Gelegenheit, ihre Erstsprache auf schulischem Niveau in Wort und Schrift zu erlernen. An österreichischen Schulen wurde im Schuljahr 2005/06 von 314 Muttersprache-LehrerInnen Unterricht in 17 verschiedenen Sprachen angeboten, nämlich in Albanisch, Arabisch, Bosnisch-Kroatisch-Serbisch, Bulgarisch, Chinesisch, Italienisch, Makedonisch, Persisch, Polnisch, Romanes, Rumänisch, Russisch, Slowakisch, Slowenisch, Spanisch, Tschetschenisch, Türkisch, Ungarisch (vgl. Manolakos/Böheim 2006: 8, Tabelle 3).

Die Situation des muttersprachlichen Unterrichts in Österreich ist in einer dauerhaften Krisensituation (vgl. Waldrauch 2000). Einerseits leiden viele Muttersprache-LehrerInnen unter Arbeitsverhältnissen, die keine kontinuierliche Anstellung an einer Schule ermöglichen, an zu wenig Anerkennung im Lehrkräfte-Team und am Mangel an adäquatem Unterrichtsmaterial. Darüber hinaus wird von SchülerInnen und deren Eltern oft die Notwendigkeit und Sinnhaftigkeit des Muttersprachenunterrichts angezweifelt. Hier ist Aufklärungs- und Öffentlichkeitsarbeit über die Bedeutung des Erhaltes der Erstsprache vonnöten (vgl. Binder 2003; Luciak/Binder in Druck).

Diverse Fördermaßnahmen für Deutsch als Zweitsprache/Fremdsprache[1]

Der deutschen Sprache wird im österreichischen Schulsystem ein sehr hoher Stellenwert zuerkannt. Das kann so weit gehen, dass etwa „akzentfreies Deutsch" als unbedingtes Muss für Integration vorausgesetzt wird (vgl. Binder 2003). Demgegenüber weisen Fördermaßnahmen für Deutsch als Zweitsprache an vielen Schulen in der Praxis große Mängel auf. Die Angebote knüpfen oftmals nicht an den Bedürfnissen der SchülerInnen mit einer anderen Erstsprache als Deutsch an, sondern stellen eher eine Zusatzbelastung dar, die als Muss und Zwang empfunden wird. Von einem integrativen Deutschunterricht mit einem verstärkten Einsatz von Methode und Didaktik des Fremd- bzw. Zweitsprachenunterrichts (DaF – Deutsch als Fremdsprache, DaZ – Deutsch als Zweitsprache) können alle SchülerInnen, aber insbesondere SchülerInnen mit einer anderen Erstsprache als Deutsch, profitieren. Dies würde weiters das Dilemma aufweichen, ob Zweitsprachenförderung integrativ oder segregativ (in oder außerhalb des Klassenverbandes) angeboten werden soll.

Im Schuljahr 2006/07 wurden an Wiener Grundschulen so genannte „Sprachförderkurse" zum Erwerb bzw. zur Verbesserung von Deutschkenntnissen eingerichtet (vgl. Englisch-Stölner/Mayer 2008). Auf Basis eines Sprachstand-Screenings wurden für 2.584 Kinder 220 Kurse, in unterschiedlichen Kompetenzstufen und in unterschiedlichem Ausmaß, an 152 Schulstandorten angeboten (ein Schuljahr lang bis zu 11 Wochenstunden; vgl. Doppler-Ebner/Mayer 2008: 87). Dies ist eine der jüngsten Maßnahmen zur Deutschförderung im österreichischen Schulsystem. Eine Evaluation des Projekts ist zwar noch ausständig, aber es kann davon ausgegangen werden, dass eine solch intensive Förderung positive Wirkung zeigen wird.

---

1 — Eine Kritik der AutorInnen ist bezüglich der Begrifflichkeit hier anzumerken: Da es sich um ein Lehrangebot „Deutsch als Fremdsprache" handelt, sollten die Förderkurse treffender als „Deutsch-Förderkurse" oder „Sprachförderkurse für Deutsch" bezeichnet werden.

Language Awareness [2]

Eine allgemeine Ausrichtung auf Sprache und Mehrsprachigkeit könnte auch unter dem Schlagwort *Language Awareness* (vgl. Byram/Morgan 1994, zit. nach: Rieder 1998) zusammengefasst werden. Dies bedeutet, dass das Sprachbewusstsein zu fördern ist, damit Mehrsprachigkeit bewusst erlebt werden kann. *Language Awareness* geht weg von einem Defizitansatz, mit dem SchülerInnen mit einer anderen Erstsprache als Deutsch oft konfrontiert werden. Vielmehr orientiert sich dieser Ansatz an der Sprachkompetenz aller SchülerInnen – an ihren Sprachkenntnissen, Sprachgewohnheiten und Vorlieben. Kompetenzen in den Erstsprachen der SchülerInnen aus Migrationsverhältnissen finden so auch Eingang in den Unterricht.

Wie der *Cultural Awareness* liegt auch der *Language Awareness* eine gewisse Selbstreflexion als Ausgangspunkt zugrunde. Ein weiterer Vorteil dieses allgemeinen *Language Awareness*-Ansatzes liegt darin, dass die – oft schwierig zu organisierende – Auswahl, welche MigrantInnensprachen an der Schule unterrichtet werden sollen, wegfällt.

Der Sprachbewusstseins-Ansatz lässt sich im Unterricht praktisch leicht umsetzen und bietet in Bezug auf die Bedeutung von Sprache als Kommunikationsmittel im Unterricht Raum für Reflexion von Schulsprache im Allgemeinen. Der Schwerpunkt liegt nicht auf sprachlicher Vermittlung im Unterricht, sondern mehr auf didaktischen Methoden wie etwa „Vorzeigen und Nachmachen", dem Umgang mit Texten und Anweisungen, dem Strukturieren und Erfassen von Texten etwa über Überschriften, Schlüsselstellen und Zusammenfassungen (vgl. Binder 2003).

Bereits Bourdieu misst dem Sprachgebrauch im Allgemeinen eine große Bedeutung bei. Dabei differenziert er nicht zwischen Mehrheits- und Minderheitssprache, sondern rekurriert auf die schichtspezifische „Milieusprache". Schulsprache ist nur für einen geringen Teil, nämlich für „Kinder der gebildeten Klassen die Muttersprache" (Bourdieu 2001: 30).

Ausgangspunkt für alle Maßnahmen in Bezug auf Sprache, Muttersprache und Mehrsprachigkeit ist die Auffassung, dass sich nicht die Kinder in der Schule zu ändern haben, sondern dass sich die Institution Schule auf die Lebenssituationen der SchülerInnen hin ausrichten muss. Sprachsensibilisierung und Sprachvergleich sind neben dem Thematisieren von Migration und den unterschiedlichen Herkunftskulturen, aber auch der Mehrheitskultur, ein wesentlicher Bestandteil von „Interkulturellem Lernen". Dabei ist eine intensive Bewusstmachung von Spracherwerbsprozessen sowie von interkulturellen Kontexten unerlässlich (vgl. Neumann 1994: 229f).

2 — Krumm (1998: 153) verwendet den Begriff *Cultural Awareness* im Sinne von *Language Awareness* in Anlehnung an Byram und Morgan (1994). Unter *Language Awareness* ist das „bewusste, reflektierende Umgehen mit Sprache in all ihren Auftretensformen im interaktiven Rahmen" gemeint (Rieder 1998: 314).

Umsetzungsmaßnahmen von „Interkulturellem Lernen" am Beispiel Wien

Die Wiener SchülerInnenpopulation im Schuljahr 2008/09

Die nachfolgende Tabelle gibt einen Überblick über die Zusammensetzung der aktuellen Wiener SchülerInnenpopulation. SchülerInnen, die die Unterrichtssprache wenig oder gar nicht beherrschen, werden als außerordentliche SchülerInnen geführt und bleiben bis zur Maximaldauer von zwei Schuljahren unbeurteilt. Dies stellt primär einen Schutz vor schulischem Versagen aufgrund mangelnder Sprachkenntnisse in der Unterrichtssprache Deutsch dar.

Tabelle 1: Die Wiener SchülerInnenpopulation[3]

Schulart	Summe SchülerInnen	Summe außerordentliche SchülerInnen	Prozentsatz außerordentliche SchülerInnen
Volksschule	61 161	9 354	15,29
Hauptschule/ Kooperative Mittelschule	31 487	1 559	4,95
Polytechnische Schule/ Fachmittelschule	3 070	114	6,4
Sonderschule	2 888	68	4,8
AHS-Unterstufe	28 655	163	0,49

Maßnahmen im Wiener Schulwesen in den letzten Jahrzehnten

Im österreichischen Schulwesen wurde erst vor knapp 20 Jahren die Notwendigkeit gezielter Förderung von Kindern, die Probleme mit der deutschen Sprache haben, erkannt. Die bis in die 1970er-Jahre gültige und in der Regel einzig angewandte Praxis war jene der Umschulung und der damit verbundenen Verlagerung des Problems in den allgemeinen Sonderschulbereich.

Es ist auch kein Zufall, dass die Notwendigkeit gezielter Förderung von Kindern mit anderer Erstsprache als Deutsch zunächst für jene Schularten konzipiert wurde, in denen Kinder mit Migrationshintergrund verstärkt präsent waren. Primär war dies an den Hauptschulen und Polytechnischen Schulen der Fall, sukzessive auch im Volksschulbereich.

---

3 ___ Quelle: Statistik Austria (2008): Bildung in Zahlen – Tabellenband. Wien, 147 und 171.

Tabelle 2: Chronologie der „Besonderen Fördermaßnahmen in Deutsch" [4]

Schuljahr	Fördermaßnahmen	Status (sv = Schulversuch)
1971/72	Sprachliche Förderkurse für Kinder mit nicht-deutscher Muttersprache	sv nach SCHOG §7
1975/76	Muttersprachlicher Zusatzunterricht für Kinder jugoslawischer MigrantInnen	sv nach SCHOG §7
1976/77	Muttersprachlicher Zusatzunterricht für Kinder kurdischer MigrantInnen	sv nach SCHOG §7
1979/80	Muttersprachlicher Zusatzunterricht für Kinder türkischer MigrantInnen	sv nach SCHOG §7
1987/88	Projekt Begleitlehrer / Projekt Integrative Ausländerkinderbetreuung	sv nach SCHOG §7
1990/91	Seiteneinsteigerkurse an Hauptschulen / Muttersprachlicher Zusatzunterricht für Kinder polnischer MigrantInnen	sv nach SCHOG §7
1991/92	Seiteneinsteigerkurse an Volksschulen (Grundstufe II)	sv nach SCHOG §7
1992/93	Schulische Betreuung von Flüchtlingskindern	sv nach SCHOG §7
1993/94	Überführung aller Maßnahmen ins Regelschulwesen	Regelschulwesen
2006/07	Beginn Frühförderung im letzten Kindergartenjahr als Angebot für alle Kinder, Emphase auf Sprachförderung	Bundesbedeckung
2006/07	Beginn zweckgebundene Sprachförderung in der Volksschule	Stellenplanzusatz
2008/09	Zweckgebundene Sprachförderung in der Volksschule und der Hauptschule (Wien begann die zweckgebundene Sprachförderung bereits vor der Bundes-Maßnahme an Hauptschulen im Schuljahr 2007/08)	Stellenplanzusatz
2009/10	Wiener Fördermodell 1 + 1	Vereinbarung Bund – Länder / Wiener Variante

4 __ Tabelle erstellt von Wolfgang Gröpel.

Waren in den 1990er-Jahren via einem Schlüssel an zusätzlichen LehrerInnen-dienstposten für Kinder mit nicht-deutscher Muttersprache etwa 900 Begleitleh-rerInnen allein in Wiener allgemein bildenden Pflichtschulen zur Betreuung der hier gegenständlichen SchülerInnenpopulation im Einsatz, brachte das Finanz-ausgleichsgesetz 2000 nicht nur eine Abkehr von dieser Praxis, sondern halbierte damit die Betreuungsmöglichkeiten.

Erst mit der „Zweckgebundenen Sprachförderung" reetablierte die Bundes-regierung erstmals für das Schuljahr 2006/07 das Bekenntnis des Staates zur un-verzichtbaren Notwendigkeit einer offensiven und gezielten Förderung der SchülerInnen mit Migrationshintergrund. Unter „Zweckgebundener Sprachför-derung" versteht man denjenigen Teil der Fördermaßnahmen in Deutsch für jene Kinder und Jugendliche, die über mangelnde Deutschkenntnisse verfügen und seitens des Bundesministeriums für Unterricht, Kunst und Kultur (BMUKK) zusätzlich zu anderen bestehenden Fördermaßnahmen durch zusätzliches Leh-rerInnenpersonal unterstützt werden.

Frühe Sprachförderung und Bildungsstandards

Die gesetzliche Basis für die „Frühe Sprachförderung" ist eine Vereinbarung zwi-schen dem Bund und den Bundesländern gemäß Artikel 15a des Bundesverfas-sungsgesetzes. Diese von allen neun österreichischen Bundesländern unter-zeichnete Vereinbarung sieht folgende Standards vor:[5]
- Die verpflichtende Sprachförderung für Kinder mit festgestelltem Sprach-förderbedarf soll in institutionellen Kinderbetreuungseinrichtungen durch-geführt werden.
- Die Sprachförderung soll durch Kindergartenpädagoginnen und Kinder-gartenpädagogen auf spielerische und integrative Weise erfolgen.
- Die konkrete Umsetzung und Organisation der Förderung obliegt den Kin-dergartenerhaltern nach regionalen Bedürfnissen.
- Im Rahmen eines bundeseinheitlichen Bildungsplans für den Kindergarten wurde ein einheitlicher Sprachentwicklungsplan vom BMUKK gemeinsam mit den Bundesländern erarbeitet.

Im Jahr vor dem Schuleintritt in die Volksschule erhalten Kinder mit Förderbe-darf (in Wien sehr wohl auch Kinder mit Deutsch als Muttersprache) im Kinder-garten eine individuelle sprachliche Förderung. Spielerische Methoden werden angewendet, um den Kindern den Umgang mit der deutschen Sprache zu er-leichtern. LehrerInnen und KindergartenpädagogInnen werden speziell für die frühe sprachliche Förderung ausgebildet. Dazu wurden ein Verfahren zur Sprach-standsfeststellung, ein Sprachentwicklungsplan sowie „Standards" (siehe oben)

5 __ Nach Vortrag an den Ministerrat, Betreff: Frühkindpädagogik und Ausbau des Kinder-betreuungsangebotes, GZ. 422240/0006 – II/2/2007 vom 10. Oktober 2007.

erstellt. Diese Maßnahmen werden in den Kindergärten kindgerecht und in vertrauter Umgebung durchgeführt.

Um Kindern zwei Jahre individueller sprachlicher Förderung zu ermöglichen, entwickelte man in Zusammenarbeit von Kindergarten und Schule das so genannte „Wiener Fördermodell 1+1". Kinder mit Förderbedarf in Deutsch erhalten zuerst im Kindergarten, dann in der Volksschule durch vorschulische Erziehung eine optimale Förderung. Gezielt werden die Bereiche Sprache, soziales Verhalten, körperliche Geschicklichkeit und Bewegungsverhalten sowie Wissen und Begreifen gefördert. Damit es zu keiner Überforderung kommt, wird das Bildungsangebot individuell an den Entwicklungsstand des Kindes angepasst.[6]

Im April 2009 wurde an den Wiener Volksschulen die Schulreife der Schulneulinge für das Schuljahr 2009/10 überprüft. Für Kinder, die noch keine Schulreife aufwiesen, ist durch individuelle Förderprogramme ein zweites Jahr der (Vorschul-)Förderung an den Volksschulen vorgesehen.

Ferner wurden einheitliche Bildungsstandards unter anderem für den Deutschunterricht für die vierte Schulstufe[7] zur Überprüfung der Sprachkompetenzen der geförderten Kinder erarbeitet.[8] Diese dienen unter anderem der Evaluierung der Deutschkenntnisse im Kindergarten und in den vier Volksschulstufen.

Sprachförderkurse

Die gesetzliche Grundlage der Sprachförderkurse ist im §14a des Schulorganisationsgesetzes gegeben.[9] Dieser gesetzlichen Bestimmung zufolge können in den Schuljahren 2006/07 und 2007/08 und durch die Verlängerung der Maßnahme auch für die Schuljahre 2008/09 und 2009/10 (§8e SCHOG)[10] in der Vorschulstufe sowie in den ersten vier Schulstufen (ab einer Anzahl von acht SchülerInnen) Sprachförderkurse eingerichtet werden. Für die Sprachförderkurse konnten die Landesschulräte zusätzliche LehrerInnen im Stellenplan der Bundesländer monieren.

Angelehnt an die allgemeinen Kompetenzstufen des Europäischen Sprachenportfolios[11] erfolgte die Einteilung der SchülerInnen mit anderer Erstsprache als

6 __ Frühe sprachliche Förderung im Kindergarten, eine Initiative des bm:ukk, September 2008.

7 __ Änderung des Schulunterrichtsgesetzes § 17 Abs. 1, BGBl. Nr. 28/2008 vom 8. August 2008, verordnet per 1. 1. 2009.

8 __ Bildungsstandards sind konkret formulierte Lernergebnisse, die sich gemäß dem Lehrplan der jeweiligen Schulart (Form, Fachrichtung) auf einzelne Pflichtgegenstände oder auf mehrere in fachlichem Zusammenhang stehende Pflichtgegenstände beziehen (zit. nach SCHUG, § 17, Abs. 1) und von einer Arbeitsgruppe des BMUKK erarbeitet wurden.

9 __ BGBl. Nr. 242/1962, zuletzt geändert durch BGBl. Nr. 20/2006.

10 __ BGBl. Nr. 116/2008.

11 __ Mithilfe der Europäischen Sprachenportfolios kann verständlich und vergleichbar beschrieben werden, welche Sprachen jemand wie gut kann.

Deutsch durch ein „Screening".[12] Dieses Screening unterscheidet innerhalb der Dimensionen „Hören", „Sprechen", „Lesen" und „Schreiben" drei Kompetenzstufen:

- Kompetenzstufe A: Das Kind nimmt Wörter auf, versteht vertraute Wörter und einfache Sätze, bewältigt einfache Kommunikationsstrukturen (Ein- und Zweiwortsätze) und kann kurze und einfache Mitteilungen verfassen.
- Kompetenzstufe B: Das Kind versteht bei deutlicher Unterstützung, nimmt an Gesprächen über vertraute Alltagsthemen teil und schreibt in eingeschränkten Satzmustern.
- Kompetenzstufe C: Das Kind hat einen bedeutenden Zuwachs des passiven und aktiven Wortschatzes, versteht entsprechend dem Wortschatz, wendet einfachste grammatische Strukturen an und versucht bereits die sprachlichen Ausdrücke dem Inhalt eines Dialogs anzupassen.

Der Lehrplanzusatz Deutsch für die österreichische Volksschule wurde nach verschiedensten Bereichen wie „Hörverstehen und Sprechen", „Lesen und Schreibenlernen", „Sprachbetrachtung", „Weiterführendes Lesen" und „Weiterführendes Schreiben" anhand von Themen für die Kompetenzstufe A konkretisiert.

Seit dem Schuljahr 2007/08 wurde analog der Bundesmaßnahme für Volksschulen in Wien die Bundesentwicklung antizipierend mit Sprachfördermaßnahmen in den Wiener Hauptschulen im Projekt „Kooperative Mittelschule" begonnen.

Mit dem Schuljahr 2008/09 wurden die Sprachfördermaßnahmen auf den Bereich der Hauptschulen ausgedehnt.

Größendimension und Auswertung der Sprachförderkurse[13]

Nachfolgende Tabelle soll eine Übersicht über die Größendimension der Sprachfördermaßnahmen in Volksschulen und ab 2007/08 in Hauptschulen geben.

Tabelle 3: Sprachfördermaßnahmen in Volks- und Hauptschulen[14]

	2006/07		2007/08	
	VS	HS	VS	HS
Standorte	154	—	130	41
KurslehrerInnen	207	—	177	69
Kurse	220	—	220	79
Kinder	2584	—	2680	803

12 — Dieses wurde entwickelt vom zibs (Zentrum für „Interkulturelles Lernen", Bilingualität und Schulentwicklung).
13 — An Wiener Volksschulen nach Mayer (2008).
14 — Tabelle erstellt von Wolfgang Gröpel.

Der überwiegende Teil der erfassten sprachgeförderten Kinder auf der Kompetenzstufe A braucht das volle Kursjahr, bevor die Kompetenzstufe B erreicht wird.[15] Eine Verlaufsdokumentation über die Lernfortschritte jedes einzelnen Kindes wurde angelegt.

Als Fazit darf man sagen, dass der Weg der begleiteten, mit Personalressourcen unterstützten gezielten Sprachförderung absolut richtig und auch richtungweisend[16] ist. Nach 35 Schulwochen, also etwa einem Schuljahr, zeigt sich, dass von 1816 SchülerInnen immerhin 1794 in die Kompetenzstufe B wechselten, wo sie weiterhin Unterstützung durch so genannte BegleitlehrerInnen[17] erhielten. Diese SchülerInnen werden überwiegend integrativ in ihrem Klassenverband beschult und gefördert.

„Interkulturelles Lernen" – Anregungen zur Umsetzung

Wie findet die praktische Umsetzung von „Interkulturellem Lernen" nun statt? Die im Folgenden angeführten Bereiche, Empfehlungen und Anregungen beziehen sich nicht nur auf die individuelle Ebene der Lehrkräfte und SchülerInnen, auf der „Interkulturelles Lernen" derzeit in erster Linie zum Einsatz gelangt (vgl. Binder 2003; Fillitz 2003), sondern geht weit darüber hinaus.

Cultural Awareness

Kulturelle Heterogenität als solche wahrzunehmen, wertzuschätzen und umzusetzen geht über den „Austausch von Kulturen und gegenseitiges Kennenlernen", wie es im Unterrichtsprinzip „Interkulturelles Lernen" formuliert ist, hinaus. Diesbezüglich bieten sich jene wissenschaftlichen Ansätze an, die unter dem Schlagwort *Cultural Awareness* (vgl. Krumm 1998: 153) im Sinne einer Sensibilisierung und Bewusstmachung von kulturellen Differenzen und/oder Gemeinsamkeiten verstanden werden können. Bei diesen Ansätzen wird von einem Kulturbegriff, der sich auf Alltagskultur und daher sowohl auf nationale als auch auf soziale, sprachliche, genderspezifische und ethnische Herkunft bezieht, ausgegangen. Im Wesentlichen geht es darum, „Kultur bewusst zu machen". Dies be-

---

15 __ Von 2680 geförderten Kindern erreichten nur 74 während des Schuljahres bereits die Kompetenzstufe B in puncto Beherrschung der deutschen Sprache.
16 __ Kritik an der derzeitigen segregativen Form der Sprachförderkurse gibt es dahingehend, dass die SchülerInnen während des Kurses nicht an den anderen Unterrichtsfächern teilnehmen können und so unter Umständen schwieriger in den Klassenverband integriert werden bzw. Unterrichtsstoff versäumen, der in der Regel außerhalb der Schulzeiten nachgeholt werden müsste.
17 __ BegleitlehrerInnen sind speziell für den Erwerb von Deutsch als Zweitsprache ausgebildete Volks-, Hauptschul- oder SonderschullehrerInnen.

zieht sich in erster Linie auf eine Selbstreflexion eigener kultureller Hintergründe und Sozialisationen auf einer ganz persönlichen und erlebbaren Ebene. So können Klischees aufgezeigt und eine differenzierte Betrachtungsweise ermöglicht werden. Kultur ist nichts Unveränderliches und nichts, was einer Gruppe homogen zugeschrieben werden kann.

Wie die Evaluierung des Projekts „Interkulturelles Lernen" in den Niederlanden (vgl. Ledoux et al. 2000: 20f.) aufzeigt, bietet sich ein pluriformer Ansatz für „Interkulturelles Lernen" besonders an, bei dem von einer Vielfalt an kulturellen Settings, in ethnischer, sozialer, ökonomischer sowie religiöser Hinsicht, ausgegangen wird. Hingegen können kulturalistische Ansätze, die SchülerInnen auf eine starre (Herkunfts-)Kultur festschreiben, leicht zu Dichotomisierungen führen. Ähnlich wie bei *Cultural Awareness* stellen dabei kulturelle Pluriformität und die Sensibilisierung für Unterschiede aller Art ein zentrales Thema dar.

So kann kultureller Austausch sensibilisieren und kulturelles Bewusstsein fördern. Eine bewährte Form des kulturellen Austausches sind Klassenreisen in andere Länder, SchülerInnenaustauschprogramme und gegenseitige Besuche zwischen Partnerschulen. Sie tragen wesentlich zu gegenseitigem Respekt und Toleranz bei und fördern das Verständnis für größere transnationale Zusammenhänge und Verbindungen in der Welt.

Schulbücher

Aus kultur- und sozialanthropologischen Forschungen in Österreich (vgl. Dostal 1995; Fillitz 1995; Efinger 1999; Markom/Weinhäupl 2007) geht deutlich die Forderung nach einer kritischen inhaltlichen Überarbeitung der Unterrichtsmaterialien in Bezug auf Themen wie Migration, Integration, Minderheiten, Islam und andere Religionen hervor.

Leicht im Unterricht umsetzbar ist ein kritischer Umgang mit Schulbüchern, dementsprechend SchülerInnen beispielsweise gemeinsam Texte durch eine „interkulturelle Brille" betrachten lernen: Wo werden diskriminierende Inhalte vermittelt, wo und wie werden interkulturelle Inhalte aufbereitet und wo fehlen sie? SchülerInnen sollten lernen, (Schulbuch-)Texte nicht als „objektiv, wahr und unfehlbar" hinzunehmen, sondern immer auch die Meinung und Ansicht der dahinter stehenden AutorInnen mitzudenken (vgl. Luciak/Binder in Druck).

Aus-, Weiter- und Fortbildung für LehrerInnen

Eine Schwerpunktsetzung auf „Interkulturelles Lernen" bereits in der Ausbildung an Pädagogischen Hochschulen und Universitäten ist am effektivsten, um den Umgang mit kultureller Pluralität im Klassenzimmer zu lernen und interkulturelle Unterrichtsinhalte umzusetzen.

Fortbildung ist für LehrerInnen in Österreich generell verpflichtend. Die Kurs-Angebote an den Pädagogischen Hochschulen sind zahlreich und thematisch sehr vielfältig, interkulturelle Themen nehmen jedoch nur einen kleinen Bereich ein. Gerade hier könnten Kultur- und SozialanthropologInnen Programme und Projekte entwickeln und Angebote einbringen, die sich mit interkulturellen Themen auseinandersetzen, wie beispielsweise Globales Lernen oder über die Vielfalt im Islam etc.

Vernetzungen

Schulen sollten vermehrt auf personelle Unterstützung von außen zurückgreifen. Kontakte mit dem lokalen Umfeld und das Einbeziehen der Nachbarschaft unterstützen eine positive Identitätsentwicklung bei SchülerInnen, insbesondere bei jenen aus Migrationsverhältnissen. Die Zusammenarbeit mit spezialisierten Institutionen (zum Beispiel BAOBAB, ,Zentrum POLIS – Politik Lernen in der Schule', ,Interkulturelles Zentrum', Beratungsstellen für MigrantInnen, Jugendzentren, Familien- und SozialtherapeutInnen etc.) schafft einen Zugang zu ExpertInnen-Wissen, von dem das Schulpersonal profitieren kann. Letztlich wirken Kooperationen mit schulexternen Stellen auf längere Sicht entlastend, mag auch anfänglich die Kontaktaufnahme und Organisation einen zusätzlichen Arbeitsaufwand darstellen.[18]

TutorInnen-System

Es handelt sich hierbei um eine Art informelle Partnerschaft, bei der SchülerInnen einander als TutorInnen im Unterricht unterstützen. In Hinblick auf die kulturelle und sprachliche Vielfalt der SchülerInnen in einem interkulturellen Setting sind es in erster Linie die Sprachkenntnisse einiger SchülerInnen, die im TutorInnen-System zum Einsatz kommen. Die SchülerInnen profitieren gegenseitig von ihren Fähigkeiten – etwa wenn ein Kind übersetzt und/oder erklärt. Dadurch wird das Selbstbewusstsein enorm aufgewertet und die Erstsprache vermehrt berücksichtigt. Zusätzlich werden die SchülerInnen zur aktiven Mitarbeit angeregt (vgl. Binder 2003). Hierbei muss kritisch angemerkt werden, dass dies für die TutorInnen eine zusätzliche Belastung darstellen kann.

---

18 ___ Als Beispiele seien hier das (in Österreich inzwischen nicht mehr finanzierte) Projekt ,Schule ohne Rassismus' (http://www.asyl.at) oder das kultur- und sozialanthropologische Projekt ,KuKeLe' (Kulturen Kennenlernen, http://www.8ung.at/kukele) genannt.

Mentoring-System

In einer niederländischen Studie von Crul (1999) kristallisierte sich heraus, dass Hilfe und Unterstützung von Geschwistern, Gruppen und FreundInnen wichtige Faktoren sind, die einen Schulerfolg positiv beeinflussen. Das Fehlen von elterlicher Unterstützung hingegen zeigt negative Auswirkungen auf allen Ebenen.

In einer Nachfolgestudie zum Thema Mentoring zeigt Crul (2001) auf, wie ein von der Schule initiiertes Mentoring-Programm diesen Einfluss von *groupmembers* positiv nutzen kann. In diesem Mentoring-Programm übernehmen ältere SchülerInnen, mit einer erfolgreichen Schullaufbahn, quasi die Rolle älterer Geschwister. Besonders effektiv ist ein solches Mentoring, wenn MentorIn und Mentee ähnliche Erfahrungen teilen, also etwa aus derselben MigrantInnen-Community kommen. „Der Schlüssel zum Erfolg bei der Betreuung ‚aus dem eigenen Kreis' ist, dass die Hilfe von einem Menschen kommt, der sich in die Situation des Jugendlichen hineinversetzen kann, sowohl zu Hause als auch in die Schul-Situation" (Crul 2001: 2). Es geht hier keineswegs um „Nachhilfe" im herkömmlichen Sinn, sondern der/die MentorIn dient als AnsprechpartnerIn für viele Situationen, die für SchülerInnen aus Migrationsverhältnissen oft spezifisch sind. MentorInnen, die selbst nicht nur diese Migrationserfahrung, sondern auch die schulischen Erfahrungen teilen, können positiven Einfluss ausüben. Sie haben einen Teil der Schullaufbahn bereits erfolgreich absolviert, ihr Erfolg ist real und eine Nachahmung erstrebenswert.

Im Sinne von *empowerment* sollen die MentorInnen an die Kapazitäten der SchülerInnen appellieren, sie stimulieren und richtungweisend sein. Einerseits zeigen sie durch ihre Vorbildwirkung, wie mit dem nötigen Einsatz und Arbeitsaufwand ein erfolgreicher Schulabschluss erreicht werden kann, andererseits müssen die SchülerInnen selbst daran arbeiten und Leistung erbringen (vgl. Crul 2001: 12).

Conclusio

„Interkulturelles Lernen" findet in österreichischen Schulen oft keine adäquate Umsetzung, wie eine Studie am Wiener Institut für Kultur- und Sozialanthropologie zeigte: „Für das Unterrichtsprinzip ‚Interkulturelles Lernen' fehlen noch klarere Richtlinien, deutlichere Vorgaben, (sowie) intensivere Wissens- und Kompetenzvermittlung" (Fillitz 2003: 81).

Ansätze der Kultur- und Sozialanthropologie, die sich mit Migration sowie Bildungssystemen auseinandersetzen, können richtungweisend wirken. Verstärkt werden seitens der Bildungspolitik Kultur- und SozialanthroplogInnen in die Zusammenarbeit, etwa in Form von Forschungsaufträgen, eingebunden: beispielsweise beim Projekt „,Interkulturelles Lernen' in der Praxis" unter der

Leitung von Thomas Fillitz oder das Handbuch „Interkulturelles Lernen", das für den Bereich allgemeinbildende Pflichtschulen und allgemeinbildende höhere Schulen von Luciak und Binder (in Druck) erarbeitet wurde. Für Studierende unseres Faches gibt es laufend Angebote, die mögliche Kooperationsbereiche zwischen Kultur- und Sozialanthropologie und Bildungseinrichtungen sowohl theoretisch beleuchten wie auch praktisch in Form von Seminaren und Feldpraktika umsetzen.

Fragen zur Erstellung eigenständiger wissenschaftlicher Arbeiten

1. Inwiefern sind Bildungseinrichtungen zum Forschungsbereich der Kultur- und Sozialanthropologie geworden?
2. Beschreiben Sie die Rolle von Erstsprache/Mehrsprachigkeit (Muttersprachenunterricht, *Language Awareness*, Deutsch als Fremdsprache) im Schulbereich.
3. Wie würden Sie „Interkulturelles Lernen" beschreiben, welche Maßnahmen gibt es bereits, welche Ansätze für die Umsetzung könnten Sie sich vorstellen?

Basisliteratur

Baumann, Gerd (2000): Das Rätsel der multikulturellen Gesellschaft. Neue Wege durch den Ethnologischen Dreischritt. In: Schomburg-Scherff, Sylvia/Heintze, Beatrix (Hg.): Die offenen Grenzen der Ethnologie. Schlaglichter auf ein sich wandelndes Fach. Frankfurt am Main: Lembeck, 157–169.

Binder, Susanne (2004): „Interkulturelles Lernen" aus ethnologischer Perspektive. Konzepte, Ansichten und Praxisbeispiele aus Österreich und den Niederlanden. Wien: LIT.

Fillitz, Thomas (Hg.) (2003): „Interkulturelles Lernen". Zwischen institutionellem Rahmen, schulischer Praxis und gesellschaftlichem Kommunikationsprinzip. Bildungsforschung des bm:bwk. Band 18. Innsbruck: Studienverlag.

Gröpel, Wolfgang (1997): Sozialisation, Identität und „Lebenswelt Schule" von Kindern aus Migrationsverhältnissen. Diplomarbeit, Universität Wien.

Gröpel, Wolfgang (1999) (Hg.): Migration und Schullaufbahn. Wissenschaftstheoretischer und praxisorientierter Diskurs inklusive internationalem Ausblick zu (Schul-)Karrieren von Kindern ethnischer Minderheiten. Berlin et al.: Peter Lang.

Schiffauer, Werner/Baumann, Gerd/Kastoryano, Riva/Vertovec, Steven (Hg.) (2002): Staat – Schule – Ethnizität. Politische Sozialisation von Immigrantenkindern in vier europäischen Ländern. Münster et al.: Waxmann.

Literatur

Anweiler, Oskar/Mitter, Wolfgang (2002): Globalisierung und Weltpädagogik. Einleitung. In: Bildung und Erziehung 55/4, 357–364.

Appadurai, Arjun (1996): Modernity at Large. Cultural Dimensions of Globalization. Minneapolis: University of Minnesota Press.

Bundesgesetzblatt (BGBl.) Nr. 116/2008.

Bundesgesetzblatt (BGBl.) Nr. 242/1962, zuletzt geändert durch BGBl. Nr. 20/2006.

Binder, Susanne (2003): Migration, Segregation, Integration. Konzept und Praxis Interkulturellen Lernens aus ethnologischer Perspektive. Ein Vergleich zwischen Österreich und den Niederlanden. Dissertation, Universität Wien.

Bourdieu, Pierre (2001): Wie die Kultur zum Bauern kommt. Über Bildung, Schule und Politik. Schriften zu Politik & Kultur 4, hg. von Margareta Steinrücke. Hamburg: VSA-Verlag.

Byram, Michael/Morgan, Carol (eds.) (1994): Teaching-and-Learning Language-and-Culture. Clevedon: Multilingual Matters.

Crul, Maurice (1999): Explanations for Schoolsuccess among Second Generation Maroccan and Turkish Youth in the Netherlands. In: Crul, Maurice/Lindo, Flip/Lin Pang, Ching (eds.): Changing Identities and Social Positions of Immigrants and their Children. Amsterdam: Het Spinhuis, 91–111.

Crul, Maurice (2001): Success maakt successvol. Leerlingenbegleiding in het voortgezet onderwijs door Turkse en Marokkaanse studenten. Amsterdam: Het Spinhuis.

De Cillia, Rudolf (1994): Was heißt hier eigentlich bilingual? Formen und Modelle bilingualen Sprachunterrichts. In: Koschat, Franz/Wagner, Gottfried (Hg.): Bilinguale Schulen. Lernen in zwei Sprachen. Bildungskooperation mit Ungarn, Tschechien und der Slowakei; bilingualer Unterricht in Österreich. Wien: Bundesministerium für Unterricht und Kunst, 11–20.

Doppler-Ebner, Ulrike/Mayer, Werner (2008): Ein Jahr Sprachförderzentrum und Sprachförderkurse an Wiener Grundschulen. In: Erziehung und Unterricht Jänner/Februar 2008, 87–94.

Dostal, Walter (1995): Das große Missverständnis. Über den Wandel des Islambildes und seine Auswirkungen auf die Schulbücher. In: Heine, Susanne (Hg.): Islam zwischen Selbstbild und Klischee. Eine Religion im österreichischen Schulbuch. Wien: Böhlau, 267–294.

Efinger, Karin (1999): Die Darstellung ethnischer Minderheiten in österreichischen Schulbüchern der Grundstufe. Eine ethnologische Untersuchung. Diplomarbeit, Universität Wien.

Englisch-Stölner, Doris/Mayer, Werner (2008): Interpretation zur Erhebung von den Sprachförderkursen in Wien. In: Erziehung und Unterricht 158/1–2, 95–104.

Fillitz, Thomas (1995): Schulbuchanalyse Geographie und Wirtschaftskunde. In: Heine, Susanne (Hg.): Islam zwischen Selbstbild und Klischee. Eine Religion im österreichischen Schulbuch. Wien: Böhlau, 239–266.

Gellner, Ernest (1995): Nationalismus und Moderne. Berlin: Rotbuch.

Gupta, Akhil/Ferguson, James (1997): Beyond "Culture": Space, Identity and the Politics of Difference. In: Gupta, Akhil/Ferguson, James (eds.): Culture, Power, Place. Explorations in Critical Anthropology. Durham: Duke University Press, 33–51.

Hannerz, Ulf (1996): Transnational Connections. Culture People Places. London/New York: Routledge.

Hauser-Schäublin, Brigitta/Braukämper, Ulrich (Hg.) (2002): Ethnologie der Globalisierung. Perspektiven kultureller Verflechtungen. Berlin: Reimer.

Krumm, Hans-Jürgen (1998): „Grenzgänger" – Zur Rolle von Lehrerinnen und Lehrern für eine „Interkulturelle Schule". In: Eichelberger, Harald/Furch, Elisabeth (Hg.): Kulturen, Sprachen, Welten: die Herausforderung (Inter-)Kulturalität. Innsbruck: Studienverlag, 143–159.

Ledoux, Guuske/Leeman, Yvonne/Moerkamp, Trudy/Robijns, Monica (2000): Ervaringen met intercultureel leren in het onderwijs. Evaluatie van hat project intercultureel leren in de klas. Amsterdam: SCO-Kohnstamm Instituut, Universiteit van Amsterdam.

Leeman, Yvonne (1994): Samen jong. Nederlandse jongeren en lessen over inter-etnisch samenleven en discriminatie. Utrecht: Van Arkel.

Luciak, Mikael/Binder, Susanne (in Druck): Informationen und Anregungen zur Umsetzung des Unterrichtsprinzips „Interkulturelles Lernen". Ein Handbuch für den Bereich allgemeinbildende Pflichtschulen und allgemeinbildende höhere Schulen. Wien: bm:ukk.

Manolakos, Theodora/Böheim, Sabine (2006): Der muttersprachliche Unterricht in Österreich. Statistische Auswertung für das Schuljahr 2005/06. bm:bwk: Informationsblätter des Referats für „Interkulturelles Lernen" Nr. 5/2006. Wien.

Markom, Christa/Weinhäupl, Heidi (2007): Die Anderen im Schulbuch. Rassismen, Exotismen, Sexismen und Antisemitismus in Österreichischen Schulbüchern. Sociologica. Band 11. Wien: Braumüller.

Mayer, Werner (2008): Erstauswertung Wiener Sprachförderkurse, 3 f. (unveröffentlicht).

Neumann, Gertrud (1994): Sprachlernen im Interkulturellen Kontext. In: Gauß, Rainer/ Harasek, Anneliese/Lau, Gerd (Hg.): Interkulturelle Bildung – Lernen kennt keine Grenzen. Band 1. Eine Einführung, Schule und Erziehung. Wien: Verlag Jugend & Volk, 211–231.

Rieder, Karl (1998): Language Awareness: Grundbedingung für Interkulturelle Pädagogik. In: Eichelberger, Harald/Furch, Elisabeth (Hg.): Kulturen, Sprachen, Welten: die Herausforderung (Inter-)Kulturalität. Innsbruck: Studienverlag, 306–317.

Statistik Austria (2008): Bildung in Zahlen – Tabellenband. Wien, 147 und 171.

Vortrag an den Ministerrat, Betreff: Frühkindpädagogik und Ausbau des Kinderbetreuungsangebotes, GZ. 422240/0006 – II/2/2007 vom 10. Oktober 2007.

Waldrauch, Harald (2000): Muttersprachliche Lehrerinnen und Lehrer in Österreich. Statistische Auswertung für das Schuljahr 1999/2000. Kurzbericht. Informationsblätter des Referats für Interkulturelles Lernen Nr. 5/2005. Wien: bm:bwk.

Ruth Kutalek

17 Migration und Gesundheit:
Strukturelle, soziale und kulturelle Faktoren

Einleitung

Migration und die damit einhergehende multiethnische Realität ist kein neues Phänomen. Durch die Öffnung Europas (zumindest innerhalb der *Europäischen Union*) wird Migration zum Teil intensiviert und es entstehen neue Migrationsmuster. Dies macht es notwendig, die damit zusammenhängenden Herausforderungen im Gesundheitssektor näher zu untersuchen. Wie immer man MigrantInnen demographisch zu erfassen versucht – nach ethnischer oder nationaler Herkunft, nach sozialen Kriterien, Zeitpunkt der Migration, Migrationserfahrungen usw. –, wird klar, dass sie eine überaus heterogene Gruppe darstellen, die „lediglich als dünne Gemeinsamkeit haben, nicht der Mehrheitsgesellschaft anzugehören" (Assion 2005: 133). Im alltäglichen europäischen Bewusstsein wird dabei relativ wenig in Bezug auf diese Heterogenität reflektiert.

Migration ist für viele Betroffene ein einschneidendes Ereignis, das je nach sozialen und ökonomischen Faktoren, Alter, Geschlecht, Bildung, Migrationsmotivation, Herkunftsland und individuellen Erlebnissen unterschiedlich erfahren werden kann. Der Verlust der sozialen Bezüge, schlechtere Lebens- und Wohnbedingungen und begrenzte Sprachkenntnisse führen oftmals zu Isolation mit all ihren Folgen für die körperliche und psychische Gesundheit (vgl. Wimmer-Puchinger et al. 2006). Dabei muss berücksichtigt werden, dass durch die Heterogenität der MigrantInnenpopulation „keineswegs von einer gemeinsamen Erfahrung oder einem vergleichbaren – möglicherweise belastenden – Prozess bei dem Wechsel in das neue kulturelle Umfeld ausgegangen werden kann" (Assion 2005: 133).

Abhängig vom Herkunftsland und der Migrationspolitik des jeweiligen Aufnahmelandes sind MigrantInnen selten gern gesehen. Vielfach werden sie nicht als soziale, kulturelle oder ökonomische Bereicherung erlebt und somit als gleichberechtigte MitbürgerInnen behandelt, sondern oftmals als „notwendig" dargestellte „Bürde" angesehen. Diese generellen Einstellungen, die sich in Diskriminierung, Ausgrenzung und „Ausländerfeindlichkeit" manifestieren können, machen auch vor dem Gesundheitsbereich nicht halt. Selbst wenn MigrantInnen und ethnische Minoritäten über volle soziale und politische Rechte verfügen, kann Ungleichheit, Rassismus und Xenophobie institutionell manifestiert werden und direkt oder indirekt den Zugang zu Gesundheitsleistungen beeinflussen (vgl. Bollini/Siem 1995: 821).

Migration findet zunehmend auch in einem (eng) festgesetzten zeitlichen Rahmen statt. Insbesondere von Kriegsflüchtlingen wird vermehrt erwartet, dass sie nach Beendigung der unmittelbaren bedrohlichen Situation in ihre Heimatländer zurückkehren (ein gutes Beispiel für den europäischen Kontext sind die Länder des ehemaligen Jugoslawien). „Die soziale Einbettung sowie die rechtliche, ökonomische und soziale Sicherheit als Schlüsselfaktoren für Gesundheit und damit für einen erfolgreichen Integrationsprozess werden nur übergangsweise gesichert" (Loncarevic et al. 2001: 118). Das impliziert, dass die soziokulturelle Integration (wie etwa das Erlernen der Sprache oder der Zugang zum Arbeitsmarkt) vom Aufnahmeland gar nicht gewollt und auf ein Minimum reduziert wird, mit all seinen paradoxen Konsequenzen für die psychosoziale Betreuung. Auch wird der Prozess der Flucht oftmals entpolitisiert und soziales Leid in einen medizinischen Zustand verwandelt. Arthur und Joan Kleinman (1997: 9 ff.) nennen das die „Pathologisierung von sozialem Leid". Krankheit ist die Form, in der das soziale Leiden als Flüchtling auf institutioneller Ebene wahrgenommen wird. Die Gesundheitsinstitutionen wiederum müssen medizinische Lösungen für eigentlich soziale Probleme finden (vgl. Kleinman/Kleinman 1997: 133). Traumatische Erfahrungen werden vielfach auf das Geschehen im Heimatland reduziert, obwohl die Betroffenen die soziale Isolation oder jahrelangen Unsicherheiten bezüglich des Aufenthaltsstatus im Aufnahmeland oftmals als viel belastender empfinden (vgl. Salis Gross 2004).

Problematiken in Bezug auf Migration und Gesundheit sind in erster Linie struktureller Natur und Verbesserungen in diesem Bereich können ebenfalls nur strukturell sein. Das impliziert aber auch, dass von positiven Veränderungen nicht nur MigrantInnen, sondern alle Bevölkerungsbereiche profitieren würden. Im Spitalsalltag etwa ist Kommunikation aufgrund mangelnder Deutschkenntnisse bei MigrantInnen oftmals ein Problem. Professionelle ÜbersetzerInnen sind praktisch nicht vorhanden und so müssen sich ÄrztInnen, weiteres Spitalspersonal und PatientInnen meist mit Notlösungen behelfen. Fehlende Kommunikation im Spitalsalltag aufgrund von Zeitmangel ist jedoch ein grundlegendes Problem, das mit wenigen Ausnahmen alle Involvierten betrifft – MigrantInnen und ÖsterreicherInnen, ÄrztInnen sowie anderes Gesundheitspersonal. MigrantInnen zeigen eine grundlegende Problematik einfach nur verschärft auf. Unter diesen strukturellen Mängeln leiden nicht nur die PatientInnen, sondern auch das Personal. Gefragt sind hier umfassende Lösungen, die etwa die Sozialversicherungsträger ebenso einbeziehen müssen wie MigrantInnengruppen. Bislang finden jedoch die Perspektiven von MigrantInnen kaum Eingang in Diskussionen.

Die gesundheitliche Situation von MigrantInnen

Wie auch in anderen europäischen Ländern ist die Datenlage zur gesundheitlichen Situation von MigrantInnen in Österreich mangelhaft. Es liegen weder repräsentative epidemiologische Daten[1] über MigrantInnen vor (vgl. ÖBIG 2002) noch gibt es Gesundheitsumfragen, die auf die Gruppe der MigrantInnen gezielt eingehen würden (vgl. Wimmer-Puchinger/Baldaszti 2005). De facto kann also nicht gesagt werden, wie die gesundheitliche Lage von MigrantInnen eigentlich aussieht (vgl. Baldaszti 2004: 9). Bei ethnischen Minderheiten sieht die Datenlage ähnlich trist aus.[2] Das liegt unter anderem daran, dass gesundheitsbezogene Daten, im Gegensatz etwa zum anglo-amerikanischen Raum, nicht nach ethnischen Gesichtspunkten erhoben oder aufgeschlüsselt werden. Außerdem ist die Datenlage in vielen Bereichen der Gesundheitsberichterstattung generell unbefriedigend (vgl. Wiedenmayer 2005).

Dazu kommt, dass vorhandene Studien oft widersprüchliche Aussagen liefern oder den Zusammenhang von Fakten schlicht nicht eindeutig darstellen können. Wir wissen etwa, dass es eine eindeutige Korrelation von sozioökonomischen Bedingungen und dem Gesundheitsstatus gibt (vgl. Bollini/Siem 1995; ÖBIG 2002: 63). Sowohl bei älteren wie auch jüngeren Menschen besteht etwa ein Zusammenhang zwischen niedrigem Einkommen und schlechter Gesundheit (vgl. Statistik Austria 2009: 51). Betrachtet man die Situation von MigrantInnen in Österreich (und den meisten europäischen Ländern), so kann festgestellt werden, dass Personen mit ausländischer Staatsbürgerschaft, aber auch Eingebürgerte aus Nicht-EU/EFTA-Staaten, ein Armutsrisiko deutlich über dem Bevölkerungsschnitt aufweisen (vgl. Statistik Austria 2009: 34). Personen mit österreichischer Staatsbürgerschaft haben, unabhängig vom Einkommen, doppelt so viel Wohnraum zur Verfügung wie Personen ohne EU-/EFTA-Staatsbürgerschaft (vgl. Statistik Austria 2009: 56). Daraus könnte geschlossen werden, dass die Gesundheitssituation von Menschen mit Migrationshintergrund schlechter ist als die von Einheimischen, weil diese ja schlechtere sozioökonomische Bedingungen vorweisen. Bezüglich des subjektiven Gesundheitsbefindens ist statistisch belegt, dass signifikant mehr Befragte, die im Ausland geboren sind, ihren Gesundheitszustand mit schlecht oder sehr schlecht bezeichnen als Befragte mit Geburtsland Österreich (vgl. Statistik Austria 2007). Auch Wimmer-Puchinger und Baldaszti (2005) gaben in ihrer Studie zu in Österreich lebenden Frauen und deren Zugang zum Gesundheitssystem an, dass sich signifikant weniger Migrantinnen körperlich und psychisch wohlfühlen als Österreicherinnen. MigrantInnen haben auch einen deutlich geringeren gesundheitsbezogenen Lebensstil

---

1 —— Das sind Daten zu Ursache, Folgen und Verbreitung von Krankheit bei Individuen und in Populationen.
2 —— Zur gesundheitlichen Lage der Roma etwa, einer der größten Minderheiten in Europa, ist die Datenlage ebenfalls mangelhaft (vgl. Kolarcik et al. 2009).

und fühlen sich weniger über Gesundheitsfragen informiert. In einer internationalen Studie, in der unter anderem die perinatale Sterblichkeit[3] und die Anzahl der Arbeitsunfälle in ausgewählten europäischen und anglophonen Ländern verglichen wurden, wird festgestellt, dass die Raten bei MigrantInnen teilweise signifikant höher lagen als bei Einheimischen. Überraschend ist auch, dass viele Unterschiede nicht „nur" auf soziale Faktoren zurückzuführen sind. „However, painting migrant and ethnic minorities health problems only as one of social class does not give justice to the complexity of the issues, since *many differences between migrant and native groups remain after adjustment for social class*" (Bollini/ Siem 1995: 825; Hervorhebung d. Verf.). Während es also nicht nur „weitgehend ungeklärt ist [...], warum der Gesundheitszustand mit abnehmendem sozioökonomischem Status in der Regel schlechter wird"[4] (ÖBIG 2002: 63), ist auch nicht klar, warum die Ungleichheiten bestehen, selbst wenn MigrantInnen und Einheimische desselben sozialen Status verglichen werden.

Die Thematik wird noch komplexer und widersprüchlicher, wenn die Daten zur gesundheitlichen Lage von türkischen MigrantInnen in Deutschland herangezogen werden, wonach diese eine vergleichsweise geringere Mortalität aufweisen als die deutsche Bevölkerung (vgl. Razum et al. 1998). In einer anderen Studie gaben MigrantInnen deutlich weniger ärztlich diagnostizierte körperliche Erkrankungen an als Deutsche, auch nahmen MigrantInnen Gesundheitsleistungen, einschließlich solcher präventivmedizinischer Natur, signifikant weniger in Anspruch. Es wurde festgestellt, dass MigrantInnen allgemein ein „günstigeres" Morbiditätsprofil aufweisen (vgl. Zeeb et al. 2004). Es ist in jedem Fall schwierig, eine extrem heterogene Gruppe, wie sie MigrantInnen darstellen, für die epidemiologische Forschung genau einzugrenzen. Eine niedrigere Morbiditätsrate ließe sich auch dadurch erklären, dass MigrantInnen im Falle einer Erkrankung ins Herkunftsland zurückkehren (vgl. Razum et al. 1998; Zeeb/Razum 2006). Möglich ist auch eine Auswirkung des so genannten *healthy migrant effect*, bei dem davon ausgegangen wird, „dass sich – im Vergleich zu Flüchtlingen – unter den aus eigenem Antrieb Auswandernden wohlhabendere, robustere und belastbarere Menschen finden" (Kirkcaldy et al. 2006: 878). Unterschiede könnten aber auch mit strukturellen Zugangsproblemen (Informationsdefiziten, Sprachbarrieren, soziokulturellen Barrieren) erklärt werden. Diese teils widersprüchlichen Aussagen zur Gesundheit von MigrantInnen lassen sich in der Praxis eigentlich nur dadurch lösen, indem man MigrantInnen ganz gezielt in Gesundheitsumfragen anspricht und sie in Gesundheitsstatistiken ausweist.

---

3 __ Das ist die Zahl der kindlichen Todesfälle von der 28. Schwangerschaftswoche bis zum 7. Tag nach der Geburt.
4 __ Mögliche Faktoren sind unter anderem oft schlechtere Arbeitsbedingungen, Bildung und Wohnverhältnisse sowie geringere finanzielle und zeitliche Ressourcen.

Zugang von MigrantInnen zum Gesundheitssystem

Obwohl gerade in Wien die Zahl der MigrantInnen sehr hoch ist, gibt es auch hier nur sehr wenige Studien, die den Zugang dieser Gruppe zum Gesundheitssystem zum Inhalt haben (vgl. Wimmer-Puchinger et al. 2006). MigrantInnen sind, abgesehen von einzelnen Projekten,[5] in der Gesundheitsversorgung immer noch marginalisiert, vor allem was Maßnahmen zur Prävention und Rehabilitation (vgl. Bader et al. 2006; Pallasch et al. 2005; Wiedenmayer 2005; Zeeb et al. 2004) und psychiatrisch-psychotherapeutische Versorgung (vgl. Machleidt 2005) betrifft. Diese Marginalisierung führt dazu, dass es seitens der MigrantInnen Informationsdefizite über den Aufbau und die Funktionsweise der Gesundheitsorganisation gibt (vgl. Nutbeam/Kickbusch 2000; Borde et al. 2002). Etwa besteht oft wenig Wissen darüber, in welchen Krankheitsfällen man sich wohin wendet (zum niedergelassenen Allgemeinmediziner, Facharzt, ins Krankenhaus, medizinische Notdienste) oder welche präventivmedizinischen Maßnahmen (Impfungen, Vorsorgeuntersuchungen) zur Verfügung stehen. Dies führt oft zu einer zu geringen bzw. aufgeschobenen Inanspruchnahme vor allem bei chronischen Krankheiten (vgl. Wiedenmayer 2005). Gesundheitseinrichtungen werden von Betroffenen aber auch als sehr hochschwellig empfunden, das bedeutet, dass Barrieren in kommunikativer, kultureller, sozialer oder auch ökonomischer Hinsicht bestehen (vgl. Asanin/Wilson 2008; Wimmer-Puchinger/Baldaszti 2005; Wimmer-Puchinger et al. 2006).

Dazu kommt, dass es beim Gesundheitspersonal meist an kulturspezifischer Kompetenz fehlt und die soziokulturellen Hintergründe von MigrantInnen nur wenig Berücksichtigung finden (vgl. Habermann 1999; Kuckert 2001). Zwar ist der Gesundheitsbereich insgesamt zunehmend multikulturell, es gibt aber gerade im ärztlichen und pflegerischen Bereich bei bestimmten Gruppen zu wenig Personal, das auch den Anteil in der Bevölkerung widerspiegeln würde (etwa gibt es sehr wenige MitarbeiterInnen mit türkischem Migrationshintergrund). Interkulturelle Kompetenz (siehe den Beitrag 15 von Steiner in diesem Band) wird zwar zunehmend in der Ausbildung von Pflegekräften gelehrt und findet neuerdings im Rahmen der Curriculumreform Eingang in die Ausbildung von Ärzten an der *Medizinischen Universität Wien* (vgl. Kutalek 2009b). Das sind aber relativ neue Erscheinungen, die wohl erst in einigen Jahren Wirkungen zeigen werden.

Die meisten Barrieren, mit denen sich MigrantInnen konfrontiert sehen, sind struktureller Natur. Bollini und Siem (1995) unterscheiden auf der Basis von

---

5 ___ Hier wären etwa Projekte wie das *„migrant-friendly hospital"* im *Sozialmedizinischen Zentrum Süd (Kaiser Franz Joseph Spital)* oder das Projekt der gynäkologisch-geburtshilflichen Abteilung des *Hanusch-Krankenhauses* in Wien zu erwähnen (vgl. Trummer 2005; Eichbauer et al. 2004).

Nationalstaaten zwei grundlegende Haltungen, wenn es um das Thema Gesundheit und Migration geht. Die „passive" Haltung von Ländern (zu denen auch Österreich zu rechnen ist) beruht auf der Erwartung, dass MigrantInnen vom existierenden Gesundheitssystem Gebrauch machen, ohne dieses groß zu modifizieren. Spezielle Programme oder Angebote werden als nicht oder wenig wichtig erachtet. In diesen Ländern gibt es typischerweise keine Daten und Untersuchungen zur Gesundheit von MigrantInnen. Andere Länder haben eine „aktive" Herangehensweise, wodurch die speziellen Gesundheitsbedürfnisse von MigrantInnen erkannt und Maßnahmen unternommen werden, um sprachliche und kulturelle Barrieren zu minimieren (vgl. Bollini/Siem 1995: 825f.).

Sprache als Barriere

Probleme in der sprachlichen Kommunikation werden oft als die größte Barriere im Gesundheitsbereich wahrgenommen (vgl. Schmacke 2002; Habermann 2006; König 2009). Adäquate Übersetzung und Vermittlung wird für die interkulturelle Kommunikation zwar oft als unabdingbar gesehen (vgl. Bischoff et al. 2003; Interpret[6]), ist aber im klinischen Alltag oftmals nicht die Realität (vgl. Wimmer/Ipşiroğlu 2001). Abgesehen davon, dass es sehr wenig muttersprachliches Fachpersonal gibt, fehlt es auch an ausgebildeten ÜbersetzerInnen, die die sprachliche Heterogenität der MigrantInnen widerspiegeln.

Sehr oft werden im Krankenhaus- und Praxisalltag deshalb Angehörige, Bekannte und Mit-PatientInnen wie auch das Hilfs- oder Reinigungspersonal zum Übersetzen herangezogen. Die Problematik, die damit verbunden ist, ist mannigfaltig. Da es sich bei diesen Personen weder um Fachkräfte mit Übersetzerkompetenzen handelt noch diese meist über das notwendige medizinische Wissen verfügen, werden Inhalte oft unzureichend (falsch oder nicht vollständig) übersetzt. Zudem ist weder Vertraulichkeit noch Verschwiegenheit gewährleistet, weiters sind Laien (und vor allem Kinder) mit medizinischen Sachverhalten überfordert. Bei Angehörigen ergibt sich das zusätzliche Problem der mangelnden Distanz. Dies hat Auswirkungen auf die Aufklärung von PatientInnen, auf den Behandlungsverlauf, das Therapieverhalten usw. In einem aktuellen Projekt (vgl. Kutalek 2009a), in dem es um den Zugang von türkischen MigrantInnen zum Gesundheitssystem geht, berichtete etwa ein Patient, dass bei einer (nichtprofessionellen) Übersetzung Leber (türk. *karaciğer*) und Lunge (türk. *akciğer*) verwechselt wurden. Wenn medizinische Begriffe, Diagnosen und Therapien nicht oder nur unzureichend verstanden werden, kann die Versorgung der PatientInnen nicht optimal sein.

6 — Schweizerische Interessengemeinschaft für interkulturelles Übersetzen und Vermitteln (www.inter-pret.ch).

Die Sprachproblematik kommt dann besonders zum Vorschein, wenn PatientInnen lange Zeit in einer Gesundheitsinstitution behandelt werden, etwa bei längeren stationären Aufenthalten (vgl. Kuckert 2001) oder im Rehabilitationsbereich (vgl. Dressler 2008). Hier muss ständig kommuniziert werden, jedoch ist die Heranziehung einer Übersetzerin oder eines Übersetzers oft nur bei wichtigen Gesprächen möglich. Hinzu kommt ein genereller Mangel an muttersprachlichen Informationsmaterialien oder -angeboten. Wie etwa eine quantitative Studie in Deutschland zeigte, sind türkische Patientinnen signifikant weniger zufrieden mit Information und Aufklärung im Krankenhaus als vergleichsweise deutsche Patientinnen (vgl. Borde et al. 2002). Diese Situation dürfte sich in Österreich nicht grundlegend unterscheiden.

Warum gibt es nun gerade bei bestimmten MigrantInnengruppen (vgl. BMGF 2005) Probleme beim Spracherwerb? Viele europäische Länder, und besonders Österreich und Deutschland, verstanden und verstehen sich nicht als klassische Einwanderungsländer. MigrantInnen waren willkommen, wenn sie nach getaner Arbeit wieder gingen. Auch die MigrantInnen selbst wollten oft nicht für immer in Österreich bleiben und zumindest im Alter in die Türkei zurückkehren. Solche Auffassungen behindern sowohl das Sprachangebot im Aufnahmeland wie auch den Spracherwerb bei den MigrantInnen selbst. Zusätzlich kommen MigrantInnen teilweise aus bildungsfernen Schichten. Auch soziale und ökonomische Umstände behindern den Spracherwerb. Zudem ist die unmittelbare sprachliche Umgebung oft nicht Deutsch (weder zu Hause noch in der Arbeit). Wenn Frauen in einem patriarchalen Rollenverhalten gefangen sind, kann sich das auf den Spracherwerb zusätzlich negativ auswirken. So durfte eine 48-jährige Migrantin türkischer Herkunft, mit der wir im Rahmen unseres Projekts sprachen (vgl. Kutalek 2009b), etwa nicht Deutsch lernen. Sie bringt die Problematik auf den Punkt: *„Sie haben eigentlich Recht sich zu ärgern, weil wir nicht Deutsch lernen. Aber sie kennen uns, unsere Kultur, den Konservatismus von unseren Männern nicht. Wir werden sowohl zu Hause als auch draußen unterdrückt."* Aus diesem Geschlechterverhältnis ist nur sehr schwer auszubrechen, vor allem aus Furcht vor sozialer Isolation in der Fremde und der Abhängigkeit vom Mann in finanzieller und aufenthaltsrechtlicher Hinsicht.

Sprachlosigkeit führt oft zu sozialer Isolation, zum Verlust an Selbständigkeit und Selbstvertrauen sowie allgemein zu schwereren Lebensbedingungen, etwa bei alltäglichen Besorgungen. Sprachlosigkeit kann aber auch dazu führen, dass man (oberflächlich) konfliktfreier lebt, weil etwa diskriminierende Aussagen oder auch ausländerfeindliche Beschimpfungen nicht verstanden werden (vgl. Cakan 2007: 20).

„Kulturelle" Barrieren

Kulturelle und religiöse Vorstellungen werden im Gesundheitsbetrieb meist zu wenig wahrgenommen. Als Beispiel sei hier der Körperkontakt erwähnt, der zu einer Reihe von Missverständnissen führen kann. Bei manchen Migrantinnen stößt das bei uns so übliche Händeschütteln auf Befremden. Gerade gläubige muslimische Patientinnen empfinden diese Nähe als unangenehm. Wo in unserem Verständnis das Händeschütteln eine Barriere überwinden soll und zum Aufbau des Vertrauensverhältnisses zwischen Arzt und PatientIn beiträgt, kann das bei Menschen mit anderem religiösen Hintergrund falsch verstanden werden.

Weiters können Schamgrenzen bei medizinischen Untersuchungen und verschiedene Auffassungen von Körperlichkeit im Klinikalltag eine wichtige Rolle spielen bzw. ist gerade in diesen Bereichen der Gender-Aspekt relevant. Krankheit und Schmerz wird oft anders ausgedrückt oder dargestellt. Eine Interviewerin hatte während des erwähnten Projekts (vgl. Kutalek 2009b) in einem Spital folgendes Erlebnis. Eine Patientin mit türkischem Migrationshintergrund suchte die Ambulanz eines Krankenhauses auf. Sie deutet auf ihr Herz und erklärt dem Arzt: *„Hier brennt es."* Der Arzt missversteht sie zunächst und meint, dass sie Herzbeschwerden hat. Als die Patientin sich offenbar nicht verstanden fühlt und plötzlich zu weinen beginnt, ist der Arzt sehr erstaunt und bittet die Projekt-Interviewerin, zu übersetzen. Es stellte sich heraus, dass die Patientin einfach ausdrücken wollte, dass sie ein *„gebrochenes Herz"* hat und darunter sehr leide. Emotionen und Leid werden von türkischen PatientInnen sehr oft über das physische Herz ausgedrückt, was nicht selten zu Missverständnissen führt. In Studien wird deshalb berichtet, dass PatientInnen, die schon länger in der Migration leben, diese Krankheitsdarstellungen deshalb ganz bewusst vermeiden, um vom Gesundheitspersonal nicht missverstanden zu werden (vgl. Bäärnhielm/Ekblad 2000).

Kulturelle Faktoren sind in jeder Begegnung im medizinischen Kontext zu berücksichtigen, insbesondere aber bei psychischen Erkrankungen (vgl. Golsabahi/ Heise 2008). Gerade Herzbeschwerden sind ein gutes Beispiel dafür, wie psychische Beschwerden somatisiert[7] werden können. Offenbar spielt hier die Vorstellung eine Rolle, dass körperliche Beschwerden von der sozialen Umgebung eher als Krankheit gewertet werden. Zudem werden physische Symptome als weniger stigmatisierend empfunden als psychische (vgl. Schouler-Ocak et al. 2008).

Was den Ausdruck von Schmerz betrifft, können auch hier Unterschiede bzw. Missverständnisse auftreten. Eine Interviewpartnerin erzählte etwa (vgl. Kutalek 2009b):

---

7 __ Unter Somatisierung wird die Tendenz verstanden, psychologisches oder soziales Leid in physischen Symptomen zu kommunizieren und dafür medizinische Hilfe in Anspruch zu nehmen (vgl. Bäärnhielm/Ekblad 2000).

Ich bin immer in die Rheuma-Ambulanz gegangen. Sie gaben mir einen Termin.
Ich gehe zu dem Termin, aber der Arzt hat gewechselt. Alles fängt wieder von vorne
an. Alle Ärzte haben meine Akte in der Hand, aber trotzdem fragen sie jedes Mal
„Wo haben Sie Schmerzen?" Ich sage „Es schmerzt", sie fragen „Wo haben Sie
Schmerzen?"

Schmerzausdruck ist natürlich individuell sehr unterschiedlich, über Schmerz
kann aber auch sehr viel kulturelle Bedeutung transportiert werden (vgl. Edwards
et al. 2001). Während im „westlichen" schulmedizinischen Kontext Schmerz eher
lokalisiert wird, wird Schmerz in manchen kulturellen Kontexten oft als ganz-
körperlich beschrieben oder ausgedrückt. Abschätzig wird diese Art des
Schmerzausdrucks im klinischen Alltag oft „Ganzkörperschmerz" oder „Mittel-
meersyndrom" genannt (vgl. Assion 2005). Auch dürfte der Schmerzausdruck
mit Sprachkompetenz zusammenhängen. MigrantInnen, die sich in der Sprache
des Gastlandes nicht ausreichend ausdrücken können, überbetonen ihre Beschwerden oft (vgl. Piralic Spitzl et al. 2008).

Vorschnell kann aber auch etwas als kulturelle Barriere missverstanden
werden, was in Wirklichkeit durch (schlechte) strukturelle oder gesellschaftspolitische Gegebenheiten begründet ist. Viel zu wenige professionelle ÜbersetzerInnen, Zeitmangel, Stress, hierarchische Strukturen und Diskriminierungen
aufgrund anderer ethnischer Herkunft haben wahrscheinlich mehr Einfluss auf
die Interaktionen im Gesundheitsbereich, als es kulturelle Barrieren je haben
können (vgl. Kuckert 2001). Eine ungenügend kultursensible Sichtweise kann
auch Stereotypisierungen fördern, gerade wenn auf Heterogenität nicht ausreichend Bezug genommen wird.

Migration und psychische Gesundheit

Verfolgte haben in ihrem Heimatland und während der Migration oft physisch
und psychisch traumatisierende Erfahrungen durchmachen müssen (vgl. Richters
et al. 2007; Ottomeyer/Renner 2008). Generell können Migrations- und Akkultu-
rationsprozesse, auch wenn sie keine Flucht bzw. Traumatisierung miteinschlie-
ßen, besondere Belastungen darstellen und damit psychische Gesundheit beeinflussen (vgl. Kizilhan 2007: 54f.). Migration führt oft dazu, dass man vom
Partner/von der Partnerin und der Familie aufgrund gesetzlicher und finanzieller Einschränkungen oft jahrelang getrennt leben muss. Innerhalb einer Familie
können einzelne Mitglieder, vor allem Frauen und ältere Personen, sozial isoliert
sein. Migration führt oftmals zum Verlust wichtiger Bezugspersonen, Institutionen, sozialer Netze und zur Notwendigkeit, sich mit einer nicht nur sprachlich
neuen Umgebung auseinanderzusetzen und eine neue Identität zu entwickeln

(vgl. Koch/Pfeiffer 2000: 134 ff.). Dazu kommt die meist ungewisse Zukunft, die psychisch belastend sein kann. MigrantInnen kommen selten mit der Perspektive, für immer im Aufnahmeland zu bleiben, und werden auch im Residenzland nicht als solche wahrgenommen (das zeigt der Begriff „Gastarbeiter"). Ursprünglich planten viele nur so lange zu bleiben, um genug Geld zu sparen und ökonomisch gestärkt wieder in ihre Heimat zurückzukehren. Diese Lebensplanung ändert sich manchmal, vor allem, wenn wie im ehemaligen Jugoslawien eine Rückkehr aufgrund von Krieg und Gewalt unmöglich wird. Entgegen der offensichtlichen Realität wird aber nicht selten am „Mythos der Heimkehr" (Kizilhan 2007: 135; vgl. David 2007) festgehalten, wodurch es zu einer mangelnden Auseinandersetzung mit den neuen Umständen kommen kann.

Die psychische und psychosoziale Situation von MigrantInnen hängt in jedem Fall von körperlichen, soziokulturellen, religiösen und gesellschaftspolitischen Faktoren ab (vgl. Kizilhan 2007: 55). In einer Studie zu türkischen MigrantInnen in der stationären psychosomatischen Rehabilitation wurde festgestellt, dass in einem hohen Ausmaß Faktoren wie psychosoziale Belastungen oder gravierende Unzufriedenheit mit dem Arbeitsplatz psychischen Erkrankungen vorausgehen können. Die medikamentöse Therapie war bei dieser Gruppe auffällig hoch, ebenso die Frequenz ambulanter Konsultation von ÄrztInnen, mit Ausnahme von PsychotherapeutInnen (vgl. Nickel et al. 2006: 149). Offensichtlich wird mit einer höheren medikamentösen Therapie ein strukturelles Manko ausgeglichen. Die vermehrte Konsultation von ÄrztInnen zeigt ganz typisch die oftmals langwierigen „Patientenkarrieren", die jahrelang rein somatisch behandelt werden und deren psychische Probleme aus verschiedenen Gründen weniger als solche erkannt werden. Eine psychosomatische oder psychotherapeutische Untersuchung findet viel zu selten und meist auch zu spät statt (vgl. Nickel et al. 2006: 151).

Die psychiatrisch-psychotherapeutische Versorgung von MigrantInnen in Deutschland ist bei einer anzunehmenden gleich hohen oder höheren Morbidität[8] schlechter als von Einheimischen. MigrantInnen sind in den meisten ambulanten und offenen stationären psychiatrischen Bereichen unterrepräsentiert (vgl. Machleidt 2005). Das liegt an einer höheren Stigmatisierung psychischer Erkrankungen bei einigen MigrantInnengruppen, aber auch am hochschwelligen Angebot mancher Einrichtungen. Gerade im Bereich psychischer Gesundheit, wo Sprache und kulturelle Aspekte eine sehr große Rolle spielen, ist eine kultursensible Versorgung und professionelle multikulturelle Vermittlung und Übersetzung ungemein wichtig.

Ebenso zeigt sich bei Suchterkrankungen, dass MigrantInnen in Suchteinrichtungen unterrepräsentiert sind, obwohl es einen stark wachsenden Anteil

---

8 — Verlässliche epidemiologische Daten zur Morbidität psychischer Erkrankungen fehlen in Deutschland wie in Österreich.

suchtmittelabhängiger MigrantInnen gibt (vgl. Haasen et al. 2007). „Psychische Belastung bei der Akkulturation nach der Migration wird häufig unterschätzt oder nicht wahrgenommen", so Haasen et al. (2007: 76). Gerade hier sind die institutionellen Schwellen (vor allem Mangel an muttersprachlichen Fachkräften, geringe Information) sehr hoch, oft wird Sucht auch nicht als Krankheit verstanden.

Um die psychiatrisch-psychotherapeutische Versorgung von MigrantInnen zu verbessern, wurden die 12 *Sonnenberger Leitlinien* formuliert. Diese beinhalten unter anderem die Forderung nach einem niederschwelligen Zugang zu psychiatrisch-psychotherapeutischen Versorgungseinrichtungen, dem Einsatz von multikulturellen Behandlerteams und kulturell kompetenten DolmetscherInnen sowie der Verbesserung der Information und Partizipation der Betroffenen. Es geht nicht,

> um die einseitige Anpassung der Migrantenpopulation an das Gesundheitssystem, sondern um die Öffnung und Qualifizierung des Systems in allen seinen Bereichen [...] Es geht dabei um einen wechselseitigen Prozess des Kompetenzzuwachses und der Vertrauensbildung mit dem Ziel, MigrantInnen mit denselben hohen Qualitätsstandards und Heilerfolgen zu behandeln wie Einheimische. (Machleidt et al. 2005: 215)

Aus verschiedenen Gründen werden gerade bei MigrantInnen psychische Beschwerden oft somatisiert (unter anderem in Form von Kopfschmerz oder Verdauungsbeschwerden). Wie bereits ausgeführt, kann das damit zusammenhängen, dass psychische Erkrankungen eher stigmatisiert sind (wie übrigens in den meisten Gesellschaften) oder von der sozialen Umgebung auch gar nicht als Krankheit gesehen werden. Somatisierungen können auch schlicht mit Sprachbarrieren zusammenhängen. Es ist leichter zu erklären, dass man Kopf- oder Bauchschmerzen hat (etwa durch Zeigen auf eine bestimmte körperliche Region), als dass man sich psychisch nicht wohlfühlt. Bei einer Studie in Deutschland etwa wurde bei ausländischen PatientInnen häufiger eine „somatoforme Störung"[9] oder „Depression und somatoforme Störung" diagnostiziert. Während das Auftreten von Depressionen bei allen untersuchten Bevölkerungsgruppen gleich war, unterschied sich das klinische Bild der Depression (die Symptomatik) deutlich (vgl. Wehe et al. 2008). Die Häufigkeit „somatoformer Störungen" bei MigrantInnen wird durch die erhöhten migrationsbedingten Stressoren erklärt, etwa sozioökonomischer Status, Anpassungsdruck und gesellschaftliche Konflikte (vgl. Piralic Spitzl et al. 2008). MigrantInnen suchen generell bei psychischen Krankheiten und Krisen eher nicht-psychiatrische Institutionen in ihrem Heimatland auf (vgl. Hoffmann 2003: 223).

---

9 — Körperliche Beschwerden, die sich nicht durch organische Erkrankungen erklären lassen.

Psychische Störungen, die häufig in Verbindung mit Migration auftreten, sind Depression, psychosomatische Beschwerden und besondere Belastungsreaktionen wie etwa posttraumatische Belastungsstörungen PTSD[10] (vgl. Assion 2005 und den Beitrag 18 von Kronsteiner in diesem Band). Aber auch wenn die Belastungsfaktoren bei MigrantInnen im Allgemeinen sicherlich höher sind, darf nicht verallgemeinert werden: „Migrationserfahrungen dürfen nicht unkritisch und pauschal mit gesundheitlichen und insbesondere psychischen Belastungen gleichgesetzt werden" (Kirkcaldy et al. 2006).

Geschlecht und Alter in der Migration

Da gerade Frauen und besonders Frauen mit Migrationshintergrund verstärkt unter benachteiligten sozioökonomischen Bedingungen leben müssen und öfter armutsgefährdet sind als Männer, sind sie auch besonders von schlechterer Gesundheit betroffen. Wimmer-Puchinger und Baldaszti (2005: 47) sprechen von einer Dreifachbelastung von Migrantinnen durch rechtliche und soziale Diskriminierung, aufgrund beruflicher Benachteiligung und durch die ungleiche Arbeitsteilung in Familie und Beruf. Dazu kommen meist größere Sprachbarrieren und Informationsdefizite.

Gerade in der Diskussion um Frauen in der Migration ist entscheidend, dass deren Migrationsmotivation oft eine andere ist als die von Männern. Die Entscheidung zur Migration ist oftmals ein Vorhaben, das großteils im familiären Umfeld beschlossen wird, und weniger eine Entscheidung einzelner Personen. Frauen migrieren oft im Rahmen des Familienzuzugs. Das birgt eine Reihe von Problematiken. Erstens befinden sich Frauen damit in Abhängigkeit von ihrem Ehemann, in ökonomischer, sozialer und vor allem aufenthaltsrechtlicher Hinsicht, mit allen Konsequenzen (unter anderem Verfestigung von meist patriarchalen Strukturen). Zweitens führt eine mehr oder weniger unfreiwillige Migration zwangsläufig zu Problemen bei der Integration, vor allem beim Spracherwerb. Diese „erzwungene Freiwilligkeit" motiviert weder zur Integration noch zum Spracherwerb.

Epidemiologische oder sozialwissenschaftliche Studien wie auch amtliche Statistiken über den gesundheitlichen Zustand der in Österreich lebenden Migrantinnen liegen nur begrenzt vor (vgl. IOM 2003: 32). Es gilt als gesichert, dass vulnerable Gruppen, wie etwa ältere MigrantInnen, marginalisiert sind und aus verschiedenen Gründen (Sprache, Bildung, Armut) schwerer Zugang zum Gesundheitssystem haben. Mit wenigen Ausnahmen werden Frauen und ihre Gesundheitssituation auch nicht gezielt in Studien erfasst. Frauen mit Migrationshintergrund sind in der Regel über öffentliche Kampagnen schwieriger erreichbar,

---

10 __ Engl. *Posttraumatic Stress Disorder* (PTSD) oder auch *Posttraumatic Stress Syndrom* (PTSS).

weil neben der Sprachenkompetenz der Einsatz der jeweiligen Muttersprache im öffentlichen Raum in der Regel nicht gegeben ist. Auch ist die Analphabetismus-Rate etwa bei türkischen MigrantInnen – vor allem bei Frauen über 50 – sehr hoch (vgl. Wimmer-Puchinger/Baldaszti 2005), was zusätzlich dazu beiträgt, dass sie für die meist schriftlich in deutscher Sprache durchgeführten Gesundheitsumfragen praktisch nicht in Frage kommen.

Eine qualitative Untersuchung bei türkischen MigrantInnen in Wien (vgl. Cakan 2007) hat ergeben, dass gerade die Sprachlosigkeit von PatientInnen und ÄrztInnen als besondere Belastung empfunden wird (vgl. Cakan 2007: 28). Viele Migrantinnen suchen Gesundheitseinrichtungen im Kontext von Schwangerschaft und Geburt auf. Und gerade hier zeigt sich, dass unterschiedliche Vorstellungen von Scham, Schmerz oder Körperlichkeit zu Missverständnissen führen können. Sowohl medizinisches Personal als auch Patientinnen fühlen sich heillos überfordert. Dadurch entstehen Situationen – besonders bei gynäkologischen Untersuchungen –, die Migrantinnen als sehr unangenehm empfinden. Eine Interviewpartnerin berichtete etwa, dass sie eine Freundin zwecks Übersetzungshilfe zu einem Arzt begleitete. Dieser hat sie angeschrieen: *„Gebären könnt ihr gut, aber kein Deutsch!"* (Kutalek 2009b) Bei der Arztwahl in sensiblen Bereichen werden deshalb oft Frauen bevorzugt, vor allem bei Untersuchungen, bei denen das Freimachen des Oberkörpers erforderlich ist (etwa beim Röntgen), oder in der Gynäkologie (vgl. Cakan 2007: 37f.).

Die besonderen gesundheitspolitischen Herausforderungen bei Migrantinnen sind mannigfaltig. Manche haben vor und während der Migration sexuelle Gewalt mit all den psychischen und physischen Traumatisierungen erleben müssen. Dazu zu zählen ist auch die weibliche Genitalverstümmelung (FGM *female genital mutilation*) (vgl. Binder-Fritz 2003). Wie Frauen im Allgemeinen sind auch Migrantinnen vermehrt häuslicher Gewalt ausgesetzt. Bei religiösen muslimischen Frauen zeigt sich auch besonders Diskriminierung und Fremdenfeindlichkeit, vor allem wenn sie Kopftuch und den Körper bedeckende, lange Kleidung tragen. Wenn Migrantinnen aus ruralen Gebieten mit oft patriarchalen Gesellschaftsstrukturen und Normen kommen, kann aus diesem Geschlechterverhältnis nur sehr schwer ausgebrochen werden. Eine Frau in unserer Studie hat etwa die von ihrer Hausärztin empfohlene Kur abgelehnt, denn: *„Wer passt dann auf die Kinder auf und wer kocht denn dann?"* (Kutalek 2009b) Studien zeigen weiters, dass Frauen über präventivmedizinische Maßnahmen (Krebsabstrich, Mammographie) weniger informiert sind und zur Gesundheitsförderung geringere Informationen haben. Eine Studie in Innsbruck zeigte etwa, dass türkische Frauen über cardiovaskuläre Gesundheitsrisiken wenig informiert sind (vgl. Bader et al. 2006).

Auch ältere MigrantInnen stellen eine besonders vulnerable Gruppe dar. Die Zahl der älteren MigrantInnen über 60 wird in den kommenden Jahren aufgrund der demographischen Entwicklung in der Gesamtbevölkerung erheblich zunehmen. Dies wird sehr bald dazu führen, dass, zeitlich verzögert, mehr ältere

MigrantInnen pflegerisch versorgt werden müssen (vgl. Mohammadzadeh/ Tempel 2005). Gerade im Pflegebereich sind aber kulturspezifische Bedürfnisse sehr wichtig. Soziale Probleme und Sprachprobleme verschärfen sich im Alter zusehends, vor allem auch die soziale Isolation. Ebenso wird diskriminierendes Verhalten im Alter verschärft wahrgenommen. Während ältere Personen in MigrantInnenfamilien aufgrund des meist dichteren sozialen Netzes jetzt noch vornehmlich zu Hause gepflegt werden, wird es in Zukunft auch bei älteren MigrantInnen zu einem erhöhten Pflegebedarf in Institutionen kommen (vgl. IOM 2003). Während MigrantInnen früher im Pensionsalter oft in die Herkunfts-länder zurückgingen, bleiben jetzt viele im Gastland, unter anderem weil die me-dizinische Versorgung einfach besser ist (vgl. Mohammadzadeh/Tempel 2005: 834). Gerade im Alter wird bei ihnen durch die stärkere körperliche Arbeitsbelas-tung eine höhere Morbidität vor allem bei chronischen Erkrankungen auftreten, der *healthy migrant effect* wird zu einem *exhausted migrant effect* (vgl. Bollini/Siem 1995: 825). Zusehends kann bei älteren Personen auch eine so genannte Pendel-migration festgestellt werden (siehe den Beitrag 13 von Six-Hohenbalken in die-sem Band).

Conclusio

Die Herausforderungen in der Zukunft werden sicher sein, ÄrztInnen und medi-zinisches Personal an den Universitäten und Fachhochschulen, und auch auf Führungsebenen umfangreich weiterzubilden. Wichtig wäre es auch, gezielt MigrantInnen der 2. Generation als medizinisches Personal (vor allem in der Pflege) zu rekrutieren (vgl. BMGF 2005: 8, IOM 2003: 46) – in Anlehnung an das *gender mainstreaming*, im Sinne eines *diversity mainstreaming* (vgl. IOM 2003: 46). Pflege-personal und ärztliches Personal sind zwar in einem hohen Maß auch jetzt schon multikulturell, aber die Verteilung der ethnischen Zugehörigkeit der Gruppe der PatientInnen entspricht nicht jener des Gesundheitspersonals. Hier gibt es auch viele Kompetenzen sozialer, sprachlicher, kultureller und auch reli-giöser Natur, die vermehrt genutzt werden müssen.

Gesundheitspolitisch wäre eine aktive Herangehensweise in Bezug auf Migration wichtig (vgl. Bollini/Siem 1995). Mehrsprachige Informationsfolder sowie sprachlich und kulturell kompetente ÜbersetzerInnen *(Community Inter-preters)* sollten in jedem Gesundheitssetting eine Selbstverständlichkeit sein. „Um die gravierendsten gesundheitlichen Folgen der Armut zu vermindern, sind zielgruppen- bzw. schichtspezifische und niederschwellige Angebote er-forderlich" (ÖBIG 2002: 63). Auch gilt es, die allgemeinen sozioökonomischen Be-dingungen für MigrantInnen zu verbessern, denn eine „Änderung der sozialen Umwelt ist effektiver als die Änderung des individuellen Verhaltens" (ÖBIG 2002: 65).

Gewarnt sei auch vor einer „Kulturalisierung" sozialer, gesellschaftspolitischer oder struktureller Prozesse. Gerade Kommunikationsprobleme werden oft
auf Sprache und Kultur reduziert, dabei sind es gerade diese Prozesse, die Probleme auslösen.

> Paradoxerweise sind kulturelle Faktoren gleichzeitig wichtig und un-
> wichtig. Wenn wir jedoch stehen bleiben bei der Feststellung kultureller
> Verschiedenheiten, benutzen wir Kultur im Sinne einer Schublade. [...]
> Faktoren wie sozialer Hintergrund und Geschlecht sind genauso von Be-
> deutung wie kulturelle Herkunft bei Erklärungen von Krankheitsursachen
> und Vorstellungen über Gesund- und Kranksein. (Verwey 2003: 282)

Hervorgehoben werden sollten auch die positiven Aspekte von Migration, etwa
um Einkommen, Lebensumstände, Bildung, sozialen Status usw. zu verbessern.
Die Herausforderungen der Migration sind nicht nur negativ zu bewerten. Konfrontation mit einer neuen Sprache, anderen ökonomischen und sozialen Bedingungen sowie neuen Wertvorstellungen sind auch bereichernd und können
gesellschaftliche Bedingungen auch im „Heimatland" verändern. MigrantInnen
verfügen oft über enorme Potentiale und vor allem soziale Ressourcen, die viel
zu wenig beachtet werden (vgl. Borde 2007). In diesem Zusammenhang ist der
Begriff „Resilienz" von Bedeutung, womit die Stärke eines Menschen bezeichnet wird, widrige Lebensumstände erfolgreich durchzustehen. Die grundlegende Frage, was einen Menschen trotz verschiedener Belastungen gesund hält
(vgl. Verwey 2006: 78), ist genauso wichtig wie die Frage, was einen Menschen
vulnerabel macht.

Gerade im Kontext Migration und Gesundheit kann die Sozialanthropologie auf vielen Ebenen zur Lösung von Problemen im Gesundheitsbereich beitragen. Die Medizinanthropologie als Schnittstelle von Sozialwissenschaften und
Medizin hat bereits seit den 1970er-Jahren sehr wichtige Beiträge in dieser Richtung geleistet. Die Voraussetzung für eine gedeihliche Zusammenarbeit ist allerdings, dass sich die VertreterInnen aller involvierten Disziplinen auf Augenhöhe
treffen. Die AnthropologInnen müssen bereit sein, sich mit naturwissenschaft-
lichen Konzepten auseinanderzusetzen und jargonfrei zu argumentieren, genauso wie auch die MedizinerInnen offen sein müssen, Hegemonismusansprüche
zu reflektieren und sich theoretische Ansätze und Kritiken der Anthropologie
anzuhören. Obwohl die Medizin und die Anthropologie beide den Menschen als
Mittelpunkt des Forschungsinteresses haben, ist die interdisziplinäre Zusammenarbeit vor allem aufgrund verschiedener theoretischer und methodischer
Ansätze, aber wohl auch wegen immer knapper werdender Forschungsressour-
cen selten konfliktfrei verlaufen. Gesellschaftspolitische Fragestellungen um Migration und Gesundheit sind forschungspolitisch schwerer argumentierbar als
etwa die Entwicklung neuer medizinischer Technologien. Allerdings muss man

auch festhalten, dass die Medizinanthropologie die Thematik „Migration und Gesundheit" lange vernachlässigt bzw. der Medizin überlassen hat.[11]

Was kann die Anthropologie nun ganz konkret zum Thema beitragen?

Die Anwendung von sozialwissenschaftlichen theoretischen Ansätzen und Methoden kann Konflikte bei allen AkteurInnen transparent machen. Dazu gehört das Sichtbarmachen von möglichen Barrieren in Gesundheitssystemen ebenso wie deren klare Differenzierung, ob es sich dabei um strukturelle, soziale oder „kulturelle" Barrieren handelt. Eine solche Herangehensweise würde Konflikte auf vielen Ebenen ent-emotionalisieren (sowohl aufseiten der „Konsument-Innen" als auch aufseiten der „AnbieterInnen" eines Gesundheitssystems). Die Umsetzung dieser Erkenntnisse muss auf allen Ebenen vermittelt werden – beginnend bei der konkreten gesundheitspolitischen Aktivierung (und Information) von MigrantInnen über das Vermitteln von kultureller Kompetenz beim Gesundheitspersonal bis zu Aktivitäten auf politischer Ebene.

Fragen zur Erstellung eigenständiger wissenschaftlicher Arbeiten

1. Welche Faktoren können zu einer Benachteiligung von MigrantInnen im Gesundheitssystem führen?
2. Haben andere Sichtweisen von Krankheit einen Einfluss auf das Therapie-verhalten?
3. Inwiefern spielen im Gesundheitssystem sozioökonomische Hintergründe eine Rolle?

Basisliteratur

Bollini, Paola/Siem, Harald (1995): No Real Progress Towards Equity: Health of Migrants and Ethnic Minorities on the Eve of the Year 2000. In: Social Science and Medicine 41/6, 819–828.

Kirkcaldy, B./Wittig, U./Furnham, A./Merbach, M./Siefen, R.G. (2006): Migration und Gesundheit. Psychosoziale Determinanten. In: Bundesgesundheitsblatt-Gesundheitsforschung-Gesundheitsschutz 49, 873–883.

Machleidt, Wielant/Garlipp, Petra/Calliess, Iris Tatjana (2005): Die 12 Sonnenberger Leitlinien – Handlungsimpulse für die psychiatrisch-psychotherapeutische Versorgung von Migranten. In: Assion, Hans-Jörg (Hg.): Migration und seelische Gesundheit. Heidelberg: Springer, 215–230.

11 __ Das trifft vor allem für den deutschen Sprachraum zu und ist insbesondere daran zu erkennen, dass institutionelle Schnittstellen Medizin-Anthropologie/Sozialwissenschaften oft im Bereich der Medizin angesiedelt sind. Viele AutorInnen sind AnthropologInnen/SozialwissenschafterInnen oder AnthropologInnen und MedizinerInnen. Sie publizieren oftmals in medizinischen Zeitschriften, weil sie an medizinischen Universitäten tätig sind und es bei den sozialwissenschaftlichen Zeitschriften weniger hohe Impact Punkte (ein Richtwert für die Bedeutsamkeit der jeweiligen Zeitschrift) gibt.

Salis Gross, Corina (2004): Struggling with Imaginaries of Trauma and Trust: The Refugee Experience in Switzerland. In: Culture, Medicine and Psychiatry 28, 151–167.

Wimmer-Puchinger, Beate/Wolf, H./Engleder, A. (2006): Migrantinnen im Gesundheitssystem. Inanspruchnahme, Zugangsbarrieren und Strategien zur Gesundheitsförderung. In: Bundesgesundheitsblatt-Gesundheitsforschung-Gesundheitsschutz 49, 884–892.

Literatur

Asanin, Jennifer/Wilson, Kathi (2008): "I Spent Nine Years Looking for a Doctor". Exploring Access to Health Care Among Immigrants in Mississauga, Ontario, Canada. In: Social Science and Medicine 66, 1271–1283.

Assion, Hans-Jörg (2005): Migration und psychische Krankheit. In: Assion, Hans-Jörg (Hg.): Migration und seelische Gesundheit. Heidelberg: Springer, 133–144.

Bäärnhielm, Sofie/Ekblad, Solvig (2000): Turkish Migrant Women Encountering Health Care in Stockholm: A Qualitative Study of Somatization and Illness Meaning. In: Culture, Medicine and Psychiatry 24, 431–452.

Bader, Angelika/Musshauser, Doris/Sahin, Filiz/Bezirkan, Hayriye/Hochleitner, Margarethe (2006): The Mosque Campaign: A Cardiovascular Prevention Program for Female Turkish Immigrants. In: Wiener Klinische Wochenschrift 118/7–8, 217–223.

Baldaszti, Erika (2004): Stand der sozialwissenschaftlichen Forschung über Migration und Gesundheit in Österreich. In: Bundesministerium für Gesundheit und Frauen (Hg.): Migration und Gesundheit. Eine österreichische Bestandsaufnahme. Tagungsunterlagen. Wien, 9–15.

Binder-Fritz, Christine (2003): Gender, Körper und Kultur. Ethnomedizinische Perspektiven auf Gesundheit von Frauen. In: Lux, Thomas (Hg.): Kulturelle Dimensionen der Medizin. Ethnomedizin, Medizinethnologie, Medical Anthropology. Berlin: Reimer, 89–121.

Bischoff, Alexander/Perneger, Thomas V./Bovier, Patrick A./ Loutan, Louis/Stalder, Hans (2003): Improving Communication Between Physicians and Patients Who Speak a Foreign Language. In: British Journal of General Practice 53, 541–546.

BMGF Bundesministerium für Gesundheit und Forschung (2005): Interkulturelle Kompetenz im Gesundheitswesen. Wien: BMGF.

Borde, Theda (2007): Psychosoziale Potentiale und Belastungen der Migration – globale, institutionelle und individuelle Perspektiven. In: Borde, Theda/David, Matthias (Hg.): Migration und psychische Gesundheit. Belastungen und Potentiale. Frankfurt am Main: Mabuse, 193–212.

Borde, Theda/David, Matthias/Kentenich, Heribert (2002): Erwartungen und Zufriedenheit deutscher und türkischsprachiger Patientinnen im Krankenhaus – eine vergleichende Befragung in einer Berliner Frauenklinik. In: Gesundheitswesen 64, 476–485.

Cakan, Nursen (2007): Türkische Migrantinnen und ihr Zugang zum Gesundheitssystem. Diplomarbeit, Medizinische Universität Wien.

David, Matthias (2007): Die Heimwehkrankheit – medizinhistorische Anmerkungen zur „nostalgischen Reaktion". In: Borde, Theda/David, Matthias (Hg.): Migration und psychische Gesundheit. Belastungen und Potentiale. Frankfurt am Main: Mabuse, 13–22.

Dressler, Dominique (2008): Interkulturelle Kommunikation in der stationären Rehabilitation nach Unfällen. Erfahrungen und Ansichten der MitarbeiterInnen eines Rehabilitationszentrums zur Kommunikation mit PatientInnen mit Migrationshintergrund. Masterthese Fachbereich Interkulturelle Studien an der Donau-Universität Krems.

Edwards, Christopher L./Fillingim, Roger B./Keefe, Francis (2001): Race, Ethnicity and Pain. In: Pain 94, 133–137.

Eichbauer, Hans/Heuermann, Andrea/Krausbar, Pia (2004): Gelebte Integration im Krankenhaus. Pilotprojekt zur Verbesserung der interkulturellen Kommunikation und Betreuung im Krankenhaus am Beispiel der gynäkologisch-geburtshilflichen Abteilung des
Hanusch-Krankenhauses. Wien, Abschlussbericht.

Fainzang, Sylvie (2007): Anthropology and Medicine. Empathy, Experience and Knowledge.
In: van Dongen, Els/Kutalek, Ruth (eds.): Distance and Proximity in Times of Illness.
Wien: LIT, 1–20.

Golsabahi, Solmaz/Heise, Thomas (Hg.) (2008): Von Gemeinsamkeiten und Unterschieden.
1. Kongress der transkulturellen Psychiatrie im deutschsprachigen Raum, 6.–9. September 2007, Universität Witten/Herdecke. Das kulturelle Psychoforum, Band 15.
Berlin: VWB.

Haasen, Christian/Demiralay, Cüneyt/Agorastos, Agis/Reimer, Jens (2007): Suchtstörungen
bei Migrantinnen und Migranten – ein relevantes Problem? In: Borde, Theda/David,
Matthias (Hg.): Migration und psychische Gesundheit. Belastungen und Potentiale.
Frankfurt am Main: Mabuse, 69–82.

Habermann, Monika (1999): Vom Fremden zum Eigenen: Zum Diskurs der Interkulturellen
Pflege und seinen Impulsen für die Pflegewissenschaft. In: Pflege 12, 278–282.

Habermann, Monika (2006): Dealing with Cultural Plurality in Health and Social Care
Settings: The Case of Germany. In: Papadopoulos, Irena (ed.): Transcultural Health and
Social Care. Development of Culturally Competent Practitioners. Edinburgh: Elsevier,
221–234.

Hoffmann, Klaus (2003): Standortbestimmung. Grundfragen der transkulturellen Psychiatrie.
In: Lux, Thomas (Hg.): Kulturelle Dimensionen der Medizin. Ethnomedizin – Medizinethnologie – Medical Anthropology. Berlin: Reimer, 211–227.

Interpret: Schweizerische Interessengemeinschaft für interkulturelles Übersetzen und vermitteln (www.inter-pret.ch).

IOM (2003): Soziale Exklusion und Gesundheit von MigrantInnen in Österreich. Ludwig
Boltzmann Institut für Frauengesundheitsforschung, Wien.

Kirmayer, Laurence J. (2006): Culture and Psychotherapy in a Creolizing World. In: Transcultural Psychiatry 43/2, 163–168.

Kizilhan, Ilhan (2007): Potentiale und Belastungen psychosozialer Netzwerke in der Migration. In: Borde, Theda/David, Matthias (Hg.): Migration und psychische Gesundheit.
Belastungen und Potentiale. Frankfurt am Main: Mabuse, 53–68.

Kleinman, Arthur/Kleinman, Joan (1997): The Appeal of Experience; The Dismay of Images:
Cultural Appropriations of Suffering in Our Times. In: Kleinman, Arthur/Das,
Veena/Lock, Margaret (eds.): Social Suffering. Berkeley: University of California Press,
1–24.

Koch, Eckhardt/Pfeiffer, Wolfgang M. (2000): Migration und transkulturelle Psychiatrie. In:
Curare 23/2, 133–139.

Kolarcik, Peter/Madarasova Geckova, Andrea/Orosova, Olga/Van Dijk, Jitse P./Reijneveld,
Sijmen A. (2009): To What Extent Does Socioeconomic Status Explain Differences in
Health Between Roma and Non-Roma Adolescents in Slovakia? In: Social Science and
Medicine 68/7, 1279–1284.

König, Veronika (2009): Transkulturelle Kompetenz in der Medizin. Diplomarbeit, Universität
Wien.

Kuckert, Andrea (2001): „Türkische Patienten haben immer viel Besuch und sind sehr weh-
leidig!" Die Vermittlung von Kulturkenntnis als Lösungsstrategie zur Überbrückung
der Probleme zwischen Pflegenden und ausländischen Patienten – eine kritische Analyse. In: Curare 24, 97–109.

Kutalek, Ruth (2009a): Medical Anthropology in Medical Education – A Challenge. In:
Kutalek, Ruth/Prinz, Armin (eds.): Essays in Medical Anthropology: The Austrian
Ethnomedical Society. Wien/Münster: LIT, 17–28.

Kutalek, Ruth (2009b): Türkische MigrantInnen und ihr Zugang zum Gesundheitssystem in Wien. Unveröffentlichter Projektbericht, Österreichische Hochschuljubiläumsstiftung.

Loncarevic, Maja/Salis Gross, Corina/Mäusezahl, Daniel (2001): „Der Kopf tut weh, und noch mehr die Seele." Gewalterfahrungen und Bewältigungsstrategien bosnischer Kriegs-flüchtlinge in der Schweiz. In: Curare 24/1–2, 117–136.

Machleidt, Wielant (2005): Migration, Integration und psychische Gesundheit. In: Psychiat-rische Praxis 32, 55–57.

Mohammadzadeh, Zahra/Tempel, G. (2005): Ältere Migrantinnen und Migranten in Bremen: Demografische Struktur, soziale Lage und Gesundheitliche Situation. In: Gesundheits-wesen 67, 832–839.

Nickel, C./Lojewski, N./Muehlbacher, M. et al. (2006): Behandlungsergebnisse stationärer psychosomatischer Rehabilitation bei türkischen Migranten: Eine prospektive Studie. In: Gesundheitswesen 68, 147–153.

Nutbeam, Don/Kickbusch, Ilona (2000): Advancing Health Literacy: A Global Challange for the 21st Century. In: Health Promotion International 15/3, 183–184.

ÖBIG (2002): Soziale Ungleichheit und Gesundheit. Wien: BMSG.

Ottomeyer, Klaus/Renner, Walter (2008): Die doppelte Befremdung: Diagnostik und wirk-same Psychotherapie bei traumatisierten Flüchtlingen. In: Golsabahi, Solmaz/Heise, Thomas (Hg.): Von Gemeinsamkeiten und Unterschieden. Berlin: VWB Verlag, 165–175.

Pallasch, Gerhard/Salman, R./Hartwig, C. (2005): Verbesserung des Impfschutzes für sozial benachteiligte Gruppen unter Mitarbeit von Vertrauenspersonen – Ergebnisse einer kultur- und sprachsensiblen Intervention des Gesundheitsamtes Stade und des Ethno-Medizinischen Zentrums für Migrantenkinder im Altländer Viertel. In: Gesund-heitswesen 67, 33–38.

Piralic Spitzl, Sanela/Friedmann, Alexander/Lenz, Gerhard/Aigner, Martin (2008): Somato-forme Schmerzstörung bei PatientInnen aus dem ehemaligen Jugoslawien: Psycholo-gische Aspekte, psychiatrische Komorbitität, muttersprachliche Psychoedukation und Gruppentherapie. In: Golsabahi, Solmaz/Heise, Thomas (Hg.): Von Gemeinsamkeiten und Unterschieden. 1. Kongress der transkulturellen Psychiatrie im deutschsprachigen Raum, 6.–9. September 2007, Universität Witten/Herdecke. Das kulturelle Psychoforum, Band 15. Berlin: VWB Verlag, 109–130.

Prinz, Armin/Kutalek, Ruth (2008): Kulturanthropologische und ethnologische Grundlagen der Medizin. In: Wittmann, Karl J. (Hg.): Der Mensch in Umwelt, Familie und Gesell-schaft. Ein Lehr- und Arbeitsbuch für den ersten Studienabschnitt Medizin (6. Aufl.). Wien: Facultas, 251–266.

Razum, Oliver/Zeeb, Hajo/Akgün, H. Seval/Yilmaz, Selma (1998): Low Overall Mortality of Turkish Residents in Germany Persists and Extends into a Second Generation: Merely a Healthy Migrant Effect? In: Tropical Medicine and International Health 3/4, 297–303.

Richters, Annemiek/Tankink, Marian/Bel Khodja, Hishamah/Oomen, Janus/Cense, Mari-anne (2007): Face to Face with Refugee Women's Distress in the Netherlands: Distance and Proximity in the Aftermath of Sexual Violence. In: van Dongen, Els/Kutalek, Ruth (eds.): Distance and Proximity in Times of Illness. Wien: LIT, 63–84.

Schmacke, Norbert (2002): Migration und Gesundheit: Ist Ausgrenzung unvermeidbar? In: Gesundheitswesen 64, 554–559.

Schouler-Ocak, Meryam/Rapp, Michael A./Reiske, Sophie-Luise/Heinz, Andreas (2008): Psy-chotherapie bei traumatisierten Patientinnen mit türkischem Migrationshintergrund: Berücksichtigung kultureller Faktoren. In: Psychother Psych Med 58, 169–175.

Statistik Austria (2007): Österreichische Gesundheitsbefragung 2006/2007. Hauptergebnisse und methodische Dokumentation. Wien.

Statistik Austria (2009): Einkommen, Arbeit und Lebensbedingungen. Ergebnisse aus EU-SILC 2007.

Trummer, Ursula (2005): „Migrant Friendly Hospitals" – ein europäisches Projekt zur Qualitätsentwicklung ethnokultureller sensibler Betreuung in europäischen Krankenhäusern. In: Österreichische Pflegezeitschrift 03/05, 18–21.

Verwey, Martine (2003): Hat die Odyssee Odysseus krank gemacht? Migration, Integration und Gesundheit. In: Lux, Thomas (Hg.): Kulturelle Dimensionen der Medizin. Ethnomedizin – Medizinethnologie – Medical Anthropology. Berlin: Reimer, 277–307.

Verwey, Martine (2006): Vulnerabilität und Spannkraft: Gesundheitsförderung mit von organisierter Gewalt betroffenen Flüchtlingen. In: van Eeuwijk, Peter/Obrist, Brigit (Hg.): Vulnerabilität, Migration und Altern. Medizinethnologische Ansätze im Spannungsfeld von Theorie und Praxis. Zürich: Seismo, 67–96.

Wehe, J./Golsabahi, Solmaz/Beine, Karl-Heinz (2008): Depression und Somatoforme Störung – Ein Vergleich zwischen deutschen und ausländischen Patienten. In: Golsabahi, Solmaz/Heise, Thomas (Hg.): Von Gemeinsamkeiten und Unterschieden. 1. Kongress der transkulturellen Psychiatrie im deutschsprachigen Raum, 6.–9. September 2007, Universität Witten/Herdecke. Das kulturelle Psychoforum, Band 15. Berlin: vwb Verlag, 105–108.

Wiedenmayer, Gabriele (2005): Gesundheit von Migrantinnen und Migranten in München. Referat für Gesundheit und Umwelt der Landeshauptstadt München, München.

Wimmer, Banu/Ipşiroğlu, Osman (2001): Kommunikationsbarrieren in der Betreuung von MigrantInnen und deren Kindern. Analyse und Löschungsvorschläge anhand von Fallbeispielen. In: Wiener Klinische Wochenschrift 113/15–16, 616–621.

Wimmer-Puchinger, Beate/Baldaszti, Erika (2005): Österreichischer Frauengesundheitsbericht 2005. Wien: BMGF.

Zeeb, Hajo/Baune, B. T./Vollmer, W./Cremer, D./Krämer, A. (2004): Gesundheitliche Lage und Gesundheitsversorgung von erwachsenen Migranten – ein Survey bei der Schuleingangsuntersuchung. In: Gesundheitswesen 66, 76–84.

Zeeb, Hajo/Razum, Oliver (2006): Epidemiologische Studien in der Migrationsforschung. In: Bundesgesundheitsblatt-Gesundheitsforschung-Gesundheitsschutz 49, 845–852.

Ruth Kronsteiner

18 Migrationsprozess – Trauma – Gesundheit Theoretische Grundlagen der psychosozialen Unterstützung von MigrantInnen

Einleitung

In diesem Beitrag werde ich auf die Auswirkungen von Migration und Traumatisierung auf die Gesundheit von MigrantInnen und Exilierten eingehen. Dazu soll der Blick auf den Migrationsprozess, individuelle und kollektive Traumatisierung sowie deren Auswirkungen auf das subjektive psychische und somatische Wohlbefinden und den damit verbundenen Konstruktionen kollektiver Identität gelenkt werden. Die Bedeutung der kultur- und sozialanthropologischen Sichtweisen – insbesondere der ethnopsychoanalytischen[1] – stehen an dieser Stelle im Vordergrund.

Immer mehr Kultur- und SozialanthropologInnen finden ein Betätigungsfeld in der psychosozialen Beratung und Betreuung von MigrantInnen und Flüchtlingen. Deshalb erachte ich eine Bezugnahme darauf in der Lehre für besonders wichtig. Am Wiener *Institut für Kultur- und Sozialanthropologie* bekommen die Studierenden eine Ausbildung, die besonders die kritische Auseinandersetzung mit politischen, sozialen und kulturellen Zusammenhängen und eben ein Einfühlungsvermögen für Interdependenzen vermittelt, die bei der Arbeit mit MigrantInnen sehr wichtig und hilfreich sind. Die Reflexion über die Motive der eigenen Studienwahl, der Auseinandersetzung mit eigenen Migrationsgeschichten, individuellen und kollektiven Traumatisierungen – somit über sich selbst – ist nicht nur eine wichtige Ressource bei der Arbeit mit Menschen, sondern auch für die wissenschaftliche Tätigkeit.

Begriffsbestimmungen: Migration, Gesundheit, Trauma, Kultur

Sozial wie individuell erleben BinnenmigrantInnen ebenso einen Migrationsprozess wie MigrantInnen, die in ein anderes Land wandern. Migration ist historisch gesehen ein mit der Menschheitsgeschichte verbundenes Phänomen (siehe den Beitrag 2 von E. Strasser in diesem Band). Hier sind nun jene Bereiche

---

1 —— Bei der ethnopsychoanalytischen Methode wird die Gegenübertragung des/der WissenschafterIn als Ausgangspunkt der Analyse herangezogen, das heißt Gefühle, Assoziationen, auch körperliche Reaktionen auf das Forschungsobjekt dienen der Analyse und werden für den Erkenntnisprozess genutzt.

der Migration von Interesse, die besondere Bedeutung für die Gesundheit der Menschen haben. Dazu ist eine Klarstellung des hier gebräuchlichen Begriffs Gesundheit hilfreich. Die WHO definiert Gesundheit als umfassendes körperliches, seelisches und soziales Wohlbefinden, das gezielt gefördert werden sollte. Somit sollte die Gesundheit der Menschen Gegenstand aller Politikbereiche und nicht nur der Gesundheitspolitik sein (vgl. WHO 1986: 1).

In der Erklärung von Jakarta elf Jahre später wird weiters festgestellt, dass Gesundheit ein Menschenrecht ist und die Voraussetzung für soziale und ökonomische Entwicklung darstellt. Die Grundlagen für Gesundheit sind neben Frieden, Unterkunft, Nahrung, Einkommen, Bildung, sozialer Sicherheit und sozialen Beziehungen weiters Handlungskompetenzen (empowerment) von Frauen, ein stabiles Ökosystem, nachhaltige Nutzung von Ressourcen sowie soziale Gerechtigkeit, die Wahrung der Menschenrechte und die Verwirklichung von Chancengleichheit. Armut ist dabei die mit Abstand größte Bedrohung für die Gesundheit (vgl. WHO 1997: 9).

MigrantInnen sind in Österreich besonders von Armut und sozialer Unsicherheit, bedingt durch unsichere Aufenthaltsmodalitäten, erschwerten Zugang zu Bildungsmöglichkeiten, Chancenungleichheit bzw. Diskriminierung und Menschenrechtsverletzungen, betroffen. Graduelle Verbesserungen sind für die nachfolgenden Generationen zu verzeichnen.

All die genannten Faktoren haben negative Auswirkungen auf den Gesundheitszustand von MigrantInnen. Besondere Beeinträchtigungen des Wohlbefindens entstehen aber durch extreme Traumatisierung und Retraumatisierung. Krieg, Folter, Inhaftierung, Vergewaltigung, Vertreibung oder das Miterleben der Tötung anderer Menschen, aber auch Todesangst und schwere Armut können extrem traumatisierend auf Körper und Seele wirken. Es gibt viele Definitionen von Trauma, eine möchte ich an dieser Stelle zitieren, um eine Vorstellung davon zu vermitteln, was Trauma bedeuten kann.

> Ein psychisches Trauma ist ein Ereignis, das die Fähigkeit des Ichs, für ein minimales Gefühl der Sicherheit und integrativen Vollständigkeit zu sorgen, abrupt überwältigt und zu einer überwältigenden Angst oder Hilflosigkeit oder dazu führt, daß diese droht, und es bewirkt eine dauerhafte Veränderung der psychischen Organisation. (Cooper 1986: 44, zit. nach: Bohleber 2000: 829 f.)

In dieser Definition wird auf die psychischen Auswirkungen von Traumatisierung Bezug genommen. Abgesehen davon, dass wir aus der Psychotherapie wissen, dass Traumata nicht nur über Gewalt gegen die Seele, sondern auch gegen den Körper entstehen, erinnert sich auch der Körper unabhängig vom Gedächtnis an traumatische Erfahrungen, und zwar auch dann, wenn sie der kognitiven Erinnerung nicht mehr zugänglich sind. Die moderne Hirnforschung weist darauf hin, dass Traumata hirnphysiologische Auswirkungen zeigen, die messbar sind und somit die Hormonproduktion (Adrenalinüberproduktion, Cortisolmangel) beeinflussen. Die sozialanthropologische Forschung zeigt, dass die Macht in den Körper und in die Psyche mit Gewalt eingeschrieben wird. Die Methoden der Folter beziehen sich auch auf diese beiden Bereiche, wobei die Tendenz in der modernen Folter zur psychischen Qual geht (zum Beispiel Erniedrigungen; Demütigungen; zusehen, wie andere körperlich gefoltert werden, oder gezwungen werden selbst zu foltern, nahe stehende Menschen zu quälen etc.).

Untersuchungen seitens der Kultur- und Sozialanthropologie sollten sich nach Wicker (1993) auf drei Aspekte konzentrieren, nämlich auf die Macht, den Folterakt und auf die „[...] sozio-politischen und kulturellen Implikationen der Folter" (Wicker 1993: 259). Die sozio-politischen Folgen von Folter zeigen sich nach Wicker in der Entstehung von „subkulturellen Gruppen von Gefolterten" (Wicker 1993: 259) und deren Angehörigen (vgl. auch Egger 1999). Das Erlebte wirkt verbindend: Das Schweigen, die Unsichtbarkeit, die negative Identitätsstiftung durch die Folter und die eigene Art der Kommunikation der Angehörigen von Folteropfern charakterisieren diese Gruppen ebenso wie die Frage, ob die gefolterte Person andere verraten hat. Die, die nicht gefoltert wurden, erleben die Gefolterten als Mahnmal – sie repräsentieren, was jedem/jeder passieren könnte. Die Folter hat somit Breitenwirkung. Aufgrund dieser Wirkung, zusätzlich zu den alltäglichen Unterwerfungsmaßnahmen, sind zum Beispiel viele KurdInnen aus der Türkei weggegangen, um als ArbeitsmigrantInnen in Österreich zu leben. Die Gewalterfahrungen, das Einschreiben der Macht in Körper und Seele, werden unbewusst an die nächste Generation weitergegeben (siehe weiter unten) und somit auf „individuelle" Weise transportiert.

Wicker spricht von einer „Kultur des Terrors" (1993: passim), die sich der Folter bedient, um ihre Macht herzustellen und aufrechtzuerhalten. Doch die Folter selbst impliziert die „Auflösung jeglicher Ordnung" (Wicker 1993: 262), das Menschsein und das Leben selbst wird grundsätzlich in Frage gestellt. Aufgrund der konstruktiven Konnotation des Begriffs Kultur[2] wirkt es wie ein Widerspruch, von einer „Kultur des Terrors" zu sprechen. In der Organisation des Terrors und in der Schaffung dessen, was dafür notwendig ist, kommt Kulturelles zum Tragen. Wie wir später sehen werden, steht das destruktive Ausagieren von Triebenergie im Gegensatz zum Kulturellen.[3]

Wir kommen zur vierten Begriffsbestimmung in diesem Kontext – zur Kultur. Barth (1994) stellte fest, dass alle Kulturbegriffe durch ihre Anwendung kon-

2 —— Kultur bietet flexible und differenzierte Ordnungsmöglichkeiten, ist ständig in Bewegung und Veränderung und vor allem setzt sie Menschen in konstruktive Beziehungen zueinander. Es ist der Mensch, der kulturell ist, denn ohne ihn gibt es keine Kultur.
3 —— In der Psychoanalyse sprechen wir von Triebenergie oder Triebstrebungen des Menschen, die konstruktiv im Sinne der Liebe/Libido und der Sublimierung (Kultur) oder eben destruktiv, das heißt zerstörerisch eingesetzt werden kann.

textualisiert und determiniert sind. Alle Sichtweisen sind einzigartig und im Kontext positioniert, ebenso die der AnthropologInnen.

Da das Verstehen der Zusammenhänge von Migration, Trauma und Gesundheit psychologisches und ethnologisches Deuten braucht, spiegelt sich dies auch in meinem hier verwendeten Kulturbegriff wider, den ich von der Ethnopsychoanalyse[4] und der konstruktivistischen Ethnologie herleite.

Die Art und Weise, wie Menschen sich zueinander in Beziehung setzen und welche Bedeutungen sie dieser Art der In-Beziehung-Setzung geben, ist kulturell. Durch die Regulierung der Beziehungen werden immer mehr Menschen an die Gruppe gebunden.

Der Mensch erwirbt Kulturelles durch dessen Verinnerlichung in Beziehung zu anderen Menschen. Prozesse, die zwischen dem „Ich und Du" unterscheiden, was die Grundlage für die Unterscheidung zwischen „Wir und den Anderen" darstellt, finden bereits in der frühen Kindheit statt. Saller (1999) verbindet ihren ethnopsychoanalytischen Zugang zum Kulturellen mit konstruktivistischen Ansätzen, wie zum Beispiel Geertz sie vertritt.

> Ich meine mit Max Weber, dass der Mensch ein Wesen ist, das in selbstgesponnenem Bedeutungsgewebe verstrickt ist, wobei ich Kultur als dieses Gewebe ansehe. Ihre Untersuchung ist daher keine experimentelle Wissenschaft, die nach Gesetzen sucht, sondern eine interpretierende, die nach Bedeutungen sucht. (Geertz 1997 [1983]: 9)

Für Geertz steht also das Verstehen und Deuten im Zentrum anthropologischer Forschung.

Menschen, die migriert sind, bringen ihre kulturelle Sozialisation in die neue Umgebung mit. Sie stellen fest, dass sich „Ihres vom Anderen" unterscheidet und oft auch, dass viel Gemeinsames zu erkennen ist. MigrantInnen sind in mindestens drei „Geweben" verstrickt, in dem der Herkunftsgesellschaft, in dem der Aufnahmegesellschaft und in einem eigenen Gewebe, das sie weder mit den Angehörigen der einen noch der anderen teilen – sie spinnen etwas Neues, etwas Drittes.

Das Kulturelle an sich verbindet die Menschen. Fremdes lässt erst das Eigene erkennen.

---

4 —— Die psychoanalytische Kulturtheorie sieht in der Schaffung der Inzestschranke die menschheitsgeschichtlich erste kulturelle Leistung, die die sexuelle Triebbefriedigung zwischen bestimmten Menschengruppen unter ein Tabu stellt und somit ein konfliktfreieres, konstruktives Zusammenleben dieser Menschen ermöglicht. Mit dem Triebverzicht wird die Macht des Einzelnen durch die Macht der Gemeinschaft ersetzt. Einfach ausgedrückt: Sich über den Nachbarn zu ärgern und ihm nicht den Schädel einzuschlagen, sondern mit ihm zu reden, ist ebenfalls eine kulturelle Leistung.

Das Kulturelle ist somit auch eine Quelle des Wohlbefindens, die für Migrant-
Innen eine wichtige Ressource für die Bewältigung des Migrationsprozesses
darstellt und für die Aufarbeitung traumatischer Erfahrungen hilfreich ist. In
der Psychotherapie beispielsweise ist das Entdecken von Gemeinsamkeiten
und Unterschieden zwischen TherapeutIn und KlientIn ein kreativer, verbinden-
der und Bestandteil vom heilenden Prozess.

Der Migrationsprozess und seine Auswirkungen auf die Gesundheit

Auf mögliche Systematisierungen des Migrationsprozesses soll an dieser Stelle
nur kurz eingegangen werden.

Beispielsweise hat Güc (1991) ein familiendynamisches Konzept zur Rekon-
struktion von Migrationsgeschichten entwickelt. Er unterscheidet in der migrationsspezifischen Familiendynamik drei Phasen: die Familie in ihrem Heimatort, die Familie im Wanderungsprozess und die ImmigrantInnenfamilie in
Deutschland. Die Auswirkungen auf den Wanderungsprozess sind nach Güc von
folgenden Faktoren geprägt: von der Entscheidungsphase, dem ersten Schritt
der Wanderung, dem Nachkommen des Partners/der Partnerin, der Situation
der Kinder und der Familiensituation kurz nach der Auswanderung. Leyer
(1991), in Anlehnung an den amerikanischen Familientherapeuten Sluzki, unterscheidet fünf Phasen des Migrationsprozesses: die Vorbereitungsphase, die
Durchführung der Migration, die Überkompensation, die Dekompensation und
die generationsüberschreitenden Phänomene. Dieses Konzept sei allgemeingül-
tig und unabhängig vom kulturspezifischen Verhalten und von entsprechenden
Bewältigungsstrategien.

Grinberg und Grinberg (1990 [1984]) entwickelten ein psychopathologisches
Konzept des Migrationsprozesses und ein psychodynamisches Modell der Migration.[5] Die durch die Migration auftretenden Affekte und die damit verbundenen
Konflikte, die zu psychischen Symptomen und Erkrankungen führen können,
stehen für sie im Vordergrund. Die psychischen Prozesse, die durch den Sprachverlust ausgelöst werden, die Auswirkungen der Migration auf das Identitätsge-
fühl, die Bedeutung der prämigratorischen Beziehungen für die Verarbeitung
der Migration sowie die Auswirkungen auf die Zurückbleibenden stehen für sie
im Mittelpunkt des Prozesses. Das Ankommen im neuen Land, die Aufnehmenden, die mögliche und unmögliche Rückkehr, die Beziehung zu den Verlassenen

---

5 ___ Die Grinbergs betonen die hohe Vulnerabilität von MigrantInnen, das heißt sie seien
aufgrund der Trennungen und Verluste anfällig für psychische Erkrankungen. Die Psycho-
dynamik der Migration beschreibt, welche menschlichen Grundkonflikte zum Beispiel in
der Beziehung zur Mutter durch die Migration reaktiviert und auf größere Zusammenhänge
übertragen werden. Der Umgang mit dem Verlust des „Mutterlandes" ist demnach von der
Art der Mutterbindung des Individuums bestimmt.

und die Verarbeitung all dessen durch die nachfolgende Generation prägen ihr Verständnis der Verarbeitung der Migration und des Exils.

> Migration kann gut gehen, sagen die Grinbergs. Und sie zeigen den Pro-
> zeß der kleinschrittigen, mühsamen Trauer, die für das Gelingen der
> Reintegration der bei einer Auswanderung verlorenen Selbstanteile
> notwendig ist. [...] eine Analyse des seelischen Niederschlags der
> Machtverhältnisse, ohne welche die Befindlichkeit des Einwanderes
> [sic!] und seiner menschlichen Umgebung nie ganz erfaßt werden kön-
> nen, steht noch aus. (Beham 1995: 242 f.)

Den Migrationsprozess möchte ich (vgl. Kronsteiner 1995, 2003) an folgenden Bereichen punktuell festmachen: an den Migrationsgründen, am Entscheidungs-prozess, den Migrationszielen, den Aufnahme- und Lebensbedingungen am neuen Ort, der Migrationskrise, den Erwartungen der im Herkunftsland Geblie-benen und an den Rückkehrabsichten.

Migrationsmotive gibt es meist mehrere. Man kann zwischen inneren und äußeren Beweggründen unterscheiden, wobei diese einander ergänzen, aufei-nander wirken und somit zueinander in Beziehung stehen können. Ich habe die Erfahrung gemacht, dass hinter den offiziellen, ökonomischen Motiven zur Mi-gration persönliche und/oder politische Motive, die „personalisiert" wurden, stehen und oft unbewusst sind (vgl. Goldmann et al. 1992).

Zum Beispiel sind viele ArbeitsmigrantInnen aus ökonomischen Gründen emigriert, dahinter steht eine oft jahrhundertelange Verfolgungs- und Aushun-gerungsgeschichte wie bei den KurdInnen oder anderen verfolgten Ethnien. Dies ist aber oft nicht mehr bewusst, selbst die Zugehörigkeit zur Ethnie geht verloren und die Kinder entdecken sie manchmal im neuen Land wieder. Unbewusste Motive können aber auch ganz individuell in der Ablösungsphase der Adoles-zenz liegen. Viele Menschen migrieren in jungen Jahren – zum Beispiel Männer kurz vor oder nach dem Militärdienst und Frauen vor oder nach der Heirat. Mit-hilfe der Migration kann dem jugendlichen Ablösungskonflikt, Rivalitäten mit anderen Familienmitgliedern, zu engen Beziehungen zu einem Elternteil entflo-hen und auch soziales Prestige gewonnen werden. Aber auch eine gescheiterte Beziehung, eine nicht gewollte Heirat, eine nicht erfüllte Liebe, irgendeine Form der Enttäuschung und Kränkung können Motive zum Weggehen sein.

Aufgrund meiner beruflichen Erfahrung kann die äußere Not die inneren Motive in den Hintergrund treten lassen, was aber nicht heißt, dass sie nicht mehr da sind. Oft wirken diese konflikthaften inneren Beweggründe im Unbe-wussten unbemerkt zum Leidwesen der Betroffenen weiter. Mehr oder weniger bewusste Aufträge und Delegationen früherer Generationen an die MigrantIn-nen finden sich ebenfalls unter den Motiven und Zielen. Dabei handelt es sich zum Beispiel um den Auftrag, Kränkungen und Demütigungen, die frühere Generationen erlitten haben, durch besondere Leistungen, Ruhm und Anerkennung am neuen Ort wiedergutzumachen oder Unterlassungen nachzuholen. Ich erlebe immer wieder, dass Nachkommen von verfolgten Minderheiten, die nicht in Widerstandsbewegungen für ihre Rechte gekämpft haben, das Bedürfnis verspüren dies nachzuholen, das heißt zu remigrieren und zu kämpfen.

Kinder haben meist kein Motiv zur Migration. Sie werden mitgenommen, nachgeholt, zurückgeschickt und wieder hergeholt. Sie stellen eine besondere Gruppe innerhalb der unfreiwilligen MigrantInnen dar.

Für die Art der psychischen Verarbeitung der Migration ist es weniger ausschlaggebend, ob innere und/oder äußere Motive vorliegen – außer im Fall der Exilierung –, als das Bewusstsein darüber. Wichtig für den Migrationsverlauf und die Zufriedenheit damit ist, dass eine Entscheidung zur Migration bewusst, durchdacht und besprochen stattgefunden hat.

Ebenso verhält es sich mit den Migrationszielen, die sich im Laufe des Migrationsprozesses verändern können. Es ist wichtig, dies zu erkennen und entsprechend die Lebensplanung zu gestalten.

Ein befriedigend verlaufender Migrationsprozess ist mit der Flexibilität gekoppelt, Ziele zu verändern, neue zu stecken, unpassend gewordene zu verwerfen, Veränderungen und Wandel zuzulassen und adäquat zu handeln. Ebenso verhält es sich mit den Rückkehrabsichten, deren Klärung den Abschluss des Migrationsprozesses bildet.

Die Klärung der Rückkehrabsichten erfolgt spätestens, wenn das „Alter" im jeweils kulturspezifischen Kontext angesetzt wird. Ich bringe das „Alter" entsprechend meiner Sozialisation mit dem Pensionsantritt in Verbindung. Meine KlientInnen aus der Türkei zum Beispiel tun dies auch, nur beginnt für sie das Alter, in dem sie an eine Pensionierung denken, bereits mit 45 Jahren, da nach ihren Aussagen in der Türkei wesentlich früher um Pensionierung angesucht werden kann als in Österreich.

Die Rückkehrabsichten sind mit den Beziehungen, aber auch mit den ökonomischen und gesundheitlichen Möglichkeiten hier und dort verbunden. Der Prestigegewinn durch eine gelungene Migration hat ebenfalls Auswirkungen auf die Rückkehrwünsche – niemand möchte als „VerliererIn" mit leeren Händen zurückkehren. Im Rahmen einer soziologischen Untersuchung zur Lebenssituation und Altersplanung älterer MigrantInnen aus der Türkei und aus Ex-Jugoslawien in Wien (vgl. Senior Plus 1999: 21) zeigte sich, dass jede/r Fünfte der Befragten die österreichische Staatsbürgerschaft angenommen hatte. In dieser Gruppe gibt es einen sehr hohen Anteil an Bleibewilligen. Die Entscheidung für oder gegen eine Rückkehr dürfte laut Studie besonders vom Migrationserfolg, vom Wohlbefinden und von den Diskriminierungserfahrungen abhängen.

Je stärker das Gefühl, daß die Migrationsziele erreicht wurden, je positiver die allgemeine Zukunft, das Gesundheitsempfinden, die Zufriedenheit in der Freizeit, das Vorhandensein eines sozialen Netzes und je geringer die Diskriminierungserfahrungen auf Ämtern oder am Arbeitsplatz, desto stärker ist die Absicht, in Österreich auch das Alter zu verbringen. (Reinprecht 1999; vgl. Senior Plus 1999: 86; Reinprecht 2006)

Wichtig scheint mir auch zu erwähnen, dass das Rückkehrverhalten geschlechtsspezifisch ist, das heißt Frauen aus der Türkei oder Ex-Jugoslawien tendieren eher zum Bleiben als die Männer, weil sie in Österreich mehr Rechte, Möglichkeiten und Freiheiten für sich sehen als am Herkunftsort. Männer hingegen möchten gerne zwischen Österreich und dem Herkunftsort pendeln.

„Die Migrationskrise", als Teil des Migrationsprozesses, möchte ich besonders hervorheben, da von ihrer Lösung das Wohlbefinden maßgeblich abhängig ist.

Die Migrationskrise ist dem Trauerprozess vergleichbar und somit nicht zu pathologisieren. Sie ist eine „gesunde" Reaktion auf die Migration und den damit verbundenen Verlusten. Der Unterschied zum Trauerprozess ist die Beeinträchtigung der Identität, da die MigrantInnen nicht mehr die ausreichende und selbstverständliche Bestätigung durch die Umwelt erhalten. Die Umwelt ist durch die Migration zur Gänze eine andere. Diese Form der Migrationskrise oder des „Kulturschocks", wie Garza-Guerrero (1974) es nennt, ist aber an eine relativ freiwillige Migration gebunden.

Im Folgenden möchte ich den *Prozess der Migrationskrise* (vgl. Kronsteiner 1995, 2003) zusammenfassen.

1. Die Phase des „kulturellen Zusammenstoßes"

Die MigrantInnen erforschen die kulturellen Gemeinsamkeiten und Unterschiede. Sie überprüfen ihr mitgebrachtes soziales, kulturelles und psychisches „Gepäck" auf seine Brauchbarkeit in der neuen Umwelt. Die Unterschiede zwischen der neuen Welt der Objekte und der inneren psychischen Repräsentanz des Verlassenen werden sichtbar. Hand in Hand mit dem massiven Verlust entsteht eine Diskontinuität der Identität. Zur Verteidigung ihrer Identität müssen die guten inneren Bilder von sich selbst, nahestehenden Menschen, des Herkunftsortes und der Herkunftskultur reaktiviert werden. In dieser Phase kann es zur Idealisierung der verlassenen Umwelt, zu einer Pseudoanpassung (Assimilation) und/oder zu heftigen Stimmungsschwankungen kommen. In dieser Phase treten oft eine Isolationsperiode und danach die Zeit der De-Idealisierung auf.

2. Die Phase der De-Organisation

Dies ist die Phase des Bearbeitens der Trauer, in der die neue Umgebung abgetastet und die alten Objektbeziehungen überprüft werden. Die Trauer baut eine gesunde, hemmende Kraft im Prozess des Verschmelzens mit der neuen Gesellschaft auf. Sie dient der Wiederherstellung der Identität durch das Wiedererlangen einerseits des Verlorenen mittels Identifikation und andererseits der realistischen Sichtweise sowohl des Verlorenen als auch des neu Gewonnenen. Der Trauerprozess führt zur Neugestaltung der inneren Beziehungen unter dem Einfluss der neuen Gesellschaft und des Selbst-Konzepts auf der Basis von neuen Erfahrungen mit der neuen Umwelt. Wenn dieser Trauerprozess nicht bewältigt wird, kann es zu Depressionen, psychosomatischen Erkrankungen, Identitätskrisen, paranoiden Reaktionen und zu psychosozialen Fehlanpassungen kommen, extreme Idealisierung der alten und Entwertung der neuen Gesellschaft und Umwelt sind keine Seltenheit.

3. Die Phase der neuen Identität

Die neue Identität reflektiert die schlussendliche Konsolidierung des Ichs mithilfe ausgewählter Identifikationsmöglichkeiten mit der neuen Gesellschaft und Umgebung, die in das Alte integriert wurden.

Voraussetzung für eine gute Bewältigung der Krise ist eine Umwelt, die das wieder herstellt, was im „Kulturschock" angegriffen wurde – Sicherheit, Geborgenheit, Kontinuität. Das Ergebnis dieser Krise sollte ein gewachsenes Selbst sein, das durch zwischenmenschliche Interaktion in der Aufnahmegesellschaft reflektiert wird.

Im Rahmen längerfristiger Integration können immer mehr Aspekte des „Neuen", auch solche, die anfänglich konflikthaft waren, aufgenommen werden. Dies gilt sowohl für die aufnehmenden als auch für die hinzugekommenen Menschen.

Ich denke, dass der Begriff „Kulturschock" im Widerspruch steht zur Prozesshaftigkeit der Krisenbewältigung und nur auf die erste Phase, in der das Aufeinandertreffen mit dem Fremden stattfindet, zutrifft. Deshalb bevorzuge ich den Begriff der Krise, an deren Ende ein gewachsenes Selbst steht, und da dieser Begriff das Prozesshafte und die Aktivität der MigratInnen zum Ausdruck bringt. Wichtig ist, dass es keine Migration ohne Migrationskrise gibt, auch wenn sie mehr oder weniger bewusst ist und die meisten diese ohne professionelle Hilfe bewältigen.[6] Für ProfessionistInnen des Gesundheitssystems, der Bildungsinstitutionen und sozialer Einrichtungen ist es wichtig, eine Migrationskrise zu erkennen und diese Erkenntnis an die Betroffenen weiterzugeben, was bei diesen eine Entlastung hervorruft. Manchmal ist die Migrationskrise nicht dem Bewusstsein zugänglich und es wirkt erleichternd zu erfahren, dass dies ein normaler Zustand ist und keine Krankheit. Dann kann auch die so genannte Migrationsleistung in den Vordergrund treten und geschätzt werden. Die Migrationskrise

---

6 — Diem-Wille (1992) beschreibt in einer Festschrift für Kurt Rudolf Fischer den Prozess „der Bewältigung der Emigration" ebenfalls in Anlehnung an Garza-Guerreros Konzept des Kulturschocks in Verbindung mit Fischers Flucht vor der Verfolgung durch die Nationalsozialisten und dem anschließenden Exil.

in Verbindung mit sehr restriktiven Lebens- und Arbeitsbedingungen im Aufnahmeland, kombiniert mit persönlichen Konflikten, die vielleicht auch durch die beiden obigen Faktoren aktiviert werden, können aber zu schweren Beeinträchtigungen des Wohlbefindens führen. Leiden treten auch im Zusammenhang mit traumatischen Erlebnissen auf. Das können Verfolgungs-, Folter-, Terror- oder Kriegstraumata sein sowie jegliche Gewalt, auch solche in familiären Zusammenhängen. Wichtig ist zu wissen, dass es in den ersten beiden Phasen der Migrationskrise zu Fixierungen kommen und somit die Krise zu keiner konstruktiven Lösung geführt werden kann. Schon früher nicht bewältigte Krisen werden wieder virulent. Der Spracherwerb wird unmöglich, da dafür eine Regression in das präverbale Stadium der eigenen Entwicklungsgeschichte erforderlich ist (vgl. Grinberg/Grinberg 1990; Leyer 1991; Felber-Villagra 1995). Ist die Krise, die ebenfalls Regressionen in sich birgt, unbewältigt, macht der Prozess des Spracherwerbs zu viel Angst und kann nicht durchlebt werden. In der ersten Phase herrscht die Tendenz der Selbstisolation vor. Liegt in dieser eine Fixierung vor, kann die neue Sprache nicht erlernt werden. Um eine Sprache zu erlernen, ist der Aufbau von Beziehungen zu SprachträgerInnen notwendig, die aber nicht eingegangen werden können. Die Deutschkenntnisse von MigrantInnen korrelieren nicht mit der Aufenthaltsdauer, sondern mit der Qualität der Beziehungen zur Aufnahmegesellschaft. Felber-Villagra (1995) bezeichnet den Migrationsprozess an sich als Entwertungsprozess. Dem „Sprachverlust" ist diesbezüglich ein besonderer Stellenwert beizumessen, da dieser den Verlust selbstverständlicher Fertigkeiten eines erwachsenen Menschen beinhaltet, was den Selbstwert eines Menschen beeinträchtigt. An dieser Stelle setzt die Regression ein und vermittelt dem erwachsenen Menschen das Gefühl der Hilflosigkeit und Unzulänglichkeit. Aber auch das Vertrieben-worden-Sein vom Herkunftsort oder die Diskriminierungserfahrungen am neuen Ort sind Teile dieses Entwertungsprozesses, der mehr oder weniger bewusst verläuft.

Abschließend möchte ich darauf hinweisen, dass Migrationskrisen verschoben auftreten können und erst Jahre später zum Beispiel durch den Schuleintritt des ersten Kindes ausgelöst werden. Diese verspätet auftretenden Krisen nennen wir in Anlehnung an das verzögerte Auftreten von Traumafolgeerkrankungen „late-set-on-crisis" (Fischer/Riedesser 2003: 48).

Abschließend möchte ich darauf hinweisen, dass die Rückkehr an den Heimatort, also die Remigration, eine neuerliche Krise auslöst.

Kränkung macht krank

Diskriminierungen kränken die Menschen und Kränkungen können sehr wütend und krank machen. Sie beeinträchtigen das Wohlbefinden und besonders den Selbstwert. Ausgrenzungen von Menschengruppen sind kollektiv und individuell spürbar. Oft beginnt die Gewalt gegen bestimmte Menschen, die als

Gruppe konstruiert werden, mit strukturellen und individuellen Diskriminierungen, manchmal enden sie mit schwerer Destruktion, die dann Traumatisierungen verursacht. Ganz besonders kränkend ist auch der Umstand, von der „eigenen" Gesellschaft verfolgt und aus dem „eigenen" Land vertrieben worden zu sein.

Trauma

Traumatisierung von Menschen ist ein Mittel, destruktive Macht herzustellen, sie aufrechtzuerhalten und in die menschliche Psyche und den Körper einzuschreiben, sodass sie weitergegeben und somit reproduziert wird. Dies gewährleistet, dass Energie in den Menschen freigesetzt wird, die in verschiedene Richtungen gelenkt werden kann. Häufig wird sie auf der individuellen Ebene destruktiv gegen die Menschen, die am nächsten sind, sowie gegen die eigene Person und den eigenen Körper gerichtet. Dieser Prozess stabilisiert die Machtverhältnisse in der Gesellschaft und hält sie aufrecht. Dies ist auch eine Form von Anpassung.

Gewalt schreibt die Macht in den Körper und in die Psyche ein. Foltermethoden beziehen sich auf diese beiden Bereiche, wobei die Tendenz in der modernen Folter zur psychischen Qual geht, da sie keine eindeutigen und sichtbaren Narben hinterlässt wie die körperliche Folter. Nach Wicker (1993) sind Menschen, die die bestehende Macht und Ordnung in Frage stellen, potentielle Opfer der systematischen Folter. Ich denke aber, dass nicht nur die, die infrage stellen, Opfer von Gewalt werden, sondern auch die, und vor allem die, die als Infrage-StellerInnen konstruiert werden. Die Juden wurden als Gruppe, die angeblich die bestehende Ordnung unterwandern und ausnützen wollte, konstruiert, zum Feind gemacht und dann – wie allgemein bekannt – gefoltert und umgebracht. Ein aktuelles Beispiel wäre der Völkermord an den Tschetschenen oder auch die Massaker in Ruanda. Der Widerstand gegen Unterdrückung und Ausbeutung, gegen Herrschaftsverhältnisse wurde in die Länder der so genannten Dritten Welt und in die Schwellenländer in Form von „ethnischen" Konflikten exportiert. Diese sind freilich differenziert zu betrachten und es fällt auf, dass diese kriegerischen Auseinandersetzungen häufig mit dem Kolonialismus bzw. mit dem Postkolonialismus im Zusammenhang stehen wie zum Beispiel in Ruanda und Burundi, wo es nach Weilenmann (1998) keine Ethnien gibt, aber dafür ethnische Massaker.

Wir, die in Österreich mit den Überlebenden von Folter arbeiten, kennen uns mittlerweile gut aus mit den individuellen und kollektiven Auswirkungen von Folter. Oft fassen wir nicht, was uns Männer aus Tschetschenien, die in so genannten Infiltrationslagern waren, darüber erzählen, wie sie physisch und psychisch gefoltert wurden. Männer, die mit Mitte zwanzig aussehen, als wären sie Mitte vierzig, nachdem sie zwei Wochen in einem derartigen russischen Lager waren. Noch weniger fassen kann ich es, wenn sie sich in den Flüchtlingsheimen zusammenfinden, um sich die Gräuel auf Video oder DVD immer wieder anzusehen. Woher dieses Filmmaterial stammt? Vermutlich von russischen Militärs, die diese Filme auch ins Internet stellen. Tschetschenische Flüchtlinge schauen es an, um Verwandte zu identifizieren, so mancher erkennt sich selbst in höchst beschämenden Situationen wieder. Aber sie sammeln das Material auch, um das Unrecht anzuklagen und zu beweisen. Sie schauen es immer wieder an, um das Unfassbare fassbarer zu machen, in der Hoffnung, auf diese Weise das Trauma heilen zu können.

Das Trauma tendiert zur Wiederholung; dies ist der Versuch der Seele, durch ständige Widerholung endlich das Unlösbare zu lösen. Die ProfessionistInnen, die mit Folteropfern arbeiten und sich anhören, was die Opfer erzählen oder eben nicht erzählen, laufen Gefahr selbst traumatisiert zu werden, sie spüren, was das Gegenüber nicht in Worte fassen kann, und somit entstehen Bilder, Phantasien, die konkrete Beschreibung ersetzen – und schon sind wir mitten im Trauma. In den vielen Supervisionen, die ich mit ProfessionistInnen, die mit Folteropfern arbeiten, mache, erlebe ich, wie sich tiefe Spuren in den Seelen der HelferInnen zeigen, wenn sie nicht regelmäßig darüber reflektieren. Und ich weiß vor allem von mir selbst, wie sich diese Erzählungen in mein Unbewusstes einlagern und zum Beispiel in Träumen wieder auftauchen. Deshalb möchte ich an dieser Stelle noch genauer auf das Trauma und seine individuellen Auswirkungen eingehen.

Psychische Traumata sind laut WHO (2001) kurze oder lang andauernde Ereignisse von außergewöhnlich katastrophaler Bedrohung, die nahezu bei jeder/jedem tiefgreifende Verzweiflung auslösen. Sie sind extremste Diskrepanzerlebnisse zwischen der bedrohlichen Situation und den individuellen Bewältigungsmöglichkeiten, die mit Gefühlen der Hilflosigkeit und schutzloser Preisgabe einhergehen und so eine dauerhafte Erschütterung von Selbst- und Weltverständnis bewirken (vgl. Fischer/Riedesser 2003). Solche Ereignisse können die Bedrohung des eigenen Lebens und der Unversehrtheit sein, die ernsthafte Bedrohung oder Schädigung nahestehender Menschen, die Zerstörung des eigenen Heimes bzw. der Gemeinschaft, das Mitansehen-Müssen, wie eine andere Person durch Gewalt verletzt wird oder stirbt.

Die Traumaforschung selbst begann mit dem Erkennen der sexualisierten Gewalt an Kindern und des Inzests durch die Psychoanalyse Sigmund Freuds. Freud beschäftigte sich auch mit den Kriegstraumata der Soldaten des Ersten Weltkriegs, doch der Zweite Weltkrieg, die Folgen der Shoah und die Betroffenheit vieler PsychoanalytikerInnen, von Verfolgung und Vertreibung, wurden lange Zeit mit Schweigen belegt. Die Auswirkungen der Shoa wurden nach und nach erforscht. Die Folgen des Vietnamkrieges in den USA lösten eine Beschäftigung mit den posttraumatischen Belastungsstörungen aus, die dann auch Eingang in den amerikanischen Diagnoseschlüssel fanden. Im Zusammenhang mit den Entschädigungsgesetzen in der BRD erfolgte die weitere Beschäftigung mit dem Trauma in Deutschland.

Die Ursachen von Traumata sind alle Formen der Gewalt, also *man made causes* (vgl. Mückler 2004: 46), ebenso wie Natur- und technische Katastrophen. Wir unterscheiden Traumata, die durch plötzliche, kurz dauernde traumatische Ereignisse (Unfälle, Überfälle, Naturkatastrophen und Ähnliches) ausgelöst wurden, und Traumata, die sich auf länger andauernde, wiederholte oder sexualisierte Gewalt wie Krieg, Folter, Konzentrationslager, sexualisierte Gewalt in der Kindheit oder Vergewaltigung gründen.

Die höchste Rate an Posttraumatische-Belastungsstörung (PTBS[7])-Erkrankungen weist die Vergewaltigung auf. Traumatisiert sind aber nicht nur die Menschen, die die Gewalt direkt am eigenen Leib erfahren haben, sondern auch die, die zusehen müssen, wie andere Menschen dies erleben, und die Menschen, die mit den Traumatisierten im engen Kontakt sind.

Primäropfer sind Menschen, die unmittelbar vom Trauma betroffen sind. Sekundäropfer sind Menschen, die unmittelbar mit den Traumatisierungen der Primäropfer konfrontiert sind (AugenzeugInnen, Einsatzkräfte). Tertiäropfer sind Menschen, die nicht dabei waren, aber mit dem Opfer im engen Kontakt sind (Angehörige, FlüchtlingsbetreuerInnen, PsychotherapeutInnen und andere ProfessionistInnen). In Teams, die mit Traumatisierten arbeiten, reinszeniert sich das Trauma in sehr unterschiedlicher Weise, meist in Konflikten. Die BetreuerInnen, BeraterInnen, BehandlerInnen erweisen sich häufig als aggressiv im Bezug zu KollegInnen oder MitarbeiterInnen, besonders dann, wenn sie die Auswirkungen ihrer Arbeit auf sich selbst leugnen und/oder diese unbewusst werden. Häufig beobachte ich, dass HelferInnen alles für ihre KlientInnen tun wollen, was nicht möglich ist. Becker (2006) meint dazu, dass das Aushalten der Ohnmacht für HelferInnen oft sehr schwierig ist.

Symptome der PTBS können sich auch bei den ProfessionistInnen zeigen. Einige davon möchte ich hier beschreiben wie zum Beispiel Albträume, Flashbacks (blitzartige Erinnerung ans Trauma), Intrusionen (plötzlich unkontrollierbar hereinbrechende, intensive Erinnerung, die einen das Trauma wieder erleben lässt, man ist also wieder in der Foltersituation), Amnesie (das heißt keine Erinnerung an die traumatische Situation selbst), generalisiertes Angstsyndrom (alles ist Angst erzeugend!), Vermeidungsverhalten (alles, was nur

---

7 __ Engl. *Posttraumatic Stress Disorder* (PTSD) oder auch *Posttraumatic Stress Syndrom* (PTSS). Ich bevorzuge den Begriff „Traumafolgeerkrankung" oder weniger pathologisierend „Traumafolgen". Das Wohlbefinden von extrem traumatisierten Menschen kann stark beeinträchtigt sein, obwohl keines der klassischen Symptome, wie sie in den Diagnoseschlüsseln beschrieben sind, zu finden ist. Was im Asylverfahren katastrophale Auswirkungen haben kann – nämlich keine Anerkennung als AsylantIn zu bekommen. Deshalb bin ich skeptisch, was die Diagnostik ausschließlich anhand der Symptome betrifft.

irgendwie ans Trauma erinnert, wird vermieden, was aber leider nie wirklich gelingt), Derealisierung (ist das Gefühl der Unwirklichkeit, alles wirkt fremd oder wie auf einer Bühne), Depersonalisierung (ist das Gefühl nicht wirklich anwesend zu sein, die eigenen Gefühle und Bewegungen werden als fremd erlebt), Selbstisolation, Affektdurchbrüche (plötzlich auftretende extreme Trauer oder Wut), Schlafstörungen, Konzentrationsstörungen, Beeinträchtigung der Merkfähigkeit oder Schreckhaftigkeit. PsychologInnen und PsychotherapeutInnen haben meist gelernt sich davor zu schützen und für sich selbst gut zu sorgen, Kultur- und SozialanthropologInnen haben das in der Ausbildung nicht gelernt. Deshalb ist ihr Wohlbefinden in der Flüchtlingsbetreuung gefährdeter. Auch ist die Wahl des Arbeitsfeldes eines Menschen kein Zufall, was bedeutet, dass die HelferInnen vielleicht eigene Traumata mitbringen, die sie unbewusst mithilfe ihrer Arbeit bewältigen wollen. Dies ist natürlich nicht möglich, im Gegenteil, das alte Trauma wird virulent und das Wohlbefinden der Betroffenen kann stark beeinträchtigt werden (Psychosomatische Erkrankungen bzw. von mir so bezeichnete „Cortison-Erkrankungen"[8] können unter anderem auftreten). Hingegen sind eigene gut bearbeitete Traumata eine wichtige Ressource in der Arbeit mit traumatisierten Menschen.

Wichtig ist, dass die oben beschriebenen Symptome eine völlig normale Reaktion auf völlig abnormale Erlebnisse sind! Traumatisierte Menschen sind Menschen wie alle anderen auch. Wir haben oft mit ihnen im Alltag zu tun, ohne auch nur das Geringste des Furchtbaren, das sie erlebt haben, zu ahnen. Das Beschriebene soll helfen, sie kompetent zu unterstützen und nicht uns von ihnen fernzuhalten, denn das ist das Schlimmste, was ihnen nach dem Trauma widerfahren kann, wenn andere ihnen ausweichen, sie meiden. Oft werden gefolterte Menschen sozial isoliert oder sie selbst isolieren sich. Niemand will mit dem Schrecklichen konfrontiert werden und jede/r ahnt, was geschehen ist, auch wenn er oder sie es negiert. Ganz besonders schlimm ist für traumatisierte Menschen, wenn die Traumaursachen kollektiv geleugnet, heruntergespielt oder sogar die Opfer zu Tätern gemacht werden und umgekehrt. Becker bezeichnet diesen Umgang mit Folter und Terror als „Sequenz" (2006: 190) der Traumatisierung.

Wichtig ist für die Opfer, über das Erlebte zu sprechen. Oft ist es nicht möglich, das „Unheimliche", wie Felber-Villagra (1995) es nennt, in Worte zu fassen, oder es wird ohne jegliche Emotion erzählt und das immer und immer wieder. Die Kinder der traumatisierten Überlebenden berichten zahlreich darüber. Das Sprechen über das Trauma beherbergt aber auch Gefahren, nämlich dass die Bilder zu intensiv und zu nahe, die Emotionen zu heftig sind. Die Folge ist eine Retraumatisierung. Wichtig ist, dass der/die ZuhörerIn auf sich selbst gut achtet

---

8 —— Dies sind Erkrankungen, die mit Cortison behandelt werden wie zum Beispiel diverse Hauterkrankungen oder Asthma und bei denen sich, nach Absetzen des Medikaments, die Beschwerden verschlimmern können.

und bemerkt, wenn er/sie selbst die Erzählung nicht mehr aushält. Dies ist das Zeichen, dass auch der/die ErzählerIn über die eigenen Grenzen geht und sich nichts Gutes tut.

Menschen können durch die eigene Erzählung und die damit ausgelösten Erinnerungen, die sich anfühlen, als wäre man jetzt wieder in der schrecklichen Situation, zum Beispiel bei der Einvernahme im Asylverfahren, retraumatisiert werden. Aber auch der Folter ähnliche Umstände wie Schubhaft oder Abschiebung wirken retraumatisierend.

Transgenerative Weitergabe individueller und kollektiver Traumata

Eine klare Erkenntnis der Forschung zu den Traumata der Shoah-Überlebenden ist neben der „Überlebensschuld oder des Überlebenssyndroms" die Weitergabe des Traumas an die nächsten Generationen.

> Ende der 60er und Anfang der 70er Jahre begannen Forschungsarbeiten zu erscheinen, die bei Kindern von Überlebenden das Auftreten von Symptomen beschrieben, die im Verhalten und Erleben der Eltern während der Verfolgungszeit eine besondere Bedeutung hatten. Auch in Träumen und Phantasien dieser Kinder ließen sich immer wieder Hinweise auf die traumatischen Erfahrungen der Eltern finden. Nach und nach wurde somit erkennbar, daß eine extreme Katastrophe wie der Holocaust Auswirkungen auf die nächste Generation hatte. (Bohleber 2000: 815)

Das „Überlebenssyndrom" hat in der Fachliteratur mittlerweile viel Beachtung und Namen bekommen. Es besagt, dass extrem traumatisierte Menschen von Schuldgefühlen geplagt werden, weil sie überlebt haben und andere nicht. Hinzu kommt, dass Menschen vieles tun, um zu überleben. Unter Folter verraten sie auch andere und/oder werden gezwungen selbst zu töten oder zu foltern. Wie wir wissen, werden Kinder in vielen Teilen dieser Welt zu „Soldaten" ausgebildet und ausgeschickt, um Menschen zu töten. Wir sehen, das Feld der extremen Traumatisierung ist weit. Tatsache ist, dass sowohl Traumatisierung als auch Migration Auswirkungen nicht nur auf die nächste, sondern auf die Folgegenerationen haben können. In der Psychotherapie sehen wir, wie nicht bewältigte Migrationskrisen oder Traumatisierungen ihre Wirkungen bereits in der 4. Generation zeigen.

Krieg ist die häufigste und breiteste Ursache für Traumatisierung. Um die Folgen zu erkennen, brauchen wir nicht in fremde Länder oder andere Kontinente zu ziehen. In psychotherapeutischen Behandlungen sehen wir, welche Auswirkungen der Weltkrieg bereits auf die 4. Generation hat. Aber auch auf der kollektiven Ebene, zum Beispiel im Wahlkampf, zeigt sich deutlich, dass der Na-

tionalsozialismus und in der Folge der Krieg noch heute seine Spuren hinterlässt und die damit verbundenen Traumata und Konflikte nicht ausreichend be-
arbeitet sind.

> Die seelischen Nachwirkungen des Krieges waren bei den einzelnen
> Deutschen unterschiedlich, je nach deren Involvierung in den National-
> sozialismus und seine Verbrechen und deren Verdrängung von Schuld
> und Verantwortung. Dies hatte spezifische Folgen auch für die Erinne-
> rung und die Auseinandersetzung mit der Realität und den Konsequen-
> zen des Krieges. (Bohleber 2000: 818)

Somit können wir davon ausgehen, dass wir in Österreich in einer „posttrauma-
tisierten" Gesellschaft leben oder nach Becker (2006) vielleicht sogar in einer
„Sequenz" des Traumas.

MigrantInnen und Exilierte fügen sich häufig in die kollektiven Traumata
der Aufnahmegesellschaft unbewusst ein und werden häufig von so manchen
Mitgliedern der Aufnahmegesellschaft abgelehnt, unter anderem weil diese sie
an alte Traumata erinnern.

Kollektive Traumata, was auch kollektive Niederlagen und somit Kränkungen
bedeutet, wirken über Jahrhunderte nach und vor allem wirken sie auf individuelle und kollektive Identitäten.

Kollektive, auserwählte Traumata

> Der Begriff „Auserwähltes Trauma" bezieht sich auf die gemeinsame
> psychische Repräsentation eines historischen Ereignisses, durch das
> eine Gruppe herbe Verluste und eine Demütigung durch eine feindliche
> Gruppe erlebt. Durch die Größe des Traumas bleiben die Gruppenmit-
> glieder mit psychologischen Wunden und dem Gefühl der Erniedrigung
> zurück, die sie der nächsten Generation weitergeben. (Volkan 2000: 950f.)

Wie ich bereits beschrieben habe, sind die folgenden Generationen mit dem Be-
trauern und der Wiedergutmachung der Traumata ihrer Vorfahren mehr oder
weniger bewusst beschäftigt. Auch Volkan beschreibt dies im zitierten Artikel
und in einigen Büchern ausführlich. Er, aber auch andere AutorInnen wie zum
Beispiel der Ethnopsychoanalytiker Parin (1998) weisen auf den politischen
Missbrauch derartiger kollektiver Traumata hin.

> In Zeiten, wenn sich radikale Umbrüche in der Geschichte einer Groß-
> gruppe ergeben und als Folge davon die für solche Situationen typische
> Regression der Großgruppe eintritt, pflegen politische Führer auser-
> wählte Traumata zu reaktivieren. Diese Reaktivierung wiederum wird

zum Brennstoff, mit dem schon existierende Großgruppenkonflikte weiter angeheizt werden. (Volkan 2000: 951)

Sowohl Volkan (2000) als auch Parin (1998) bringen das Beispiel des Traumas der verlorenen „Schlacht am Amselfeld" im 14. Jahrhundert, das die Niederlage der christlichen Serben gegen die Osmanische Armee symbolisiert und Slobodan Milošević im ausgehenden 20. Jahrhundert dazu diente, die Serben zum Krieg zu mobilisieren. Wie allen Kriegen, meines Erachtens, ging diesem die wirtschaftliche Krise voraus, wie in Italien gab es ein Nord-Süd-Gefälle innerhalb Jugoslawiens und der reichere Norden drohte sich loszusagen, um nur einige Ursachen für die Verunsicherung und Angst in der serbischen Bevölkerung anzuführen (vgl. Parin 1998). In dem Konflikt um Ressourcen und Macht ist die Ethnisierung der Politik durch Milošević ein Beispiel von vielen und macht deutlich, wie dies vor sich ging:

> Am Vivodan, dem 28. Juni 1989, wurde der sechshundertste Jahrestag der Schlacht am Amselfeld, Kosovo polje, [...] mit großem Pomp gefeiert. Eine riesige Menschenmenge [...] mit Fahnen, alten Trachten und Liedern, Popen im goldenem Ornat [...] lauschte der Rede von Slobodan Milošević [...] er [...] schloß [...] die Möglichkeit eines Krieges zur Wiederherstellung des Reiches der Serben nicht aus. (Parin 1998: 111)

Somit rekurrierte er auf eine mögliche Wiedergutmachung einer historischen Niederlage (auserwählte kollektives Trauma), um die Menschen für einen Krieg zu mobilisieren, der bekanntlich Traumata verursacht. Wobei ich hervorheben möchte, dass es mir hier nur um die Darstellung eines Ethnisierungsprozesses und nicht um eine Schuldzuweisung geht.[9]

Volkan bringt noch weitere Beispiele für auserwählte Traumata, die die Gruppe über viele Jahre verbindet, deren Mitglieder „Träger der unbewußten psychologischen Prozesse früherer Generationen sind" (Volkan 2000: 946). Die ritualisiert gefeierten Jahrestage haben dabei eine wichtige Funktion: „Die Mitglieder der Großgruppe empfinden dann ein starkes Gefühl des Gruppenzusammenhalts und des Aufgehobenseins" (Volkan 2000: 946), das in Krisenzeiten von Machthabern für ihre Zwecke missbraucht werden kann.

Conclusio

Migration kann auch wieder Migration produzieren. Vor einigen Jahren habe ich gemeinsam mit einer aus der Türkei nach Österreich migrierten Kollegin eine

9 — Ich habe das Beispiel des Jugoslawien-Krieges gewählt, weil er mir sehr nahe ging und immer noch geht, da ich seit vielen Jahren mit betroffenen Menschen und ihren Kindern arbeite.

Frauengruppe für Frauen aus der Türkei geleitet, in der wir mit den Frauen ihre Genealogien aufzeichneten. Es zeigte sich, dass alle Teilnehmerinnen in ihren Familiengeschichten in jeder Generation Migrationen erlebt haben. Vom Herkunftsort wegzugehen und sich woanders niederzulassen, ist eine wichtige und bereichernde Erfahrung, vor allem dann, wenn die Migration „geglückt" ist. Manchmal wird die Migration erst in den nachfolgenden Generationen eine geglückte. MigrantInnen und die nachfolgenden Generationen entwickeln transnationale Lebensentwürfe, machen aus den Migrationserfahrungen einen Beruf, oft ziehen sie weiter und lassen sich woanders nieder. Unzählige Menschen sind stolz auf ihre Migrationen, schöpfen aus den damit verbundenen Erfahrungen Kraft und entwickeln Ressourcen und Fähigkeiten. Sie sind zufrieden mit ihren hybriden Identitäten, konstruieren neue Identitäten und handhaben bewusst ihr gemischtes Selbst. Identitäten sind nie „rein", sondern immer „gemischt", auch wenn ewig Gestrige, Nationalisten und Rassisten von der Reinheit träumen.

Unzählige schwer traumatisierte Menschen bewältigen ihre Traumata und auch sie bewältigen sie mit der Unterstützung ihres Umfelds, ihrer Gruppe und so manche Fähigkeit und Begabung entwickelt sich, so paradox es erscheinen mag, aus der Verarbeitung schrecklicher Erfahrungen. Damit möchte ich darauf hinweisen, dass Migration und Trauma nicht nur gesundheitliche Risiken mit sich bringt, sondern auch Fähigkeiten hervorbringt. In der psychosozialen Arbeit mit MigrantInnen stellt das Kulturelle eine besondere Ressource dar. Das Kulturelle an sich ist eine Gemeinsamkeit der Menschen und deren Verschiedenheit ist oft Ausgangspunkt in einem Beratungs- oder Betreuungsgespräch. Wie oft hat sich aus der Frage „… wissen Sie, da wo ich aufgewachsen bin, ist das so und so, wie ist denn das, wo Sie aufgewachsen sind…?" ein gutes Arbeitsbündnis zwischen mir und dem/der KlientIn entwickelt. Bei der Arbeit mit schwer traumatisierten AsylwerberInnen, die durch ihren unsicheren Aufenthalt in Österreich und die unzureichende Versorgung ihrer grundlegenden Bedürfnisse, wie Nahrung, Kleidung, Wohnen und vor allem Arbeit, schwer in ihrem Wohlbefinden beeinträchtigt sind – und da ist noch keine Rede von ihren Traumata –, finden diese Ruhe und Geborgenheit in ihren inneren kulturellen Bildern, fühlen sich besser nach einem Gespräch über ihre kulturelle Sozialisation, sind stolz, wenn sie mir „ihre Kultur" erklären können, fühlen sich in ihrem Selbstwert gestärkt, wenn ich neugierig darauf bin, aber auch kritisch betrachte, ob ihr „Kulturelles" auch tatsächlich Kulturelles ist. So manche Gewalttat wird als „kulturspezifisch" gerechtfertigt und da ist es ganz besonders wichtig, einen klaren Kulturbegriff zu haben. Wir erleben dann auch in dieser „ethnotherapeutischen" Beziehung, dass es möglich ist, Unterschiede zu schätzen und als Bereicherung zu erleben.

Wichtig in der psychosozialen Arbeit mit MigrantInnen ist aber auch zu wissen, dass in der Begegnung mit MigrantInnen oder Exilierten Gruppenübertragungen und -Gegenübertragungen (vgl. Michel 1999) bei allen Beteiligten virulent werden können.

Abschließend möchte ich noch einmal darauf hinweisen, dass die Gesundheit der Menschen politisch, sozial und kulturell determiniert ist.

Fragen zur Erstellung eigenständiger wissenschaftlicher Arbeiten

1. Welche kollektiven Übertragungen und Gegenübertragungen zeigen sich in den Geschichten, die MigrantInnen und Aufnehmende über die jeweils andere Gruppe erzählen – also die Ethnizität zwischen den Gruppen dominieren?
2. Welche sozialen Auswirkungen haben Traumatisierungen auf das Individuum und auf das Kollektiv und wie wirken diese wiederum aufeinander?
3. Welche Ressourcen bietet das Kulturelle im Heilungsprozess und in der Behandlung von „Krankheiten"?

Basisliteratur

Grinberg, Leon/Grinberg, Rebeca (1990 [1984]): Psychoanalyse der Migration und des Exils. München/Wien: Verlag Internationale Psychoanalyse.

Kronsteiner, Ruth (2003a): Kultur und Migration in der Psychotherapie. Ethnologische Aspekte psychoanalytischer und systemischer Psychotherapie. Frankfurt am Main: Brandes & Apsel.

Pedrina, Fernanda/Saller, Vera/Weiss, Regula/Würgler, Mirna (Hg.) (1999): Kultur, Migration, Psychoanalyse: therapeutische Konsequenzen theoretischer Konzepte. Tübingen: edition diskord.

Saller, Vera (2003): Wanderungen zwischen Ethnologie und Psychoanalyse. Psychoanalytische Gespräche mit Migrantinnen aus der Türkei. Tübingen: edition diskord.

Scheper-Hughes, Nancy (1994): Embodied Knowledge: Thinking with the Body in the Critical Medical Anthropology. In: Borofsky, Robert (ed.): Assessing Cultural Anthropology. New York et al: McGraw-Hill, 229–242.

Literatur

Barth, Frederic (1994): A Personal View of Present Tasks and Priorities in Cultural and Social Anthropology. In: Borofsky, Robert (ed.): Assessing Cultural Anthropology. New York et al.: McGraw-Hill, 349–360.

Becker, David (2006): Die Erfindung des Traumas – verflochtene Geschichten. Freiburg: edition Freitag.

Beham, Mona (1995): Leon und Rebeca Grinberg: Psychoanalyse der Migration und des Exils – Rezension. Ethnopsychoanalyse 4. Frankfurt am Main: Brandes & Apsel.

Bohleber, Werner (2000): Die Entwicklung der Traumatheorie in der Psychoanalyse. In: Psyche. Sonderheft: Trauma, Gewalt und kollektives Gedächtnis 54/9–10, 797–839.

Cooper, A. (1986): Toward a limited definition of psychic trauma. In: Rothstein, A. (ed.): The Reconstruction of Trauma. Its Significance in Clinical Work. Madison: IUP, 41–56.

Diem-Wille, Gertraud (1992): Emigration und Identität. Psychoanalytische Bemerkungen zu Bewältigung der Emigration, ergänzt durch biographische Vignetten von Kurt Rudolf Fischer. In: Muhr, Peter/Feyerabend, Paul/Wegeler, Cornelia (Hg.): Philosophie, Psychoanalyse, Emigration. Festschrift für Kurt Rudolf Fischer. Wien.

Dilling, Horst (Hg.) (2001): Taschenführer zur Klassifikation psychischer Störungen (ICD: 10). WHO (World Health Organisation). Bern: Huber.

Egger, Ingrid (1999): Der Turmbau zu Babel. Psychotherapie bei Überlebenden von Krieg, Gewalt und Folter. In: Systeme 13/2, 144–158.

Felber-Villagra, Nelda (1995): Das Gespenst der Politik in der Psychoanalyse. In: Möhring, P./Apsel, R. (Hg.): Interkulturelle psychoanalytische Psychotherapie. Frankfurt am Main: Brandes & Apsel, 222–249.

Fischer, Gottfried/Riedesser, Peter (2003): Lehrbuch der Psychotraumatologie. München: Reinhardt.

Garza-Guerrero, Cesar A.(1974): Culture Shock. Its Mourning and the Vicissitudes of Identity. In: Journal of the American Psychoanalytical Association 22/1, 408–429.

Geertz, Clifford (1997 [1983]): Dichte Beschreibung. Beiträge zum Verstehen kultureller Systeme. Frankfurt am Main: Suhrkamp.

Goldmann, Harald/Krall, Hannes/Ottomeyer, Klaus (1992): Jörg Haider und sein Publikum. Eine sozialpsychologische Untersuchung. Klagenfurt/Celovec: Drava.

Güc, Fatih (1991): Ein familientherapeutisches Konzept in der Arbeit mit Immigrantenfamilien. In: Familiendynamik 16/1, 3–23.

Hardtmann, Gertrude (Hg.) (1992): Spuren der Verfolgung. Seelische Auswirkungen des Holocaust auf die Opfer und ihre Kinder. Gerlingen: Bleicher Verlag.

Hegemann, Thomas/Salman, Ramazan (Hg.) (2001): Transkulturelle Psychiatrie. Konzepte für die Arbeit mit Menschen aus anderen Kulturen. Bonn: Psychiatrie-Verlag.

Heinemann, Evelyn (1990): Mama Afrika. Das Trauma der Versklavung. Eine ethnopsychoanalytische Studie über Persönlichkeit, Magie und Heilerinnen in Jamaika. Frankfurt am Main: Nexus.

Kronsteiner, Ruth (1995): „Wenn die Worte fehlen, muß der Körper sprechen." Bewältigung und Hintergründe der Arbeitsmigration als psychischer Krise. In: Miteinander leben/Öğrenelim, Birlikte (Hg.): Frauen im Fremdland. Bildungsarbeit, Beratung und Psychotherapie mit Migrantinnen. Wien: Promedia, 154–204.

Kronsteiner, Ruth (2002): Migration und Exil: soziokulturelle Bindungen und Brüche – Übergänge in ethnotherapeutischen Beziehungen. In: Mehta, G./Rückert, K. (Hg.): Bindungen/Brüche/Übergänge. Beziehungen und ihre Veränderungen in unterschiedlichen Lebensphasen. Wien: Falter, 80–103.

Kronsteiner, Ruth (2003b): Identitäten in einer globalisierten Welt oder „ein Puppenmodell für ein Zuhause irgendwo." Mitteilungen der Anthropologischen Gesellschaft in Wien (MAGW), Band 133. Horn/Wien: Berger & Söhne, 197–218.

Kronsteiner, Ruth (2003c): Psychotherapie mit Migrantinnen. Kollektive und individuelle Hintergründe von Gewalt aus ethnopsychoanalytischer Sicht. In: Arbeitsgruppe Migrantinnen und Gewalt (Hg.): Migration von Frauen und strukturelle Gewalt. Reihe Dokumentation, Band 27. Wien: Milena, 95–114.

Kronsteiner, Ruth (2004): Das Trauma von Vertreibung und Flucht aus ethnopsychoanalytischer Sicht. In: Zand, G./Holy, J. (Hg.): Vertreibung, Aussiedlung, Transfer im Kontext der tschechischen Literatur. Brno: Host, 43–57.

Leyer, Emanuela M. (1991): Migration, Kulturkonflikt und Krankheit. Zur Praxis der transkulturellen Psychotherapie. Opladen: Westdeutscher Verlag.

Lueger-Schuster, Brigitte (Hg.) (1996): Leben im Transit. Über die psychosoziale Situation von Flüchtlingen und Vertriebenen. Wien: WUV.

Maturana, Humberto R./Varela, Francisco J. (1987 [1984]): Der Baum der Erkenntnis. Die biologischen Wurzeln menschlichen Erkennens. Bern/München: Goldmann.

Michel, Luc (1999): Kulturelle Stereotypen in Übertragung und Gegenübertragung in der interkulturellen Psychotherapie. In: Pedrina, Fernanda/Saller, Vera/Weiss, Regula/ Würgler Mirna (Hg.): Kultur, Migration, Psychoanalyse: therapeutische Konsequenzen theoretischer Konzepte. Thübingen: edition diskord, 29–43.

Moro, Marie Rose (1999): Aufwachsen im Exil: Ethnopsychoanalyse mit Eltern und Kindern. In: Pedrina, Fernanda/Saller, Vera/Weiss, Regula/Würgler, Mirna (Hg.): Kultur, Migration, Psychoanalyse. Therapeutische Konsequenzen theoretischer Konzepte. Tübingen: edition diskord, 149–188.

Mückler, Hermann (2004): Migrationsdynamiken: Auslöser, Erklärungsmodelle, Konsequenzen. In: Niederle, Helmuth A./Mader, Elke Hg. (2004): Die Wahrheit reicht weiter als der Mond. Wien: wuv, 41–60.

Ottomeyer, Klaus/Peltzer, Karl (2002): Überleben im Abgrund. Psychotrauma und Menschenrechte. Klagenfurt/Celovec: Drava.

Parin, Paul (1998): Ethnisierung der Politik – Ex-Jugoslawien: vom NationalKommunismus zum „National-Sozialismus". In: Modena, Emilio: Das Faschismus-Syndrom. Zur Psychoanalyse der Neuen Rechten in Europa. Gießen: Psychosozial-Verlag, 100–118.

Reinprecht, Christoph (1999): Präsentation der Studie „Lebenssituation, soziale Integration und Altersplanung älterer MigrantInnen in Wien" – Ergebnisse einer empirischen Untersuchung in der Wiener Gürtelregion. In: Tagungsmappe: Altern und Migration – Pespektiven für Wien. 22.9.1999, vhs -Ottakring, veranstaltet von Senior Plus. Wien.

Reinprecht, Christoph (1999): Ältere MigrantInnen in Wien. Empirische Studien zu Lebensplanung, sozialer Integration und Altersplanung. Wien: Senior Plus.

Reinprecht, Christoph (2006): Nach der Gastarbeit: Prekäres Altern in der Einwanderungsgesellschaft. Wien: Braumüller.

Saller, Vera (1999): Die Bedeutung des Kulturbegriffs für psychoanalytische Therapien. In: Pedrina, Fernanda/Saller, Vera/Weiss, Regula/Würgler Mirna (Hg.): Kultur, Migration, Psychoanalyse. Therapeutische Konsequenzen theoretischer Konzepte. Tübingen: edition diskord, 99–148.

Sturm, Gesine (2001): Aktuelle Entwicklungen in der ethnopsychoanalytisch orientierten Psychotherapie in Frankreich: Der ethnopsychiatrische Ansatz von Marie Rose Moro. Ethnopsychoanalyse 6. Frankfurt am Main: Brandes & Apsel, 218–237.

Vervey, Martine (Hg.) (2001): Trauma und Ressourcen. Zeitschrift für Ethnomedizin. Curare Sonderband. Berlin: vwb.

Volkan, Vamik D. (2000): Großgruppenidentität und auserwählte Trauma. In: Psyche. Sonderheft 54/9–10, 931–953.

Volkan, Vamik D. (2005): Blindes Vertrauen. Großgruppen und ihre Führer in Krisenzeiten. Gießen: Psychosozial-Verlag.

Weilenmann, M. (1998): In Burundi gibt es keine Ethnien – aber „ethnische" Massaker. In: Modena, E. (Hg.): Das Faschismussyndrom. Zur Psychoanalyse der Neuen Rechten in Europa. Giessen: Psychosozial-Verlag, 140–175.

who (World Health Organisation) (1986): Ottawa-Charta zur Gesundheitsförderung. Ottawa. Ontario, Canada (who-Büro „Wien – Gesunde Stadt").

who (World Health Organisation) (1997): Die Jakarta Erklärung zur Gesundheitsförderung für das 21. Jahrhundert. Jakarta, Republic of Indonesia. (who-Büro „Wien – Gesunde Stadt").

Wicker, Hans-Rudolf (1993): Macht schafft Wahrheit. Ein Essay zur systematischen Folter. In: Fillitz, Thomas/Gingrich, Andre/Rasuly-Paleczek, Gabriele (Hg.): Kultur, Identität und Macht: ethnologische Beiträge zu einem Dialog der Kulturen der Welt. Frankfurt am Main: iko, 257– 270.

Karl M. Reiser

19 Echo aus der Community
Entwicklung und Dynamik von MigrantInnenvereinen in Wien

Einleitung

Vorliegender Artikel[1] gibt anhand ausgewählter Aspekte Einblick in Netzwerke von ZuwanderInnen in Österreich. Er beschäftigt sich zunächst mit der Funktion und Bedeutung dieser Netzwerke, die sich auf Basis von Vereinen etabliert haben, und beleuchtet aus wissenschaftlicher Perspektive ihre Entwicklungsphasen und Organisationsprinzipien. Ferner verweist der Artikel auf ausgewählte Studien und geht schließlich am Beispiel der „türkischen Community" auf interne Differenzierungen ein, die im Lauf von knapp 50 Jahren Migrationsgeschichte maßgeblich für deren organisationale Ausdifferenzierung waren und sind.

Anlass, Motive und Rahmenbedingungen für Vereinsgründungen unter MigrantInnen

Als die ersten ArbeitsmigrantInnen in den 1960er-Jahren nach Österreich kamen, dachte zunächst niemand daran, sich zu organisieren. Die Bewältigung des Alltags stand im Vordergrund und entsprechend dem damaligen Rotationsmodell der Arbeitskräfteanwerbung mit temporären Aufenthalten war eine langfristige Perspektive auch seitens der ZuwanderInnen nicht vorgesehen. MigrantInnen kamen, um ihre wirtschaftlich häufig schlechte Situation durch vorübergehende Beschäftigung zu verbessern. War ein dauerhafter Verbleib auch von den wenigsten ZuwanderInnen intendiert, so war das Leben in der Fremde doch von Problemen flankiert, die die/den Einzelne/n überforderten. Die Bewältigung dieser Herausforderungen in der „neuen Heimat" verlangte nicht bloß individuelles Engagement, sondern legte ein organisiertes Vorgehen nahe, das zunächst in informellen Zusammenkünften und schließlich in der Gründung von Vereinen Gestalt annahm.

Setzte die Vereinsbildung in Österreich zunächst nur auf lokaler Ebene ein und diente primär sozialen Belangen, so entstanden mit zunehmender Sess-

---

1 —— Dieser Artikel beruht primär auf Erkenntnissen, die der Autor im Rahmen seiner Dissertation zur ‚Identitäts- und Interessenspolitik türkischer Migranten-Organisationen' gemacht hat, die im Jahr 2000 fertig gestellt wurde.

haftwerdung der ZuwanderInnen überregionale Strukturen, die in der Etablierung von Dachverbänden und transnationalen Netzwerken mündeten. Dabei spielten und spielen die nationale Herkunft, mitgebrachte Weltbilder, religiöse Bindungen, ethnische Identitäten, regionale und sprachliche Zugehörigkeiten sowie politisch-ideologische Bindungen als Organisationsprinzipien keine geringe Rolle.

Generell kann festgestellt werden, dass die Entwicklung der MigrantInnengruppen und ihrer Organisationen maßgeblich von den Entwicklungen in den Herkunftsländern geprägt war, sich aber auch nicht unabhängig von den Entwicklungen in der Residenzgesellschaft und den Beziehungen zwischen einzelnen Zuwanderergruppierungen vollzog. Diese Entwicklung mündete in einer pluralistischen Vereinslandschaft.

Primäre Rechtsquelle für Vereinsgründungen in Österreich bildet das Vereinsgesetz von 1951 (BGBl 1951/233; zuletzt geändert mit BGBl 1993/257). Ausgenommen von besagtem Gesetz sind allerdings geistliche Orden, Kongregationen und Religionsgesellschaften. Zeigte die Praxis der Vereinsbehörden zwar, dass Vereine mit religiösem Teilzweck als zulässig erachtet werden, so war öffentliche Religionsausübung ausschließlich gesetzlich anerkannten Kirchen und Religionsgesellschaften gewährt. Die rechtliche Grundlage für die Religionsausübung (vgl. Kalb et al. 1998) in Österreich besteht seit 1874 im Anerkennungsgesetz, welches vorsieht, dass eine Religionsgemeinschaft Rechtspersönlichkeit nur als anerkannte Kirche[2] oder Religionsgesellschaft mit öffentlich-rechtlicher Stellung erwerben kann (vgl. Kalb et al. 1998: 19). Aufgrund der Regelungen des Vereinsgesetzes, die Religionsgemeinschaften von der Vereinsbildung ausschließt, war es für diese bis in die jüngste Zeit schwierig einen anerkannten rechtlichen Status zu erlangen, der über das Recht der Freiheit auf individuelle Sinnstiftung hinausging. Diese Lücke wurde durch das 1998 verabschiedete Bundesgesetz über die Rechtspersönlichkeit von religiösen Bekenntnisgemeinschaften geschlossen. Es ermöglicht seither religiösen Gemeinschaften Rechtspersönlichkeit zu erlangen, sofern sie die damit verbundenen Auflagen erfüllen.

Wissenschaftliches Interesse wurde den MigrantInnen-Netzwerken in Europa erst relativ spät zuteil. In breitem Maße setzte die Aufnahme der „Community-Forschung" im Rahmen des deutschsprachigen Migrationskontextes erst als Folge der zunehmenden Etablierung von ZuwanderInnen als spezifische

---

2 —— Derzeit gibt es 14 gesetzlich anerkannte Kirchen und Religionsgesellschaften in Österreich, wovon eine die Islamische Glaubensgemeinschaft ist. Sie gelten als Körperschaft öffentlichen Rechts und ihre Tätigkeit wird als im öffentlichen Interesse angesehen. An ihr Bestehen ist eine Reihe von Rechtsvorschriften gebunden, die beispielsweise im Abgabenrecht, im Schulrecht (Religionsunterricht, Subventionierung von Privatschulen), im Bundesgesetz über die Aufgaben und Einrichtungen des österreichischen Rundfunks und im Personenstandsrecht geregelt sind. Darüber hinaus genießen die gesetzlich anerkannten Kirchen auch steuerrechtliche Vorteile.

ethnische Gruppen ein, deren phantasierte „kulturelle Persistenz" von der autochthonen[3] Bevölkerung als Bedrohung wahrgenommen wurde und teilweise noch wird. Insbesondere die Angst vor der Etablierung einer Parallelgesellschaft mit unterschiedlichen Wertekatalogen und Lebenspraxen ist es primär auch, die der Forschung ein neues Untersuchungsfeld lieferte. Hintergrund vieler oft politikrelevanter Studien bilden demnach Fragen nach den Folgen, die die Entwicklung von MigrantInnen-Communitys für die Integrationsfähigkeit ihrer Klientel hat. So bestehen nach wie vor Zweifel darüber, ob jene ethnischen Netzwerke eher zu *empowerment* oder vielmehr zu verstärkten Abschottungstendenzen führen – Entwicklungen, die im Hinblick auf die gesamtgesellschaftliche Integration von eminenter Bedeutung sind.

Funktion und Bedeutung von MigrantInnen-Netzwerken für ihre Klientel

Die Bedeutung sozialer Netzwerke für MigrantInnen ist in einer Reihe von Studien unterstrichen worden, da multiple Beziehungen gerade in einer von Ungewissheiten gekennzeichneten Lage eine wichtige Rolle spielen.[4] Sie sind zunächst auf Handlungsprobleme in der Diaspora zurückzuführen; hier spielen insbesondere Bedürfnisse nach Information eine Rolle, etwa im Hinblick auf bürokratische Angelegenheiten, die Unterstützung bei der Organisation des praktischen Lebens, beispielsweise bei der Beschaffung von Wohnraum, Arbeit oder einem Kindergartenplatz. MigrantInnen-Netzwerke haben zudem eine wichtige Funktion bei der Bewältigung verschiedener Problemlagen – sei es ein Krankheits- oder Sterbefall oder „lediglich" neue Aufgabenallokationen aufgrund veränderter Strukturen innerhalb der Familie, bedingt durch den Prozess der Migration, der immer auch Aspekte von Krisen beinhaltet.

Demgemäß verlangt die Notwendigkeit psychischer Entlastung in der Fremde nach verstärktem sozialem Austausch, weil oftmals fehlende Orientierung, eine fremde Sprache, ein Statusverlust das Selbstvertrauen ankratzen und die Sinnhaftigkeit der Entscheidung, die Heimat zu verlassen, infrage stellen. Nicht wenige ZuwanderInnen, die mit großer Hoffnung und leichtem Gepäck gekommen waren, mussten nach Jahren erkennen, dass die Ersparnisse in der

3 __ In der Integrationsdebatte wurden in den 1990er-Jahren die Begriffe autochthon und allochthon verwendet. Auch einige Staaten wie die Niederlande haben diese Begriffe offiziell übernommen. Als autochthon wurden jene Bevölkerungsgruppen bezeichnet, die aufgrund von Kolonialismus, Staatengründungen oder politischen Entwicklungen zu marginalisierten Bevölkerungsgruppen zählen, aber eine lange Existenz in dem jeweiligen Staat aufweisen. Als allochthon wurden Menschen „fremder Herkunft" bezeichnet. Die Kritik an diesen Begriffen war, dass sie die Komplexität der Migrationsbewegungen und Zugehörigkeiten nicht ausreichend umfassen.
4 __ Vgl. beispielsweise die Studien von Behrendt (1997); Blaschke (1991); Falk (1998); Karakaşoğlu (1996); Kehl-Bodrogi (1992); Schiffauer (1991); Treibel (1990); Wilpert (1988).

Emigration doch nicht so schnell angewachsen waren, wie es zur Rückzahlung aufgenommener Kredite, zur Ausbildung der Kinder oder zur Finanzierung ihrer Wohnung notwendig gewesen wäre. Manche glaubten mit der Emigration ihren engen Verhältnissen entfliehen zu können, die sie Traditionen verpflichteten, denen sie sich selbst bereits überlebt fühlten. Für andere wiederum bedeutete Emigration eine Chance, geradewegs Traditionen nachzukommen, die in der Heimat verboten waren und für die man manchmal sogar verfolgt wurde. Aber auch der Wunsch nach Fortführung von soziokulturellen und/oder religiösen Traditionen (die Halt versprachen) förderte Vergemeinschaftungen. Insbesondere für Gruppen, die bereits im Herkunftsland eine Minderheitenposition einnahmen, rückte in der Emigration das Bedürfnis nach kultureller, religiöser und politischer Praxis in den Vordergrund und beeinflusste selbstredend die Etablierung und Formgebung ihrer Gemeinschaften.

Durch die Veränderung der politischen Verhältnisse im Herkunftsland, durch eine Verarbeitung der persönlichen Migrationsgeschichte, aber auch durch Erfahrungen im Lauf der Niederlassungsphase selbst veränderten sich nicht nur die Bedürfnisse und Probleme der ZuwanderInnen, sondern auch deren Lebensentwürfe. Aus ArbeitsmigrantInnen waren EinwanderInnen geworden und dies setzte Impulse auch in der Neugestaltung ihrer sozialen Netzwerke. Mit dem Familiennachzug und dem Aufwachsen von Kindern begann die Frage nach der Sozialisierung des Nachwuchses eine Rolle zu spielen. An sie gebunden waren Überlegungen hinsichtlich der Bedeutung kultureller und ethnischer Werte, die man an die Nachkommen weitergeben wollte. Identität wurde ein Thema nicht nur in den Familien selbst, sondern auch in ihren Vernetzungen, die oftmals unter dem Begriff „Kulturverein" firmieren. Sprache, Glaube, Ethnizität und Kultur avancierten zu maßgeblichen „Identitätsquellen", anhand derer Zugehörigkeiten gebündelt und Grenzen von Gemeinschaften gezogen bzw. erneuert wurden und werden. Überlagert sind diese „Marker" freilich nicht selten von ideologischen bzw. parteipolitischen Anrufungen, mit der eine Vereinselite unter einer bestimmten Signatur ihre Klientel für sich zu gewinnen und für ihre „höheren" Interessen zu mobilisieren versucht.

Eine wesentliche Funktion von migrationalen Netzwerken ist denn auch einerseits in der Stiftung von „Sozialem Kapital"[5] als wichtige Ressource für Orientierung und Kompetenz ihrer Klientel zu sehen. Andererseits ist Sinnstiftung für viele ZuwanderInnen ein Grund, einen Verein aufzusuchen, erleben diese ihre Geschichte doch oftmals als „Identitätsbruch" und entwickeln Erwartungen geradewegs im Hinblick auf ein Zusammenwachsen dieser Bruchstellen. Neben der Sinnstiftung sorgen die Vereine für wichtigen Informationsaustausch unter

---

5 —— Unter dem Begriff „Soziales Kapital" wird hier nach Bourdieu (1983) die Gesamtheit der aktuellen und potentiellen Ressourcen eines Menschen verstanden, die er durch seine sozialen Beziehungen zu entfalten imstande ist.

ihren „Mitgliedern" und fungieren als Hilfestellung in lebenspraktischen Ange-legenheiten. Weitere Funktionen von MigrantInnenvereinen sind in der Befrie-digung religiöser Bedürfnisse zu sehen, die wiederum die Bereitstellung von Fachkräften und Schaffung einer notwendigen Infrastruktur erforderlich macht. Denn mit dem Eintritt der ersten ZuwanderInnengeneration in das Pensions-alter traten neue Fragen auf den Plan. Alter, Krankheit und Tod sind für die in die Jahre gekommenen MigrantInnen zunehmend zu einem Thema geworden, dem sie sich stellen müssen (vgl. Reinprecht 2006).

MigrantInnenorganisationen fungieren somit gleichermaßen als Identitäts-anker mit Entlastungsfunktion wie als geschützter Ort in der Fremde, an dem in erster Linie soziokulturellen und religiösen Bedürfnissen nachgekommen werden kann. Der Ort des sozialen Austauschs hat aufgrund moderner Kommu-nikationsmittel aber auch eine transnationale Dimension erhalten. Durch den Informationsfluss innerhalb der MigrantInnen-Communitys sowie zwischen Herkunfts- und Residenzgesellschaft stellen diese Organisationen einen Brücken-kopf in das Herkunftsland dar.

Wenngleich sowohl soziale und kulturelle als auch politische Funktionen die Organisationen von MigrantInnen kennzeichnen, sind diese hinsichtlich ihrer Struktur, Ziele, Angebote, Vernetzungen, ihres Selbstverständnisses etc. äußerst heterogen und eine Typologisierung ist kaum vorzunehmen. Vielmehr sind diese Netzwerke geradewegs durch ihre multi-sektorale und multi-funktio-nale Ausrichtung charakterisiert. Ganze 728 Organisationen von MigrantInnen weist eine 2004 erschienene Studie allein für die Bundeshauptstadt aus (vgl. Waldrauch/Sohler 2004: 483ff.), die großteils als Vereine registriert sind. 46 % davon sind europäischen Ursprungs (einschließlich Türkei), 11 % der MigrantIn-nenorganisationen beziehen sich auf Afrika, 19 % auf Asien, 3 % auf Amerika und 16 % sind unklarer Herkunft, der Rest (5 %) der Organisationen betrifft andere Länder. Die beiden größten MigrantInnengruppen, die sich in Österreich vereins-mäßig organisieren, sind solche aus der Türkei und aus dem ehemaligen Jugo-slawien (Serbien, Montenegro, Kroatien, Bosnien-Herzegowina, Mazedonien). Neben dem Herkunftsland spielten selbstredend auch ethnische, sprachliche, kulturelle, religiöse etc. Merkmale und Gruppenzugehörigkeiten eine wesentli-che Rolle für eigenständige Vereinsbildungen.

Während sich Organisationen von MigrantInnen aus dem ehemaligen Jugo-slawien bis in die späten 1980er-Jahre in Abhängigkeit und gefördert von staatli-chen Institutionen des Herkunftslandes formierten (vgl. Waldrauch/Sohler 2004: 217), folgte die Verbandsentwicklung im türkischen MigrantInnenmilieu gänzlich anderen Mustern. Mit ein Grund für die je eigenständige Entwicklung war gewiss auch die unterschiedliche geographische Nähe zum Land Österreich, durch die ZuwanderInnen aus dem ehemaligen Jugoslawien eine (saisonale) Pendelmigration über viele Jahre aufrechterhalten konnten.

Theoretische Implikationen: Informelle versus Soziopolitische Netzwerke

In der deutschsprachigen Migrationsforschung hat sich der anglo-amerikanische Begriff der *(Ethnic) Community* durchgesetzt. Unter Communitys werden dabei jene Gruppen verstanden, die sich aus der Herkunftsgesellschaft unter Migrant-Innen herausbilden, zueinander soziale Beziehungen pflegen, Identifikationen teilen und angesichts gemeinsamer Interessen Projekte initiieren.[6] Im Rahmen der Diskussion über Netzwerke von MigrantInnen hat nicht zuletzt die Unschärfe dieses Begriffs eine Unterscheidung gebracht, auf die an dieser Stelle kurz eingegangen werden soll, nämlich jene zwischen „Informellen Netzwerken" und „Soziopolitischen Netzwerken" (vgl. Reiser 2000: 18 ff.). Mithilfe dieser Begriffsklärung soll deutlich werden, dass es eine in sich geschlossene und homogene Community nicht gibt, sondern dass eine solche aus unterschiedlichen Gruppen besteht.

„Informelle Netzwerke" beruhen in der Regel auf verwandtschaftlichen Zugehörigkeiten und/oder freundschaftlichen Bindungen. Sie sind weder nach Positionen und Funktionen strukturiert und hierarchisiert noch verfolgen sie prinzipiell „höhere Ziele". Sie werden entlang von Sprachgrenzen oder Regionen gebildet oder beziehen ihre Kohäsionskraft aus gemeinsamen Herkunftstraditionen und können einen „ethnischen Kern" oder eine konfessionelle Übereinstimmung aufweisen. „Informelle Netzwerke" sind vor allem funktional im Sinne eines Interaktions- und Informationsaustauschs auf lokaler und transnationaler Ebene, dem in der Alltagsbewältigung der Migrationssituation ein hoher Stellenwert zukommt. Gegenseitige materielle und psychosoziale Hilfestellung sowie Solidarität innerhalb der Gruppe helfen mit, den Schwierigkeiten in der Emigration zu begegnen. Darüber hinaus kennzeichnet solche Netzwerke eine nicht unerhebliche emotionale Bindung, die auf der Grundlage von Vertrauen und eines gemeinsamen kulturellen Wissens (Mythen, Ideen, Symbole) Solidarität stiftet. Nicht zu unterschätzen ist in diesem Zusammenhang auch ihre Informationsfunktion. Somit dienen „Informelle Netzwerke" auch der Festigung vorhandener Allianzen sowie der gegenseitigen Unterstützung und sind nicht zuletzt Basis sozialer Reproduktion. Klientelistische Strukturen wirken in ihnen mithin fort. Der Bindungscharakter „Informeller Netzwerke" ist eher lose, ihre Ränder müssen demgemäß als „unscharf" angesehen werden. Sie lassen durchaus eine Binnendifferenzierung unterschiedlicher politischer Ideale, Rollendefinitionen und Wertsysteme etc. zu, denn es fehlt ihnen großteils an mitgliedschaftsrelevanten Werten und Verbindlichkeiten (vgl. Nardelli 2004).

„Soziopolitische Netzwerke" von MigrantInnen unterscheiden sich von „Informellen Netzwerken" in erster Linie durch ihren höheren Institutionalisie-

---

6 —— In vorliegendem Artikel wird „Community" als Überbegriff für MigrantInnengruppen gleicher nationaler Herkunft verwendet.

rungs- und Organisationsgrad (vgl. Kroißenbrunner 1996). Dieser drückt sich in einer Funktionsspezialisierung einzelner Personen und einer Hierarchisierung innerhalb der Gruppe aus. Dem „egalitären" Prinzip in Informellen Netzwerken steht in Soziopolitischen Netzwerken die Unterscheidung von politischer bzw. religiöser „Führerschaft" einerseits und „Mitgliedschaft" andererseits gegenüber. Solche Netzwerke sind meist als „Juristische Personen" (Verein) statuiert und verfügen über einen eigenen Ort der Zusammenkunft. Sie dienen ihren „Mitgliedern" zum Gedankenaustausch, zur Bewältigung von Problemen im Alltag, zur Ausübung kultureller Praxis und der Stiftung sozialer Anerkennung, verfolgen aber eben meist auch „höhere" Ziele. Indem sie versuchen einen soziokulturellen Orientierungsrahmen zu reproduzieren, der soziales Handeln unter den Prämissen ethischer, religiöser, kultureller etc. Ideale gewährleistet, finden ihre Angehörigen Halt in der für sie oftmals schwierig erlebten Migrationssituation. Soziopolitische Netzwerke appellieren folglich an eine spezifische Identitätsquelle ihrer Klientel, indem sie Gemeinschaftsinteressen und/oder politische Ziele in den Vordergrund stellen. Nach innen werden diese Interessen als kollektive Gruppenziele vertreten, nach außen hin treten sie sowohl gegenüber der Residenzgesellschaft als auch gegenüber anderen Gruppen innerhalb und außerhalb der Community als *Pressure-Group* auf.[7] Durch ihre Koordination von Gruppeninteressen über nationale Grenzen hinweg gelingt es Soziopolitischen Netzwerken die lokale MigrantInnengruppe in einen größeren Gesamtzusammenhang einzubinden. Sie zeichnen sich durch institutionalisierte Kontakte zu anderen Organisationen und Institutionen aus, mit denen sie nicht selten in direkter Verbindung stehen (Parteien, staatliche Einrichtungen etc.).

Forschungsaspekte im Überblick

Während MigrantInnenorganisationen in traditionellen Einwanderungsländern wie den USA seit Langem wissenschaftliches Interesse auf sich zogen, sind sie in Europa erst relativ spät zum Gegenstand akademischer Forschung gemacht worden.[8] Abhängig von der Art der Migrationspolitik in den einzelnen Ländern, die den *Ethnic Communities* eine je unterschiedliche Position in der Gesellschaft zuweisen, nahm auch die Forschung über ZuwanderInnengesellschaften unterschiedliche Blickwinkel ein.

Der in der wissenschaftlichen Literatur noch bis in die 1980er-Jahre hinein vielfach getätigten Annahme, dass die soziokulturelle Prägung der MigrantInnen selbst die Möglichkeiten für eine Partizipation an und Interaktion mit der Residenzgesellschaft determinieren würde, hielt etwa Yasemin Soysal die These

---

7 __ Unter *Pressure-Group* verstehe ich hier eine Art Interessenverband, der mit dem Ziel, Lobbying zu betreiben, auftritt.
8 __ Als eine der ersten umfassenden Arbeiten gilt: Rex et al. (1987).

entgegen, dass es primär das institutionelle Repertoire des politischen Systems der Residenzgesellschaft sei, welches ein Modell für die Handlungen der Migrant-Innen und die Möglichkeiten ihrer Partizipation liefere (vgl. Soysal 1994). Politische und institutionelle Strukturen der Einwanderungsländer bestimmen demnach wesentlich die Entwicklungsdynamik von MigrantInnenorganisationen mit, wie drei Beispiele verdeutlichen:

1. Die offizielle Anerkennung des Islams als „Körperschaft des öffentlichen Rechts" in Österreich (1912) war ein Schritt, der ihn rechtlich den christlichen Konfessionen und dem Judentum gleichstellte. Diese europäische Besonderheit stärkte die Position islamischer Verbände und motivierte zur Gründung weiterer Netzwerke.[9]

2. In Deutschland wurde 1993 das Betätigungsverbot der PKK (*Partiya Karkeren Kurdistan/Arbeiterpartei Kurdistans*) und ihres politischen Flügels ERNK (*Eniya Rizgariya Netewa Kurdistan/Nationale Befreiungsfront Kurdistans*) erlassen. In Österreich sind der ERNK nahestehende Vereine zugelassen, die ein breites Spektrum von AktivistInnen und SympathisantInnen repräsentieren.

3. Als drittes Beispiel kann hier die durch das österreichische Rechtssystem prolongierte Diskriminierung von religiösen Minderheiten in den Herkunftsgesellschaften wie der Gemeinschaft der Aleviten genannt werden, die sich zwar selbst (als Sonderentwicklung) dem Islam zurechnen, von der islamischen Orthodoxie aber nicht anerkannt bzw. unterschiedslos von ihr vereinnahmt werden. In Österreich tritt die Gemeinschaft unter dem Namen *Föderation der Alevitengemeinden in Österreich/Avusturya Alevi Birlikleri Federasyonu* in Erscheinung.

Erst seit den 1990er-Jahren wurden Selbstorganisationen von MigrantInnen in einzelnen europäischen Ländern verstärkt wissenschaftlich rezipiert, allen voran in Frankreich, Großbritannien und Deutschland. Geleitet waren diese Studien – neben ihrer Funktion der Bestandsaufnahme – häufig von einem Paradigma, das primär die Integrationsfähigkeit dieser Vereine bzw. Verbände und ihr Konfliktpotenzial in der Residenzgesellschaft in Augenschein nahm.

Die Forschungslage in Österreich betreffend ist festzustellen, dass entsprechend der auf weiter Strecke sichtbaren politischen Bedeutungslosigkeit von MigrantInnenorganisationen auch das wissenschaftliche Interesse an den seit den 1960er-Jahren entstandenen „neuen" ZuwanderInnenminderheiten – bis auf einzelne Ausnahmen – sehr spät eingesetzt hat und nach wie vor nicht umfassend aufgearbeitet ist. Bemerkenswert ist auch der Umstand, dass „türkische" und islamische Organisationsformen und Vereinsentwicklungen wesentlich mehr Aufmerksamkeit vonseiten der Wissenschaft erfuhren als Vereine der größten ZuwanderInnengruppe, nämlich MigrantInnen aus dem ehemaligen Jugoslawien (vgl. Božic 1996). Von politischer Seite wird dies wiederum mit der

---

9 ⎯ Um die Mitte der 80er-Jahre gab es in Österreich bereits etwa 30 registrierte Vereine, die in ihrem Titel die Bezeichnung „islamisch" führten.

geringeren Integrationsfähigkeit von ZuwanderInnen und ihren Nachkommen aus der Türkei begründet, wobei klare Kriterien für Integration bislang fehlen und dieser Begriff sowohl einen imaginierten Zustand als auch einen nie abgeschlossenen Prozess beschreibt (und selten unterschieden wird, ob der Begriff „Integration" an Individuen adressiert ist, an Gruppen oder die Gesellschaft insgesamt).

Zu den Pionierarbeiten im Kontext von Forschungen zu Netzwerken von MigrantInnen in Österreich zählt die 1996 erschienene Studie ‚Soziopolitische Netzwerke türkischer MigrantInnen in Wien' von Kroißenbrunner (1996). Weitere bedeutende Studien, die die Vernetzung der beiden größten MigrantInnengruppen in Österreich – solchen aus der Türkei und dem ehemaligen Jugoslawien – untersuchen, sind etwa die 1990 erschienene Dissertation von Viehböck (1990), die 1994 erschienene Diplomarbeit von Andreas Schuster (1994) sowie ein Aufsatz von Bratić (2003). Mit spezifischen Facetten des „Islam in Österreich" beschäftigen sich unter anderem die Arbeiten von Strobl (1997), Schmied (1999), Kroißenbrunner (2002) und Bischof et al. (2005). Überdies gibt es auch Studien zu einzelnen ethnischen Gruppen türkischer Herkunft in Österreich, auf die hier aus Platzgründen nicht näher eingegangen werden kann (vgl. Armbruster 1994).

Die umfassendste Untersuchung zu Selbstorganisationen von ZuwanderInnen in Wien ist die vom *Europäischen Zentrum* durchgeführte Studie ‚MigrantInnenorganisationen in der Großstadt' aus dem Jahr 2004 (vgl. Waldrauch/Sohler 2004). Sie nimmt eine Bestandsaufnahme von Vereinen aus unterschiedlichen Herkunftsländern bzw. -gebieten vor, weist aber auch auf Organisationen hin, die herkunftsübergreifend sozialpolitische Interessen verfolgen, wie etwa Frauenorganisationen im Migrationskontext oder antirassistische Netzwerke etc. Rezente Arbeiten zum Thema liegen etwa von Patynowska (2006), Hollomey (2007) oder Dittel (2008) vor.

Entwicklungslinien von MigrantInnen-Netzwerken in Österreich[10]

Die Einwanderungsgeschichte von MigrantInnen nach Österreich seit ca. 1960 war eine Folge politischer und vor allem wirtschaftlicher Faktoren. *Push*-Faktoren waren durch die wirtschaftlich schlechte und politisch instabile Lage des Herkunftslandes gegeben, einen *pull*-Faktor bildete vor allem der Mangel an Arbeitskräften durch die Wirtschaftskonjunktur des Wiederaufbaus in Österreich. Die aktive Anwerbung türkischer Arbeitskräfte auf der Basis zwischenstaatlicher Abkommen erfolgte etwa in der Türkei mittels Anwerbekommissionen von 1962 an.

---

10 —— Die nachfolgende Einteilung von MigrantInnenvereinen in Entwicklungsphasen orientiert sich an Reiser (2000).

- Die **Anwerbephase**, beginnend in den frühen 1960er-Jahren bis zum Anwerbe-stopp 1973, brachte vorwiegend junge, männliche Migranten aus ländlichen Regionen Jugoslawiens und der Türkei für unqualifizierte Beschäftigungen nach Österreich. Ein Rotationsprinzip der Arbeitskräfte, das sich sowohl für die Wirtschaft als auch für die MigrantInnen bald als unzulänglich erwies, ließ aus den ArbeitsmigrantInnen EinwanderInnen werden. Erste Netzwerke waren verwandtschaftlich begründet oder landsmannschaftlich organisiert und wiesen zunächst informellen Charakter auf. Daneben entwickelten sich ArbeiterInnen- und StudentInnenvereine, die Hilfestellungen bei bürokra-tischen Angelegenheiten und bei der Eingewöhnung im Residenzland leis-teten. Maßgebliche politische Veränderungen in den Herkunftsländern, wie etwa der Militärputsch in der Türkei 1971, politisierten aber auch die Migrant-Innen in der Diaspora und förderten die Entwicklung von Vereinen entlang politischer Linien.[11]

- Die **Ausdifferenzierungsphase** in der Vereinsentwicklung etwa von 1974 bis 1989 ist zunächst sozialstrukturell gekennzeichnet durch eine deutliche Zu-nahme von Frauen und Kindern im Migrationsmilieu. Vereinsgründungen unter MigrantInnen waren auch oftmals von politischen Flüchtlingen ge-tragen oder zumindest von einer auf das Herkunftsland gerichteten Orien-tierung motiviert, wobei politisch-ideologische Unterschiede zwischen den MigrantInnen die Ausdifferenzierung innerhalb der Vereinslandschaft be-günstigten. Mit der ersten wirtschaftlichen Rezession in Europa in den frühen 1970er-Jahren tauchten die wenige Jahre zuvor rekrutierten Arbeitsmigrant-Innen erstmals als „Gastarbeiterproblem" auf.

- Die **Konsolidierungsphase** innerhalb der türkischen Vereinslandschaft von ca. 1990 bis 2000 war geprägt durch einen verstärkten Familiennachzug und dem Heranwachsen der 2. Generation, die die bislang vielfach auf Rückkehr-absicht ausgerichtete Lebensperspektive vieler MigrantInnen ins Wanken und neue Erfordernisse mit sich brachte (Krankheit, Alter, Tod). Einer zuneh-mend restriktiver werdenden Ausländergesetzgebung in den 90er-Jahren, die Informationsbedürfnisse aufseiten der MigrantInnen verstärkte, begeg-neten einzelne Gruppierungen durch Konsolidierung ihrer Beratungs-, Ver-sorgungs- und Vertretungsangebote ihrer Klientel durch den Ausbau von Beratungsdienstleistungen. Außerdem wurden erste Spezialisierungen und einzelne Sektionsbildungen (2. Generation, Frauen, Senioren, Bildung etc.) vorgenommen. Aber auch effizientes „Networking" einzelner Gruppen darf als charakteristisch für diese Phase gelten. In dieser Zeit schlossen sich über-dies viele Vereine von MigrantInnen türkischer Provenienz zu Dachorgani-sationen zusammen.

---

11 —— Einen detaillierten Einblick in die Entwicklung politischer Organisationen türkischer ArbeitsmigrantInnen in Deutschland im Kontext der politischen Entwicklungen in der

Damit einher ging eine Phase der **Professionalisierung** der Organisationen, die gekennzeichnet ist durch eine gestiegene ökonomische Basis aufgrund von Zuwächsen an Mitgliedern in den 90er-Jahren (einschließlich mehr Konkurrenz zwischen den Vereinen) und dem verstärkten Einsatz qualifizierter und teilweise entlohnter MitarbeiterInnen. Indikatoren einer Professionalisierung sind außerdem eine verstärkte Zielgruppenorientierung, interne Bereichsaufteilungen sowie die Strukturierung der Organisationen nach regionalen Gebietseinheiten. Ferner ist festzustellen, dass die 2. Generation in den Organisationen vermehrt Führungsaufgaben übernommen und teilweise einen Generationswechsel eingeleitet hat. Verbandsintern wird die 2. und 3. Generation durchwegs als eigene Zielgruppe angesprochen, was sich in eigenen Jugendsektionen manifestiert hat.[12]

Um Forderungen, Anliegen und Probleme von MigrantInnenorganisationen gegenüber der Integrationspolitik in Wien stärker zu artikulieren, wurde 1999 die *Wiener Integrationskonferenz* gegründet. Die eng an den damaligen *Wiener Integrationsfonds* (wif) geknüpfte Organisation, deren Mitglieder Selbstorganisationen von MigrantInnen und ngos im migrationspolitischen Bereich sind, erfüllt lediglich konsultative Funktion.

Mit dem Wandel der Integrationspolitik zu einer Diversitätspolitik in der Bundeshauptstadt, der einen Paradigmenwechsel einleiten sollte (vgl. Europaforum Wien 2002), war 2003 nach etwa zehnjähriger Funktion die Auflösung des wif verbunden. Eine Aufwertung der Rolle der MigrantInnenorganisationen für die Wiener Integrationspolitik sollte durch die Finanzierung eines Vernetzungsbüros gewährleistet werden, das in Gestalt des wik etabliert wurde. Eine stärkere Einbindung von MigrantInnenorganisationen in die Migrationspolitik bewirkte dies allerdings nicht. Dafür mitverantwortlich sind jedoch auch die Partikularinteressen der Vereine, die ein gemeinschaftliches Agieren zur stärkeren politischen Mitgestaltung von Migrationsbelangen behindern. Und zweifellos haben auch politische Parteien wie das *Liberale Forum* und *Die Grünen* durch ihre „Stellvertreterpolitik" Eigeninitiativen entgegengewirkt.

War der *Wiener Integrationsfonds* (1992 bis 2002) mit dem Vorwurf einer paternalistischen Integrationspolitik konfrontiert, die sich durch eine Politik über MigrantInnen auszeichnet, die lediglich als Zielgruppe sozialpolitischer Maßnahmen verstanden wurde, anstatt einer Politik mit BürgerInnen, so sieht sich die 2004 geschaffene ma 17 hingegen als Schnittstelle zwischen MigrantInnenorganisationen, Nicht-Regierungsorganisationen (ngos) und der Stadt Wien. Sie versucht als Kompetenzzentrum die gestiegene Vielfalt der Wiener Wohnbevölke-

Türkei gibt Özcan (1992). Für Österreich seien hier die Arbeiten von Kroißenbrunner (1996) und Reiser (2000) empfohlen.
12 __ Bezüglich der Motive für die Bedeutung der Jugendlichen in türkischen MigrantInnenorganisationen vgl. Reiser (1997, 2000).

rung sowohl in den Dienstleistungen der Stadt als auch in der Personalstruktur der Stadtverwaltung widerzuspiegeln.

Echo aus der türkischen Community

Einblick in die interne Differenzierung der oftmals als recht homogen wahrgenommenen bzw. dargestellten türkischen Community soll abschließend eine Skizze ihrer Selbstorganisationen in Österreich geben.[13]

Gegenwärtig stellt sich die soziokulturelle Diversität unter EinwanderInnen aus der Türkei in Österreich in einem weitgehend konsolidierten und von pluraler Orientierung gekennzeichnetem Spektrum kulturell, ethnisch, religiös und politisch agierender Organisationen dar. Unterschiedliche Migrationsverläufe, Integrationsprozesse, Lebensentwürfe und Lebensstile haben zu einer großen Vielfalt an Einstellungen geführt, die es heutzutage nicht mehr gestatten von der türkischen Community zu sprechen, die unterschiedliche soziale Agglomerationen beinhaltet. Gleichwohl spielte der Herkunftskontext für die nach unterschiedlichen Organisationsprinzipien ausdifferenzierten Netzwerke innerhalb der türkischen Community eine entscheidende Rolle. Das heißt, die unterschiedlichen Dimensionen des politischen Diskurses in der Türkei hatten ihre Entsprechungen auch unter türkischen MigrantInnen in Europa gefunden und die Ausdifferenzierung von gemeinschaftsgeprägten Strukturen gefördert.

Die türkische Community weist demnach ein breites Spektrum an Gruppen mit je unterschiedlichen religiös/konfessionellen und politisch/ideologischen Auffassungen auf. Darunter sind sowohl Gruppen, die sich deutlich über die nationale und religiöse Zugehörigkeit definieren, als auch solche, die entsprechend ihrer Orientierungen und Zielsetzungen als progressiv-säkular eingestuft werden können und der nationalen und religiösen Herrschaft in der Türkei oder einem geeinten Islam kritisch gegenüberstehen.

Ethnisch gesehen sind es neben der großen Gruppe der KurdInnen beispielsweise die LasInnen, die sich in unterschiedlichen Vereinen organisiert haben. Hinsichtlich religiöser/konfessioneller Differenzierungen ist grundsätzlich zwischen SunnitInnen und AlevitInnen zu unterscheiden. Überschneidungen wie Fragmentierungen gibt es aber sowohl auf ethnischer und religiöser wie auch auf ideologischer Ebene. Erwähnenswert sind beispielsweise die christlichen (syrisch-orthodoxen) AssyrerInnen türkischer Provenienz. Ideologisch gesehen reicht die Bandbreite an Positionierungen innerhalb der türkischen Community von demokratisch gesinnten Gruppierungen über liberal-religiöse bis hin zu islamistischen und revolutionären Bewegungen mit national-chauvinistischem Auftreten. Umso mehr wird verständlich, dass ideologische und Interessenge-

13 __ Grundlage dafür bildet die Forschungsarbeit von Reiser (2000: 61–70).

gensätze unter den EinwanderInnen nicht spannungsfrei verlaufen können. Machtakkumulation, Gruppenkonkurrenz, Mitgliederwerbung etc. begleiten die Verfolgung ihrer soziokulturellen und migrationspolitischen Intentionen.

Entwicklungsdynamiken innerhalb und zwischen den Gruppen haben sich im Lauf der letzten 50 Jahre erheblich verändert und reflektieren einerseits politische Veränderungen in den Herkunftsländern und andererseits Veränderungen der Integrationspolitik in der Residenzgesellschaft, aber eben auch Entwicklungsprozesse in den eigenen Communitys und ihren transnationalen Verflechtungen.

Zu den bedeutendsten Vereinigungen innerhalb des organisierten türkischen Islams in Österreich zählen die *Islamische Föderation* in Wien, die *Union Islamischer Kulturzentren* in Österreich, die *Türkisch-Islamische Union des Ministeriums für Religiöse Angelegenheiten* und die *Föderation der Aleviten Gemeinden* in Österreich. Ihre Unterschiedlichkeit wird anhand nachfolgender Beispiele deutlich (vgl. Reiser 2000):

- Ideologisch gesehen weist die *Islamische Föderation* vermutlich die größte Distanz zu westlichen Werten auf, propagiert sie doch den Rückbau der laizistischen Staatsordnung in der Türkei zugunsten der Einbringung islamischer Themen in die Öffentlichkeit. Durch die Stärkung der islamischen Identität unter türkischen ZuwanderInnen in Europa und einem kritischen Umgang mit westlichen Werten will die *Islamische Föderation* jedenfalls Integrationsproblemen entgegenwirken. Als einer der großen Dachverbände kann sie sich auf die Gefolgschaft der politisch konservativen und gläubigen Klientel türkischer EinwanderInnen in Österreich stützen.
- Eine gleichermaßen traditionalistische wie dynamisch-moderne Organisation innerhalb des sunnitischen Islams stellt der Orden der *Süleymancilar* in Form der *Union Islamischer Kulturzentren* dar. Als überparteiliche Gruppierung mit elitären Zügen genießt diese Gemeinschaft sowohl in der Türkei als auch in Europa breite Akzeptanz. Für eine Annahme der österreichischen Staatsbürgerschaft wird intensiv bei den Mitgliedern geworben.
- Die *Türkisch-Islamische Union des Ministeriums für Religiöse Angelegenheiten* (ATİB)/ *Avusturya'da Türk-İslam Birliği* repräsentiert die offizielle Religionspolitik der Türkei, steht programmatisch für deren verfassungsmäßig verankerten Laizismus ein und vertritt damit nach außen das Lager der gemäßigten gläubigen TürkInnen innerhalb des hanefitisch-sunnitischen Islams. Begreift sich der Verband auch als Stütze kemalistischer Grundwerte, die der Trennung von Religion und Politik Rechnung tragen, scheint die Organisation in ihrer Abhängigkeit von der türkischen Innenpolitik sowohl liberale als auch konservative bis hin zu islamistischen Haltungen in sich zu vereinen. Diese Gruppierung verfügt über die meisten Mitgliedsvereine auf österreichischem Bundesgebiet.

- Gegenüber dem orthodoxen Islam heben sich die heterodoxen AlevitInnen durch deutliche Unterschiede in ihrem Selbstverständnis und ihrer Politik-formulierung von ihren sunnitischen Landsleuten ab. Ihr Demokratiebe-wusstsein und klares Bekenntnis zum laizistischen Weg macht sie zum Gegenspieler der religiösen Gruppen innerhalb der türkischen Community. Interessenformulierungen der AlevitInnen auf europäischem Boden – ihre Anerkennung als Minderheit betreffend – überschneiden sich mit jenen im Herkunftsland. Ethnisch gesehen sind AlevitInnen sowohl unter den Türk-Innen als auch unter den KurdInnen zu finden.

Conclusio

Sowohl die Entstehung als auch die Entwicklung von MigrantInnen-Netzwerken war geprägt durch herkunftsspezifische Bedingungen und eine sich verändernde Einwanderungspolitik im Residenzland Österreich. Standen am Beginn der Ein-wanderung von Arbeitskräften aus südlichen Ländern primär ökonomische Inter-essen im Vordergrund, so spielten mit dem Familiennachzug und dem Aufwach-sen der 2. Generation zunehmend auch soziale und kulturelle Faktoren für die MigrantInnen eine Rolle. Kulturelle und religiöse Bedürfnisse fanden in den zwi-schen den Herkunfts- und Aufnahmeländern geschlossenen Verträgen jedoch kaum Unterstützung. Mit der Aufgabe des Rotationsprinzips, das sich sowohl für die Wirtschaft als auch für die MigrantInnen als unzulänglich erwies, wurden aus den ArbeitsmigrantInnen EinwanderInnen. Die seitens der Residenzgesellschaft erhoffte Integration der „GastarbeiterInnen" vollzog sich nicht in erwünschter Weise und die gesetzten integrationspolitischen Maßnahmen vermochten die vorhandene gesellschaftliche Ausgrenzung nur bedingt einzudämmen.

Wie die wissenschaftliche Forschung zeigen konnte, sind soziale Netzwerke von ZuwanderInnen in der Tat befähigt, Informations- und Orientierungsdefi-zite partiell auszugleichen, und spielen in der Organisation des praktischen Le-bens eine entscheidende Rolle. Die Schaffung ethnisch orientierter sozialer und nicht zuletzt ökonomischer und spiritueller Infrastruktur über interfamiliäre Kontakte hinaus zeigt mithin auch das Bedürfnis der ImmigrantInnen auf, den von Wertedifferenzen gekennzeichneten ökologischen Kontext entsprechend spezifischer Bedürfnisse zu strukturieren.

Nachdem Verwandtschaft als primäres soziales Organisationsprinzip mit der Wanderung strukturelle Einbrüche erlitten hat, war es für viele ZuwanderIn-nen naheliegend, dieses Prinzip durch zunächst informelle und schließlich bzw. parallel dazu durch formelle Strukturen zu ersetzen. Damit war der Grundstein für Assoziationen auf der Grundlage soziokultureller Netzwerke gelegt, die für die EinwanderInnen eine psychosoziale Verankerung verkörperten, die versprachen, den Bruch im Zyklus sozialer Reproduktion zu kitten.

Die in jenen sozialen Netzwerken gestifteten und bekräftigten Beziehungen müssen somit als Ressourcen verstanden werden, die fremde AkteurInnen in einer neuen Lebenswelt nutzen, um ihre oftmals marginalisierte Stellung in der Gesellschaft zu kompensieren. Im Rückgriff auf dieses soziale Kapital der „ethnischen Nische" werden nicht nur Traditionen weitergegeben, sondern dienen jene MigrantInnen-Netzwerke insbesondere in den ersten Jahren den Neuankömmlingen als wichtiger Informationspool und Schnittstelle zur Residenzgesellschaft mit integrativer Wirkung. Dieses Potenzial im Sinne einer offensiven Diversitätspolitik zu nutzen, verspräche verstärkte Teilhabe von marginalisierten Gruppen, deren Beteiligung an politischen Prozessen (unter anderem mangels Perspektiven) oftmals als mäßig motiviert dargestellt wird.

Fragen zur Erstellung eigenständiger wissenschaftlicher Arbeiten

1. Integration beschreibt sowohl einen Zustand als auch einen Prozess: Eine Person, Gemeinschaft oder Gesellschaft ist mehr oder weniger integriert und sie verändert sich in Richtung Integration oder Desintegration. Prozessual gesehen vollzieht sich Integration folglich gesamtgesellschaftlich, innerhalb von Gemeinschaften und individuell. Daran knüpfen sich Fragen an, wie etwa folgende:
   - Wenn Integration Zusammenhalt bedeutet, was muss zusammenhalten?
   - Wenn Integration Anpassung bedeutet, wie weit muss die Anpassung von wem gehen?
   - Welche GesellschaftsteilnehmerInnen sind für die Integration verantwortlich und was können sie jeweils beitragen?
2. Welche Rolle sollen MigrantInnenorganisationen angesichts des Spannungsfeldes von Integration versus Desintegration innerhalb einer Kommune spielen?
3. Für welche Möglichkeiten resp. Notwendigkeiten der gesellschaftlichen, politischen und rechtlichen Partizipation von MigrantInnengruppen soll die jeweilige politische Einheit (Staat, Land, Kommune) sorgen? – Welche Rechte und Pflichten sollten sich für etablierte MigrantInnenvereine daran knüpfen?

Basisliteratur

Kroißenbrunner, Sabine (1996): Soziopolitische Netzwerke türkischer MigrantInnen in Wien. Wien: Institut für Konfliktforschung.
Reiser, Karl (1997): Das sozio-politische Netzwerk türkisch-alevitischer Einwanderer und seine Auswirkungen auf die Identitätsentwicklung der ‚Zweiten Generation'. Eine empirische Analyse in Wien und Niederösterreich. Diplomarbeit, Universität Wien.

358

Reiser, Karl (2000): Identitäts- und Interessenspolitik türkischer MigrantInnen-Organisa-
tionen in Wien. Dissertation, Universität Wien.
Waldrauch, Harald/Sohler, Karin (2004): MigrantInnenorganisationen in der Großstadt.
Entstehung, Strukturen und Aktivitäten am Beispiel Wien. Reihe Wohlfahrtspolitik
und Sozialforschung. Frankfurt am Main: Campus.

Literatur

Armbruster, Heidemarie (1994): Wir sprechen die Sprache, die Jesus gesprochen hat. Die
Vergangenheit in der Gegenwart Syrisch-Orthodoxer ChristInnen/AssyrerInnen in
Wien. Diplomarbeit, Universität Wien.
Behrendt, Günter Max (1997): Die türkischen Vereine von Hannover – Brücke oder Sack-
gasse? Vortragsmanuskript der Tagung „Multikulturalismus, Arbeitsmigration und
Globalisierung" an der Universität Mersin (Türkei), 28. Oktober bis 2. November.
Bischof, Günther/Denz, Hermann/Pelinka, Anton (eds.) (2005): Religion in Austria. Contem-
porary Austria Studies Vol. 13. New Brunswick: Transaction Publishers.
Blaschke, Jochen (1991): Die Diaspora der Kurden in der Bundesrepublik Deutschland. In:
Österreichische Zeitschrift für Soziologie 3, 85–93.
Bourdieu, Pierre (1983): Ökonomisches Kapital – Kulturelles Kapital – Soziales Kapital. In:
Kreckel, Reinhard (Hg.): Soziale Ungleichheiten. Göttingen: Schwartz, 183–198.
Božic, Saša (1996): ImmigrantInnen und Integration im Zusammenhang mehrschichtiger
ethnischer Beziehungen. Am Fall der Kroaten in Wien. Forschungsbericht im Rahmen
des Forschungsprogrammes „Grenzloses Österreich". Wien: Bm.f.W.V.u.K.
Bratić, Ljubomir (2003): Soziopolitische Netzwerke der MigrantInnen aus der ehemaligen
Sozialistischen Föderativen Republik Jugoslawien (SFRJ) in Österreich. In: Fassmann,
Heinz/Stacher, Irene (Hg.): Österreichischer Migrations- und Integrationsbericht.
Demographische Entwicklungen – sozioökonomische Strukturen – rechtliche Rahmen-
bedingungen. Klagenfurt/Celovec: Drava, 395–412.
Dittel, Doris (2008): Beziehungen und Netzwerke zwischen MigrantInnen-Selbstorganisa-
tionen in Wien. Eine empirische Untersuchung Community-übergreifender Vernet-
zungspotentiale anhand ausgewählter Beispiele der türkischen Community und der
African Communities. Diplomarbeit, Universität Wien.
Europaforum Wien (2002): Migration, Integration, Diversitätspolitik. Wien
(www.europaforum.or.at/dt/PUBL/ming.htm [8. 2. 2009]).
Falk, Svenja (1998): Dimensionen kurdischer Ethnizität und Politisierung. Das ethnic revival
von Kurden in der Bundesrepublik Deutschland. In: Zeitschrift für Türkeistudien 11/1,
75–93.
Hollomey, Christina (2007): Umstrittene Räume. Identitätskonstruktionen türkisch-islami-
scher Vereine und ihr Einfluss auf die gelebte Praxis ihrer Mitglieder am Beispiel der
Marktgemeinde Telfs in Tirol. Diplomarbeit, Universität Wien.
Kalb, Herbert/Potz, Richard/Schinkele, Brigitte (1998): Religionsgemeinschaftenrecht.
Anerkennung und Eintragung. Wien: Verlag Österreich.
Karakaşoğlu, Yasemin (1996): Zwischen Türkeiorientierung und migrationspolitischem
Engagement: Neuere Entwicklungen bei türkisch-islamischen Dachverbänden in
Deutschland. In: Zeitschrift für Türkeistudien 9/2, 267–282.
Kehl-Bodrogi, Krisztina (1992): Vom revolutionären Klassenkampf zum „wahren Islam":
Transformationsprozesse im Alevitum der Türkei nach 1980 (Sozialanthropologische
Arbeitspapiere). Berlin: FU Berlin. Institut für Ethnologie.

Kroißenbrunner, Sabine (2002): Islam in Austria. In: Hunter, Shireen (ed.): Islam, Europe's Second Religion. The New Social, Cultural and Political Landscape. London/Washington: Greenwood, 141–155.

Nardelli, Carmen (2004): Ethnische Netzwerke und sozial-räumliche Segregation türkischer MigrantInnen in Innsbruck unter besonderer Berücksichtigung der Zweiten Generation. Diplomarbeit, Universität Wien.

Özcan, Ertekin (1992): Türkische Immigrantenorganisationen in der Bundesrepublik Deutschland. Berlin: Hitit.

Patynowska, Jolanta (2006): Die Rolle der polnischen Vereine in Österreich im Integrationsprozess. Diplomarbeit, Universität Wien.

Reinprecht, Christoph (2006): Nach der Gastarbeit. Prekäres Altern in der Einwanderungsgesellschaft. Wien: Braumüller.

Reiser, Karl (2004): Integrationspolitik zwischen Skylla und Charybdis. In: Stimme von und für Minderheiten 52/Herbst, 22–23.

Reiser, Karl (2006): Wider die Parallelgesellschaft. Für eine differenzierte Begrifflichkeit im Integrationsdiskurs. In: Stimme von und für Minderheiten 58/Frühjahr, 6–7.

Rex, John/Joly, Daniele/Wilpert, Czarina (1987): Immigrant Associations in Europe. Aldershot/Gower: Ashgate.

Schiffauer, Werner (1991): Die Migranten aus Subay. Türken in Deutschland: Eine Ethnographie. Stuttgart: Klett-Cotta.

Schmied, Martina (1999): Familienkonflikte zwischen Scharia und bürgerlichem Recht. Konfliktlösungsmodell im Vorfeld der Justiz am Beispiel Österreichs. Frankfurt am Main: Peter Lang.

Schuster, Andreas (1994): Islam in Wien. Eine sozialgeographische Spurensuche, Bestandsaufnahme und Prognose mit Gedanken zu einem österreichischen Entwicklungsleitbild. Diplomarbeit, Universität Wien.

Sohler, Karin (2007): MigrantInnenorganisationen in Wien. In: Fassmann, Heinz (Hg.): 2. Österreichischer Migrations- und Integrationsbericht. Klagenfurt/Celovec: Drava, 377–391.

Soysal, Yasemin (1994): Limits of Citizenship. Migrants and Postnational Membership in Europe. Chicago/London: University of Chicago Press.

Strobl, Anna (1997): Islam in Österreich. Eine religionssoziologische Untersuchung. Frankfurt am Main: Peter Lang.

Treibel, Annette (1990): Migration in modernen Gesellschaften. Soziale Folgen von Einwanderung und Gastarbeit. Weinheim/München: Juventa.

Viehböck, Eveline (1990): Die kurdische und türkische Linke in der Heimat und Migration. Kurdische und türkische Widerstandsorganisationen in der Türkei und im deutschsprachigen Raum unter besonderer Berücksichtigung von Tirol im Zeitraum von 1960 bis 1990. Dissertation, Universität Innsbruck.

Wilpert, Czarina (1988): Religion and Ethnicity: Orientations, Perceptions and Strategies among Turkish Alevi and Sunni Migrants in Berlin. In: Gerholm, Thomas/Lithman, Yngve Georg (eds.): The New Islamic Presence in Western Europe. London/New York: Mansell Publishing Limited, 146–158.

Personen- und Sachregister

Kurzbiografien der AutorInnen

Heidi Armbruster
Studium der Kultur- und Sozialanthropologie in München, Wien und London. Universitätslektorin an der Universität Southampton (GB). Forschungsschwerpunkte: Anthropologie der Migration, Transnationalismus, Postkolonialität und Migration, Rassismus, Intersektionalität, Kultur der Grenze, Erzählforschung, Kultur und Gedächtnis, Methodik. Feldforschungen in der Türkei, Österreich, Deutschland und Namibia.
E-Mail: ha@soton.ac.uk

Susanne Binder
Studium der Ethnologie, Kultur- und Sozialanthropologie in Wien. Lektorin am Institut für Kultur- und Sozialanthropologie der Universität Wien. LehrerInnen-Fortbildung an der Pädagogischen Hochschule Wien. Obfrau des AbsolventInnen-Vereins des Instituts für Kultur- und Sozialanthropologie, Universität Wien. Forschungsschwerpunkte: Migrationsforschung, Flüchtlingsforschung, Interkulturelle Pädagogik, Forschen in der „eigenen Gesellschaft".
E-Mail: susanne.binder@univie.ac.at

Ulrike Davis-Sulikowski
Studium der Kultur- und Sozialanthropologie und Politikwissenschaft in Wien. Lektorin am Institut für Kultur- und Sozialanthropologie, Universität Wien. Forschungsschwerpunkte: Postkolonialismus und Diasporaforschung, Anthropologie der Gewalt, Religion, Ritual und Performance, Visuelle Kultur. Forschungsgebiete: Westafrika, Karibik, afrikanische Diaspora in Europa und USA.
E-Mail: ulrike.davis-sulikowski@univie.ac.at

Wolfgang Gröpel
Studium der Ethnologie, Kultur- und Sozialanthropologie in Wien. Lehrbefähigung für Hauptschulen und Polytechnische Schulen. Leiter der Abt. Allgemein Bildende Pflichtschulen im Stadtschulrat für Wien, Landesschulinspektor, Lektor an der Universität Wien. Forschungsschwerpunkte: Bildungsfragen, Evaluation von Schulversuchen, Schulkarrieren von Kindern mit Migrationshintergrund.
E-Mail: wolfgang.groepel@ssr-wien.gv.at

Barbara Herzog-Punzenberger
Studium der Ethnologie, Kultur- und Sozialanthropologie; wissenschaftliche Mitarbeiterin am Institut für Kulturwissenschaften und Theatergeschichte der Österreichischen Akademie der Wissenschaften. Lektorin am Institut für Kultur- und Sozialanthropologie, Universität Wien. Forschungsgebiete: Nachkommen von angeworbenen Arbeitskräften im Ländervergleich, Bildung, Identität (www.tiesproject.eu).
E-Mail: barbara.herzog-punzenberger@oeaw.ac.at

Stefan Khittel
Studien der Paläontologie sowie der Ethnologie, Kultur- und Sozialanthropologie in
Wien. Wissenschaftlicher Mitarbeiter am Österreichischen Institut für Internationale
Politik. Lektor am Institut für Kultur- und Sozialanthropologie, Universität Wien.
Forschungsgebiete: Konflikt- und Entwicklungsforschung, Postkoloniale Theorie,
Diasporaforschung. Regionale Schwerpunkte: Lateinamerika, Südostasien.
E-Mail: khittel@oiip.at

Stefan Krist
Studium der Kultur- und Sozialanthropologie in Wien. Lektor an der Eötvös Loránd
Universität Budapest. Dissertationsstipendiat an der University of Alaska. Forschungs-
schwerpunkte: Sportanthropologie, Religionsethnologie, historische Sozialanthro-
pologie, Migrationsforschung, Philologie. Regionale Spezialisierung auf Südsibirien
(Burjatien, Tuwa, Hoch-Altai) und die Mongolei.
E-Mail: stefan.krist@univie.ac.at

Gudrun Kroner
Studium der Kultur- und Sozialanthropologie in Wien. Lektorin am Institut für Kultur-
und Sozialanthropologie, Universität Wien. Research Fellow am Centre for Migration
and Refugee Studies, American University in Cairo. Forschungsgebiete: Forced Migration, Gender Studies, Livelihood. Regionale Schwerpunkte: Naher Osten (Ägypten,
Jordanien, Palästina), Somalia, Afghanistan.
E-Mail: gudrun_kroner@yahoo.com

Ruth Kronsteiner
Studium der Ethnologie, Volkskunde, Turkologie und Arabistik. Psychotherapeutin
(Psychoanalyse, Systemische Familientherapie) in freier Praxis und bei Hemayat-
Behandlungszentrum für Folter- und Kriegsüberlebende in Wien. Lektorin am Institut
für Kultur- und Sozialanthropologie, Universität Wien. Arbeitsschwerpunkte:
Migration/Integration/Rassismus, Kulturbegriffe im psychotherapeutischen Kontext,
Ethnopsychoanalyse/„Interkulturelle" Psychotherapie, Extremtraumatisierung und
deren Folgen, Wechselwirkungen zwischen Individuum und Kollektiv.
E-Mail: ruth.kronsteiner@chello.at

Ruth Kutalek
Studium der Kultur- und Sozialanthropologie in Wien. Assistentin an der Unit Ethno-
medizin und International Health, Abteilung Allgemeinmedizin, Zentrum für Public
Health, Medizinische Universität Wien. Lektorin am Institut für Kultur- und Sozialan-
thropologie, Universität Wien. Forschungsschwerpunkte: Medizinanthropologie/
Ethnomedizin, International Health, Migration und Gesundheit, Ethnopharmakologie,
Museumsanthropologie. Regionaler Schwerpunkt: Ostafrika, Europa.
E-Mail: ruth.kutalek@meduniwien.ac.at, ruth.kutalek@univie.ac.at

Sarah J. Mahler
Director at Florida International University; Center for Transnational & Comparative
Studies (Director 2005–2008); University of Vermont: Assistant Professor, 1992–1997;
Ph.D. 1992 Anthropology, Columbia University. Areas of research: International &
Transnational Migration, Gender, Race & Ethnicity, Cross-Cultural Experience, Latin@s,
Religious Praxis, Urban and Suburban Issues.

Christa Markom
Studium der Kultur- und Sozialanthropologie und Gender Studies in Wien. Universi-
tätslektorin am Institut für Kultur- und Sozialanthropologie in Wien. Seit 2002 in der
wissenschaftlichen Projektarbeit tätig. Forschungsgebiete: Migrationsanthropologie,
Rassismusforschung, Mehrheitenforschung.
E-Mail: christa.markom@univie.ac.at

Patricia R. Pessar

Professor (Adjunct) of American Studies and Anthropology, Yale University. She is the author of *When Borders Don't Divide: Labor Migration and Refugee Movements in the Americas* (1988); *Between Two Islands: Dominican International Migration* (1991); *A Visa For a Dream: Dominicans in New York* (1995); and *From Fanatics to Folk: Brazilian Millenarianism and Popular Culture* (2005). Areas of research: Transnationalism and globalization, gender and ethnic studies, and migration in the Americas.

Karl Michael Reiser

Studium der Kultur- und Sozialanthropologie in Wien. Trainer und Organisationsentwickler. Mitbegründer und Obmann des Vereins Trans-Kult (www.trans-kult.at). Arbeitsschwerpunkt: Redakteur Tourismuswirtschaft Austria & International, Teamentwickler. Forschungsgebiet: Diversität in Organisationen.

E-Mail: karl.reiser@chello.at

Maria Six-Hohenbalken

Studium der Ethnologie, Kultur- und Sozialanthropologie in Wien. Wissenschaftliche Mitarbeiterin am Institut für Sozialanthropologie der Österreichischen Akademie der Wissenschaften. Universitätslektorin am Institut für Kultur- und Sozialanthropologie in Wien. Forschungsgebiete: Anthropologie der Migration, Transnationalismus- und Diasporaforschung, Border studies, Gewaltforschung. Regionale Schwerpunkte: Kurden, Roma und Sinti.

E-Mail: maria.six-hohenbalken@oeaw.ac.at

Martin Slama

Studium der Kultur- und Sozialanthropologie an der Universität Wien. Forschungsprojekte zur arabischen Diaspora in Südostasien. Feldforschungen in Indonesien auf den Inseln Java, Bali, Sulawesi, Ternate und Papua. Forschungsinteressen: Islam in Südostasien, Diasporagesellschaften, Transnationalismus, neue Informations- und Kommunikationstechnologien, Jugendkulturen, Handlungstheorien.

E-Mail: martin.slama@assoc.oeaw.ac.at

Martina I. Steiner

Studium der Ethnologie, Kultur- und Sozialanthropologie in Wien. Ausbildungen in interkultureller Mediation, Transaktionsanalyse und Thérapie Sociale. Universitätslektorin am Institut für Kultur- und Sozialanthropologie in Wien. Freie Forschungsbeauftragte am Institut für politische Studien „S. Pio V" Rom. Forschungsschwerpunkte: Anthropologie der Kommunikation, Konflikt- und Friedensforschung, Transkulturalismus und Medizinsysteme. Geopolitische Bezugspunkte: Minderheiten (Südtirol), diasporische Realitäten und (trans-)regionale Randgruppen.

E-Mail: martina.steiner@univie.ac.at

Elisabeth Strasser

Studium der Kultur- und Sozialanthropologie in Wien und Kopenhagen; wissenschaftliche Mitarbeiterin der Forschungsabteilung am International Centre for Migration Policy Development (ICMPD) in Wien. Lektorin am Institut für Kultur- und Sozialanthropologie der Universität Wien. DaZ-Trainerin. Trainerin im schulischen und außerschulischen Bereich. Forschungsgebiete: Anthropologie der Migration, Gender und Migration, Familie und Migration.

E-Mail: elisabeth.strasser@univie.ac.at

Sabine Strasser

Studium der Ethnologie, Kultur- und Sozialanthropologie in Wien. Associate Professor an der Middle East Technical University (Ankara) und Senior Researcher von FEMCIT (EU-Forschungsprojekt im 6. Rahmenprogramm) an der Universität Wien. Ihre Forschungen und Publikationen konzentrieren sich auf Migration, Integration und transnationale Beziehungen sowie auf Fragen von Ungleichheit und Diversität in der EU und der Türkei. 2009 erschien ihr Buch ‚Bewegte Zugehörigkeiten. Nationale Spannungen, transnationale Praktiken und transversale Politik' bei Turia & Kant.
http://homepage.univie.ac.at/Sabine.Strasser/intro.htm

Anna Streissler

Studium der Ethnologie, Kultur- und Sozialanthropologie. Universitätslektorin und Projektmitarbeiterin u. a. am Institut für Kultur- und Sozialanthropologie der Universität Wien und am Institut für Unterrichts- und Schulentwicklung der Alpen Adria Universität Klagenfurt. Forschungsgebiete: Anthropologie der Kindheit und Jugend, Bildungsanthropologie (Feldforschungen in Kolumbien und Mexiko), interdisziplinäre Bildungsforschung.
E-Mail: anna.streissler@univie.ac.at

Jelena Tošić

Studium der Ethnologie, Kultur- und Sozialanthropologie. Universitätsassistentin am Institut für Kultur- und Sozialanthropologie in Wien. Forschungsgebiete: Anthropologische Migrations- und Flüchtlingsforschung, Anthropologische Postsozialismusforschung, Menschenrechte und Zivilgesellschaft. Regionale Schwerpunkte: Ost- und Südosteuropa und Österreich.
E-Mail: jelena.tosic@univie.ac.at

Margit Wolfsberger

Studium der Publizistik/Kommunikationswissenschaft und Kultur- und Sozialanthropologie in Wien. Projektmanagerin und Journalistin beim Freien Radio. Forschungsschwerpunkte: Migration im Pazifik und in Europa (Österreich), visuelle Repräsentation Ozeaniens in populären Medien, Populärkultur/en und Identitäten von MigrantInnen (Neuseeland/Österreich). Aktuelle Forschungsprojekte: Österreichische Migration nach Neuseeland (Jubiläumsfonds/Nationalbank), „Auf den Spuren der ‚Südsee' in Wien" – Repräsentation Ozeaniens im Stadtraum (derzeit ruhend). Regionale Schwerpunkte: Ozeanien (Neuseeland, Samoa, Fidschi) und Europa (Österreich).
E-Mail: margit.wolfsberger@univie.ac.at